# 지역인재

**9급
수습직원**

# 역

## 인 영어

# 재

(주)시대고시기획

# 지역인재 9급 수습직원 시험안내

※ 아래 내용은 2023년 지역인재 9급 수습직원 선발시험 시행계획 공고를 기준으로 작성되었습니다. 세부 사항은 반드시 시행처의 최신 공고를 확인하시기 바랍니다.

## ◯ 지역인재 추천채용제

학교 교육을 성실히 받은 우수인재들이 학력에 구애받지 않고 공직에 들어와 능력과 실력을 발휘할 수 있도록 전국 각 지역의 특성화고, 마이스터고, 종합고, 전문대학교(한국폴리텍대학, ICT폴리텍대학, 한국농수산대학) 등의 우수 졸업자 또는 졸업예정자를 일반직 9급 수습직원으로 선발하는 제도를 말한다.

## ◯ 추천대상 자격요건

17세 이상으로 '추천할 수 있는 학교'의 선발공고된 직렬(직류)과 관련된 학과 과정을 이수한 졸업자(졸업일로부터 최종시험 예정일까지의 기간이 1년 이내인 자) 또는 졸업예정자

**❶ 졸업자 또는 졸업예정자**

– (졸업자) 졸업일이 최종시험예정일을 기준으로 역산하여 1년 이내인 사람

　※ 최종시험 예정일(면접시험)이 2023. 12. 02.인 경우 2022. 12. 02. 이후 졸업자부터 추천 가능

– (졸업예정자) 고등학교는 3학년 1학기까지의 학사과정 이수자나 조기졸업 예정자, 전문대학교는 졸업 학점의 3/4에 해당하는 학점을 취득한 사람

　※ 수습시작 전까지 졸업(전문학사학위 취득)하지 못할 경우 합격이 취소됨

**❷ 학과 성적**

– (고교 졸업자 및 졸업예정자) 소속학과에서 이수한 모든 과목에 대하여, 전문교과 과목의 성취도가 평균 B 이상이고, 그중 50% 이상의 과목에서 성취도가 A이며, 보통교과 평균석차등급이 3.5 이내인 사람

　※ 졸업예정자는 1학년 1학기~3학년 1학기까지 이수한 과목, 졸업자는 전 학년에서 이수한 과목을 대상으로 함

**《보통교과 : 평균석차등급 산출방법》**

평균석차등급 = [Σ(과목별 단위 수 × 과목별 등급)] ÷ Σ과목별 단위 수

※ 석차등급이 산출되지 않는 과목은 제외

**《전문교과 : 성취도 평균 B 이상 산출방법》**

성취도 평균 B 이상 산출값 = Σ(전문교과 이수과목 성취도 환산점수) ÷ 총 이수과목 수 ≥ 0
성취도 환산점수 : A = 1점, B = 0점, C = −1점, D = −2점, E = −3점

**《전문교과 : 성취도 A 비율 산출방법》**

성취도 A 비율(%) = (성취도 A 이수과목 수 ÷ 총 이수과목 수) × 100

– (전문대학교 졸업자 및 졸업예정자) 졸업(예정)석차비율이 각 학과(전공)의 상위 30% 이내인 사람

  ※ 졸업예정자는 졸업학점의 3/4에 해당하는 학점을 취득한 사람

  ※ 각 학과(전공) 단위로 성적산출, 다만 학과(전공) 인원이 3명 이하인 경우에는 학과의 최상위자(1등)를 추천

❸ 선발예정직렬(직류) 관련 전문교과 또는 학과

  – (고등학교) 선발예정직렬(직류) 관련 전문교과를 전문교과 총 이수단위의 50% 이상 이수하여야 함

   ※ 졸업예정자의 경우 3학년 1학기까지 이수한 전문교과 총 이수단위 기준

  – (전문대학교) 선발예정직렬(직류) 관련 학과를 전공하여야 함

| 직군 | 직렬 | 직류 | 선발예정직렬(직류) 관련 전문교과 또는 학과 | |
| --- | --- | --- | --- | --- |
| | | | 고등학교 | 전문대학교 |
| 행정 | 행정 | 일반행정 | 경영 · 금융 교과(군) | 해당 없음 |
| | | 회계 | | |
| | 세무 | 세무 | | |
| | 관세 | 관세 | | |
| 기술 | 공업 | 일반기계 | 기계 / 재료 교과(군) | 선발직류 관련 학과 |
| | | 전기 | 전기 · 전자 교과(군) | |
| | | 화공 | 화학공업 교과(군) | |
| | 시설 | 일반토목 | 건설 교과(군) | |
| | | 건축 | | |
| | 농업 | 일반농업 | 농림 · 수산해양 교과(군) 중 농림 관련 과목 | |
| | 임업 | 산림자원 | | |
| | 환경 | 일반환경 | 화학공업 교과(군) / 환경 · 안전 교과(군) 중 환경 관련 과목 | |
| | 보건 | 보건 | 보건 · 복지 교과(군) | |
| | 식품위생 | 식품위생 | 식품가공 교과(군) | |
| | 해양수산 ※자격증 필수 | 선박항해 | 선박운항 교과(군) / 농림 · 수산해양 교과(군) 중 수산해양 관련 과목 | |
| | | 선박기관 | | |
| | 전산 ※자격증 필수 | 전산개발 | 정보 · 통신 교과(군) | |
| | | 데이터 | | |
| | | 정보보호 | | |
| | 방송통신 | 전송기술 | | |

# 지역인재 9급 수습직원 시험안내

## 필기시험

| 시험 과목 | 출제 유형 | 문항수 | 배점 | 배정 시간 |
|---|---|---|---|---|
| 국어, 한국사, 영어 | 객관식 | 과목당 20문항 | 100점 만점 (문항당 5점) | 과목당 20분 |

– 각 과목 만점의 40% 이상 득점한 사람 중 선발예정인원의 150%의 범위(선발예정인원이 3명 이하인 경우에는 선발예정인원에 2명을 합한 인원의 범위)에서 지역별 균형합격, 자격증 소지자 우대를 감안한 시험성적 및 면접 시험 응시자 수 등을 고려하여 고득점자 순으로 합격자를 결정
– 선발예정인원을 초과하여 동점자가 있을 때에는 그 동점자를 모두 합격자로 함. 이 경우 동점자의 계산은 소수점 이하 둘째자리까지 함

## 서류전형

필기시험 합격자에 한해 제출된 서류를 통해 추천자격 기준에 적합 여부를 서면으로 심사하여 적격 · 부적격 결정

## 면접시험

직무수행에 필요한 능력과 적격성을 검증하기 위해 5개 평정요소에 대해 각각 상 · 중 · 하로 평정하여 불합격 기준에 해당하지 않는 사람 중 평정 성적이 우수한 사람 순으로 합격자를 결정

## 2024 시험일정

| 구분 | 시험장소 공고 | 시험 | 합격자 발표 |
|---|---|---|---|
| 필기시험 | 8월 예정 | 8월 예정 | 9월 예정 |
| 서류전형 | – | – | 11월 예정 |
| 면접시험 | 11월 예정 | 12월 예정 | 12월 예정 |

※ 상기 내용은 변경될 수 있으므로 반드시 시행처(http://gosi.kr)의 최종 공고를 확인하시기 바랍니다.

## ○ 채용규모 및 경쟁률

〈연도별 변화추이〉

〈최근 8년간 채용규모(명)〉

| 구분 | 2016년 | 2017년 | 2018년 | 2019년 | 2020년 | 2021년 | 2022년 | 2023년 |
|---|---|---|---|---|---|---|---|---|
| 선발인원(명) | 160 | 170 | 180 | 210 | 245 | 320 | 380 | 300 |
| 접수자 수(명) | 1,037 | 1,065 | 1,153 | 1,041 | 1,085 | 1,109 | 934 | 812 |
| 경쟁률 | 6.5 : 1 | 6.3 : 1 | 6.4 : 1 | 5.0 : 1 | 4.4 : 1 | 3.5 : 1 | 2.5 : 1 | 2.7 : 1 |

〈2023 선발 직렬(직류)과 선발인원〉

| 직군 | 행정(200명) | | | | 기술(100명) | | | | | | | | | | | | | | | | 계 |
|---|---|---|---|---|---|---|---|---|---|---|---|---|---|---|---|---|---|---|---|---|---|
| 직렬 | 행정 | 세무 | 관세 | 공업 | | 시설 | | 농업 | 임업 | 환경 | 보건 | 식품위생 | 해양수산 | | 전산 | | 방송통신 | | | | |
| 직류 | 일반행정 | 회계 | 세무 | 관세 | 일반기계 | 전기 | 화공 | 일반토목 | 건축 | 일반농업 | 산림자원 | 일반환경 | 보건 | 식품위생 | 선박항해 | 선반기관 | 전산개발 | 데이터 | 정보보호 | 전송기술 | |
| 인원(명) | 137 | 13 | 40 | 10 | 14 | 10 | 3 | 5 | 9 | 13 | 5 | 2 | 2 | 2 | 5 | 3 | 14 | 2 | 3 | 8 | 300 |

# 이 책의 구성과 특징

## 01 핵심이론

---

### CHAPTER 01 동사와 형식

#### 핵심 01 1형식 : 주어 + 완전 자동사

문장의 주성분이 주어와 술어만으로 충분한 문장의 패턴을 말한다. 부사구·절이 주절의 앞 또는 뒤에 등장해도 무방하다. 의미상 중요한 1형식 동사는 다음과 같다.

① do : 충분하다(= be enough), 좋다(= be good)
　예 Any time will do. 어느 때라도 좋다.
② pay : 이익이 되다(= be profitable).
　예 Honesty Pays, 정직은 손해 없다(이익이 난다).
③ work : 효과가 있다(= be effective).
　예 This measure works. 이 조치는 효과가 있다.
④ matter, count : 중요하다(= be important).
　예 What counts most is your choice. 가장 중요한 것은 너의 선택이다.

#### 핵심 02 2형식 : 주어 + 불완전 자동사 + 주격 보어

문장의 주성분으로 주어, 술어, 주격 보어를 갖추고 문장의 완전한 정보를 ~ 격 보어는 같은 의미의 개념을 가지고 있고, 예외적으로 형용사, 형용사구 ~ 어가 될 수 있다.

(1) 오감 동사는 형용사, like + 명사를 보어로 취한다. 중요도 중

> feel, look, smell, taste, sound

예 This cake smells sweet. 이 케이크는 달콤한 냄새가 난다.
예 You looks like a prince. 너는 마치 귀공자처럼 보인다.
예 The orange tastes sour. 그 오렌지는 신맛이 난다.

#### 핵심 07 혼동하기 쉬운 불규칙 동사의 활용

① lie – lied – lied(거짓말하다) → lying (자동사)
② lie – lay – lain(눕다, 놓이다) → lying (자동사)
③ lay – laid – laid(놓다, 낳다, 눕다) → laying (타동사)
④ found – founded – founded(설립하다, 세우다) (타동사)
⑤ find – found – found(찾다, 발견하다) (타동사)
⑥ rise – rose – risen(일어나다) (자동사)
⑦ raise – raised – raised(일으키다) (타동사)
⑧ sit – sat – sat – sitting(앉다) (자동사)
⑨ seat – seated – seated(앉히다) (타동사)

#### ✓ Check UP

01 자동사 + 전치사의 수동태가 가능한 동사를 10개만 쓰시오.

> 정답 look after 돌보다, laugh at 비웃다, deal with 다루다, look into 조사하다, rely on 신뢰하다, agree on 합의하다, yell at 소리를 버럭 지르다, speak to ~에게 말을 걸다, run over 치다, deal in 거래하다 등

02 5감각 동사를 모두 쓰시오.

> 정답 feel, look, sound, smell, taste

03 방해, 금지 동사를 10개만 쓰시오.

> 정답 keep, hinder, prevent, prohibit, stop, deter, discourage, dissuade, disable, ban 등

▶ 최신 출제 경향을 분석하여 빈출되는 핵심이론을 단원별로 구성하였고, 효율적인 학습이 가능하도록 중요도 표시를 하였습니다.

▶ 더 깊이 있게 학습할 수 있도록 'Check UP'을 수록하였습니다.

## 02 실제예상문제

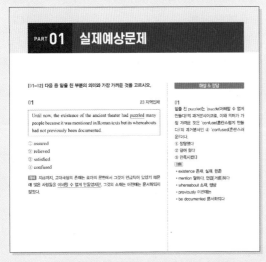

▶ 최신 기출문제와 출제 가능성이 높은 예상문제를 파트별로 수록하였습니다.
▶ 혼자 공부해도 알기 쉽도록 각 문항별로 상세한 해설을 수록하였습니다.

## 03 실전모의고사

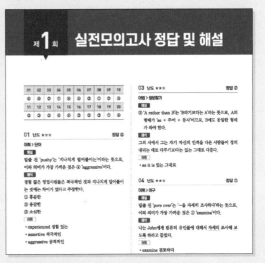

▶ 최종 실력을 점검하기 위한 전범위 실전모의고사 2회분을 수록하였습니다.
▶ 문항별로 영역과 난도를 분석하여 부족한 영역을 확인하고 보충할 수 있습니다.

PART 01

# 필수 어휘·숙어

 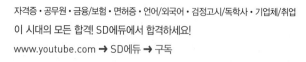

# 01 필수 어휘

## VOCA 01

| 어휘 | | | |
|---|---|---|---|
| ☐ impulse | 충동 | ☐ monotony | 단조로움 |
| ☐ virtue | 미덕, 장점 | ☐ disgrace | 불명예, 치욕 |
| ☐ vice | 악덕, 결점 | ☐ luxury | 사치(품) |
| ☐ revolution | 혁명, (천체의) 운행 | ☐ anachronism | 시대착오 |
| ☐ stimulus | 자극 | ☐ conquest | 정복 |
| ☐ ambition | 대망, 야심 | ☐ siege | 포위공격 |
| ☐ vanity | 허영심 | ☐ insight | 통찰력 |
| ☐ envy | 시기, 부러움 | ☐ panic | 공황, 당황 |
| ☐ jealousy | 질투 | ☐ universe | 우주, 전 세계 |
| ☐ fatigue | 피로 | ☐ criticism | 비평, 비판 |
| ☐ passion | 정열 | ☐ influence | 영향(력), 영향을 미치다 |
| ☐ famine | 기근 | ☐ resistance | 저항 |
| ☐ calamity | 재난, 불행 | ☐ convenience | 편리 |
| ☐ individual | 개인, 개인의 | ☐ hardship | 고난 |
| ☐ emotion | 정서, 감정 | ☐ existence | 존재, 생존 |
| ☐ evolution | 진화, 발전 | ☐ tradition | 전통, 전설 |
| ☐ hypocrisy | 위선 | ☐ patriotism | 애국심 |
| ☐ character | 특징, 인격, 문자 | ☐ religion | 종교 |
| ☐ method | 방법 | ☐ conscience | 양심 |
| ☐ psychology | 심리(학) | ☐ intellect | 지적 능력, 지성 |

### 중요 다의어 정리

**spell**
① 철자(綴字)를 쓰다  How do you spell the word?
② 한동안의 일, 기간  She had a spell as a singer before becoming an actress.
③ 주문, 마술  book of spells

**domestic**
① 가정의  growing problem of domestic violence
② 국내의  The domestic market is still depressed.

## VOCA 02

| 어휘 | | | |
|---|---|---|---|
| ☐ fortitude | 인내, 용기 | ☐ crisis | 위기 |
| ☐ compromise | 타협(하다) | ☐ policy | 정책, 방침 |
| ☐ prosperity | 번영 | ☐ affection | 애정 |
| ☐ comfort | 위안, 안락, 위로하다 | ☐ homage | 경의 |
| ☐ sacrifice | 희생, 희생하다 | ☐ conceit | 자부심 |
| ☐ superstition | 미신 | ☐ hostility | 적의, 적개심 |
| ☐ sympathy | 동정, 공감 | ☐ frustration | 좌절, 욕구불만 |
| ☐ perseverance | 인내 | ☐ victory | 승리 |
| ☐ disgust | 혐오, 불쾌하게 하다 | ☐ triumph | 승리 |
| ☐ monopoly | 독점 | ☐ hatred | 증오 |
| ☐ species | 인류, 종(류) | ☐ purpose | 목적 |
| ☐ moisture | 습기 | ☐ fantasy | 공상, 환상 |
| ☐ solitude | 고독 | ☐ struggle | 분투, 노력(하다) |
| ☐ candidate | 지원자, 후보자 | ☐ access | 접근 |
| ☐ environment | 환경 | ☐ contempt | 경멸 |
| ☐ destiny | 운명 | ☐ convention | 회의, 인습 |
| ☐ hindrance | 방해 | ☐ harmony | 조화 |
| ☐ property | 재산, 소유권 | ☐ scorn | 경멸 |
| ☐ increase | 증가, 증가하다 | ☐ comment | 주석, 논평, 주석을 달다 |
| ☐ decrease | 감소, 감소하다 | ☐ dignity | 위엄 |
| ☐ courtesy | 예절 | ☐ mercy | 자비 |
| ☐ theory | 이론 | ☐ cowardice | 겁, 비겁 |
| ☐ medium | 매개, 중간의 | ☐ logic | 논리학 |

### 중요 다의어 정리

**wind**
① 바람   There isn't much wind today.
② 감기다, (시계태엽을) 감다   The flower winds around a bamboo pole.
　　　　　　　　　　　　　Remember to wind (up) your watch.
③ 숨, 호흡   I need time to get my wind back after that run.

**end**
① 끝, 끝내다   How does the story end?
② 목적   They are prepared to use violence in pursuit of their ends.

| | 어휘 | | |
|---|---|---|---|
| ☐ talent | 재능 | ☐ strategy | 전략, 전술 |
| ☐ misery | 비참 | ☐ heritage | 유산 |
| ☐ modesty | 겸손 | ☐ strife | 갈등 |
| ☐ circumstance | 환경, 사정 | ☐ pollution | 오염 |
| ☐ quality | 질, 특질, 성질 | ☐ industry | 근면, 산업 |
| ☐ quantity | 양 | ☐ defect | 결점, 단점 |
| ☐ commerce | 상업 | ☐ sincerity | 성실 |
| ☐ conception | 개념 | ☐ piety | 경건, 신앙심 |
| ☐ identity | 신원, 정체, 동일성 | ☐ adolescence | 청년기, 청춘기 |
| ☐ legend | 전설 | ☐ phenomenon | 현상 |
| ☐ trick | 계략, 장난, 속이다 | ☐ account | 계산(하다), 설명(하다) |
| ☐ wealth | 부, 재산 | ☐ emphasis | 강조 |
| ☐ charity | 자비, 자선 | ☐ proportion | 비례, 비율 |
| ☐ fate | 운명 | ☐ rumo(u)r | 소문, 소문을 내다 |
| ☐ evidence | 증거 | ☐ faculty | 능력 |
| ☐ tension | 긴장 | ☐ worship | 숭배(하다) |
| ☐ impression | 인상, 감명 | ☐ doctrine | 학설, 주의 |
| ☐ elegy | 애가, 비가 | ☐ pity | 연민, 유감 |
| ☐ strain | 긴장, 압박 | ☐ commodity | 상품, 일용품 |
| ☐ bribe | 뇌물, 뇌물을 주다 | ☐ distress | 고통, 괴롭히다 |
| ☐ fame | 명성 | ☐ discourse | 이야기, 이야기하다 |
| ☐ soul | 영혼, 사람 | ☐ function | 기능, 역할, 작용하다 |
| ☐ gratitude | 감사 | ☐ fallacy | 오류 |

**중요 다의어 정리**

**reflect**
① 반사하다   The windows reflected the bright afternoon sunlight.
② 반영하다   The choice reflected Dad's hopes for us.
③ reflect on : 숙고하다   I need time to reflect on your offer.

**moment**
① 순간   We're busy at the moment.
② 중요성   He emphasized matters of great moment.

| | 어휘 | | |
|---|---|---|---|
| ☐ revival | 부활 | ☐ tyranny | 전제정치, 포악 |
| ☐ foundation | 기초 | ☐ prospect | 기대, 전망 |
| ☐ behavio(u)r | 행위, 태도 | ☐ credit | 신용, 명예 |
| ☐ discipline | 훈련, 규율, 훈련하다 | ☐ profit | 이익, 이익을 보다 |
| ☐ poverty | 빈곤 | ☐ oblivion | 망각 |
| ☐ threat | 협박, 위협 | ☐ constitution | 헌법, 체질 |
| ☐ menace | 협박(위협)하다 | ☐ extent | 범위, 정도 |
| ☐ plague | 전염병 | ☐ efficiency | 능률, 효력 |
| ☐ capacity | 능력, 수용력 | ☐ genius | 천재 |
| ☐ attitude | 태도 | ☐ nightmare | 악몽 |
| ☐ merit | 장점, 공적 | ☐ benefit | 이익, 은혜, 이익이 되다 |
| ☐ astronomy | 천문학 | ☐ reign | 통치, 군림(하다) |
| ☐ despair | 절망 | ☐ ruin | 파멸, 파멸시키다, (pl.) 폐허 |
| ☐ patience | 인내 | ☐ factor | 요인, 요소 |
| ☐ confidence | 신용, 자신 | ☐ vocation | 직업 |
| ☐ enthusiasm | 열광 | ☐ contract | 계약, 계약하다 |
| ☐ peril | 위험 | ☐ welfare | 복지 |
| ☐ livelihood | 생계, 살림 | ☐ community | 사회 |
| ☐ opportunity | 기회 | ☐ faith | 신앙, 신용, 성실 |
| ☐ ridicule | 조롱, 조소(하다) | ☐ propaganda | 선전 |
| ☐ liberty | 자유 | ☐ thrift | 절약, 검약 |
| ☐ spirit | 정신, 원기 | ☐ melancholy | 우울, 우울한 |
| ☐ traffic | 교통(의) | ☐ temper | 기질, 기분, 노여움 |

## 중요 다의어 정리

**respect**
① 존경, 경의  Children should show respect for the teachers.
② 존경하다  I respect Jack's opinion on most subjects.
③ (측)면, 점, 사항  There was one respect, however, in which they differed.

**rear**
① 뒤(의), 후방(의)  A trailer was attached to the rear of the truck.
② 기르다  She reared a family of five on her own.

## VOCA 05

| 어휘 | | | |
|---|---|---|---|
| ☐ suffrage | 참정권, 투표 | ☐ embody | 구체화하다 |
| ☐ rage | 격노, 격노하다 | ☐ select | 고르다, 선발한 |
| ☐ thirst | 목마름, 갈망, 갈망하다 | ☐ persist | 고집하다 |
| ☐ infancy | 유년시대, 초기 | ☐ tremble | 떨다, 떨리다 |
| ☐ adoration | 숭배, 동경 | ☐ isolate | 격리시키다, 고립시키다 |
| ☐ insult | 모욕, 모욕하다 | ☐ barrier | 장애물 |
| ☐ epidemic | 유행병, 전염병 | ☐ barometer | 기압계, 지표 |
| ☐ analogy | 유사, 유추 | ☐ glory | 영광 |
| ☐ ethics | 윤리학 | ☐ generosity | 관대함, 너그러움 |
| ☐ analysis | 분석, 분해 | ☐ technology | 과학기술, 공예학 |
| ☐ labor | 노동, 노력, 일하다 | ☐ basis | 기초 |
| ☐ indignation | 분개, 분노 | ☐ biography | 전기 |
| ☐ substance | 실질, 실체 | ☐ gravity | 중력, 인력 |
| ☐ slang | 속어 | ☐ treaty | 조약 |
| ☐ chaos | 혼돈, 무질서 | ☐ advantage | 유리, 이점 |
| ☐ vigor | 활력, 원기 | ☐ vacuum | 진공(의) |
| ☐ heaven | 하늘, 천국 | ☐ economy | 경제, 절약 |
| ☐ hell | 지옥 | ☐ bravery | 용기 |
| ☐ shame | 수치, 치욕 | ☐ epoch | 신기원, 신시대 |
| ☐ dialect | 방언, 사투리 | ☐ courage | 용기 |
| ☐ cancel | 취소하다 | ☐ sphere | 구(球), 범위 |
| ☐ deceive | 속이다 | ☐ achievement | 성취, 업적 |
| ☐ combine | 결합하다 | ☐ biology | 생물학 |
| ☐ relate | 말하다, 관계(관련)시키다 | ☐ recreation | 기분전환, 오락 |

### 중요 다의어 정리

**claim**
① 주장하다   I don't claim to be an expert.
② 청구하다, 요구하다   I claim the insurance after the accident.
③ (목숨을) 앗아가다   The car crash claimed three lives.

**tear**
① 눈물   Her eyes were wet with tears.
② 찢다   Why did you tear the letter?

# VOCA 06

| 어휘 | | | |
|---|---|---|---|
| ☐ fury | 격분 | ☐ blame | 비난하다 |
| ☐ behalf | 이익 | ☐ plow | 갈다, 쟁기 |
| ☐ generalization | 일반화, 보편화 | ☐ grasp | 파악하다, 이해하다, 파악 |
| ☐ damage | 손해, 손상 | ☐ stumble | 비틀거리다, 비틀거리기 |
| ☐ horizon | 지평선, 수평선 | ☐ require | 필요로 하다 |
| ☐ degree | 정도, 학위 | ☐ desert | 버리다, 도망하다, 사막 |
| ☐ folly | 어리석음, 어리석은 짓 | ☐ establish | 설립하다, 확립하다 |
| ☐ heredity | 유전 | ☐ vary | 변화하다, 변경하다 |
| ☐ describe | 묘사하다 | ☐ investigate | 조사하다, 연구하다 |
| ☐ declare | 선언하다 | ☐ vanish | 사라지다 |
| ☐ approve | 시인하다 | ☐ lament | 한탄하다, 슬퍼하다 |
| ☐ recommend | 추천하다 | ☐ stretch | 잡아 늘이다, 퍼지다, 넓이 |
| ☐ reconcile | 화해시키다 | ☐ starve | 굶어죽다, 갈망하다 |
| ☐ contribute | 공헌하다 | ☐ generate | 낳다, 발생하다 |
| ☐ distribute | 분배하다 | ☐ reform | 개혁하다, 개정하다, 개혁 |
| ☐ extinguish | 끄다 | ☐ possess | 소유하다 |
| ☐ survive | 살아남다, ～보다 오래 살다 | ☐ devote | 바치다 |
| ☐ contrast | 대조하다, 대조를 이루다 | ☐ tend | ～의 경향이 있다, 하기 쉽다 |
| ☐ invade | 침입하다 | ☐ pursue | 추구하다, 종사하다 |
| ☐ upset | 뒤엎다, 당황하게 하다, 전복, 혼란 | ☐ attach | 붙이다 |
| ☐ accomplish | 성취하다 | ☐ perish | 멸망하다, 죽다 |
| ☐ violate | 위반하다 | ☐ dispose | 처리하다 |
| ☐ stride | 성큼성큼 걷다, 성큼성큼 걷기 | ☐ quit | 떠나다, 그만두다 |

## 중요 다의어 정리

**room**
① 방  She tapped on the window of my room.
② 여지, 여유  There is room for improvement in his work.
③ 공간, 빈자리  There is enough room for me in the car.

**just**
① 가까스로, 간신히  He just passed the examination.
② 꼭  "What time is it?", "It is just two o'clock."
③ 정말, 아주  The weather was just fine.

| 어휘 | | | |
|---|---|---|---|
| ☐ persuade | 설득하다 | ☐ qualify | 자격을 주다 |
| ☐ gaze | 응시하다 | ☐ decorate | 장식하다 |
| ☐ restore | 회복시키다 | ☐ accelerate | 속도를 더하다, 촉진하다 |
| ☐ heal | 상처를(병을) 낫게 하다, 고치다 | ☐ betray | 배반하다, 누설하다 |
| ☐ acquire | 얻다 | ☐ dominate | 통치하다, 지배하다 |
| ☐ halt | 서다, 정지 | ☐ preserve | 유지하다, 보존하다 |
| ☐ maintain | 유지하다, 주장하다 | ☐ entreat | 간청하다 |
| ☐ mourn | 슬퍼하다 | ☐ lack | ~이 없다, 부족하다, 부족 |
| ☐ suspect | 의심하다 | ☐ interrupt | 방해하다, 중단하다 |
| ☐ grumble | 불평하다 | ☐ surpass | ~보다 뛰어나다, 우월하다 |
| ☐ entertain | 즐겁게 하다, 마음에 품다 | ☐ render | ~이 되게 하다, 주다 |
| ☐ utilize | 이용하다 | ☐ export | 수출하다, 수출(품) |
| ☐ convert | 바꾸다 | ☐ fulfill | 이행하다, 실행하다 |
| ☐ despise | 경멸하다 | ☐ inspect | 검사하다 |
| ☐ commence | 시작하다 | ☐ indulge | 탐닉하다, 제멋대로 하게 하다 |
| ☐ consume | 소비하다, 다 써버리다 | ☐ recover | 회복하다 |
| ☐ assimilate | 동화하다 | ☐ urge | 몰아대다, 격려하다 |
| ☐ impose | 부과하다, 강요하다 | ☐ command | 명령하다, 지휘하다, 명령, 지휘 |
| ☐ encounter | 만나다 | ☐ warn | 경고하다 |
| ☐ release | 해방하다, 면제하다, 해방 | ☐ transport | 수송하다, 수송 |
| ☐ specialize | 전공하다, 전문화하다 | ☐ ignore | 무시하다 |
| ☐ respond | 응답하다 | ☐ conceal | 감추다 |
| ☐ soar | 치솟다 | ☐ utter | 말하다, 완전한 |

### 중요 다의어 정리

**interest**
① 관심, 흥미  National interest is focused on the issue.
② 이자  The money was repaid with interest.
③ 이익  She was acting entirely in her own interests.

**desert**
① 사막  the Sahara Desert
② 버리다, 탈주하다  She was deserted by her husband.
                   A lot of soldiers deserted the army.
③ 당연한 보답  He got his desert.

| | 어휘 | | | |
|---|---|---|---|---|
| ☐ prevail | 유행하다, 우세하다 | | ☐ confuse | 혼란시키다 |
| ☐ adjust | 적응시키다, 조정하다 | | ☐ improve | 개선하다, 진보하다 |
| ☐ estimate | 어림잡다, 평가하다, 견적, 평가 | | ☐ diffuse | 퍼지게 하다, 보급하다 |
| ☐ compensate | 배상하다, 갚다 | | ☐ alter | 바꾸다 |
| ☐ restrain | 억제하다, 제한하다 | | ☐ speculate | 사색하다, 투기하다 |
| ☐ appreciate | 감사하다, 감상하다 | | ☐ yield | 생산하다, 굴복하다, 생산(고) |
| ☐ insist | 주장하다, 고집하다 | | ☐ meditate | 숙고하다, 묵상하다 |
| ☐ acknowledge | 인정하다 | | ☐ perform | 수행하다, 연기(연주)하다 |
| ☐ distinguish | 구별하다 | | ☐ embarrass | 난처하게 하다 |
| ☐ involve | 포함하다 | | ☐ reproach | 비난하다 |
| ☐ intrude | 침입하다 | | ☐ bewilder | 당황하게 하다 |
| ☐ torment | 고문하다, 괴롭히다, 고문, 고통 | | ☐ overcome | 이겨내다, 압도하다 |
| ☐ exhaust | 다 써버리다, 지치게 하다 | | ☐ assert | 주장하다, 단언하다 |
| ☐ endure | 견디다 | | ☐ recognize | 인정하다 |
| ☐ hesitate | 주저하다 | | ☐ admit | 들어오게 하다, 인정하다 |
| ☐ substitute | 대리하다, 대용하다, 대리인 | | ☐ persecute | 박해하다 |
| ☐ prohibit | 금하다 | | ☐ launch | 진수하다, 발사하다 |
| ☐ forbid | 금하다 | | ☐ pretend | ~인 체하다, 가장하다 |
| ☐ display | 보이다, 진열(전시)하다, 진열 | | ☐ circulate | 돌다, 유통하다 |
| ☐ concentrate | 집중하다 | | ☐ contemplate | 깊이 생각하다, 응시하다 |
| ☐ yearn | 갈망하다 | | ☐ cope | 맞서다, 대처하다 |
| ☐ forsake | 버리다 | | ☐ adapt | 적응시키다, 개작하다 |
| ☐ endeavo(u)r | 노력(하다) | | ☐ alarm | 놀라게 하다, 놀람 |
| ☐ soothe | 위로하다, 진정시키다 | | ☐ adopt | 채용하다, 양자(양녀)로 삼다 |
| ☐ congratulate | 축하하다 | | ☐ submit | 복종시키다 |

### 중요 다의어 정리

**light**
① 불을 켜다, 빛, 등불   Their parents lighted the Christmas tree.
　　　　　　　　　　　　 All plants need light.
　　　　　　　　　　　　 Turn on the light.
② 밝은, (색이) 연한   The room is light.
　　　　　　　　　　　 She used light green in her picture.
③ 가벼운   This is as light as a feather.
④ 관점, 견지   They saw things in a different light.

| 어휘 | | | |
|---|---|---|---|
| ☐ convince | 확신시키다 | ☐ literate | 글을 읽고 쓸 줄 아는 (사람) |
| ☐ repent | 후회하다 | ☐ conservative | 보수적인 |
| ☐ predict | 예언하다 | ☐ radical | 근본적인, 급진적인 |
| ☐ avoid | 피하다 | ☐ pure | 순수한 |
| ☐ boast | 자랑하다 | ☐ queer | 별난, 기묘한 |
| ☐ participate | 참가하다 | ☐ sane | 제정신의, 온전한 |
| ☐ abolish | 폐지하다 | ☐ genuine | 진짜의, 순수한 |
| ☐ attribute | ~을 …의 결과로, 속성, 자질 | ☐ vague | 막연한 |
| ☐ survey | 둘러보다, 개관(하다), 조사(하다) | ☐ entire | 완전한, 전체의 |
| ☐ invest | 투자하다, 부여하다 | ☐ absurd | 터무니없는, 불합리한 |
| ☐ attain | 달성하다 | ☐ lonely | 고독한 |
| ☐ cherish | 소중히 하다, 마음에 품다 | ☐ savage | 야만스러운, 잔인한 |
| ☐ suspend | 중지하다, 매달다 | ☐ nuclear | 핵의 |
| ☐ inherit | 상속하다, 유전하다 | ☐ obscure | 무명의, 애매한 |
| ☐ bestow | 주다 | ☐ intricate | 뒤얽힌, 복잡한 |
| ☐ undertake | 떠맡다, 착수하다 | ☐ mortal | 죽을 운명의 |
| ☐ include | 포함하다 | ☐ vivid | 생생한, 발랄한 |
| ☐ exclude | 제외하다, 배척하다 | ☐ arrogant | 오만한 |
| ☐ justify | 정당화하다, 변명하다 | ☐ exotic | 외국의, 이국풍의 |
| ☐ annoy | 괴롭히다, 성가시게 하다 | ☐ extreme | 극단의 |
| ☐ esteem | 존중하다, 간주하다 | ☐ imperative | 명령적인, 긴급한 |
| ☐ cure | 치료하다, 고치다 | ☐ mature | 성숙한 |
| ☐ resign | 사직하다, 단념하다 | ☐ tight | 단단한, 팽팽한 |
| ☐ accurate | 정확한 | ☐ adequate | 적당한, 충분 |
| ☐ rational | 합리적인, 이성적인 | ☐ dissolute | 방탕한, 타락한 |

### 중요 다의어 정리

**fine**
① 좋은, 훌륭한　We use only the finest materials.
　　　　　　　　He was a fine man.
② 날씨가 맑은　I hope it stays fine for the picnic.
③ 미세한, 날카로운　There's a fine line between love and hate.
　　　　　　　　The pencil should have a fine point.
④ 벌금, 벌금을 물리다　There is a fine for driving too fast.
　　　　　　　　She was fined for speeding.

| 어휘 | | | |
|---|---|---|---|
| ☐ mutual | 서로의 | ☐ vex | 초조하게 하다, 괴롭히다 |
| ☐ splendid | 화려한, 훌륭한 | ☐ overlook | 간과하다, 내려다보다 |
| ☐ timid | 겁 많은 | ☐ reinforce | 보강하다 |
| ☐ durable | 오래 견디는, 튼튼한 | ☐ accuse | 고발하다, 비난하다 |
| ☐ conspicuous | 유난히 눈에 띄는, 현저한 | ☐ restrict | 제한하다 |
| ☐ brisk | 활발한 | ☐ ultimate | 최후의, 궁극적인 |
| ☐ primitive | 원시의 | ☐ initial | 처음의, 머리문자 |
| ☐ superficial | 피상적인, 천박한 | ☐ solemn | 엄숙한 |
| ☐ brilliant | 빛나는, 훌륭한 | ☐ notorious | 소문난, 악명이 높은 |
| ☐ conscious | 의식적인, 알고 있는 | ☐ sublime | 숭고한 |
| ☐ abstract | 추상적인 | ☐ immemorial | 태고의 |
| ☐ concrete | 구체적인 | ☐ constructive | 건설적인 |
| ☐ profound | 깊이가 있는, 심오한 | ☐ destructive | 파괴적인 |
| ☐ supreme | 최고의 | ☐ temporary | 임시의, 한때의 |
| ☐ trivial | 시시한, 하찮은 | ☐ contemporary | 현대의 (사람) |
| ☐ apparent | 명백한, 외관상의 | ☐ aloof | 따로 떨어져서 |
| ☐ thorough | 철저한 | ☐ indispensable | 없어서는 안 되는, 필수의 |
| ☐ athletic | 운동경기의 | ☐ juvenile | 소년(소녀)의, 나이 어린 |
| ☐ absolute | 절대적인 | ☐ abnormal | 비정상적인 |
| ☐ meager | 여윈, 빈약한 | ☐ external | 외부의 |
| ☐ seek | 찾다, 구하다 | ☐ rare | 드문, 진귀한 |
| ☐ communicate | 전달하다, 통신하다 | ☐ main | 주요한 |
| ☐ perplex | 당황하게 하다 | ☐ complex | 복잡한 |
| ☐ broadcast | 방송(하다) | ☐ bold | 대담한 |
| ☐ reject | 거절하다 | ☐ crude | 천연 그대로의, 거친 |

**중요 다의어 정리**

**mind**

① 마음, 정신   There was no doubt in his mind that he'd get the job.

② 싫어하다, 꺼리다   Would you mind if I smoke?

③ 신경을 쓰다   Mind your own business.

④ 인물   She was one of the greatest minds of her generation.

### 어휘

| | | | |
|---|---|---|---|
| ☐ polite | 예의바른, 공손한 | ☐ intense | 강렬한 |
| ☐ current | 유행의, 현재의 | ☐ essential | 본질적인, 필수의 |
| ☐ severe | 엄격한, 격렬한 | ☐ distinct | 명백한, 명확한 |
| ☐ remote | 먼, 먼 곳의 | ☐ particular | 특수한, 까다로운 |
| ☐ deliberate | 신중한 | ☐ subtle | 미묘한 |
| ☐ separate | 분리된 | ☐ doom | 운명, 파멸, 운명 짓다 |
| ☐ physical | 물리적인, 물질의 | ☐ utility | 유익, 효용 |
| ☐ eternal | 영원한 | ☐ slavery | 노예제도 |
| ☐ unique | 유일한, 독특한 | ☐ antipathy | 반감 |
| ☐ transparent | 투명한 | ☐ caution | 조심, 경고 |
| ☐ swift | 신속한 | ☐ reaction | 반동, 반응 |
| ☐ surplus | 과잉(의) | ☐ atmosphere | 분위기, 대기 |
| ☐ obstinate | 완고한, 고집 센 | ☐ satellite | 위성, 위성의 |
| ☐ stubborn | 완고한, 고집 센 | ☐ sage | 현인, 성인, 현명한 |
| ☐ dense | 짙은, 빽빽한 | ☐ excess | 초과, 과잉 |
| ☐ familiar | 친한 | ☐ ordinary | 보통의 |
| ☐ shrewd | 영리한, 빈틈없는 | ☐ vulgar | 천한, 상스러운 |
| ☐ remarkable | 현저한, 두드러진 | ☐ preferable | 더 마음에 드는, 더 바람직한 |
| ☐ punctual | 시간을 지키는 | ☐ strict | 엄격한, 엄밀한 |
| ☐ terrible | 무시무시한, 지독한 | ☐ naked | 나체의, 벌거벗은 |
| ☐ rude | 무례한 | ☐ feminine | 여성의 |
| ☐ earnest | 열심인, 진지한 | ☐ deficient | 부족한 |
| ☐ typical | 전형적인, ~을 대표하는 | ☐ tender | 부드러운, 상냥한 |
| ☐ sole | 유일한 | ☐ incurable | 고칠 수 없는, 불치의 |
| ☐ fundamental | 근본적인 | ☐ infinite | 무한의 |

### 중요 다의어 정리

**meet**
① 만나다　They meet each other at a party in Seoul.
② 대처하다, 직면하다　He found better ways to meet the situation.
③ (길, 강이) 교차하다　That's where the river meets the sea.
④ 충족시키다　The hotel did not meet my expectation.

## VOCA 12

| | | | |
|---|---|---|---|
| **어휘** | | | |
| ☐ irresistible | 저항할 수 없는, 억제할 수 없는 | ☐ landscape | 풍경, 경치 |
| ☐ barren | 불모의, 메마른 | ☐ posterity | 자손, 후세 사람들 |
| ☐ annual | 해마다의 | ☐ offspring | 자손, 소산(所産) |
| ☐ precise | 정확한 | ☐ growth | 성장, 발전 |
| ☐ native | 타고난, 태어난 | ☐ orbit | (천체의) 궤도 |
| ☐ constant | 불변의, 끊임없는 | ☐ channel | 채널, 주파수대, 경로 |
| ☐ concise | 간결한 | ☐ ancestor | 선조 |
| ☐ moral | 도덕적인, 정신적인, 교훈 | ☐ justice | 정의, 공정 |
| ☐ delicate | 미묘한, 민감한, 허약한 | ☐ theme | 주제, 제목 |
| ☐ ambiguous | 애매한 | ☐ routine | 일상적인 일, 틀에 박힌 |
| ☐ neutral | 중립의 | ☐ protest | 항의, 주장, 항의하다, 주장하다 |
| ☐ sacred | 신성한 | ☐ tendency | 경향 |
| ☐ resolute | 결심이 굳은, 단호한 | ☐ prophecy | 예언 |
| ☐ instructive | 교훈적인, 유익한 | ☐ career | 경력, 생애 |
| ☐ unanimous | 만장일치의 | ☐ advertisement | 광고 |
| ☐ decent | 고상한, 상당한 | ☐ role | 역할 |
| ☐ legal | 법률(상)의, 합법적인 | ☐ origin | 기원, 태생 |
| ☐ ancient | 고대의 | ☐ process | 경과, 과정 |
| ☐ precious | 귀중한 | ☐ agriculture | 농업 |
| ☐ stern | 엄한, 엄격한 | ☐ skyscraper | 고층건물 |
| ☐ education | 교육 | ☐ nuisance | 방해물, 성가신 것 |
| ☐ prey | 먹이, 희생 | ☐ vote | 투표(하다) |
| ☐ tumult | 소동 | ☐ spur | 박차(를 가하다) |
| ☐ surrender | 항복, 항복하다 | ☐ average | 평균(의) |
| ☐ reputation | 평판, 명성 | ☐ category | 범주 |

### 중요 다의어 정리

**practice**
① 연습, 연습하다   It takes a lot of practice to play the violin well.
② 실행, 실행하다   She's determined to put her new ideas into practice.
③ 관습   It's opposed to the common Korean practice.
④ 개업   The doctor is now in private practice.

## VOCA 13

| 어휘 | | | |
|---|---|---|---|
| ☐ architecture | 건축(술) | ☐ expedition | 탐험(대) |
| ☐ prose | 산문 | ☐ definition | 정의 |
| ☐ temperature | 온도 | ☐ issue | 문제, 발행하다 |
| ☐ purchase | 구입(물), 획득 | ☐ conflict | 투쟁, 싸우다 |
| ☐ oracle | 신탁(神託) | ☐ disaster | 재해, 불행 |
| ☐ heir | 상속인, 후계자 | ☐ focus | 초점, 집중하다 |
| ☐ applause | 박수갈채, 칭찬 | ☐ budget | 예산(안) |
| ☐ anarchy | 무정부 상태 | ☐ intercourse | 교제 |
| ☐ scrutiny | 면밀한 조사, 응시 | ☐ ceremony | 의식, 의례 |
| ☐ sculpture | 조각 | ☐ regret | 후회(하다) |
| ☐ notion | 생각, 개념 | ☐ enterprise | 기업, 진취적 기상 |
| ☐ diplomacy | 외교(술) | ☐ ravage | 황폐, 황폐해지다 |
| ☐ decade | 10년 | ☐ tragedy | 비극 |
| ☐ witness | 증거, 증인, 목격자 | ☐ miser | 구두쇠 |
| ☐ thermometer | 온도계 | ☐ muscle | 근육 |
| ☐ usage | 용법, 어법, 습관 | ☐ unemployment | 실업 |
| ☐ institution | 제도, 협회 | ☐ arithmetic | 산수, 셈 |
| ☐ exertion | 노력 | ☐ skill | 숙련 |
| ☐ feature | 특징, 용모 | ☐ instrument | 기구, 수단 |
| ☐ disguise | 변장(하다) | ☐ equator | 적도 |
| ☐ congress | 회의 | ☐ structure | 구조, 건조물 |
| ☐ germ | 세균 | ☐ mode | 방법, 양식 |
| ☐ algebra | 대수(학) | ☐ aristocracy | 귀족정치(사회) |
| ☐ geometry | 기하학 | ☐ wage | 임금 |
| ☐ sojourn | 체류, 묵다 | ☐ zeal | 열의, 열성 |

### 중요 다의어 정리

**check**
① 검토하다, 확인하다   Check the spelling of a word.
② 억제하다   She couldn't check her anger.
③ 계산서   Can I have the check, please?
④ 수표   Where can I go to cash my traveler's check.

| | 어휘 | | | | |
|---|---|---|---|
| □ source | 원천, 출처 | □ reward | 보답, 상, 보답하다 |
| □ twilight | 황혼, 희미한 빛 | □ peer | 귀족, 동료, 응시하다 |
| □ fever | 열 | □ controversy | 논쟁 |
| □ relief | 구제, 안심, 제거 | □ material | 물질, 재료, 소질, 물질적인 |
| □ refuge | 피난(처) | □ nationality | 국적, 국민성 |
| □ experiment | 실험(하다) | □ trial | 시도, 시련, 재판 |
| □ expense | 비용, 희생 | □ burden | 무거운 짐, 부담 |
| □ reliance | 신뢰 | □ tribe | 종족 |
| □ grief | 슬픔 | □ realm | 영지, 왕국 |
| □ effect | 결과, 효과, 이루다 | □ fright | 놀람, 공포 |
| □ scope | 범위, 시야 | □ demand | 요구, 수요, 요구하다 |
| □ habit | 습관 | □ supply | 공급, 공급하다, (pl.) 생활용품 |
| □ defense | 방어, 변호 | □ intelligence | 지능, 지성, 정보 |
| □ aviation | 비행(술), 항공(술) | □ frame | 구조, 골격, 틀, 형성하다 |
| □ navigation | 항해(술), 항공(술) | □ hobby | 취미 |
| □ resource | 자원, 지략 | □ majority | 대다수, 전공하다 |
| □ cruelty | 잔인 | □ personality | 개성, 명사 |
| □ negligence | 태만 | □ region | 지방 |
| □ bliss | 더 없는 행복, 환희 | □ clue | 단서, 실마리 |
| □ delay | 연기, 지체 | □ parliament | 의회 |
| □ contact | 접촉, 접촉하다, 연락하다 | □ government | 정치, 정부 |
| □ poison | 독(약) | □ oath | 맹세, 서약 |
| □ awe | 두려움 | □ revenue | 세입 |
| □ nutrition | 영양(물) | □ explanation | 설명 |
| □ obligation | 의무, 은혜 | □ minister | 장관, 목사 |

---

**중요 다의어 정리**

**press**
① 신문, 정기간행물   The story was reported in the press and on television.
② 압박하다   The bank is pressing us for repayment of the loan.
③ 누르다   Press this button to start the engine.
④ 간청하다, 강요하다   He pressed me for a loan.
                    The teacher pressed policies on the students.

### 어휘

| | | | |
|---|---|---|---|
| ☐ obstacle | 장애(물) | ☐ incident | 사건 |
| ☐ majesty | 존엄, 폐하 | ☐ disillusion | 환멸, 환멸을 느끼게 하다 |
| ☐ globe | 지구 | ☐ election | 선거 |
| ☐ pressure | 압력, 압박, 기압 | ☐ gesture | 몸짓 |
| ☐ standpoint | 입장, 견지 | ☐ warfare | 전쟁 |
| ☐ monument | 기념비, 기념물 | ☐ adventure | 모험 |
| ☐ opponent | 적, 적수 | ☐ resort | 놀이터, 수단, 호소하다 |
| ☐ fiction | 소설, 꾸며낸 이야기 | ☐ situation | 위치, 사태 |
| ☐ detail | 상세, 상세히 말하다 | ☐ emigrant | (타국으로의) 이주자, 이주하는 |
| ☐ solution | 해결, 용해 | ☐ historian | 역사가 |
| ☐ maximum | 최대한(의) | ☐ creature | 창조물, 생물 |
| ☐ communism | 공산주의 | ☐ victim | 희생(자) |
| ☐ tide | 조수, 풍조, 흐름 | ☐ delight | 즐거움, 즐겁게 하다 |
| ☐ honesty | 정직 | ☐ decay | 부패(하다), 쇠퇴(하다) |
| ☐ brute | 짐승 | ☐ admiral | 해군대장, 제독 |
| ☐ beast | 짐승, 짐승 같은 인간 | ☐ area | 면적, 지역 |
| ☐ inspiration | 영감, 고취 | ☐ symbol | 상징, 부호 |
| ☐ harm | 해, 해치다 | ☐ assent | 동의(하다) |
| ☐ taste | 맛, 취향 | ☐ manuscript | 원고 |
| ☐ independence | 독립(심) | ☐ mechanism | 기계(장치), 기구 |
| ☐ engagement | 약속, 약혼, 교전 | ☐ scent | 향기, 냄새 맡다 |
| ☐ rank | 열, 지휘, 계급, 사병, 자리잡다 | ☐ donation | 기부(금), 기증 |
| ☐ glacier | 빙하 | ☐ miracle | 기적 |
| ☐ prairie | 대초원 | ☐ continent | 대륙 |
| ☐ cradle | 요람, 발상지 | ☐ horror | 공포 |

### 중요 다의어 정리

**yield**
① 산출하다   The research has yielded useful information.
② (이익을) 내다   His business yields big profits.
③ 항복하다   We were forced to yield to the enemy.
④ 양보하다   Yield to oncoming traffic.

# VOCA 16

| 어휘 | | | |
|---|---|---|---|
| ☐ colony | 식민지, 거류지 | ☐ territory | 영토 |
| ☐ philosophy | 철학 | ☐ imitation | 모방 |
| ☐ treasure | 보물, 소중히 하다 | ☐ alternative | 양자택일(의) |
| ☐ admiration | 감탄, 칭찬 | ☐ foliage | (무성한) 나뭇잎 |
| ☐ flesh | 살, 육체 | ☐ preface | 머리말 |
| ☐ conduct | 행위, 지도, 행동하다, 인도하다 | ☐ review | 복습, 재검토, 평론, 복습하다 |
| ☐ aspect | 양상, 국면, 면 | ☐ mischief | 장난, 손해 |
| ☐ anniversary | 기념일 | ☐ departure | 출발 |
| ☐ laboratory | 실험실, 연구소 | ☐ surface | 표면(의) |
| ☐ cell | 세포 | ☐ funeral | 장례식 |
| ☐ essay | 수필 | ☐ ignorance | 무지, 무식 |
| ☐ armament | 군비 | ☐ popularity | 인기, 유행 |
| ☐ fable | 우화 | ☐ pace | 걸음 |
| ☐ maxim | 격언 | ☐ merchandise | 상품 |
| ☐ perspective | 가망, 전망 | ☐ space | 공간, 우주 |
| ☐ income | 수입 | ☐ predecessor | 전임자, 선배, 선조 |
| ☐ fortune | 운, 행운, 재산 | ☐ soil | 흙, 땅 |
| ☐ aid | 도움, 도와주다 | ☐ hospitality | 환대 |
| ☐ fuel | 연료, 연료를 공급하다 | ☐ trait | 특색 |
| ☐ sigh | 한숨(쉬다) | ☐ traitor | 배반자, 반역자 |
| ☐ furniture | 가구 | ☐ puzzle | 수수께끼, 당황하게 하다 |
| ☐ shelter | 피난(처), 피난하다, 보호하다 | ☐ riddle | 수수께끼 |
| ☐ view | 경치, 의견, 목적, 보다 | ☐ solace | 위안, 위로(하다) |
| ☐ navy | 해군 | ☐ vision | 시력, 통찰력, 환상 |
| ☐ inability | 무능, 무력 | ☐ treachery | 배신, 반역 |

## 중요 다의어 정리

**hang**
① 걸다, 매달다　Hang your coat up on the hook.
② 교수형에 처하다　At that time you could hang for stealing.
③ hang around : 어슬렁거리다　What are you hanging around here for?
④ hang on : ~에 달려 있다　It hangs on your decision.

# VOCA 17

| 어휘 | | | |
|---|---|---|---|
| ☐ pasture | 목장, 목초지 | ☐ reverie | 환상(幻想) |
| ☐ renown | 명성 | ☐ mixture | 혼합(물) |
| ☐ vessel | (큰) 배, 그릇 | ☐ outcome | 결과, 성과 |
| ☐ specimen | 표본, 실례(實例) | ☐ expert | 익숙한 사람, 전문가 |
| ☐ trace | 자국, 추적하다 | ☐ project | 계획, 계획하다, 내던지다 |
| ☐ slumber | 잠, 잠자다 | ☐ consequence | 결과, 중요성 |
| ☐ harvest | 수확(기), 거두어들이다 | ☐ rapture | 큰 기쁨, 환희 |
| ☐ tact | 재치, 요령 | ☐ pioneer | 개척자, 선구자 |
| ☐ element | 요소, 원소 | ☐ revenge | 복수, 원한, 복수하다 |
| ☐ pang | 심한 고통, 양심의 가책 | ☐ amount | 총계, 총계 ~이 되다 |
| ☐ flaw | 결점, 흠 | ☐ repose | 휴식, 쉬다, 쉬게 하다 |
| ☐ riot | 폭동(을 일으키다) | ☐ author | 저자, 창시자 |
| ☐ folk | 사람들, 가족, 민속의 | ☐ audience | 청중 |
| ☐ temperance | 절제, 금주 | ☐ throne | 왕위, 왕좌 |
| ☐ garbage | 쓰레기, 찌꺼기 | ☐ outlook | 전망, ~관(觀) |
| ☐ mob | 군중, 폭도 | ☐ expression | 표현, 표정 |
| ☐ adult | 성인, 성인의 | ☐ benefactor | 은인, 후원자 |
| ☐ temperament | 기질 | ☐ suburb | 교외, 변두리 |
| ☐ expansion | 확장 | ☐ apology | 사과, 변명 |
| ☐ output | 생산량 | ☐ proposal | 제의, 신청 |
| ☐ glance | 힐끗 봄, 힐끗 보다 | ☐ phase | 국면, 양상 |
| ☐ vein | 혈관, 광맥 | ☐ male | 남자, 수컷 |
| ☐ conclusion | 결말, 결론 | ☐ relish | 맛, 흥미 |
| ☐ revolt | 반역, 혐오, 반역하다, 불쾌감을 느끼다 | ☐ motive | 동기, 동기가 되다 |
| ☐ pessimist | 비관론자 | ☐ summary | 요약, 요약한 |

## 중요 다의어 정리

**match**
① 시합  I'm playing a match against Liverpool.
② 상대  I was no match for him at tennis.
③ 조화되다  The door was painted blue to match the wall.
④ 필적하다  The teams were evenly matched.

## VOCA 18

| 어휘 | | | |
|---|---|---|---|
| □ plot | 음모, 계획, 줄거리 | □ transition | 변천, 과도기 |
| □ relic | 유물 | □ pause | 멈춤, 중지, 멈추다, 쉬다 |
| □ bronze | 청동 | □ heathen | 이교도, 이방인 |
| □ status | 지위, 현상 | □ worth | 가치, ~의 가치가 있는 |
| □ mystery | 신비, 불가사의 | □ activity | 활동 |
| □ treason | 반역(죄) | □ stage | 무대, 시기, 단계 |
| □ trifle | 사소한 일, 조금 | □ decree | 명령, 포고, 명령하다, 포고하다 |
| □ trend | 경향, 추세 | □ myth | 신화 |
| □ spectacle | 광경, (pl.) 안경 | □ hazard | 위험, 우연, 위험을 무릅쓰다 |
| □ statue | 조각상 | □ pattern | 모범, 모형 |
| □ cliff | 절벽, 낭떠러지 | □ fluid | 액체, 유동성의 |
| □ trap | 덫, 함정, 덫을 놓다 | □ union | 결합, 일치 |
| □ sermon | 설교 | □ disciple | 제자 |
| □ imagination | 상상(력) | □ playwright | 극작가 |
| □ omen | 전조, 조짐 | □ truce | 휴전 |
| □ diameter | 직경, 지름 | □ cave | 동굴 |
| □ effort | 노력 | □ feat | 공적 |
| □ adversity | 역경 | □ forest | 숲 |
| □ snare | 덫, 유혹, 덫으로 잡다, 유혹하다 | □ friction | 마찰, 압력 |
| □ satisfaction | 만족, 만족시키다 | □ digestion | 소화, 숙고 |
| □ estate | 재산, 지위 | □ verse | 운문, 시, (성경의) 한 절 |
| □ orator | 웅변가 | □ counsel | 의논, 충고 |
| □ plea | 탄원, 구실 | □ token | 표시, 증거 |
| □ meadow | 목초지 | □ value | 가치, 존중하다 |
| □ shortage | 부족 | □ flavo(u)r | 맛, 향기 |

### 중요 다의어 정리

**scale**
① 규모   They entertain on a large scale.
② 저울, 저울의 눈금   How much does it read on the scale?
③ 등급   I evaluate workers on a scale from 1 to 10.
④ 비늘   the scale of a snake

| | 어휘 | | |
|---|---|---|---|
| ☐ heretic | 이단자, 이교도 | ☐ elegance | 우아함 |
| ☐ fund | 자금 | ☐ timber | 재목 |
| ☐ bait | 미끼, 유혹, 미끼로 꾀다 | ☐ planet | 유성, 행성 |
| ☐ range | 범위, 산맥, ~에 걸치다 | ☐ design | 디자인, 계획 |
| ☐ orientation | 방향 결정, 안내 | ☐ lung | 폐, 허파 |
| ☐ masterpiece | 걸작 | ☐ magic | 마술(의), 마력(의) |
| ☐ stature | 키, 신장 | ☐ aim | 목적, 표적 |
| ☐ retort | 말대꾸(하다) | ☐ sword | 검(劍), 무력 |
| ☐ metropolis | 수도, 중심지 | ☐ risk | 위험, 위험을 무릅쓰다 |
| ☐ layer | 층 | ☐ tool | 도구, 연장 |
| ☐ volume | 책, 권(卷), 다량 | ☐ weapon | 무기 |
| ☐ testimony | 증거, 증명 | ☐ vehicle | 탈 것, 차량, 매개물, 전달수단 |
| ☐ haven | 항구, 피난처 | ☐ peculiarity | 특색, 버릇 |
| ☐ research | 연구(하다), 조사(하다) | ☐ contest | 투쟁, 경쟁, 다투다, 겨루다 |
| ☐ spot | 장소, 지점 | ☐ favo(u)r | 호의, 찬성 |
| ☐ seed | 씨, 종자 | ☐ mankind | 인간, 인류 |
| ☐ drudgery | 고된 일, 고역(苦役) | ☐ draft | 설계도, 초안, 설계하다, 기초하다 |
| ☐ reverence | 존경, 존경하다 | ☐ bomb | 폭탄, 폭격하다 |
| ☐ summit | 정상 | ☐ nerve | 신경 |
| ☐ crust | (빵) 껍질 | ☐ chemistry | 화학 |
| ☐ boss | 우두머리, 사장 | ☐ addition | 부가 |
| ☐ agony | 고민, 고뇌, 고통 | ☐ measure | 수단, 치수, 계량기구 |
| ☐ wisdom | 지혜 | ☐ vogue | 유행 |
| ☐ propriety | 예의바름, 적당 | ☐ reserve | 사양, 보존하다, 예약하다 |
| ☐ physics | 물리학 | ☐ occasion | 경우, 기회 |

**중요 다의어 정리**

**note**
① 기록, 메모, 적어두다, 써놓다   I left a note for him.
                  He noted down my address.
② 주의하다   Please note (that) the office will be closed on Monday.
③ 음, 음표   He played the first few notes of the tune.
④ 어조, 기색   I saw a note of sadness in her look.

## VOCA 20

| | 어휘 | | |
|---|---|---|---|
| □ dictator | 독재자 | □ satire | 풍자 |
| □ curiosity | 호기심 | □ hypothesis | 가설 |
| □ disorder | 무질서, 혼란 | □ proposition | 명제, 제의 |
| □ cast | 형(型), 주조, 배역, 던지다, 주조하다 | □ perfume | 향수, 향기 |
| □ cancer | 암 | □ miniature | 축소지도, 축소모형, 소형의 |
| □ well-being | 복지, 행복 | □ leisure | 틈, 여가, 한가한 |
| □ chamber | 방 | □ organization | 조직, 단체 |
| □ devil | 악마 | □ republic | 공화국, 공화정체 |
| □ barbarian | 야만인, 야만의, 잔인한 | □ prosecution | 수행 |
| □ stuff | 재료, 물건, 채워 넣다 | □ torture | 고문, 고뇌, 고문하다, 고통을 주다 |
| □ scheme | 계획 | □ cottage | 오두막집, 시골집 |
| □ legislation | 입법, 법제 | □ castle | 성(城) |
| □ symmetry | 균형, 조화 | □ conference | 회의 |
| □ pomp | 화려, 장관 | □ tomb | 묘, 무덤 |
| □ antiquity | 고대(인) | □ fault | 결점, 잘못 |
| □ malice | 악의, 원한 | □ bond | 속박 |
| □ multitude | 다수 | □ providence | 섭리, 신의 뜻, 신 |
| □ bent | 경향, 구부러진, 열중한 | □ compassion | 동정 |
| □ creed | 신조, 주의 | □ domain | 영토 |
| □ procedure | 수속, 진행 | □ caricature | (풍자적) 만화 |
| □ standard | 표준(의), 모범(적인) | □ anguish | 고민, 고뇌 |
| □ boredom | 지루함 | □ facility | 손쉬움, (pl.) 설비, 기관 |
| □ device | 고안, 장치 | □ hygiene | 위생 |
| □ greed | 탐욕 | □ conspiracy | 음모, 공모 |
| □ contagion | 전염(병) | □ accordance | 일치, 조화 |

### 중요 다의어 정리

**party**
① 파티  He likes going to parties.
② 일행  Smith and his party met at the airport.
③ 정당  the Democratic and Republican Parties in the United States
④ 상대방  Your party is on the line. Go ahead.

# VOCA 21

| 어휘 | | | |
|---|---|---|---|
| ☐ perception | 지각, 자각 | ☐ bone | 뼈 |
| ☐ ecstasy | 무아의 경지, 황홀 | ☐ interest | 이익, 흥미, 관심 |
| ☐ censure | 비난(하다) | ☐ limit | 제한, 제한하다, 한정하다 |
| ☐ allowance | 급여, 허가, 참작 | ☐ haste | 서두름 |
| ☐ campaign | (선거) 운동, 전쟁 | ☐ bless | 축복하다 |
| ☐ canal | 운하 | ☐ irritate | 화나게 하다, 안달나게 하다 |
| ☐ apparatus | 기구, 기계 | ☐ prolong | 연장하다 |
| ☐ defiance | 도전, 무시 | ☐ postpone | 연기하다 |
| ☐ craft | 기능, 교묘, 배, 비행기 | ☐ cooperate | 협력하다 |
| ☐ patent | 전매특허(의), 명백(한) | ☐ refer | 언급하다, 참조하다 |
| ☐ countenance | 표정, 안색 | ☐ permit | 허가하다 |
| ☐ pulse | 맥박 | ☐ exaggerate | 과장하다 |
| ☐ implement | 기구, 도구 | ☐ emerge | 나타나다 |
| ☐ insurance | 보험, 보증 | ☐ equip | 갖추다, 장비하다 |
| ☐ catastrophe | 파국, 재난, 비극적 결말 | ☐ ornament | 장식(하다) |
| ☐ accident | 사고, 사건, 우연 | ☐ furnish | 공급하다, 비치하다 |
| ☐ district | 구역, 지역 | ☐ advance | 전진하다, 진보하다, 승진시키다 |
| ☐ direction | 방향, 지도, 지시 | ☐ embark | 배를 타다, 시작하다 |
| ☐ textile | 직물, 직물의 | ☐ flourish | 번창하다 |
| ☐ organ | (생물의) 기관, (정치적인) 기관 | ☐ deprive | 빼앗다 |
| ☐ blood | 피, 혈액 | ☐ diminish | 줄어들다, 감소하다 |
| ☐ ray | 광선 | ☐ derive | ~을 얻다, 유래하다 |
| ☐ crop | 농작물, 수확 | ☐ exchange | 교환(하다) |
| ☐ drought | 가뭄 | ☐ rejoice | 기뻐하다 |

## 중요 다의어 정리

**deal**
① 거래, 거래하다　The deal fell through.
　　　　　　　　　　You can often see people dealing openly on the streets.
② deal with : 다루다, 처리하다　How shall we deal with this problem?
　　　　　　　　　　　　　　Children are hard to deal with.
③ 취급하다, 팔다　We deal in fish and meat.
④ 양(量)　A great deal of money has been spent on my car.

| 어휘 | | | |
|---|---|---|---|
| ☐ nourish | 기르다, (영양분을) 주다 | ☐ deserve | ~할 가치가 있다, ~을 할 만하다 |
| ☐ inquire | 묻다, 안부를 묻다, 조사하다 | ☐ correspond | 일치하다, 편지를 주고받다 |
| ☐ ascertain | 확인하다 | ☐ explore | 탐험하다 |
| ☐ swear | 맹세하다 | ☐ recollect | 회상하다 |
| ☐ celebrate | 축하하다 | ☐ fascinate | 매혹하다 |
| ☐ marvel | 놀라다, 경탄(할, 할 만한 일), 경이 | ☐ stir | 휘젓다, 움직이다 |
| ☐ pray | 빌다 | ☐ compete | 경쟁하다 |
| ☐ reflect | 반사하다, 반영하다, 숙고하다 | ☐ perceive | 지각하다, 이해하다 |
| ☐ ascend | 올라가다 | ☐ enchant | 매혹시키다 |
| ☐ descend | 내려오다 | ☐ consider | 숙고하다, ~이라고 생각하다 |
| ☐ mention | 말하다 | ☐ transform | 변형하다 |
| ☐ quote | 인용하다 | ☐ amaze | 몹시 놀라게 하다 |
| ☐ occupy | 차지하다, 종사하다 | ☐ expose | 드러내다, 폭로하다 |
| ☐ surround | 둘러싸다 | ☐ penetrate | 꿰뚫다, 간파하다 |
| ☐ avail | 쓸모 있다, 소용되다, 쓸모, 이익 | ☐ extend | 넓히다, 뻗치다, ~에 이르다 |
| ☐ preach | 설교하다 | ☐ reside | 살다, 존재하다 |
| ☐ retire | 물러나다, 은퇴하다 | ☐ confine | 가두다, 경계, 한도 |
| ☐ argue | 논하다, 설득하다 | ☐ exhibit | 보이다, 전시하다 |
| ☐ graduate | 졸업하다, 졸업생 | ☐ extract | 뽑다, 추출물, 발췌 |
| ☐ affect | 영향을 주다, 감동시키다, ~인 체하다 | ☐ imply | 의미하다, 암시하다 |
| ☐ unify | 통일하다 | ☐ determine | 결정하다, 결심하다 |
| ☐ operate | 움직이다, 운영하다, 수술하다 | ☐ indicate | 지시하다, 나타내다 |
| ☐ condemn | 비난하다, (형을) 선고하다 | ☐ confront | 직면하다 |
| ☐ praise | 칭찬하다, 칭찬 | ☐ pierce | 꿰뚫다, 간파하다 |
| ☐ forgive | 용서하다 | ☐ dread | 두려워하다 |

### 중요 다의어 정리

**issue**
① 발표하다   The police have issued an appeal for witnesses.
② 발행하다, 출판하다   Cheap round trip tickets are issued.
③ 안건, 사건   The union plans to raise the issue of overtime.
④ 호   The article appeared in issue 25.

| | 어휘 | | | |
|---|---|---|---|---|
| ☐ foster | 기르다, (성장을) 촉진하다 | | ☐ cease | 끝내다, 중지하다 |
| ☐ convey | 나르다, 전하다 | | ☐ rescue | 구하다, 구조 |
| ☐ dismiss | 해고하다, 해산하다, 내쫓다 | | ☐ disturb | 방해하다 |
| ☐ incline | 기울이다, 마음이 기울다, 경사, 비탈 | | ☐ disperse | 퍼뜨리다, 흩어지다 |
| ☐ languish | 원기가 없어지다, 시들다 | | ☐ remove | 이사하다, 제거하다 |
| ☐ illustrate | 예증하다, 설명하다, 그림(삽화)을 넣다 | | ☐ realize | 깨닫다, 실현하다 |
| ☐ excel | (남보다) 낫다 | | ☐ cultivate | 경작하다, 기르다 |
| ☐ mold | 틀에 넣어 만들다, 틀, 성질 | | ☐ sum | 합계하다, 요약하다, 합계, 요점 |
| ☐ taint | 더럽히다, 오염 | | ☐ exploit | 개발하다, 이용하다, 공훈, 위업 |
| ☐ discharge | 수행하다, 면제하다 | | ☐ contradict | 반박하다, 모순되다 |
| ☐ exceed | 넘다, 능가하다 | | ☐ develop | 발달하다, 개발하다 |
| ☐ usher | 안내하다, 수위 | | ☐ approach | 접근하다, 접근 |
| ☐ owe | 힘입다, 빚(의무)이 있다 | | ☐ emancipate | 해방하다 |
| ☐ heed | 주의, 주의하다 | | ☐ classify | 분류하다 |
| ☐ resemble | ~을 닮다 | | ☐ represent | 나타내다, 묘사하다, 대표하다 |
| ☐ compose | 구성하다, (마음을) 가라앉히다 | | ☐ reduce | 줄이다, ~으로 돌아가게 하다 |
| ☐ refrain | ~을 그만두다, (노래의) 후렴 | | ☐ wither | 시들다, 말라죽다 |
| ☐ relax | 늦추다, 쉬다 | | ☐ astonish | 놀라게 하다 |
| ☐ subscribe | 서명하다, 기부하다, 구독하다 | | ☐ commit | 맡기다, 범하다 |
| ☐ interfere | 간섭하다, 방해하다 | | ☐ claim | 요구(하다), 주장(하다), 권리 |
| ☐ share | 분배하다, 분담하다, 몫, 분담 | | ☐ seclude | 은퇴시키다 |
| ☐ injure | 해치다 | | ☐ appoint | 임명하다, 지정하다 |
| ☐ depend | ~에 의존하다 | | ☐ animate | 활기를 주다, 고무하다 |
| ☐ trespass | 침해하다 | | ☐ apply | 적용하다, 전념하다, 신청(지원)하다 |
| ☐ decide | 결정하다, 결심하다 | | ☐ disappoint | 실망시키다 |

**중요 다의어 정리**

**fit**
① 맞다, 적합하다　These shoes fit my feet.
② 적당한, 알맞은　The food was not fit for human consumption.
③ 건강한　Top athletes have to be very fit.
④ 발작, 북받침　He fell to the floor in a fit.
　　　　　　　He said so in a fit of anger.

| 어휘 | | | |
|---|---|---|---|
| ☐ afford | 주다, ~할 여유가 있다 | ☐ degrade | 타락하다 |
| ☐ throng | 떼 지어 모이다, 군중 | ☐ amuse | 재미나게 하다 |
| ☐ scatter | 뿌리다 | ☐ obtain | 얻다 |
| ☐ modify | 변경하다, 수식하다, 완화하다 | ☐ inform | 알리다 |
| ☐ intoxicate | 취하게 하다 | ☐ curse | 저주하다, 저주 |
| ☐ offend | 화나게 하다, 범하다 | ☐ provide | ~을 주다, 준비하다 |
| ☐ associate | 교제하다, 연상하다, 동료 | ☐ refresh | 상쾌하게 하다, 새롭게 하다 |
| ☐ behold | 보다 | ☐ manage | 관리하다, 이럭저럭 ~하다 |
| ☐ mingle | 섞다 | ☐ confess | 자백하다, 자인하다 |
| ☐ venture | 감히 ~하다 | ☐ demonstrate | 증명하다, 시위하다 |
| ☐ invert | ~을 거꾸로 하다, 뒤집다 | ☐ stoop | (몸을) 구부리다, 굴복하다 |
| ☐ collect | 모으다, 수집하다 | ☐ profess | 공언하다, ~이라고 자칭하다 |
| ☐ complain | 불평하다, (고통을) 호소하다 | ☐ fade | (색이) 바래다, 시들다 |
| ☐ spoil | 망치다, 손상하다 | ☐ manufacture | 제조(하다), 제품 |
| ☐ mock | 비웃다, 조롱, 모의의 | ☐ appeal | 호소하다, 간청하다, 호소 |
| ☐ recall | 상기하다, 소환하다, 회상, 소환 | ☐ contend | 다투다, 논쟁하다 |
| ☐ reproduce | 재생하다, 번식하다 | ☐ publish | 발표하다, 출판하다 |
| ☐ assemble | 모이다 | ☐ interpret | 통역하다, 해석하다 |
| ☐ retreat | 물러가다, 후퇴, 피난처 | ☐ entitle | 권리(자격)를 주다 |
| ☐ punish | 처벌하다 | ☐ disregard | 무시하다 |
| ☐ settle | 정착하다, 해결하다 | ☐ ascribe | (원인을) ~으로 돌리다 |
| ☐ conceive | 상상하다, 품다 | ☐ astound | 깜짝 놀라게 하다 |
| ☐ disclose | 드러내다, 폭로(적발)하다 | ☐ protect | 보호하다 |
| ☐ repair | 수리(하다) | ☐ accommodate | 수용하다, 편의를 도모하다 |
| ☐ repeat | 되풀이하다 | ☐ progress | 진행, 진보, 진행하다, 진보하다 |

### 중요 다의어 정리

**observe**
① 관찰하다, 목격하다　I felt he was observing everything I did.
　　　　　　　　　　The police observed a boy open the window.
② 진술하다, 말하다　She observed that it was getting late.
③ 거행하다, 경축하다　How do you observe Christmas?
④ 지키다, 준수하다　She was careful to observe the law.

## VOCA 25

| 어휘 | | | |
|---|---|---|---|
| ☐ overtake | ~을 뒤따라 잡다, 덮치다 | ☐ register | 등록하다, 가리키다 |
| ☐ assist | 돕다 | ☐ coincide | 일치하다, 부합하다 |
| ☐ advocate | 변호하다, 주장하다 | ☐ complicate | 복잡하게 하다 |
| ☐ attempt | 시도하다, 시도 | ☐ discern | 분간하다, 식별하다 |
| ☐ partake | ~에 관여하다, 참가하다 | ☐ dispute | 논쟁(하다) |
| ☐ greet | 인사하다 | ☐ remark | 말하다, 주목하다 |
| ☐ suggest | 암시하다, 제안하다 | ☐ supplement | 보충(하다) |
| ☐ waste | 낭비하다, 황폐한 | ☐ debate | 논쟁(하다), 토론(하다) |
| ☐ dissolve | ~을 녹이다, 해산하다 | ☐ humiliate | 창피를 주다, 모욕하다 |
| ☐ oblige | 강요하다, 고맙게 여기다 | ☐ explode | 폭발하다 |
| ☐ decline | 기울다, 쇠퇴하다, 거절하다, 경사 | ☐ narrate | 이야기하다 |
| ☐ accustom | 익히다, 습관을 붙이다 | ☐ administer | 관리하다, 시행하다, 경영하다 |
| ☐ defeat | 패배하다, 패배 | ☐ haunt | 자주 가다, 늘 따라다니다 |
| ☐ tempt | 유혹하다 | ☐ dispense | 나눠주다, ~없이 지내다 |
| ☐ exempt | 면제하다, 면제된 | ☐ differ | 다르다 |
| ☐ induce | 권유하다, 설득하여 ~시키다 | ☐ eliminate | 제거하다 |
| ☐ oppress | 압박하다 | ☐ dwell | 살다, 거주하다 |
| ☐ acquaint | 알리다 | ☐ assume | ~인 체하다, 생각하다, 가정하다 |
| ☐ impoverish | 가난하게 하다, 쇠약하게 하다 | ☐ apprehend | 이해하다, 염려하다 |
| ☐ resent | 분개하다 | ☐ capture | 사로잡다, 포획 |
| ☐ abuse | 남용하다, 학대하다 | ☐ rear | 기르다, 세우다 |
| ☐ bother | 괴롭히다, 걱정하다 | ☐ stare | 뚫어지게 보다 |
| ☐ shrink | 줄다, 오그라들다 | ☐ confer | 수여하다, 상담하다, 비교하다 |
| ☐ compel | 억지로 ~시키다 | ☐ discard | 버리다 |
| ☐ deliver | 배달하다, 연설하다 | ☐ negotiate | 교섭하다 |

### 중요 다의어 정리

**spring**
① 봄   He was born in the spring of 1994.
② 튀어 오르다   He turned off the alarm and sprang out of bed.
③ 용수철   The toy is worked by a spring.
④ 샘   Suanbo is a town of hot springs.
⑤ spring up : 생겨나다   New nations spring up like mushrooms.

## VOCA 26

| 어휘 | | | |
|---|---|---|---|
| □ anticipate | 예상하다 | □ accumulate | 쌓아올리다, 축적하다 |
| □ contrive | 연구해내다, 고안하다, 꾸미다 | □ lurk | 숨어 있다 |
| □ consent | 동의(하다), 승낙(하다) | □ provoke | 화나게 하다, 도발하다 |
| □ defy | 도전하다, 무시하다 | □ trim | 정돈하다, 손질하다 |
| □ beware | 조심하다 | □ rebuke | 비난(하다) |
| □ summon | 소환하다, (용기, 힘 따위를) 내다 | □ confirm | 확인하다 |
| □ thrive | 번영하다, 무성하다 | □ conform | 일치시키다(하다) |
| □ subdue | 진압하다, 완화하다 | □ aspire | 열망하다 |
| □ bloom | 꽃(피다) | □ detach | 떼어놓다, 파견하다 |
| □ discriminate | 구별하다 | □ rebel | 반역하다, 반역자 |
| □ sustain | 떠받치다, 부양하다, 견디다 | □ repel | 쫓아버리다, 불쾌감을 주다 |
| □ enforce | 실시하다, 강제하다 | □ annihilate | 전멸시키다 |
| □ transact | 처리하다, 거래하다 | □ allude | 언급하다, 암시하다 |
| □ support | 지지하다, 부양하다 | □ sting | 찌르다, (동물의) 침, 고통 |
| □ cling | 달라붙다, 고수하다, 집착하다 | □ allure | 유혹하다 |
| □ entrust | 위임하다 | □ replace | ~을 대신하다, 제자리에 두다 |
| □ adhere | 들러붙다, 고수하다, 견지하다 | □ console | 위로하다 |
| □ transmit | 보내다, 전달하다 | □ surmount | 극복하다 |
| □ infect | 전염시키다 | □ treat | 다루다, 대접하다, 대접, 환대 |
| □ wrap | 싸다, 포장하다 | □ swell | 부풀다, 부풀음 |
| □ inflict | (형벌, 고통, 손해를) 주다 | □ sneer | 비웃다, 냉소하다 |
| □ undergo | (수술, 시험 따위를) 받다, 당하다 | □ befall | 일어나다, 신변에 닥치다 |
| □ withstand | 저항하다 | □ subside | (비, 바람이) 가라앉다 |
| □ withhold | 보류하다, 억제하다 | □ seize | 붙잡다 |
| □ adorn | 장식하다 | □ implore | 애원하다, 탄원하다 |

### 중요 다의어 정리

**sound**
① 소리   I heard a strange sound from the next room.
② ~하게 들리다   His voice sounded strange on the phone.
③ 발음하다   You don't sound the 'b' in the word 'comb'.
④ 건전한, 정상의   We arrived home safe and sound.
⑤ 깊은   He fell into a sound sleep under the tree.

어휘

| | | | |
|---|---|---|---|
| ☐ **abandon** | 버리다 | ☐ **scratch** | 할퀴다, 긁다 |
| ☐ **deal** | 거래하다, 취급하다 | ☐ **compare** | 비교하다, 비유하다 |
| ☐ **steer** | 조종하다, 나아가다 | ☐ **embrace** | ~을 껴안다, 포옹하다 |
| ☐ **depress** | 억압하다, 우울하게 하다 | ☐ **reckon** | 계산하다, ~라고 생각하다 |
| ☐ **inhabit** | ~에 살다, ~에 거주하다 | ☐ **throb** | (심장이) 뛰다, 두근거리다 |
| ☐ **grant** | 허락하다, 주다, 인정하다 | ☐ **suppress** | 억압하다, (사실을) 감추다 |
| ☐ **muse** | 명상하다, 숙고하다 | ☐ **preoccupy** | 마음을 빼앗다, 먼저 차지하다 |
| ☐ **attract** | 끌다 | ☐ **salute** | 인사(하다), 경례 |
| ☐ **introduce** | 소개하다, 도입하다 | ☐ **revise** | 개정하다 |
| ☐ **portray** | 그리다 | ☐ **lessen** | 적어지다, 줄다 |
| ☐ **guarantee** | 보증하다 | ☐ **beguile** | 속이다 |
| ☐ **regulate** | 규정하다, 조절하다 | ☐ **bid** | 명령하다, 말하다 |
| ☐ **presume** | 상상하다, 생각하다 | ☐ **reap** | 베다, 수확하다 |
| ☐ **resume** | 다시 시작하다, 되찾다 | ☐ **concede** | 양보하다 |
| ☐ **lure** | 유혹하다 | ☐ **lade** | 싣다 |
| ☐ **award** | (심사하여) 주다, 수여하다 | ☐ **deplore** | 한탄하다 |
| ☐ **multiply** | 증가하다, (수를) 곱하다 | ☐ **precede** | ~에 앞서다, 능가하다 |
| ☐ **spare** | 절약하다, 아끼다, 예비의 | ☐ **banish** | 추방하다 |
| ☐ **grudge** | 아까워하다, ~하기를 싫어하다 | ☐ **stifle** | 숨 막히게 하다, 억누르다 |
| ☐ **stroll** | 한가롭게 거닐다, 산책 | ☐ **abound** | 풍부하다 |
| ☐ **execute** | 실시하다, 성취하다 | ☐ **deposit** | 맡기다, 예금, 맡긴 것 |
| ☐ **imprison** | ~을 교도소에 넣다, 투옥하다 | ☐ **retain** | 보유하다, 간직하다 |
| ☐ **proceed** | 나아가다, 계속하다 | ☐ **sob** | 흐느껴 울다 |
| ☐ **recede** | 물러가다 | ☐ **withdraw** | 물러나다, 탈퇴하다 |

**중요 다의어 정리**

**term**
① 기간, 학기　He faces a maximum prison(jail) term of 25 years.
　　　　　　　During the term, we have examinations.
② 용어　He knows all the scientific terms.
③ 말씨, 말투　The letter was brief, and couched in very polite terms.
④ 관계, 사이　I'm on good terms with her.
⑤ (지불, 계약의) 조건　They failed to agree on the terms of a settlement.

## VOCA 28

| | 어휘 | | |
|---|---|---|---|
| □ ally | 동맹하다, 동맹자(국) | □ contain | 포함하다 |
| □ renounce | 버리다, 부인하다 | □ endow | 기부하다, 주다 |
| □ allot | 할당하다 | □ guard | 지키다, 조심하다, 경계, 수위 |
| □ assign | 할당하다 | □ crash | 와르르 무너지다, 충돌하다, 추락하다 |
| □ vow | 맹세(하다) | □ burst | 폭발하다, 파열하다, 폭발, 파열 |
| □ vouch | 보증하다 | □ worry | 괴롭히다, 걱정하다 |
| □ carve | 조각하다 | □ military | 군대의, 육군의 |
| □ verify | 증명하다, 확인하다 | □ trustworthy | 신뢰(신용)할 수 있는 |
| □ ordain | 명령하다, 운명 짓다 | □ delicious | 맛있는 |
| □ avenge | 복수하다 | □ manifest | 명백한, 명시하다 |
| □ confound | 혼동하다 | □ gradual | 점진적인 |
| □ beckon | (손짓 따위로) 부르다, 신호하다 | □ voluntary | 자발적인 |
| □ collapse | 붕괴(하다) | □ stately | 위엄이 있는, 당당한 |
| □ mar | 상하게 하다 | □ proficient | 숙달한 |
| □ kneel | 무릎 꿇다, 굴복하다 | □ tropical | 열대의 |
| □ pant | 헐떡이다, 갈망하다 | □ superfluous | 여분의 |
| □ warrant | 보증(하다) | □ eminent | 저명한, 뛰어난 |
| □ kindle | 불을 붙이다 | □ contrary | 반대의, 반대 |
| □ uphold | 지지하다, 돕다 | □ feudal | 봉건적인 |
| □ disdain | 경멸(하다) | □ fertile | 비옥한, 다산의 |
| □ prescribe | 규정하다, 처방하다 | □ intimate | 친밀한 |
| □ accompany | 동반하다, (~의) 반주로 하다 | □ primary | 제일의, 주요한 |
| □ abide | 살다, 머무르다 | □ enormous | 막대한, 거대한 |
| □ divide | 나누다, 분할하다 | □ disinterested | 사심 없는, 공평한 |
| □ paralyze | 마비시키다 | □ magnificent | 웅대한, 장엄한 |

### 중요 다의어 정리

**effect**
① 영향  I tried to persuade him, but with little or no effect.
② 결과  He studied the cause and effect of the matter.
③ 효과, 효능  side effects
④ 취지  I received a letter to the following effect.
⑤ take effect : 효과가 나타나다  This medicine quickly took effect.

| | | 어휘 | | | |
|---|---|---|---|---|---|
| ☐ similar | 비슷한 | | ☐ vast | 막대한 |
| ☐ tranquil | 조용한 | | ☐ immense | 막대한 |
| ☐ commonplace | 평범한 | | ☐ tremendous | 엄청난, 무서운 |
| ☐ artificial | 인공적인 | | ☐ innocent | 순결한, 결백한 |
| ☐ wretched | 불쌍한, 비참한 | | ☐ divine | 신성한, 비범한 |
| ☐ sovereign | 최고의, 주권을 가진 | | ☐ tedious | 지루한 |
| ☐ staple | 주요한 | | ☐ domestic | 가정의, 국내의 |
| ☐ vital | 생명의, 중요한 | | ☐ huge | 거대한, 막대한 |
| ☐ moderate | 알맞은, 중용의 | | ☐ colloquial | 구어(체)의 |
| ☐ casual | 우연한 | | ☐ vacant | 텅 빈, 멍한 |
| ☐ stable | 안정된, 외양간 | | ☐ reluctant | 마음이 내키지 않는, 싫어하는 |
| ☐ royal | 왕의, 왕위의, 위엄 있는 | | ☐ sceptical | 회의적인 |
| ☐ tiny | 몹시 작은 | | ☐ awkward | 어설픈, 귀찮은 |
| ☐ sufficient | 충분한 | | ☐ scanty | 부족한 |
| ☐ tidy | 단정한 | | ☐ inherent | 타고난, 고유의 |
| ☐ acute | 날카로운 | | ☐ extravagant | 사치스러운, 터무니없는 |
| ☐ subjective | 주관적인 | | ☐ aware | 알고 있는, 알아차린 |
| ☐ ripe | 익은 | | ☐ ignoble | 천한, 비열한 |
| ☐ arctic | 북극의 | | ☐ shy | 수줍어하는 |
| ☐ parallel | 평행의, 유사한 | | ☐ frank | 솔직한 |
| ☐ brief | 짧은, 간결한 | | ☐ spontaneous | 자발적인, 자연적인 |
| ☐ slight | 적은, 하찮은 | | ☐ visible | 눈에 보이는 |
| ☐ inevitable | 피할 수 없는, 필연적인 | | ☐ inferior | 보다 열등한, 열등한 사람 |
| ☐ perpetual | 영원한, 끝임없는 | | ☐ ashamed | 부끄러워하는 |
| ☐ reckless | 무모한 | | ☐ capable | ~할 수 있는, 유능한 |

**중요 다의어 정리**

**rest**
① 휴식하다, 휴식   I can rest easy knowing that she's safely home.
② 나머지   He lived here for the rest of his life.
③ 영면하다   May he rest in peace.
④ 놓이다   His chin rested on his hands.
⑤ rest on : ~에 달려 있다   The future rests on our shoulders.

## VOCA 30

| 어휘 | | | |
|---|---|---|---|
| ☐ keen | 날카로운 | ☐ daring | 대담(한) |
| ☐ exact | 정확한 | ☐ frugal | 검소한, 알뜰한 |
| ☐ utmost | 최고(의), 최대(의) | ☐ aggressive | 침략(공격)적인, 적극적인 |
| ☐ dumb | 벙어리의 | ☐ invalid | 허약한, 병자 |
| ☐ fierce | 사나운, 맹렬한 | ☐ actual | 현실의 |
| ☐ faint | 희미한, 약한, 기절하다 | ☐ holy | 신성한 |
| ☐ affirmative | 긍정적인 | ☐ sensitive | 민감한, 감수성이 강한 |
| ☐ guilty | 유죄의 | ☐ periodical | 정기(간행)의, 정기간행물 |
| ☐ firm | 견고한, 단호한, 회사 | ☐ human | 인간의, 인간다운 |
| ☐ diverse | 다양한, 다른 | ☐ numerous | 매우 많은 |
| ☐ plain | 명백한, 검소한, 쉬운, 평야 | ☐ rapid | 빠른 |
| ☐ stupid | 어리석은 | ☐ inborn | 타고난, 선천적인 |
| ☐ fatal | 숙명적인, 치명적인 | ☐ vain | 헛된, 허영심이 강한 |
| ☐ fluent | 유창한 | ☐ obvious | 명백한 |
| ☐ tolerable | 참을 수 있는, 상당한 | ☐ idealist | 이상가, 관념주의자 |
| ☐ mechanical | 기계의 | ☐ undaunted | 굽히지 않는, 용감한 |
| ☐ elastic | 탄력 있는, 신축성이 있는 | ☐ indifferent | 무관심한 |
| ☐ upright | 똑바른, 정직한 | ☐ timely | 때맞춘, 적시의 |
| ☐ permanent | 영구적인 | ☐ prompt | 신속한, 즉시의 |
| ☐ hideous | 무서운 | ☐ clumsy | 어색한, 모양 없는 |
| ☐ uniform | 같은 모양의, 일정한, 제복 | ☐ imperial | 제국의, 황제의, 당당한 |
| ☐ ardent | 열렬한, 열심인 | ☐ atomic | 원자(력)의 |
| ☐ liable | ~하기 쉬운, 책임이 있는 | ☐ intent | 열중한, 의지 |
| ☐ discreet | 사려 깊은, 신중한 | ☐ private | 개인의, 병사 |
| ☐ informal | 비공식의 | ☐ positive | 명백한, 긍정적인 |

### 중요 다의어 정리

**figure**
① 숫자   Write the figure '3' on the board.
② 모습   a tall figure in black
③ 인물   a political figure
④ 조각상   She carved a figure out of stone.
⑤ figure out : 이해하다, 계산하다   I can't figure out how they did it.

## VOCA 31

### 어휘

| | | | | |
|---|---|---|---|---|
| ☐ lofty | 매우 높은, 숭고한 | ☐ selfish | 이기적인 |
| ☐ prone | ~하기 쉬운 | ☐ vile | 비열한 |
| ☐ silly | 어리석은 | ☐ alert | 빈틈없는, 경계 |
| ☐ reverse | 반대의, 거꾸로 된, 거꾸로 하다, 반대 | ☐ figurative | 비유적인 |
| ☐ slender | 가느다란, 호리호리한 | ☐ appropriate | 적당한 |
| ☐ strenuous | 활기찬, 분투하는 | ☐ indebted | 은혜를 입고 있는, 부채가 있는 |
| ☐ futile | 쓸데없는, 무익한 | ☐ approximate | 대략의 |
| ☐ raw | 날것의, 미숙한 | ☐ flexible | 구부리기 쉬운, 융통성 있는 |
| ☐ wicked | 사악한 | ☐ smart | 재치 있는, 멋진, 영리한 |
| ☐ sheer | 순전한, 순수한 | ☐ gallant | 용감한, (여자에게) 상냥한 |
| ☐ relative | 상대적인, 관계가 있는, 친척 | ☐ haughty | 거만한 |
| ☐ hardy | 튼튼한 | ☐ astray | 길을 잃어, 길을 잘못 들어 |
| ☐ solid | 고체의, 견실한, 견고한, 고체 | ☐ consistent | 변함없는, 시종일관된 |
| ☐ rural | 시골의 | ☐ compulsory | 강제적인, 의무적인 |
| ☐ sly | 교활한 | ☐ ingenious | 교묘한, 발명의 재능이 있는 |
| ☐ sober | 진지한, 냉정한, 술 마시지 않은 | ☐ naughty | 장난꾸러기인, 행실이 나쁜 |
| ☐ stiff | 굳은, 뻣뻣한 | ☐ notable | 주목할 만한, 유명한 |
| ☐ tame | 길든, 길들이다 | ☐ potent | 강력한, 유력한 |
| ☐ destitute | 빈곤한, ~이 결핍한 | ☐ dismal | 음침한 |
| ☐ tough | 단단한, 질긴 | ☐ eccentric | (행동 따위가) 별난 |
| ☐ steady | 한결같은, 확고한 | ☐ predominant | 뛰어난, 우세한 |
| ☐ innumerable | 무수한 | ☐ serene | 고요한, 화창한 |
| ☐ steadfast | 확고한 | ☐ sanitary | 위생(상)의 |
| ☐ drastic | 맹렬한, 철저한 | ☐ petty | 작은 |
| ☐ vertical | 수직의 | ☐ simultaneous | 동시의 |

### 중요 다의어 정리

**odd**

① 이상한, 특이한　They're very odd people.
② 다양한　decorations made of odd scraps of paper.
③ 홀수의(↔ even)　1, 3, 5 and 7 are odd numbers.
④ 남는, 나머지의　I'll see you when you have an odd moment.
⑤ odds : 가능성, 확률　The odds are that she'll win.

## VOCA 32

| 어휘 | | | |
|---|---|---|---|
| ☐ prominent | 눈에 띄는, 저명한 | ☐ whimsical | 변덕스러운 |
| ☐ steep | 험한, 가파른 비탈 | ☐ corrupt | 썩은, 타락시키다 |
| ☐ prodigal | 낭비하는, 방탕한 | ☐ wholesome | 건전한, 건강에 좋은 |
| ☐ prudent | 사려 깊은, 신중한 | ☐ credulous | (남의 말을) 잘 믿는, 속기 쉬운 |
| ☐ sullen | 뚱한, 시무룩한 | ☐ abrupt | 갑작스러운 |
| ☐ righteous | 바른, 공정한 | ☐ devoid | ~이 없는 |
| ☐ sterile | 메마른, 불모의, 헛된 | ☐ alien | 외국의, 성질이 다른 |
| ☐ transient | 덧없는, 일시적인 | ☐ capricious | 변덕스러운 |
| ☐ rigid | 단단한, 엄격한 | ☐ shabby | 초라한 |
| ☐ senior | 손위의, 연장자, 선배 | ☐ dreary | 쓸쓸한, 황량한 |
| ☐ quaint | 진기한 | ☐ outstanding | 눈에 띄는, 현저한 |
| ☐ sagacious | 현명한, 영리한 | ☐ erroneous | 틀린, 잘못된 |
| ☐ plausible | 그럴듯한 | ☐ pensive | 깊은 생각에 잠겨있는, 수심에 잠긴 |
| ☐ potential | 잠재적인, 가능한, 잠재력 | ☐ forlorn | 고독한, 쓸쓸한, 버림받은 |
| ☐ unprecedented | 전례가 없는, 공전(空前)의 | ☐ gorgeous | 화려한 |
| ☐ robust | 건장한, 튼튼한 | ☐ imprudent | 뻔뻔스러운, 염치없는 |
| ☐ ample | 충분한 | ☐ pertinent | 적절한 |
| ☐ akin | 동족의, 동류의 | ☐ frivolous | 경박한 |
| ☐ cordial | 진심의, 마음에서 우러나오는 | ☐ genial | 따뜻한, 친절한 |
| ☐ coarse | 조잡한, 야비한 | ☐ insolent | 오만한 |
| ☐ vehement | 열정적인, 맹렬한 | ☐ indolent | 게으른 |
| ☐ venerable | 존경할 만한 | ☐ ruthless | 무자비한 |
| ☐ compatible | 양립할 수 있는 | ☐ incessant | 끊임없는 |
| ☐ weary | 피로한, 싫증나는 | ☐ myriad | 무수한 |
| ☐ complacent | 자기 만족의 | ☐ legitimate | 합법적인, 정당한 |

### 중요 다의어 정리

**part**
① 부분, 부품   the working parts of the machinery
          The automobile needed several new parts.
② 헤어지다   We parted at the airport.
③ 본분, 직분   Each one must do his part.
④ play a part : ~역할을 하다   He played the part of the hero in the play.
⑤ take part in : ~에 참여하다   He took part in the game.

| 어휘 | | | |
|---|---|---|---|
| □ wistful | 탐내는 듯한, 생각에 잠긴 | □ loyal | 충성스러운, 성실한 |
| □ air | 공기, 공중, 태도, 야외, 비행기(항공) | □ pathetic | 측은한, 불쌍한 |
| □ art | 기술, 방법, 예술 | □ liberal | 너그러운, 일반 교육의, 자유주의의 |
| □ promise | 가망, 약속 | □ perpendicular | 수직의 |
| □ sentence | 판결(하다), 선고(하다), 문장 | □ technical | 기술적인, 전문의 |
| □ scale | 계급, 규모 | □ medieval | 중세의 |
| □ society | 회(會), 단체, 사교계, 사회 | □ prime | 제일의, 주요한 |
| □ tongue | 말, 말씨, 혀 | □ gloomy | 어두운, 우울한 |
| □ turn | 차례, 돌다 | □ partial | 부분적인, 불공평한 |
| □ regard | 안부, 간주하다 | □ stout | 튼튼한, 뚱뚱한 |
| □ nature | 천성, 자연, 성질, 종류 | □ civil | 시민의, 국내의 |
| □ order | 주문(하다), 질서 | □ exquisite | 정교한, 우아한 |
| □ calling | 직업, 천직 | □ local | 지방의 |
| □ right | 권리, 정의, 꼭, 바로, 오른쪽 | □ principal | 주요한, 장(長), 교장 |
| □ reason | 이성, 이유, 추리하다, 설득하다 | □ sinister | 불길한 |
| □ respect | 점, 관계, 존경하다 | □ previous | 이전의 |
| □ sport | 농담, 스포츠, 운동경기 | □ image | 상(像), 꼭 닮은 사람(물건) |
| □ plant | 공장, 설비, 식물 | □ world | 세계, 세상, ~계, 세상 사람, 다수(의) |
| □ pass | 산길, 고개, 건네주다, 지나가다 | □ state | 국가, 상태, 신분, 위치 |
| □ passage | 구절, 경과, 통로, 통행 | □ notice | 통지, 예고, 알아차리다 |
| □ gift | 천부적인 재능, 선물 | □ part | 역할, 부분, 헤어지다 |
| □ mental | 정신의 | □ party | 당파, 일행, 당사자, 모임 |
| □ official | 공식의, 공무상의 | □ press | 출판물, 언론계, 서두르게 하다, 누르다 |
| □ humble | 겸손한, 하찮은 | □ reach | 범위, 능력, 집어주다, 도착하다 |

### 중요 다의어 정리

**plain**
① 명백한, 분명한   It is plain that he stole the money.
② 수수한, 평범한   The interior of the church was plain and simple.
　　　　　　　　 He was a plain working man.
③ 평원   They were marching on the plains of Italy.
④ 검소한   I like plain living and high thinking.
⑤ 쉬운   The book is written in plain English.

| | 어휘 | | |
|---|---|---|---|
| ☐ case | 실정, 사실, 환자, 경우, 상자 | ☐ cause | 대의, 명분, 목적, 원인 |
| ☐ event | 사건, 경기종목, 결과 | ☐ school | 학파, 학교, 수업, 훈련하다 |
| ☐ end | 목적, 결과, 죽음, 끝(내다) | ☐ blow | 타격, 바람이 불다 |
| ☐ everything | 가장 중요한 것, 모든 것 | ☐ dish | 요리, 음식, 접시 |
| ☐ somebody | 상당한 인물, 누군가 | ☐ term | 조건, 교제관계, 용어, 기간 |
| ☐ nobody | 보잘것없는 사람, 아무도 ~아니다 | ☐ draw | 무승부, 당기다 |
| ☐ article | 조항, 기사, 물품, 관사 | ☐ study | 서재, 공부 |
| ☐ match | 적수, 경기, 조화하다, 당해내다 | ☐ score | 득점, 다수, 기록하다 |
| ☐ hand | 일꾼, 솜씨, 필적, ~쪽 | ☐ picture | 사진, 꼭 닮은 것, 영화, 상상하다 |
| ☐ might | 힘 | ☐ break | 휴식시간, 침입하다, 길들이다, 부수다 |
| ☐ life | 생물, 실물, 전기, 활기, 인생 | ☐ quarter | 지역, 방면, (pl.) 숙소, 4분의 1 |
| ☐ lot | 운명, 제비, 토지, 많음 | ☐ race | 인종, 민족, 경주 |
| ☐ chance | 가능성, 운, 기회, 우연히 ~하다 | ☐ spell | 한차례, 한동안, 주문(呪文), 철자를 쓰다 |
| ☐ leave | 허가, 휴가, ~하게 두다, 떠나다 | ☐ field | 분야, 영역, 들 |
| ☐ fast | 단식, 고정된, (잠을) 깊게 | ☐ exercise | 운동(하다), 행사(하다), 연습(하다) |
| ☐ fancy | 공상, 좋아함, 별난, 생각하다 | ☐ train | 행렬, 연속, 훈련하다, 열차 |
| ☐ game | 사냥감, 경기, 시합 | ☐ note | 유명, 지폐, 주석, 짧은 편지, 적어두다 |
| ☐ ground | 이유, 근거, 운동장 | ☐ drink | 음료, 축배를 들다, 마시다 |
| ☐ want | 부족, 필요로 하다, 부족하다, 원하다 | ☐ mine | 광산, 채굴하다, 나의 것 |
| ☐ line | 직업, 전공, 방침, 나란히 서다, 선 | ☐ side | 자기 편, 편들다, 옆구리 |
| ☐ letter | 문자, (pl.) 문학, 편지 | ☐ toll | 통행세, 사상자 수, 종이 울리다 |
| ☐ will | 의지, 유언장, ~일 것이다 | ☐ safe | 금고, 안전한 |
| ☐ day | 전성기, 승리, (pl.) 시대, 날, 낮 | ☐ dawn | 시작, 단서, 새벽, 알기 시작하다 |
| ☐ ball | 무도회, 공 | ☐ store | 저장, 가게, 저장하다 |

### 중요 다의어 정리

**subject**
① 주제, 화제   What is the subject for today's discussion?
　　　　　　　Don't change the subject; answer the question.
② 학과, 과목   Biology is my favourite subject.
③ 지배하다, 종속시키다   The city was subjected to heavy bombing.
④ be subject to : ~의 지배를 받는   This country is subject to England.
　　　　　　　~하기 쉬운   The train is subject to delays when it is rainy.

## VOCA 35

| | 어휘 | | |
|---|---|---|---|
| ☐ stand | 견디다, (~상태에) 있다, 서다 | ☐ become | 어울리다, ~이 되다 |
| ☐ fix | 수리하다, 고정시키다, 곤경 | ☐ land | 상륙하다, 착륙하다, 육지 |
| ☐ better | 개선하다, 더 좋은 | ☐ cover | 보도하다, ~에 걸치다, 충당하다 |
| ☐ meet | 만족시키다, 응하다, 만나다 | ☐ fall | 해당하다, 가을, 멸망, 폭포, 떨어지다 |
| ☐ observe | 말하다, 관찰하다, 지키다, 거행하다 | ☐ gain | 증가하다, (시계가) 빨리 가다, 이익 |
| ☐ consult | 상의(상담)하다 | ☐ sound | ~한 것 같다, 울리다, 건전한, 무사히 |
| ☐ head | 머리, 우두머리, 머릿수, 앞장서다, 나아가다 | ☐ till | 경작하다, ~하고 마침내, ~까지 |
| ☐ practice | 개업하다, 연습, 실천 | ☐ sort | 분류하다, 골라내다, 종류 |
| ☐ sell | 팔다, 팔리다 | ☐ lose | 지다, (시계가) 늦게 가다, 잃다 |
| ☐ start | (놀라) 움찔하다, 출발하다 | ☐ steal | 살짝 ~하다, 몰래 가다(오다), 훔치다 |
| ☐ raise | 기르다, 모집하다, 올리다 | ☐ say | 말하자면, 글쎄요, 말하다 |
| ☐ help | 피하다, 돕다 | ☐ own | 소유하다, 인정하다, 자백하다, 자신의 |
| ☐ object | 반대하다 | ☐ tax | 무거운 부담을 지우다, 과세하다 |
| ☐ count | 중요하다, 가치가 있다, 세다 | ☐ stick | 찌르다, 붙이다, 달라붙다, 막대기 |
| ☐ matter | 중요하다, ~와 관계가 있다, 일, 문제 | ☐ shoot | 싹이 트다, 우뚝 서다, 사격하다 |
| ☐ cost | 때문에 ~을 잃다, 걸리다, 비용 | ☐ lead | 지내다, 인도하다, 납 |
| ☐ tell | 영향을 주다, 식별하다, 말하다 | ☐ occur | 생각이 떠오르다, 일어나다 |
| ☐ miss | 그리워하다, 놓치다 | ☐ date | ~에서 비롯되다, 날짜 |
| ☐ read | ~라고 쓰여 있다, 읽다 | ☐ touch | 감동시키다, 해치다, ~한 느낌 |
| ☐ run | 경영하다, 출마하다 | ☐ answer | 보증하다, 책임을 지다, 응하다 |
| ☐ spring | 튀어 오르다, 용수철, 샘 | ☐ fail | ~하지 못하다, 쇠약해지다, 실패하다 |
| ☐ master | 정통하다, 정복하다, 주인 | ☐ hold | 개최(거행)하다, 생각하다, 잡다 |
| ☐ mean | 중요하다, ~할 작정이다, 중간의 | ☐ make | 나아가다, 도착하다, 벌다, 체격, 제작 |
| ☐ strike | 감명을 주다, 파업하다, 치다 | ☐ remain | 여전히 ~대로이다, 남다, 유적 |
| ☐ move | 감동시키다, 제의하다, 이사하다 | ☐ bear | 참다, 품다, 낳다, 처신하다, 관계있다 |

### 중요 다의어 정리

**strike**
① (생각이) 떠오르다　An awful thought has just struck me.
② 갑자기 ~이 되게 하다　She was strike dumb at the news.
③ 인상을 주다　How does the idea strike you?
④ 파업하다　Striking workers picketed the factory.
⑤ 치다, 때리다　Strike while the iron is hot.

| | 어휘 | | | |
|---|---|---|---|---|
| ☐ follow | 당연한 결과로서 ~이 되다, 따르다 | | ☐ engaging | 매력 있는, 애교 있는 |
| ☐ short | 키가 작은, 부족한, ~에 미달한 | | ☐ minute | 상세한, 사소한, 분 |
| ☐ net | 그물 | | ☐ bright | 영리한, 밝은 |
| ☐ simple | 순진한, 검소한, 간단한 | | ☐ happy | 멋진, 적절한, 매우 좋은 |
| ☐ fit | 건강에 좋은, ~에 적합한, 발작 | | ☐ choice | 고급의, 선택 |
| ☐ novel | 신기한, 소설 | | ☐ pretty | 꽤, 상당히, 예쁜 |
| ☐ due | 당연한, 도착 예정인, 지불할 때가 된 | | ☐ otherwise | 그렇지 않으면, 다른 방법으로 |
| ☐ trying | 괴로운, 힘든 | | ☐ ready | 기꺼이 ~하는, 각오가 된, 준비된 |
| ☐ lean | 여윈, 기울어지다, 기대다 | | ☐ dead | 전혀, 매우, 죽은 듯이 고요함 |
| ☐ fair | 공평한, 상당한, 맑은, 금발의 | | ☐ subject | 받기 쉬운, 지배를 받는, 국민 |
| ☐ fine | 가느다란, 훌륭한, 벌금(을 물게 하다) | | ☐ possibly | 아마, 어쩌면 |
| ☐ single | 독신의, 뽑아내다, 단 하나의 | | ☐ barely | 가까스로 거의 ~않다 |
| ☐ singular | 이상한, 단수의 | | ☐ practically | 거의, 실제로 |
| ☐ poor | 가난한, 서투른, 초라한 | | ☐ altogether | 전혀, 전적으로 |
| ☐ free | 무료의, 면세의, 자유로운 | | ☐ concerning | ~에 관하여 |
| ☐ flat | 솔직한, 단호한, 평평한 | | ☐ presently | 곧 |
| ☐ proof | 증명, 증거, ~에 견디는 | | ☐ home | 절실하게, 가슴에 사무치게, 중심지 |
| ☐ long | 꾸물대는, 동경하다 | | ☐ abroad | 외국에, 널리 |
| ☐ last | 가장 ~할 것 같지 않은, 계속하다 | | ☐ but | ~을 제외하고, 다만, ~하지 않은 |
| ☐ very | 매우, 바로 그, ~조차도 | | ☐ over | ~이상, ~하면서, ~위에, 끝나고 |
| ☐ well | 건강한, 우물, 아주 | | ☐ within | 이내에, 안에, 내부 |
| ☐ rest | 여전히 ~이다, 휴식하다, 나머지 | | ☐ above | ~을 초월하여, ~을 부끄러워하여 |
| ☐ prize | 소중히 하다, 상품 | | ☐ after | ~을 구하여, ~을 본떠서, ~뒤에 |
| ☐ narrow | 아슬아슬한, 좁은 | | ☐ save | ~을 제외하고, 구하다, 저축하다 |
| ☐ good | 상당한, 친절한, 선, 이익, 상품 | | ☐ equal | 감당할 수 있는, 같은, ~와 같다 |

### 중요 다의어 정리

**work**
① 일, 작업   She has been out of work for a year.
② 작품   His works may be seen in museums.
③ 움직이다, 작동하다   The phone isn't working.
④ (약이) 효과가 있다   The pills the doctor gave me aren't working.
⑤ (계획이) 잘 되어가다   The plan did not work.

어휘

| | | | |
|---|---|---|---|
| ☐ despite | ~에도 불구하고 | ☐ respectable | 존경할 만한 |
| ☐ partition | 칸막이, 분할, 구획 | ☐ complement | 보완하다, 전체 수(량) |
| ☐ capitalize | 기회로 삼다, 이용하다 | ☐ deficiency | 부족, 결함 |
| ☐ ministerial | 장관(각료)의, 성직자의, 보조의 | ☐ fledgling | 경험이 없는, 미숙한 |
| ☐ refutation | 반박, 항변 | ☐ exigent | 위급한, 절박한 |
| ☐ retraction | 철회, 취소 | ☐ durable | 내구성 있는, 오래가는 |
| ☐ distracting | 마음을 산란케 하는, 미칠 것 같은 | ☐ shuffle | 이리저리 뒤섞다 |
| ☐ adaptability | 적응성, 순응성 | ☐ juxtapose | 병치하다, 나란히 놓다 |
| ☐ connotation | 함축 | ☐ disarray | 혼란 |
| ☐ decree | 법령, 칙령 | ☐ selfhood | 자아, 개성 |
| ☐ trace | 미량, 추적하다 | ☐ antioxidant | 산화방지제 |
| ☐ impoverished | 빈곤한 | ☐ sparse | 희박한, 드문 |
| ☐ disgruntled | 불만스러워 하는, 언짢은 | ☐ antelope | 영양, 가지뿔영양 |
| ☐ congressional | 의회의 | ☐ vegetation | 초목(식물) |
| ☐ judicial | 사법의 | ☐ devaluation | 평가절하 |
| ☐ fancy | ~을 바라다, ~에 끌리다 | ☐ institute | 도입하다, 기관, 협회 |
| ☐ interdependence | 상호 의존 | ☐ bleak | 암울한, 절박한 |
| ☐ unitary | 통합된, 일원화된 | ☐ remission | 소강, (병의) 차도 |
| ☐ harsh | 거친, 가혹한 | ☐ permissible | 허용되는 |
| ☐ commission | 의뢰(주문)하다 | ☐ accommodating | 잘 부응하는, 잘 협조하는 |
| ☐ condescend | 자신을 낮추다 | ☐ inhibit | 억제(제어)하다 |
| ☐ spurious | 거짓의, 가짜의 | ☐ analogous | 유사한, 비슷한 |
| ☐ ingenuous | 순진한, 천진한 | ☐ weird | 기이한, 기묘한 |
| ☐ dissimulate | 감추다, 위장하다 | ☐ cover | 보도하다, 감당하다, 가리다 |
| ☐ despicable | 비열한, 야비한 | ☐ cast | 던지다, 뽑다 |

### 중요 다의어 정리

**object**
① 물건　The object is of some size.
② 대상　She was the object of my envy.
③ 목적　After hard work he finally attained his object.
④ 반대하다　Many local people object to the building of the new airport.
⑤ 목적어(문법용어)　the direct[indirect] object

## VOCA 38

| | | | |
|---|---|---|---|
| 어휘 ||||
| □ charge | 부담을 주다, 비난하다, 부과하다 | □ assuage | 누그러뜨리다, 달래다 |
| □ entrench | 단단히 자리 잡게 하다 | □ unsurpassed | 탁월한, 유례없는 |
| □ stigmatize | 오명을 씌우다 | □ compelling | 주목하지 않을 수 없는 |
| □ adoptee | 입양아, 양자 | □ irrelevant | 관련 없는 |
| □ navel | 배꼽 | □ elongate | 길어지다, 길게 늘이다 |
| □ tongueless | 혀가 없는, 벙어리의 | □ hitherto | 지금까지, 그때까지 |
| □ misbegotten | 계획을 잘못 세운 | □ solicitude | 배려 |
| □ haunch | 궁둥이, 둔부 | □ bask | 햇볕을 쪼이다 |
| □ whinny | (조용히) 울다[히힝 소리를 내다] | □ pose | 제기하다 |
| □ disarmament | 군비 축소 | □ inattentive | 부주의한 |
| □ deterrence | 제지, 저지 | □ provocative | 화를 돋우려는 |
| □ hasty | 서두른, 성급한 | □ polarized | 양극화된 |
| □ sturdy | 튼튼한, 견고한 | □ setback | 후진 |
| □ complementary | 상호보완적인 | □ subliminal | 잠재의식의 |
| □ dislocate | 혼란에 빠뜨리다 | □ ramp | 경사로 |
| □ traumatic | 충격적인 | □ exploration | 탐사, 탐구 |
| □ wearable | 착용하기 좋은 | □ liking | 익숙함, 애호 |
| □ ergonomic | 인체 공학의 | □ potassium | 칼륨 |
| □ physiological | 생리학적인 | □ ideogram | 표의문자 |
| □ ramification | 파문, 영향 | □ duration | 지속 기간 |
| □ whereabouts | 소재, 행방 | □ overgeneralize | 지나치게 일반화하다 |
| □ librarian | 도서관의 사서 | □ outgrow | 나이가 들어서 |
| □ nonprint | 인쇄물이 아닌 | □ manipulate | 다루다 |
| □ unappealing | 매력 없는, 유쾌하지 못한 | □ imperceptible | 감지할 수 없는 |
| □ debt | 의리, 은혜, 빚 | □ squander | 낭비하다 |

### 중요 다의어 정리

**measure**

① 정도   A measure of technical knowledge is desirable in this job.

② 조치   They took measures to help the unemployed.

③ 도량 단위   Grams and tons are measures of weight.

④ 재다, 측량하다   He's gone to be measured for a new suit.

⑤ (길이가) ～이다   This rug measures 9 feet by 12 feet.

| | 어휘 | | |
|---|---|---|---|
| ☐ **literature** | 문학 | ☐ **civilization** | 문명 |
| ☐ **responsibility** | 책임 | ☐ **prejudice** | 편견, 선입견 |
| ☐ **system** | 조직, 체계 | ☐ **instinct** | 본능 |
| ☐ **challenge** | 도전, 도전하다 | ☐ **privilege** | 특권, 특권을 주다 |
| ☐ **shortcoming** | 결점 | ☐ **pastime** | 오락, 기분전환 |
| ☐ **crime** | 범죄 | ☐ **appetite** | 식욕, 욕구 |
| ☐ **symptom** | 징후 | ☐ **significance** | 의의, 중요성 |
| ☐ **arrest** | 체포(하다), 저지하다 | ☐ **gravitation** | 중력, 인력 |
| ☐ **forbear** | 참고 견디다, 삼가다 | ☐ **secure** | 획득하다, 보증하다, 안전한 |
| ☐ **calculate** | 계산하다 | ☐ **reveal** | 나타내다, 누설하다 |
| ☐ **comprehend** | 이해하다, 포함하다 | ☐ **flatter** | 아첨하다 |
| ☐ **detect** | 발견하다 | ☐ **absorb** | 흡수하다, 열중하다 |
| ☐ **ponder** | ~을 깊이 생각하다 | ☐ **reprove** | 비난하다, 꾸짖다 |
| ☐ **duty** | 세금, 의무 | ☐ **succession** | 연속, 계승 |
| ☐ **chivalry** | 기사도 | ☐ **culture** | 교양, 문화 |
| ☐ **principle** | 원리, 주의 | ☐ **eloquence** | 웅변 |
| ☐ **sin** | 죄 | ☐ **violence** | 폭력, 맹렬 |
| ☐ **remedy** | 구제책, 요법 | ☐ **finance** | 재정 |
| ☐ **skin** | 피부, (동물의) 가죽 | ☐ **promote** | 촉진하다, 승진시키다 |

### 중요 다의어 정리

**still**
① 조용한   The night was very still.
② 잔잔한   Still waters run deep.
③ 움직이지 않는   Please keep still while I take your picture.
④ 아직도, 여전히   Do you still live at the same address?
⑤ 훨씬   There was still more bad news to come.

## Idioms 01

| 숙어 | 뜻 |
| --- | --- |
| ☐ abide by | 고수하다, 지키다 |
| ☐ break into | 침입하다 |
| ☐ drop somebody a line | ~에게 편지를 하다 |
| ☐ know better than to | ~할 정도로 어리석지 않다 |
| ☐ off duty | 비번인, 근무시간 외에 |
| ☐ (a)round the clock | 24시간 계속하여, 밤낮을 가리지 않고 |
| ☐ abound with(in) | ~이 풍부하다 |
| ☐ break out | 돌발하다, 갑자기 생기다 |
| ☐ dwell in | ~에 거주하다 |
| ☐ happen to | 우연히 ~하다 |
| ☐ lay aside | 따로 떼어 두다, 제쳐두다, 저축하다 |
| ☐ lay down | 내려놓다, 규정하다, 공언하다 |
| ☐ on account of | ~때문에, ~이므로 |
| ☐ with all | ~에도 불구하고 |
| ☐ abstain from −ing | ~을 삼가다 |
| ☐ bring up | 양육시키다, 교육하다 |
| ☐ enter into | 시작하다 |
| ☐ have done with | 끝내다, 마치다 |
| ☐ lay off | 해고하다, 일시 휴무시키다 |
| ☐ on edge | 초조한, 초조하여, 불안하여 |
| ☐ rule out | 배제하다, 규칙상 밖에 두다 |
| ☐ according to | ~에 따라, ~에 의하여 |

---

**중요 다의어 정리**

**dull**
① 희미한, 흐릿한  Her eyes were dull.
② 우둔한  She couldn't teach such dull children.
③ 날이 무딘  It is hard to cut with a dull knife.
④ 지루한, 단조로운  The first half of the game was pretty dull.
⑤ 활기 없는, 침체한  Don't sell into a dull market.

## Idioms 02

| 숙어 | 뜻 |
|---|---|
| ☐ lay out | 펼쳐놓다, 설계하다 |
| ☐ on end | 계속해서 |
| ☐ run into | 우연히 만나다, 충돌하다 |
| ☐ account for | ~을 설명하다, 차지하다, 책임지다 |
| ☐ burst into | 갑자기 시작하다 |
| ☐ every other | 하나 걸러서[격일로] |
| ☐ have in mind | 고려하다, 염두에 두다 |
| ☐ lead to | ~에 이르다, 야기하다, 일으키다 |
| ☐ on good terms with | ~와 좋은 사이로 |
| ☐ run out of | 다 쓰다, 소진하다 |
| ☐ adhere to | 집착하다, 고수하다 |
| ☐ by accident | 우연히 |
| ☐ on a roll | 잘 굴러가는, 잘나가는 |
| ☐ roughly speaking | 대략 말해서 |
| ☐ above all | 특히, 무엇보다도 |
| ☐ bring about | 야기하다, 일으키다 |
| ☐ dwell on(upon) | ~을 곰곰이 생각하다 |
| ☐ have an effect on | ~에 영향을 미치다 |
| ☐ exert oneself | 노력하다 |
| ☐ have it in for (somebody) | ~에 원한을 품다, 벼르다 |
| ☐ on pins and needles | 불안하여 |
| ☐ run over | (사람을) 치다 |
| ☐ after all | 결국 |
| ☐ by halves | 불완전하게 |
| ☐ fall back on | 의지하다 |

### 중요 다의어 정리

**fair**
① 공정한   The punishment was very fair.
② 상당한   A fair number of people came along.
③ 날씨가 맑은, 금발의   Seoul will be fair tomorrow.
　　　　　　　　　　　She has long fair hair.
④ 박람회   A World's fair will be held next year.
⑤ 시장   Let's look around the fair.

## Idioms 03

| 숙어 | 뜻 |
|---|---|
| ☐ **have nothing to do with** | ∼와 전혀 상관이 없다 |
| ☐ **leave out** | 빠뜨리다, 생략하다 |
| ☐ **on purpose** | 고의로, 일부러 |
| ☐ **run the risk** | 위험을 감수하다 |
| ☐ **agree to** | (의견에) 동의하다 |
| ☐ **agree with** | (사람에게) 동의하다 |
| ☐ **agree on** | 합의에 도달하다 |
| ☐ **by(in) leaps and bounds** | 빠르게, 급속히 |
| ☐ **fall short of** | (기대 수준에) 못 미치다 |
| ☐ **have one's hands full** | 매우 바쁘다 |
| ☐ **see eye to eye (with somebody)** | ∼와 의견이 일치하다 |
| ☐ **wear out** | 닳아 없어지다, 지치게 만들다 |
| ☐ **by no means** | 결코 ∼이 아니다 |
| ☐ **figure out** | 찾다, 이해하다 |
| ☐ **have only to R** | ∼하기만 하면 된다 |
| ☐ **let go of** | 놓치다, 풀어주다 |
| ☐ **make a difference** | 중요하다, 차이를 만들다 |
| ☐ **see off** | 전송하다, 배웅하다 |
| ☐ **without question** | 확실히, 틀림없이 |
| ☐ **all at once** | 갑자기 |
| ☐ **by the way** | 그런데, 그건 그렇고 |
| ☐ **fill in** | ∼을 채우다, 자세히 알리다, ∼을 대신하다 |
| ☐ **have words with** | ∼와 싸우다, 다투다 |
| ☐ **let on** | 비밀을 누설하다 |
| ☐ **on the house** | 공짜로, 가게 주인 부담으로 |

### 중요 다의어 정리

**stand**
① 서다, 서있다   Don't just stand there — do something!
② 위치하다   An old oak tree once stood here.
③ 참다   I could not stand the cold weather.
④ 바람맞히다   Why did you stand me up last night?
⑤ ∼한 상태에 있다   The house stood empty for a long time.

| 숙어 | 뜻 |
|---|---|
| ☐ see to it | 돌보다, 확실히 해두다 |
| ☐ all but | 거의 |
| ☐ by turns | 차례로, 교대로, 번갈아 |
| ☐ fill one's shoes | ~을 대신하다, 자리를 채우다 |
| ☐ help oneself to | 먹다, 맘껏 들다 |
| ☐ let out | 입 밖에 내다, 폭로하다 |
| ☐ on the other hand | 한편으론, 그와 반대로 |
| ☐ send for | ~를 부르러 보내다, 구하다, 주문하다 |
| ☐ all set | 준비된 |
| ☐ by virtue of | ~의 결과로, ~때문에 |
| ☐ find fault with | 비판하다, 흠을 잡다 |
| ☐ hit the ceiling | 화내다, 노발대발하다 |
| ☐ it serves somebody right | 그래도 싸다, 고소하다 |
| ☐ lie in | ~에 놓여 있다, ~에 달렸다 |
| ☐ on the spot | 현장에서, 즉시 |
| ☐ all thumbs | 서투른, 손재주가 없는 |
| ☐ let alone | ~은 말할 것도 없고, ~은 물론 |
| ☐ on second thought | 재고한 후에, 다시 생각한 끝에 |
| ☐ second to none | 최고의, 누구에게도 뒤지지 않는 |
| ☐ by nature | 타고날 때부터, 천성적으로, 본래 |
| ☐ far from nothing | 결코 ~가 아닌 |
| ☐ in a jam | 곤경에 처하여 |
| ☐ let down | 실망시키다 |
| ☐ on (the) air | 방송 중인 |
| ☐ by way of | ~을 거쳐서, ~을 경유하여 |

### 중요 다의어 정리

**company**
① 회사   She joined the company in 2002.
② 친구   A man is known by the company he keeps.
③ 동행, 일행   He made the company laugh.
④ 손님   I didn't realize you had company.
⑤ 동석   It is bad manners to whisper in company.

## Idioms 05

| 숙어 | 뜻 |
|---|---|
| ☐ first of all | 먼저, 우선, 무엇보다도 |
| ☐ hit upon | 우연히 만나다, 생각나다 |
| ☐ little by little | 서서히 |
| ☐ on the spur of the moment | 계획 없이, 즉흥적으로 |
| ☐ set aside | 제쳐놓다, 옆에 두다, 무시하다 |
| ☐ allow for | 고려하다, 감안하다 |
| ☐ call down | 꾸짖다 |
| ☐ have words with | ~와 다투다 |
| ☐ hold back | 감추다, ~을 말리다 |
| ☐ live up to | ~에 걸맞게 살다, ~을 실천하다 |
| ☐ on the whole | 주로, 대체로, 전반적으로 |
| ☐ set store by | ~을 중시하다 |
| ☐ answer for | ~에 책임을 지다 |
| ☐ call it a day | 일을 마치다 |
| ☐ for good | 영원히 |
| ☐ hold on | 기다리다 |
| ☐ look back on | 기억하다, 상기하다 |
| ☐ out of date | 시대에 뒤떨어진 |
| ☐ show off | 자랑하다, 뽐내다 |
| ☐ apply for | ~에 지원하다, 신청하다 |
| ☐ call off | 취소하다 |
| ☐ for nothing | 공짜로, 무료로 |
| ☐ hold out | 내밀다, 끝까지 버티다, 저항하다 |
| ☐ look down on | 무시하다 |
| ☐ out of hand | 감당할 수 없는, 즉석에서 |

### 중요 다의어 정리

**mark**
① 점수  I got full marks in the spelling test.
② 표적  What if the arrow should not hit the mark?
③ 흔적, 표시  Several dirty marks were on the wall.
④ 표시하다  He marked the box with a cross.
⑤ 특징 짓다  He was marked as an enemy of the poor.

# Idioms 06

| 숙어 | 뜻 |
|---|---|
| ☐ show up | 나타나다 |
| ☐ apply to | ~에 적용하다, 해당되다 |
| ☐ call on | 방문하다, 들르다 |
| ☐ for one's age | 나이에 비해 |
| ☐ hold over | 연기하다 |
| ☐ look forward to | ~을 기다리다, ~을 기대하다 |
| ☐ out of one's wits | 제정신을 잃어 |
| ☐ get through | 끝마치다 |
| ☐ around the clock | 밤낮으로, 하루 종일 |
| ☐ be liable for | ~에 책임이 있다, ~하기 쉽다 |
| ☐ call for | ~을 요구 · 요청하다 |
| ☐ cut a fine figure | 두각을 나타내다 |
| ☐ for(with) all | ~에도 불구하고 |
| ☐ hold good | 유효하다 |
| ☐ look after | 돌보다, 보살피다 |
| ☐ once(and) for all | 마지막으로, 단연코 |
| ☐ set up | 설립하다 |
| ☐ anything but | 결코 ~이 아닌 |
| ☐ call up | ~에게 전화를 걸다 |
| ☐ for one's life | 필사적으로 |
| ☐ hold up | ~을 지지하다, 방해하다, 지연시키다 |
| ☐ look into | 조사하다 |
| ☐ out of order | 고장 난 |
| ☐ so to speak | 말하자면 |

## 중요 다의어 정리

**fix**
① 수리하다　I've fixed the problem.
② 고정시키다　He noted every detail so as to fix the scene in his mind.
③ (먹을 것을) 준비하다　Let me fix a drink for you.
④ 결정하다　Fix a date for the meeting.
⑤ 정돈하다　He fixed the room before we arrived.
⑥ 곤경　We've got ourselves in a fix about this.

## Idioms 07

| 숙어 | 뜻 |
|---|---|
| ☐ care for | 좋아하다 |
| ☐ for the life of one | 아무리 해도, 목숨을 걸고라도 |
| ☐ look up | 찾아보다 |
| ☐ not hold water | 이치에 맞지 않다, 비논리적이다 |
| ☐ out of place | 부적당한, 어울리지 않는 |
| ☐ speak ill of | ~을 비난하다 |
| ☐ as far as | ~하는 한 |
| ☐ carry out | 실행하다, 완수하다 |
| ☐ for the purpose of | ~할 목적으로 |
| ☐ ill at ease | 불편한 |
| ☐ look up to | 존경하다 |
| ☐ out of season | 제철이 지난 |
| ☐ stand a chance of | 가능성이 있다 |
| ☐ as for | ~의 입장에서 |
| ☐ carry on | 계속 진행하다 |
| ☐ for the sake of | ~을 위하여 |
| ☐ in addition to | 뿐만 아니라, 게다가 |
| ☐ stand for | 상징하다, 나타내다 |
| ☐ at all costs | 어떤 일이 있어도, 어떻게 해서든 |
| ☐ catch up with | 따라잡다 |
| ☐ ins and outs | 안팎으로, 속속들이 |
| ☐ lose track of | ~을 모르다, ~을 잊어버리다 |
| ☐ over and over again | 반복하여 |
| ☐ stand out | 두드러지다, 눈에 띄다 |

**중요 다의어 정리**

**order**
① 명령하다   The officer ordered them to fire.
② 명령   The general gave the order to advance.
③ 주문하다   I ordered some books from England.
④ 주문   May I take your order?
⑤ 순서, 질서   The names are listed in alphabetical order.
         It is the business of the police to keep order.
⑥ 정상적인 상태   This machine is out of order.

# Idioms 08

| 숙어 | 뜻 |
|---|---|
| ☐ at all events | 어쨌든, 좌우간 |
| ☐ come about | 일어나다, 발생하다 |
| ☐ free from | ~이 없는 |
| ☐ in behalf of | ~을 위하여, ~을 대표하여 |
| ☐ make a face | 얼굴을 찡그리다 |
| ☐ run across | 우연히 만나다 |
| ☐ stand up for | ~을 지지하다, 옹호하다 |
| ☐ at first hand | 직접적으로 |
| ☐ come across | 우연히 마주치다 |
| ☐ from hand to mouth | 하루 벌어 하루 먹고사는 |
| ☐ in case of | ~할 경우에 |
| ☐ make a fortune | 돈을 모으다 |
| ☐ pain in the neck | 싫은 것(사람) |
| ☐ stick to | 붙다, 고수하다, 고집하다 |
| ☐ at home | 마음 편히 |
| ☐ come by | 잠깐 들르다 |
| ☐ in charge of | 책임지는 |
| ☐ make a point of -ing | ~하는 것을 규칙으로 삼다 |
| ☐ on the tip of one's tongue | 입안에서 맴돌다 |
| ☐ pay attention to | 주의를 기울이다, 주목하다 |
| ☐ succeed to | 계승하다, 이어받다 |
| ☐ at least | 적어도 |
| ☐ let up | 누그러지다 |
| ☐ out of the blue | 갑자기 |

## 중요 다의어 정리

**right**
① 고치다, 바로잡다　At last the plane righted itself and flew on.
② 권리　He has a right to do that.
③ 적당한, 적합한　Is this dress right to wear to a wedding?
④ 옳은, 바른　He always did what he believed to be right.
⑤ 우측의　She seated me on her right.
⑥ 곧, 바로　I'll be right back.

## Idioms 09

| 숙어 | 뜻 |
|---|---|
| ☐ at a loss | 당혹스러운, 어쩔 줄 모르는 |
| ☐ catch on | 유행하다, 인기를 얻다 |
| ☐ for the time being | 당분간, 현재로서는 |
| ☐ in advance | 미리, 사전에 |
| ☐ lose one's temper | 화를 내다 |
| ☐ out of the question | 전혀 불가능한 |
| ☐ come down with | 병에 걸리다 |
| ☐ get better | 좋아지다 |
| ☐ in consequence | 결과적으로 |
| ☐ make allowances for | ~을 고려하다 |
| ☐ pay off | 성과를 거두다, 이익을 가져오다 |
| ☐ take A for B | A를 B로 착각하다 |
| ☐ come to | 소생하다, 회복하다 |
| ☐ get cold feet | 자신감을 잃다 |
| ☐ in honor of | ~을 위하여, ~의 경의를 표하여 |
| ☐ jump to conclusion | 속단하다 |
| ☐ make believe | ~인 척하다 |
| ☐ persist in | 주장하다, 고집하다 |
| ☐ take for granted | ~을 당연히 여기다 |
| ☐ at once | 즉시 |
| ☐ come to the point | 요점을 이야기하다 |
| ☐ get along | 진척되다, 나아가다 |
| ☐ in no time | 즉시 |
| ☐ make both ends meet | 수지, 균형을 맞추다 |

### 중요 다의어 정리

**touch**
① 손을 대다  He touched me on the shoulder.
② 연락, 접촉  Can I get in touch with you by phone?
③ 가벼운 증상, 기미  I have a touch of a cold.
④ 솜씨  This meal is awful. I think I'm losing my touch.
⑤ 감동시키다  Her story touched us all deeply.
⑥ 가볍게 언급하다  We touched many subjects about the issue.

## Idioms 10

| 숙어 | 뜻 |
| --- | --- |
| ☐ take the bull by the horns | 적극적으로 대처하다 |
| ☐ at one's disposal | ~의 마음대로 되는, 처분에 맡기는 |
| ☐ come true | 실현되다 |
| ☐ get even with | 앙갚음을 하다 |
| ☐ in place of | ~대신에 |
| ☐ make do | 때우다, 임시변통하다 |
| ☐ play a part in | 역할을 하다 |
| ☐ take after | 닮다 |
| ☐ at one's wits' end | 난처하여, 어찌할 바를 모르고 |
| ☐ come up with | 생각해 내다, 제안하다 |
| ☐ get in the way of | ~에 방해가 되다 |
| ☐ point out | 지적하다 |
| ☐ take charge of | 책임을 지다 |
| ☐ at stake | 위기에 처한 |
| ☐ comply with | 동의하다 |
| ☐ get on with | 사이좋게 지내다 |
| ☐ in spite of oneself | 자신도 모르게 |
| ☐ make it | 해내다, 시간에 맞춰 가다 |
| ☐ out of one's mind | 제정신이 아닌 |
| ☐ take in | 받아들이다 |
| ☐ at the mercy of | ~의 처분대로 |
| ☐ consist of | ~로 구성되다 |
| ☐ get over | 회복하다, 낫다 |
| ☐ have an eye for | ~에 대한 안목이 있다 |

### 중요 다의어 정리

**cover**
① 보도하다, 취재하다  The BBC will cover all the major games of the tournament.
② (비용을) 감당하다  $100 should cover your expenses.
③ 다루다, 포함하다  The survey covers all aspects of the business.
④ (범위에) 걸치다  His farm covers several miles.
⑤ ~의 거리를 가다  You can cover the distance in an hour.
⑥ 감추다, 덮다  She always covers her mistake.

## Idioms 11

| 숙어 | 뜻 |
|------|-----|
| ☐ make much of | ~을 중시하다, 소중히 하다 |
| ☐ take into account | ~을 고려하다 |
| ☐ at the risk of | ~의 위험을 무릅쓰고 |
| ☐ be in one's shoes | (타인의) 입장에 서다 |
| ☐ consist in | ~에 놓여 있다 |
| ☐ get rid of | 제거하다 |
| ☐ have ~ at one's finger's ends | ~에 정통하다 |
| ☐ make one's way | 앞으로 나아가다 |
| ☐ take off | 벗다, 제거하다 |
| ☐ consist with | 양립하다, 일치하다 |
| ☐ get the better of | ~을 이기다, 앞지르다 |
| ☐ in return for | ~의 답례로, ~의 대가로 |
| ☐ make fun of | 놀리다 |
| ☐ play it by ear | 즉흥적으로 하다 |
| ☐ take A by surprise | A를 깜짝 놀라게 하다 |
| ☐ at random | 닥치는 대로, 임의대로 |
| ☐ compare A to B | A를 B에 비유하다 |
| ☐ get on | 승차하다, 탑승하다 |
| ☐ in search of | ~을 찾아서 |
| ☐ make good | 성공하다, 보상하다 |
| ☐ in the face of | ~에도 불구하고 |
| ☐ look over | 검토하다, 조사하다 |
| ☐ make out | 이해하다 |
| ☐ pull a long face | 침울한 얼굴을 하다 |

### 중요 다의어 정리

**due**
① 도착할 예정인   The next train is due in five minutes.
② 지불해야 할   When is the rent due?
③ 반납해야 할   Your book is due June 2nd.
④ 정당한   He received the due reward of his goodwill.
⑤ due to : ~때문에   He error was due to circumstances beyond our control.
⑥ be due to : ~할 예정이다   She is due to speak tomorrow.

## Idioms 12

| 숙어 | 뜻 |
|---|---|
| ☐ attend on | 시중들다 |
| ☐ attribute A to B | A를 B의 탓으로 돌리다 |
| ☐ correspond to | ~에 일치하다, ~에 상응하다 |
| ☐ get through | 끝마치다, 끝내다 |
| ☐ in the light of | ~에 비추어서 |
| ☐ make sense | 이치에 맞다, 의미가 통하다 |
| ☐ put(bring) an end to | 종결짓다, 끝내다 |
| ☐ take part in | ~에 참가하다 |
| ☐ attend to | ~에 집중하다 |
| ☐ correspond with | ~와 조화를 이루다 |
| ☐ get(be) used to -ing | ~에 익숙해지다 |
| ☐ in the long run | 결국에는 |
| ☐ make the best of | ~을 최대한 이용하다 |
| ☐ put by(aside) | 저축하다 |
| ☐ take place | 발생하다 |
| ☐ avail oneself of | 이용하다 |
| ☐ cut back on | ~을 줄이다, 삭감하다 |
| ☐ in the presence of | ~의 앞에서 |
| ☐ keep up with the times | 시대에 뒤떨어지지 않다 |
| ☐ off the record | 비공식의, 비공식적으로 |
| ☐ root out | ~을 근절하다 |
| ☐ under the weather | 아픈, 기분이 언짢은 |
| ☐ make up | 만들다, 화장하다, 결정하다 |

### 중요 다의어 정리

**even**

① ~조차도   Even a child can understand the book.
② 훨씬   You know even less about it than I do.
③ 같은 높이의   The snow was even with the roof.
④ 동등한, 동점의   Our scores are now even.
⑤ 평평한, 평탄한   The house is built on even ground.
⑥ 규칙적인, 한결같은   Children do not learn at an even pace.
⑦ 짝수의   4, 6, 8, 10 are all even numbers.

## Idioms 13

| 숙어 | 뜻 |
| --- | --- |
| ☐ be absorbed in | ～에 몰두하다 |
| ☐ count for nothing | 중요하지 않다 |
| ☐ give away | 나누어 주다 |
| ☐ put off | 연기하다 |
| ☐ take turns | 교대하다 |
| ☐ wind up | 끝마치다 |
| ☐ be anxious about | ～에 대해 근심하다 |
| ☐ be anxious for | ～을 열망하다 |
| ☐ count on | 신뢰하다, 기대다 |
| ☐ give birth to | ～을 낳다, ～을 발생시키다 |
| ☐ in time | 늦지 않게, 제시간에 |
| ☐ make use of | ～을 이용하다 |
| ☐ put on | 입다, 신다, 켜다 |
| ☐ take up | 차지하다, 집어 올리다, 체포하다 |
| ☐ call somebody names | ～을 욕하다 |
| ☐ crack down on | ～을 엄하게 다스리다 |
| ☐ give in | 항복하다 |
| ☐ in token of | ～의 증거로, ～의 징표로 |
| ☐ put through | 성취하다, 전화를 연결하다 |
| ☐ stave off | 저지하다, 막다 |
| ☐ a chip off the old block | 부모와 꼭 닮은 자식 |
| ☐ be bound for | ～행(行)이다, ～로 향하다 |
| ☐ cut in | 끼어들다 |

### 중요 다의어 정리

**free**

① free from[of] : ～이 없는   It was several weeks before he was completely free of pain.
② 잘 내놓는   He's too free with his opinions.
③ 한가한   Are you free this evening?
④ 무료의   You can't expect people to work for free.
⑤ 자유로운, 석방하다   The prisoners were set free.
⑥ 자유의 몸인   He walked out of jail a free man.
⑦ 사용 중이 아닌   He held out his free hand and I took it.

## Idioms 14

| 숙어 | 뜻 |
|---|---|
| ☐ **more often than not** | 흔히, 자주 |
| ☐ **put up with** | 참다, 견디다 |
| ☐ **that is to say** | 즉, 다시 말해서 |
| ☐ **be bound to** | 틀림없이 ~하다 |
| ☐ **cut off** | 중단하다 |
| ☐ **give out** | 힘이 다하다 |
| ☐ **in view of** | ~을 고려하여 |
| ☐ **more or less** | 다소, 어느 정도, 대략 |
| ☐ **tie up** | 단단히 묶다, 바쁘게 만들다 |
| ☐ **be compose of** | ~으로 이루어지다, 구성되다 |
| ☐ **be cut out for** | ~에 적임이다, 어울리다 |
| ☐ **by(in) virtue of** | ~에 의하여, ~때문에 |
| ☐ **give rise to** | 유발하다 |
| ☐ **never fail to** | 반드시 ~하다 |
| ☐ **rain check** | 다음을 기약하다 |
| ☐ **to the letter** | 문자 그대로, 엄밀히 |
| ☐ **deal in** | 취급하다, ~에 종사하다 |
| ☐ **give up** | 단념하다, 포기하다 |
| ☐ **in vogue** | 유행하다, 인기를 얻다 |
| ☐ **next to nothing** | 없는 것과 다름없는, 사소한 |
| ☐ **read between the lines** | 숨은 뜻을 알아내다 |
| ☐ **to the point** | 적절한, 요령 있는 |
| ☐ **up to** | ~까지, ~에 이르러 |

---

### 중요 다의어 정리

**hand**
① 도움   Give me a hand with this suitcase, will you?
② 솜씨   He has good hands in riding.
③ 일손, 직공   a factory hand
④ 건네주다   Could you hand me the fork?
⑤ 박수갈채   Let's give him a big hand!
⑥ 시곗바늘   Look at the minute hand on your watch.
⑦ 손   Put your hand up if you know the answer.

## Idioms 15

| 숙어 | 뜻 |
|---|---|
| □ tell on | 영향을 주다, 고자질하다 |
| □ (up) in the air | 불확실한, 확정되지 않은 |
| □ badly off | 가난한 |
| □ cut down on | 감소시키다 |
| □ give off | 발산하다 |
| □ in turn | 차례로, 번갈아 |
| □ make down | 기록하다 |
| □ deal with | 다루다 |
| □ due to | ~때문에 |
| □ wrong foot | 곤경에 빠뜨리다 |
| □ in want of | ~이 결핍하여, ~이 필요하여 |
| □ none the less | 그럼에도 불구하고 |
| □ refer to | 언급하다, 참고하다 |
| □ try on | ~을 착용해보다 |
| □ be due to | ~할 예정이다, ~하기로 되어 있다 |
| □ depend on | ~에 의존하다, ~에 의지하다 |
| □ give way to | ~에게 양보하다 |
| □ inquire into | ~을 조사하다 |
| □ not to say | ~라고 해도 좋을 정도로 |
| □ refrain from | ~을 그만두다, ~을 삼가다 |
| □ try out | 시험해보다 |
| □ be eligible to | ~할 자격이 있다(적임이다) |
| □ deprive A of B | A에게서 B를 빼앗다 |

### 중요 다의어 정리

**hold**
① 담다   This bottle holds a quart.
② 수용하다   This room can hold fifty people.
③ 개최하다, 열다   They are going to hold a meeting next week.
④ 잡다   He held his head in his hands.
⑤ (역할을) 차지하다   hold a position of authority
⑥ (어떤 상태로) 두다   Hold the door open.
⑦ 유효하다, 적용되다   The rule does not hold in this case.

# Idioms 16

| 숙어 | 뜻 |
|---|---|
| ☐ **nothing but** | 단지, ~만 |
| ☐ **regardless of** | ~에 상관없이 |
| ☐ **turn to account** | ~을 이용하다 |
| ☐ **beat around the bush** | 핵심을 피하다, 변죽만 울리다 |
| ☐ **distinguish A from B** | A와 B를 구별하다 |
| ☐ **go on** | 계속하다, 일어나다 |
| ☐ **keep an eye on** | 감시하다, 지켜보다 |
| ☐ **now and then** | 때때로, 가끔씩 |
| ☐ **on a shoestring** | 약간의 돈으로, 적은 자본으로 |
| ☐ **resign oneself to** | ~을 체념하여 받아들이다 |
| ☐ **turn down** | 거절하다, 소리를 낮추다 |
| ☐ **behind the times** | 시대에 뒤떨어진 |
| ☐ **do away with** | 제거하다, 없애다 |
| ☐ **go out of business** | 파업하다, 파산하다 |
| ☐ **keep company with** | ~와 교제하다 |
| ☐ **now that** | ~이니까, ~인 이상은 |
| ☐ **resort to −ing** | ~에 의존하다, 기대다 |
| ☐ **turn off** | (라디오, 등불을) 끄다 |
| ☐ **behind time** | 시간에 늦은, 지각하여 |
| ☐ **go over** | 조사하다, 초과하다, 연기되다 |
| ☐ **keep in touch with** | 연락을 유지하다 |
| ☐ **occur to** | 갑자기 떠오르다 |
| ☐ **rest on** | ~에 의존하다, ~에 달려있다 |

## 중요 다의어 정리

**leave**
① 떠나다   The plane leaves for Dallas at 12:35.
② 놓아두다, 두고 가다   You may leave your books here.
　　　　　　　　　　　　I've left my bag on the bus.
③ 유산으로 남기다   She left her daughter £1 million.
④ ~한 상태로 두다   Leave the window open at night.
⑤ 맡기다, 위임하다   They leave the important decision to him.
⑥ 작별   Now I must take my leave of you.
⑦ 휴가   We have two leaves in a year.

## Idioms 17

| 숙어 | 뜻 |
|---|---|
| ☐ do one's best(utmost) | 최선을 다하다 |
| ☐ go through | 경험하다, (고통 따위를) 겪다 |
| ☐ keep on -ing | 계속 ~하다 |
| ☐ of late | 최근에 |
| ☐ result from | ~에서 비롯되다 |
| ☐ turn over | 뒤집어엎다, 넘겨주다 |
| ☐ beyond doubt | 확실히, 의심의 여지가 없이 |
| ☐ do up | 포장하다, ~을 손질하다 |
| ☐ go with | 조화를 이루다, 어울리다 |
| ☐ keep one's word | 약속을 지키다 |
| ☐ of one's own accord | 자발적으로 |
| ☐ result in | 결과적으로 ~이 되다 |
| ☐ turn in | ~에 의지하다, 호소하다 |
| ☐ blow one's own horn(trumpet) | 자화자찬하다 |
| ☐ do well to do | 하는 것이 좋다 |
| ☐ grasp at straws | 지푸라기를 붙잡다 |
| ☐ keep up with | 따라잡다, 뒤떨어지지 않다 |
| ☐ off and on | 때때로, 불규칙하게 |
| ☐ root and branch | 철저하게 |
| ☐ turn up | 나타나다 |
| ☐ break down | 고장나다 |
| ☐ do without | ~없이 지내다 |
| ☐ hand down | 후세에 전하다, 판결하다, 유전하다 |

## 중요 다의어 정리

**mean**
① 의미하다　What does that word mean here?
② 비열한, 인색한　Don't be so mean!
③ 초라한　They live in a mean little house.
④ 재산, 수입　He is a man of means.
⑤ 평균　The mean annual rainfall was 800mm.
⑥ ~작정이다, 의도하다　I'm sorry I hurt you; I didn't mean to.
⑦ means : 방법, 수단　Is there any means of contacting him?

## Idioms 18

| 숙어 | 뜻 |
|---|---|
| ☐ pin one's faith on | ~을 굳게 믿다 |
| ☐ equate to | ~와 같다, 해당하다 |
| ☐ come under | ~을 받다 |
| ☐ over the course of | ~동안 |
| ☐ be linked to | ~와 연결되다 |
| ☐ lay over | 겹쳐 쌓이다 |
| ☐ branch into | ~이 갈라져 나오다 |
| ☐ everywhere in between | 중간에 어디에서나 |
| ☐ be hit hard | 심하게 타격을 받다 |
| ☐ put on hold | 연기하다 |
| ☐ take over | 인수(계)하다 |
| ☐ speak of the devil | 호랑이도 제 말하면 온다 |
| ☐ money makes the mare go | 돈이면 다 된다 |
| ☐ iron out | 해결하다(= make through) |
| ☐ turn one's nose up | 무시하다, 퇴짜놓다 |
| ☐ hold one's hand | 손을 맞잡다 |
| ☐ put one's feet up | 쉬다 |
| ☐ let one's hair down | 긴장을 풀고 쉬다 |
| ☐ at perfect ease | 아주 느긋한 |
| ☐ on its own | 그 자체로 |
| ☐ make up to | 아첨하다 |
| ☐ every minute counts | 매분이 중요하다 |
| ☐ jump on the bandwagon | 시류에 편승하다 |

### 중요 다의어 정리

**run**

① 경영하다   He has no idea how to run a business.
② 달리다   She came running to meet us.
③ (어떤 상태가) 되다   The well has run dry.
④ (차, 배가) 운행하다   They run extra trains during the rush hour.
⑤ (강물 등이) 흐르다   The stream run into the lake.
⑥ 돌아가다, 작동하다   The sewing-machine doesn't run properly.
⑦ run for : 입후보하다   Clinton ran for president in 1996.

## Idioms 19

| 숙어 | 뜻 |
|---|---|
| ☐ release from | ~에서 석방하다 |
| ☐ at loose ends of | ~에 대한 미결상태로 |
| ☐ go ahead | 앞서가다 |
| ☐ keep leading | 주도권(선두)을 지키다 |
| ☐ lag behind | 뒤처지다 |
| ☐ don't bother | 애쓰지 마! |
| ☐ take a nosedive | 급강하(폭락)하다 |
| ☐ come in handy | 편리하다 |
| ☐ stand on one's own feet | 자립하다 |
| ☐ make a day of | ~을 하루종일하다 |
| ☐ spare no efforts | 노력을 아끼지 않다 |
| ☐ take a raincheck | 다음을 기약하다 |
| ☐ make over | 양도하다 |
| ☐ more forth | 전진하다 |
| ☐ run backward | 원시 상태로 돌아가다 |
| ☐ put in mind | 염두에 두다 |
| ☐ make off | 서둘러 떠나다 |
| ☐ charge A with B | A의 B를 비난하다 |
| ☐ root for | ~을 응원(성원)하다 |
| ☐ up and about | 좋아지다 |
| ☐ be equated with | ~와 동일시하다 |
| ☐ be schooled by | ~에 훈련(단련)되다 |
| ☐ see more of | ~을 자주 만나다 |
| ☐ in proportion as | ~하는데 비례하여 |

### 중요 다의어 정리

**account**
① 계산, 계좌   She opened an account at the bank.
            I don't have a bank account.
② 설명   The police wrote an account of the accident.
③ 중요성   It is a matter of much account.
④ account for : ~을 설명하다   The old theory cannot account for this phenomenon.
⑤ take ~ into account : ~을 고려하다   They should take all variables into account.
⑥ on account of : ~때문에   On account of the rain, we delayed the picnic.

# Idioms 20

| 숙어 | 뜻 |
|---|---|
| ☐ **on scratch** | 제시간에, 정각에 |
| ☐ **weigh down** | 짓누르다 |
| ☐ **let in** | 허락하다 |
| ☐ **under a ban** | 금지하다 |
| ☐ **as deep as a well** | 이해하기 어려운 |
| ☐ **take it on the chins** | 패배를 맛보다 |
| ☐ **talk around** | 돌려 말하다 |
| ☐ **be in a flap** | 안절부절못하다 |
| ☐ **free of charge** | 공짜의 |
| ☐ **level off** | 변동이 없다, 안정되다 |
| ☐ **search A for B** | B를 위해 A를 수색하다 |
| ☐ **on one's nerves** | 신경을 건드리다 |
| ☐ **be devoted on** | ~에 전념하다 |
| ☐ **hold one's horses** | ~에 시달리다 |
| ☐ **throw in the towel** | 패배를 인정하다 |
| ☐ **for expedience's sake** | 편의[편익]를 위해, 편의상 |
| ☐ **like hell they are!** | 절대 아니다 |
| ☐ **keep one's hands off** | 멀리하다, 피하다 |
| ☐ **factor into** | 고려하다 |
| ☐ **hand over** | 넘겨주다, 양도하다 |
| ☐ **above a person's head** | 이해되지 않는 |
| ☐ **gather head** | 세력을 모으다 |
| ☐ **give a person one's head** | ~에게 마음먹은 대로 하게 하다 |
| ☐ **press for** | ~을 강하게 요구하다 |

## 중요 다의어 정리

**air**
① 공기   Let's go out for some fresh air.
② 느낌   The room had an air of luxury.
③ 태도   She looked at him with a defiant air.
④ 발표하다   He aired his opinions to all of his friends.
⑤ 떠벌리다   The weekly meeting enables employees to air their grievances.
⑥ 통풍하다   You must air this blanket often.

## Idioms 21

| 숙어 | 뜻 |
|---|---|
| ☐ brush up on | 복습하다 |
| ☐ every once in a while | 때때로 |
| ☐ give a hand | 도와주다 |
| ☐ as a rule | 일반적으로, 대체로 |
| ☐ take advantage of | ~을 이용하다 |
| ☐ stand by | 지지하다, 후원하다 |
| ☐ pick up | 집어 들다, 태우다, 습득하다 |
| ☐ in terms of | ~의 입장에서, ~의 견지에서 |
| ☐ take on(over) | 떠맡다, 책임을 지다 |
| ☐ put down | ~을 받아 적다 |
| ☐ take the place of | 대신하다, 대체하다 |
| ☐ give somebody the cold shoulder | ~에게 쌀쌀맞게 대하다 |
| ☐ in vain | 헛되이, 성과가 없는 |
| ☐ manage to | 가까스로 ~해내다 |
| ☐ put out | 불을 끄다 |
| ☐ go off | 폭발하다, 울리다 |
| ☐ into the bargain | 게다가, 뿐만 아니라 |
| ☐ turn out | 잠그다, 끄다, 제조하다, 판명되다 |
| ☐ beside the point | 동떨어진, 부적절한 |
| ☐ pull through | 극복하다 |
| ☐ stick one's nose in | 참견하다 |
| ☐ preoccupied with | ~에 몰두하다 |
| ☐ up to one's eye | ~에 몰두하여 |
| ☐ be rated as | ~로 간주되다 |

### 중요 다의어 정리

**appreciate**
① 감사하다  I deeply appreciate your help.
② 평가하다  His works were appreciated after his death.
③ 인정하다  Her family doesn't appreciate her.
④ 이해하다, 인식하다  You appreciate the dangers of this job.
⑤ (예술작품 등을) 감상하다  You cannot appreciate English literature.

[01~02] 다음 중 밑줄 친 부분의 의미와 가장 가까운 것을 고르시오.

**01**                                                23 지역인재

> Until now, the existence of the ancient theater had puzzled many people because it was mentioned in Roman texts but its whereabouts had not previously been documented.

① assured
② relieved
③ satisfied
④ confused

**해석** 지금까지, 고대극장의 존재는 로마의 문헌에서 그것이 언급되어 있었기 때문에 많은 사람들을 이해할 수 없게 만들었지만, 그것의 소재는 이전에는 문서화되지 않았다.

**01**
밑줄 친 puzzled는 'puzzle(이해할 수 없게 만들다)'의 과거분사이므로, 이와 의미가 가장 가까운 것은 'confuse(혼란스럽게 만들다)'의 과거분사인 ④ 'confused(혼란스러운)'이다.
① 장담하는
② 안도하는
③ 만족하는
**어휘**
• existence 존재, 실재, 현존
• mention 말하다, 언급[거론]하다
• whereabout 소재, 행방
• previously 이전에는
• be documented 문서화되다

**02**                                                23 지역인재

> The government cautioned its citizens to stay away from the island's danger zone.

① warned
② changed
③ separated
④ considered

**해석** 그 정부는 시민들에게 그 섬의 위험 지역에서 떨어져 있으라고 주의를 주었다.

**02**
밑줄 친 cautioned는 'caution(주의를 주다)'의 과거형이므로, 이와 의미가 가장 가까운 것은 'warn(경고하다)'의 과거형인 ① 'warned'(경고했다)이다.
② 변했다
③ 분리했다
④ 숙고했다
**어휘**
• citizen 주민, 시민
• stay away from …에서 떨어져 있다
• danger zone 위험 지대[구역]

**정답** 01 ④ 02 ①

**[03~04] 밑줄 친 부분에 들어갈 말로 가장 적절한 것을 고르시오.**

## 03

첫 번째 문장에서 'Some countries have strict rules limiting animal testing(일부 국가들은 동물 실험을 제한하는 엄격한 규칙을 가지고 있다).'이라고 했고, 다음 문장에서 네덜란드를 예로 들었다. 빈칸 앞의 'is against the law(법률 위반이다)'와 빈칸 다음의 'experiments'가 있으므로, 빈칸에 들어갈 말로 적절한 것은 ④ 'carry out(수행하다)'이다.

① 연기하다
② 제출하다
③ ~에 적응하다

[어휘]
- limiting 제한하는
- animal testing 동물 실험
- be against the law 법률 위반이다
- experiment 실험
- cosmetics 화장품

## 03
23 지역인재

> Some countries have strict rules limiting animal testing. For example, in the Netherlands, it is against the law to _____ experiments on animals with cosmetics.

① put off
② hand in
③ adapt to
④ carry out

**해석** 일부 국가들은 동물 실험을 제한하는 엄격한 규칙을 가지고 있다. 예를 들어, 네덜란드에서 화장품으로 동물 실험을 <u>수행하는</u> 것은 법률 위반이다.

## 04

앞부분에서 'By ~ finding exercise routines you actually enjoy(여러분이 실제로 즐길 수 있는 운동 일정을 찾음으로써)'라고 했고, 빈칸 앞에서 'develop healthy habits you can'이라고 했으므로, 빈칸에 들어갈 말로 적절한 것은 ④ 'stick with(~을 계속하다)'이다.

① 통과하다
② 취소하다
③ 거절하다

[어휘]
- routine (판에 박힌) 일상
- develop 개발하다
- healthy 건강한

**정답** 03 ④ 04 ④

## 04
23 지역인재

> By taking your time and finding exercise routines you actually enjoy, you're more likely to develop healthy habits you can _____.

① get by
② call off
③ pass up
④ stick with

**해석** 시간을 갖고 여러분이 실제로 즐기는 운동 일상을 찾음으로써, 여러분이 <u>계속</u>할 수 있는 건강한 습관을 좀 더 개발할 수 있을 것 같다.

**[05~07] 다음 중 밑줄 친 부분의 의미와 가장 가까운 것을 고르시오.**

## 05

22 지역인재

> Students expressed their gratitude to teachers for their devotion on the graduation day.

① anxiety

② solitude

③ appreciation

④ tension

해석 학생들은 졸업식 날 선생님들께 그들의 헌신에 대해 감사를 표했다.

### 05

밑줄 친 gratitude는 '고마움, 감사, 사의'라는 뜻으로 이와 의미가 가장 가까운 것은 ③ appreciation(감사)이다.

① 불안(감), 염려

② (특히 즐거운) 고독

④ 긴장(갈등)

어휘

• express 의사[감정]를 표현[전달]하다

• devotion 헌신

## 06

22 지역인재

> The leader of the opposition promised to persist in his efforts to force the chairman's resignation.

① reject

② continue

③ suspect

④ announce

해석 야당 지도자는 의장의 사임을 강요하기 위한 노력을 계속하겠다고 약속했다.

### 06

밑줄 친 persist in은 '~을 고집하다[계속하다]'라는 뜻으로 이와 의미가 가장 가까운 것은 ② continue(계속하다)이다.

① 거부[거절]하다

③ 의심하다

④ 발표하다

어휘

• the opposition 야권, 야당

• force (…을 하도록) ~을 강요하다[(어쩔 수 없이) ~하게 만들다]

• chairman (회의의) 의장

• resignation 사직, 사임

## 07

22 지역인재

> Computers took the place of papers at major meeting rooms during the APEC forum.

① were used instead of

② worked slowly due to

③ lost their connection to

④ were moved together with

해석 컴퓨터가 APEC 포럼 동안 주요 회의실에서 서류를 대신했다.

### 07

밑줄 친 took the place of는 '~을 대신했다'라는 뜻으로 이와 의미가 가장 가까운 것은 ① were used instead of(대신 사용되었다)이다.

② ~때문에 천천히 일했다

③ ~와의 연결을 끊었다[놓쳤다]

④ ~와 함께 이동했다

어휘

take the place of ~을 대신하다

정답 05 ③ 06 ② 07 ①

## 08

첫 번째 문장에서 'Teenage(십대)', 'parent(부모)'라는 단어가 있고, 두 번째 문장에서 'How to handle your growing children when they simply won't behave right is troublesome(당신의 자라나는 아이들이 올바르게 행동하지 않을 때 어떻게 다루어야 할지 고민스럽다).'이라고 했으므로 문맥상 첫 번째 문장의 주어로는 '십대들의 반항' 혹은 '십대들의 저항' 등과 같은 말이 어울린다. 따라서 밑줄 친 부분에 들어갈 가장 적절한 말은 ③ rebellion(반항)이다.

① 탁월함
② 임무
④ 공손[정중]함

[어휘]
• rebellion (규칙 · 일반 통념 등에 대한) 반항
• teenage rebellion 십대의 반항
• troublesome 골칫거리인, 고질적인

## 09

identical은 '동일한, 똑같은'이라는 의미이다. 이는 선지 중에서 '(아주) 비슷한, 똑같이'라는 의미인 ③과 의미가 가장 가깝다.

① 특정한, 특별한
② 막대한, 거대한
④ 불가피한, 필연적인, 반드시 있는

[어휘]
• release 풀어주다, 석방, 발표, 출시
• decade 10년

[정답] 08 ③ 09 ③

---

## 08 밑줄 친 부분에 들어갈 말로 가장 적절한 것을 고르시오. 22 지역인재

> Teenage _____ is a subject that strikes fear into the hearts of any parent. How to handle your growing children when they simply won't behave right is troublesome.

① excellence
② mission
③ rebellion
④ politeness

[해석] 십대의 반항은 어떤 부모라도 두려움을 느끼게 하는 주제이다. 당신의 자라나는 아이들이 올바르게 행동하지 않을 때 어떻게 다루어야 할지 고민스럽다.

## 09 밑줄 친 부분의 의미와 가장 가까운 것을 고르시오. 21 지역인재

> Over the last 10 years, thousands of products have been released, and while some are definitely cooler than others, their impact on the past decade, and the decade to come, is by no means identical.

① particular
② enormous
③ alike
④ inevitable

[해석] 지난 10년 동안, 수천 개의 제품이 출시되었고, 어떤 제품들은 확실히 다른 제품들보다 더 좋지만, 그것들이 지난 10년, 그리고 앞으로 10년에 미치는 영향은 결코 동일하지 않다.

**10** 밑줄 친 부분에 들어갈 말로 가장 적절한 것은?  21 지역인재

> For thousands of years, Tulou, a kind of earth building, has not only served as a self-defense system for the Hakka people, but the small community it _____ also completely retains and carries on the long-standing Hakka culture.

① houses

② inhibits

③ destroys

④ modifies

**해석** 수천 년 동안, 일종의 흙 건물인 툴루는 하카 사람들을 위한 자기방어 체제를 제공했을 뿐만 아니라, 하카 사람들에게 살 곳을 주고 있는 작은 지역 사회 또한 완전히 유지되고 오랜 하카 문화를 이어올 수 있도록 해왔다.

[11~12] 다음 중 밑줄 친 부분의 의미와 가장 가까운 것을 고르시오.

**11**  21 지역인재

> By the time he was 17, he had been laboring for more than 7 years to help his family make ends meet.

① pay a reasonable price

② get along harmoniously

③ live within their income

④ break up with each other

**해석** 그가 17살이 되었을 때, 그는 가족의 생계를 돕기 위해 7년 이상 일해 왔다.

**12**  21 지역인재

> This results in a lack of coordination between the left and right arms.

① sturdy

② insufficient

③ balanced

④ adequate

**해석** 이것은 왼쪽 팔과 오른쪽 팔 사이 조정의 부족을 초래한다.

---

**해설 & 정답**

**10**

밑줄 친 부분은 앞에 있는 'the small community'를 설명해 주는 말이 들어가는 것이 가장 적절하다. 따라서 '살 곳을 주다'라는 의미인 ①이 가장 적절하다.

② 억제하다, 못하게 하다

③ 파괴하다, 말살하다

④ 수정하다, 바꾸다

[어휘]

• retain 유지하다, 보유하다

• carry on (가업, 전통 등을) 잇다, 계속하다

• long-standing 오래된

**11**

make ends meet이란 '수입과 지출의 균형을 맞추다'라는 의미로, 문맥상 '생계'로 해석하는 것이 적절하다. 따라서 선지 중 이와 가장 의미가 가까운 것은 '수입 범위 내에서 생활하다'라는 의미인 ③이다.

① 합리적인 대가를 치르다

② 화목하게 지내다

④ 서로 헤어지다

[어휘]

labor 노동, 노동을 하다

**12**

a lack of는 '부족한, 결여된'이라는 의미이다. 이는 선지 중에서 '불충분한'이라는 의미인 ②와 의미가 가장 가깝다.

① 튼튼한, 견고한, 확고한

③ 균형 잡힌, 안정된

④ 충분한, 적절한

[어휘]

coordination 조정력, 합동, 조화

**정답** 10 ① 11 ③ 12 ②

**13**

'영구적인'이라는 의미인 perpetual과 의미가 같은 단어는 ④ everlasting이다.
① 가난한, 무일푼의
② 낙엽성의, 덧없는
③ 수직의, 직립한

어휘
• be chained to ～에 구속을 받다
• usefulness 유용성
• constitution 헌법, 구조

**14**

문맥상 빈칸 뒤 목적어인 a better idea와 호응하는 것은 ③ come up with(～을 생각해내다, 제시하다)이다.
① ～을 찾아 잡아넣다, 일망타진하다
② ～에 굴복하다
④ ～을 고려하다

**15**

retract → 철회하다, 취소하다(= withdraw)
① 강조하다
③ 유지하다, 주장하다
④ 완성하다, 완전하게 만들다

---

**13 밑줄 친 부분의 의미와 가장 가까운 것을 고르시오.**

> Jefferson felt that the present should never be chained to customs which have lost their usefulness "No society," he said, "can make a perpetual constitution, or even a perpetual law."

① impecunious
② deciduous
③ perpendicular
④ everlasting

해석 Jefferson은 이미 쓸모없어진 관습이 현재를 속박해서는 결코 안 된다고 여겼다. 그는 "어떤 사회도 영구적인 헌법, 혹은 영구적인 법을 만들 수 없다."라고 말했다.

**14 밑줄 친 부분에 들어갈 말로 가장 적절한 것은?** 　20 지역인재

> I will _____ a better idea than this until mid-March next year.

① round up
② give in to
③ come up with
④ make allowance for

해석 나는 내년 3월 중순까지 이것보다 더 좋은 아이디어를 내놓을 것이다.

**[15~51] 다음 중 밑줄 친 부분의 의미와 가장 가까운 것을 고르시오.**

**15**

> Simpson has retracted many of the change he originally proposed, including the one that technology firms feared most.

① underscored
② withdrawn
③ maintained
④ perfected

해석 Simpson은 기술회사들이 가장 두려워했던 변화를 포함한 그가 원래 제안했던 많은 변화들을 철회했다.

정답　13 ④　14 ③　15 ②

## 16

The <u>automatic teller</u> wouldn't take my cash card.

① bank clerk

② tape-recorder

③ money machine

④ parrot

**해석** 현금 자동 입·출금기가 내 현금카드를 접수하려 하지 않는다.

## 17

The handle is <u>fragile</u> : it will easily break if you use too much pressure.

① strong

② hard

③ genuine

④ weak

**해석** 이 손잡이는 <u>약하다</u> : 당신이 너무 힘을 주면 쉽게 부러질 것이다.

## 18

His behavior was spontaneous and clearly not <u>forced</u>.

① calculated

② compelled

③ improvise

④ apprehended

**해석** 그의 행동은 자발적이었으며 분명히 <u>강요받지</u> 않았다.

**16**

automatic teller → 현금 자동 입·출금기
(= money machine)
① (은행)출납담당자
② 녹음기
④ 앵무새

**17**

fragile → 약한(= weak)
① 강한
② 딱딱한, 단단한
③ 진짜의
**어휘**
· pressure 압력
· genuine 진짜의

**18**

forced는 '강제적인, 강요된', '진심이 아닌'의 뜻으로 이와 의미가 가장 가까운 것은
② compelled(강제된)이다.
① 계산적인, 계획된
③ 즉흥의, 즉석에서 지은
④ ~할 우려가 있는, 간주되어 있는
**어휘**
spontaneous 자발적인, 마음에서 우러난

**정답** 16 ③ 17 ④ 18 ②

## 19

dispute는 '논쟁, 분쟁'이라는 뜻으로 이와 의미가 가장 가까운 것은 ② argument(논쟁, 언쟁)이다.
① 무시, 묵살
③ 관점, 시각
④ 관계
어휘
- subject (논의 등의) 주제[대상/화제], (다뤄지고 있는) 문제
- refusal 거절, 거부

## 19

Edna and her father had a warm and almost violent dispute upon the subject of her refusal to attend her sister's wedding.

① disregard
② argument
③ perspective
④ relationship

해석 Edna와 그녀의 아버지는 그녀의 여동생 결혼식에 그녀가 참석을 거절한 문제에 관해 열띤, 거의 격렬한 언쟁을 벌였다.

## 20

defy는 '도전하다(challenge), 무시하다(neglect, ignore), (노력, 해결 따위를) 거부하다(deny)'의 뜻을 가지므로 이와 의미가 가장 가까운 것은 ④ challenged(도전받은)이다.
① 보존하는, 보호하는, 유지하는
② 받아들이는, 수락하는
③ 몹시 싫어하는, 증오하는
어휘
- hostility 적대감, 적대심
- curiosity 호기심

## 20

The university is a place where the world's hostility to curiosity can be defied.

① preserved
② accepted
③ hated
④ challenged

해석 대학은 호기심에 대한 세상의 적대심이 도전받을 수 있는 장소이다.

## 21

chop → 잘게 자르다(= cut)
① 분쇄하다, 갈아 으깨다
③ 사다, 구입하다
④ 은근한 불로 끓이다
어휘
recipe 조리법

정답 19 ② 20 ④ 21 ②

## 21

The meat must be chopped before it can be used in that recipe.

① mashed
② cut
③ bought
④ stewed

해석 고기는 이 조리법에 사용하기 전에 잘게 썰어야 한다.

## 22

Cameras take the sharpest pictures when they are held still.

① clearest

② fastest

③ most interesting

④ most beautiful

[해석] 카메라가 정지해 있을 때 카메라는 가장 선명한 사진을 찍는다.

## 23

He gets furious easily when someone finds fault with him.

① happy

② inconsistent

③ angry

④ talkative

[해석] 어떤 사람이 그를 비난할 때 그는 쉽게 화를 낸다.

## 24

20 지역인재

The manager has to buckle down now if he doesn't want to be crammed up with so much business to deal with.

① turn up

② sort out

③ break down

④ set to work

[해석] 관리자는 그가 처리할 너무 많은 일로 가득하길 원하지 않는다면 이제 제대로 덤벼들어야 한다.

---

### 22

sharp → 선명한(= clear)

② (움직임이) 가장 빠른

③ 가장 흥미로운

④ 가장 아름다운

[어휘]

• still 고요한, 정지한

• clear 분명한, 확실한

### 23

furious → 격노한(= angry)

① 행복한

② 일관성이 없는

④ 수다스러운

### 24

buckle down은 '(~에) 본격적으로 덤비다, 착수하다'라는 뜻으로 이와 의미가 가장 가까운 것은 ④ set to work(일에 착수하다)이다.

① 나타나다

② 분류하다, 선별하다

③ 고장나다, 실패하다

[어휘]

• cram (좁은 공간 속으로) 잔뜩 들어가다

• deal with ~을 다루다

[정답] 22 ① 23 ③ 24 ④

## 25

complicated는 '복잡한'이라는 뜻으로 이와 의미가 같은 단어는 ④ intricate(복잡한)이다.

① 옛날의(= ancient), 고풍스러운
② 적합한, 어울리는
③ 완전한, 완벽한

[어휘]
tapestry 태피스트리(색실로 짠 주단)

## 26

decisive → 결정적인(= conclusive)
① 능력 있는
② 일치하는
④ 일관성 있는

[어휘]
• fingerprint 지문
• guilty 유죄의, 죄가 있는

## 27

trace → 흔적, 증표(= indication)
① 색깔
② 냄새
③ 기울어짐

[어휘]
• poison 독(약)
• chemist 화학자
• analyze 분석하다
• tilt 기울기

[정답] 25 ④ 26 ③ 27 ④

## 25

> This tapestry has a very complicated pattern.

① antique
② appropriate
③ absolute
④ intricate

[해석] 이 태피스트리(색실로 짠 주단)는 매우 복잡한 형태를 가지고 있다.

## 26

> Fingerprints in the gun were decisive evidence that he was guilty.

① competent
② consistent
③ conclusive
④ coherent

[해석] 그 총 위에 있는 지문이 그가 유죄라는 결정적인 증거였다.

## 27

> There was no trace of poison in the tea chemist analyzed.

① color
② smell
③ tilt
④ indication

[해석] 그 화학자가 분석했던 차에는 독약의 흔적이 전혀 없었다.

## 28

The ambassador was given the book as a token of government's regard for him.

① memento
② bus ticket
③ share
④ stock

**해석** 그 대사는 정부가 그를 존경하는 상징(표시)으로서 그 책을 제공받았다.

## 29

19 지역인재

Mushrooms can be processed to taste, look, and smell like meat.

① boiled
② treated
③ colored
④ formatted

**해석** 버섯은 고기와 같은 맛, 모양, 냄새로 가공될 수 있다.

## 30

19 지역인재

This is the city that everyone wants to see at least once in a lifetime, while others nourish the dream of visiting it over and over again.

① cherish
② abandon
③ frustrate
④ construct

**해석** 이 도시는 모든 사람이 일생에 적어도 한 번은 보고 싶어 하는 도시인 한편, 다른 이들은 계속해서 그곳을 방문하는 꿈을 키운다.

---

## 28

token → 표시(sign), 상징, 기념품, 선물
in(as) a token of ~의 표시(증거)로서
(= memento)
② 버스 표
③ 나누다
④ 주식, 재고, 축적, 저장, 가축

**[어휘]**
• ambassador 대사, 사절, 대표
• regard 존경, 경의, 호감, 애정

## 29

process는 동사로 쓰여 '가공하다, 처리하다'라는 뜻을 가진다. 이전 상태와 이후 상태가 달라지도록 만드는 특성을 가진 동사이며, 의미상 가장 가까운 단어는 ② treat(처리하다)이다.
① 끓이다
③ 색칠하다
④ 서식을 만들다

## 30

nourish는 생각이나 감정을 마음에 '키우다, 품다'라는 뜻을 가진 동사이다. 의미상 가장 가까운 단어는 ① cherish(마음에 품다)이다.
② 버리다, 단념하다
③ 실망시키다, 좌절시키다
④ 구성하다, 건설하다

**[어휘]**
• at least 적어도[최소한]
• once in a life time 일생에 한 번
• over and over (again) 여러 번 되풀이하여, 반복해서

**정답** 28 ① 29 ② 30 ①

**31**

make up for → ~을 보상하다(= compensate for)

① ~을 돌보다

② ~을 지지하다(= support, back up)

③ ~을 폐지하다(= abolish)

**31**

| Nothing can <u>make up for</u> lost time. |
| --- |

① take care of

② stand up for

③ do away with

④ compensate for

[해석] 어떤 것도 잃어버린 시간을 <u>보상할</u> 수 없다.

**32**

blunt → 무딘(= dull)

① 약한

③ 부러진, 고장 난

④ 거친, 힘든

**32**

| These scissors are <u>blunt</u> and cannot cut papers. |
| --- |

① weak

② dull

③ broken

④ rough

[해석] 이 가위는 <u>무뎌서</u> 종이를 자를 수 없다.

**33**

astonishment → '놀라움, 경악'

(= amazement)

① 정착, 해결

③ 원기 회복

④ 향상, 개선

[어휘]

take one's place 있어야 할 곳에 가다

**33**                                            19 지역인재

| Some of the light of <u>astonishment</u> was gone from their eyes, but still a light of anger had not taken its place. |
| --- |

① settlement

② amazement

③ refreshment

④ improvement

[해석] 약간의 놀라움의 빛은 그들의 눈에서 사라졌지만 여전히 분노의 빛은 사라지지 않았다.

[정답] 31 ④ 32 ② 33 ②

## 34

They apparently sought <u>retribution</u> for a colleague who had lost face during a dispute there.

① remedy

② indulgence

③ revenge

④ burial

**해석** 그들은 거기서 분쟁이 있었을 동안에 체면을 잃었던 동료를 위해 <u>보복</u>을 추구했던 것으로 보인다.

## 35

His wealth <u>dwindled</u> into nothingness.

① diminished

② wasted up

③ changed

④ dropped

**해석** 그의 재산은 점점 <u>줄어들어</u> 아무것도 남지 않았다.

## 36

With all the crazy drivers in the road today, it's probably better that <u>stringent</u> registration procedures are followed.

① rigorous

② pragmatic

③ plausible

④ lenient

**해석** 오늘날 도로 위에서 미치광이 같은 운전자들이 있기 때문에 <u>엄격한</u> 등록 절차가 뒤따르는 것이 더 좋을 것이다.

**34**
retribution → 보복(= revenge)
① 치료, 구제책
② 탐닉
④ 매장, 장례식
[어휘]
· colleague 동료
· lose face 체면을 잃다
· dispute 분쟁

**35**
dwindle → 줄다, 감소하다(= diminish)
② 낭비하다(= squander)
③ 변화하다
④ 떨어지다, 쓰러지다

**36**
stringent → 엄격한(= rigorous)
② 실용적인
③ 그럴싸한
④ 관대한
[어휘]
· crazy 미친, 열광적인
· registration procedure 등록 절차

**정답** 34 ③ 35 ① 36 ①

## 37

break into는 '침입하다, 몰래 잠입하다'라
는 뜻을 가진 동사이다. 의미상 가장 가까운
단어는 ② intrude(침범하다)이다.
① 부수다, 으깨다
③ 등록하다
④ 구입하다

[어휘]
suspect 용의자, 혐의자; 의심하다

## 38

abstain는 '억제하다'는 뜻으로 의미가 가장
가까운 단어는 ① hold themselves back
(억제하다)이다.
② abort(낙태시키다, 중단시키다)
③ 흡수하다
④ ∼을 얻다

[어휘]
• radioactive 방사성이 있는, 방사성의
• poison 더럽히다, 독을 넣다
• inhabitant 주민, 거주자

## 39

thanks to → ∼덕분에(= owing to)
① ∼을 경유하여
③ 그런데
④ ∼에도 불구하고

[정답] **37** ② **38** ① **39** ②

## 37

> Sam and Tom break into a building looking for a suspect.

① crush

② intrude

③ register

④ purchase

[해석] Sam과 Tom은 용의자를 찾아서 건물에 잠입한다.

## 38

> The radioactive poisoning of the soil and the vegetation is so
> heavy that the inhabitants of some districts ought to abstain from
> using their harvest for food.

① hold themselves back

② abort

③ absorb by

④ obtain

[해석] 토양과 작물의 방사성 오염이 너무 심해서 몇몇 지역 주민들은 그들의 수확
물을 음식으로 이용하는 것을 삼가야 한다.

## 39

> Thanks to a village leader, the village has become a comfortable
> place to live in.

① By way of

② Owing to

③ By the way

④ With all

[해석] 마을 지도자 덕분에 그 마을은 살기 편안한 장소가 되었다.

## 40

To change a tire, you must <u>jack up</u> car.

① deal with

② fall in

③ work over

④ elevate

[해석] 타이어를 교환하기 위해서 자동차를 <u>들어 올려야</u> 한다.

## 41

Fortunately, the city was <u>evacuated</u> before flood waters from the Mississippi River covered its street and many of its house. It was almost a week before the water receded and the people could return to their homes.

① corrupted

② empty

③ examined

④ preserved

[해석] 다행히 미시시피 강에서 유입된 홍수가 거리와 많은 주택을 덮치기 전에 그 도시는 텅 <u>비었다</u>. 물이 빠지고 사람들이 집으로 돌아가기까지 거의 1주일이 걸렸다.

## 42

19 지역인재

She cheated on the proposal and thought she could <u>get away with</u> it.

① long for

② do without

③ take part in

④ go unpunished for

[해석] 그녀는 그 제안서를 베꼈고 그것에 대해 <u>그냥 넘어갈</u> 수 있을 것이라고 생각했다.

**40**

jack up → 들어 올리다(= elevate)

① ~을 다루다(treat)

② 내려앉다, 마주치다, 일치하다

③ 완전하게 조사하다, ~을 다시 만들다

**41**

evacuate → (집 따위를) 비우다(= empty)

① 부패한, 타락한

③ 검사된

④ 보존된

[어휘]

recede 물러나다, 멀어지다, 뒤로 기울다

**42**

get away with는 '(처벌, 벌 등을) 교묘히 모면하다, 피해가다'라는 뜻을 가진 동사구로, 의미상 가장 가까운 것은 ④ go unpunished for(~에 대해 처벌받지 않다)이다.

① 소망하다, 간절히 바라다

② ~없이 지내다

③ ~에 참석하다

[어휘]

• cheat on ~에 부정행위를 하다, 바람피우다

• proposal 제안서

• get away with (처벌, 벌 등을) 교묘히 모면하다, 피해가다

[정답] 40 ④ 41 ② 42 ④

## 43

state-of-the-art → 최신식의(= modern and advanced)
② 예술적인, 미술가의
③ 창의적인
④ 명확한, 정확한, 확실한

어휘
be dependent on ~에 의지하다

## 44

cultivating → 연마(= training), (품성) 도야
① 만짐
② 준비
③ 지식

어휘
• intellectual 지능의, 지적인
• cultural 문화의
• growth 성장, 증가

## 45

feasible → 실행할 수 있는(= practicable)
① 융통성 있는
② 중요한
③ 불가능한

어휘
• take A out B A를 B에서 캐내다
• flexible 유연성 있는, 융통성 있는

정답  43 ①  44 ④  45 ④

## 43

> This fact shows that the young men are dependent on state-of-the-art technology.

① modern and advanced
② artistic
③ creative
④ definite

해석 이 사실은 젊은이들이 최신 기술에 의존한다는 것을 보여준다.

## 44

> He should be interested in improving himself by cultivating his own intellectual and cultural growth.

① touching
② preparing
③ knowing
④ training

해석 그는 자신의 지적 성장과 문화적 성장을 연마함으로써 자신을 개선시키는 데 관심을 가져야 한다.

## 45

> It is not economically feasible to take gold out of sea water.

① flexible
② important
③ impossible
④ practicable

해석 바닷물에서 금을 캐내는 것은 경제적으로 실행 가능하지 않다.

## 46

Helen <u>mocked</u> John's awkward marriage proposal.

① agreed

② admired

③ praised

④ scorned

**해석** Helen은 John의 곤란한 결혼 제안을 <u>무시했다</u>.

## 47

Excessive humidity <u>retards</u> evaporation of perspiration from the body.

① prevents

② quickens

③ disturbs

④ slows

**해석** 지나친 습도는 신체로부터 땀이 증발하는 것을 <u>지연시킨다</u>.

## 48

Midway Islands was <u>annexed</u> by the United States in 1859.

① conquered

② obliterated

③ suppressed

④ coveted

**해석** 미드웨이 제도는 1859년에 미국에 의해 <u>합병되었다</u>.

**46**

mock → 무시하다(= scorned)

① 동의하다

② 감탄하다

③ 칭찬하다

**[어휘]**

awkward 곤란한, 불편한, 어색한

**47**

retard → 늦추다(= slow)

① 방지하다

② 빨라지다

③ 방해하다

**[어휘]**

• humidity 습기, 습도

• evaporation 증발(작용), 수분의 제거, (희망 따위의) 소멸

• perspiration 발한작용

**48**

annex → 합병하다(= conquer)

② 말소하다

③ 억압하다(= quell, crush)

④ 탐내다, 갈망하다(= desire, crave)

**정답** 46 ④ 47 ④ 48 ①

## 49

sobriety → 진지함(= seriousness)
① 우정
② 유머
③ 우려

[어휘]
- commander 명령자, 지휘자
- command 명령하다, 지휘하다

## 49

I further add that, in spite of this liberty, the commander of this ship ought to command the ship's course and also command the justice, peace and sobriety both among the seamen and all the passengers.

① friendship

② humor

③ concern

④ seriousness

[해석] 내가 덧붙이고자 하는 것은 이러한 자유에도 불구하고, 이 배의 지휘자는 배의 항로를 명령하고 또한 선원과 승객들 사이에 정의, 평화, 진지함을 명령해야 한다는 것이다.

## 50

imbue → 불어넣다, 고취시키다[가득 채우다] (= fill)
② 더럽히다, 얼룩지게 하다
③ 마시다
④ 설비, 장비하다

[어휘]
- aspiration 열망(desire)
- understanding 이해, 해석

## 50

Science can only be created by those who are imbued with the aspiration towards truth and understanding.

① filled

② stained

③ drunk

④ equipped

[해석] 과학은 진실과 이해에 대한 열망으로 가득 찬 사람들에 의해서만 창조될 수 있다.

## 51

plump → 통통한, 포동포동한(= chubby)
② 냉담한, 무관심한
③ 날씬한
④ 용감한

[어휘]
principal 교장, 주범, 원금

## 51

Mother was tall, fat, and middle aged. The principal of the school was an older woman, almost as plump as mother, and much shorter.

① chubby

② aloof

③ slender

④ bold

[해석] 엄마는 키가 컸고 뚱뚱했으며 중년의 나이셨다. 학교의 교장선생님은 더 나이가 많은 분이셨는데, 엄마만큼 통통하고 키는 훨씬 더 작았다.

[정답] 49 ④ 50 ① 51 ①

PART

# 02

# 문법과 구조

# 01 동사와 형식

## 핵심 01   1형식 : 주어 + 완전 자동사

문장의 주성분이 주어와 술어만으로 충분한 문장의 패턴을 말한다. 부사구·절이 주절의 앞 또는 뒤에 등장해도 무방하다. 의미상 중요한 1형식 동사는 다음과 같다.

① do : 충분하다(= be enough), 좋다(= be good)

  예 Any time will do. 어느 때라도 좋다.

② pay : 이익이 되다(= be profitable).

  예 Honesty Pays. 정직은 손해 없다(이익이 된다).

③ work : 효과가 있다(= be effective).

  예 This measure works. 이 조치는 효과가 있다.

④ matter, count : 중요하다(= be important).

  예 What counts most is your choice. 가장 중요한 것은 너의 선택이다.

## 핵심 02   2형식 : 주어 + 불완전 자동사 + 주격 보어

문장의 주성분으로 주어, 술어, 주격 보어를 갖추고 문장의 완전한 정보를 완성하는 패턴을 말한다. 주어와 주격 보어는 같은 의미의 개념을 가지고 있고, 예외적으로 형용사, 형용사구가 주어를 보충하는 의미의 주격 보어가 될 수 있다.

**(1) 오감 동사는 형용사, like + 명사를 보어로 취한다.** 중요 중

---

feel, look, smell, taste, sound

---

  예 This cake smells sweet. 이 케이크는 달콤한 냄새가 난다.

  예 You look like a prince. 너는 마치 귀공자처럼 보인다.

  예 The orange tastes sour. 그 오렌지는 신맛이 난다.

## (2) 상태의 변화와 유지 동사는 형용사 보어를 취한다.

> go, come, turn, remain, keep

예 This apple went bad. 이 사과는 상했다.

예 Your dream will come true. 너의 꿈은 실현될 것이다.

예 Her face turned pale. 그녀의 얼굴이 창백해졌다.

예 She remained cynical. 그녀는 여전히 냉소적이었다.

예 We kept silent in the conference. 우리는 회의 중 침묵을 지켰다.

## (3) 판명 동사는 형용사 보어를 취한다.

> prove, turn out (to be)

예 The rumor turned out to be false. 그 소문은 거짓임이 드러났다.

예 The materials proved to be true. 그 자료들은 사실임이 증명되었다.

## 핵심 03  3형식 : 주어 + 완전 타동사 + 목적어

문장의 주성분으로 주어, 술어, 목적어를 가지고 문장의 완전한 정보를 완성하는 패턴을 말한다. 주어와 보어는 같은 개념이지만, 주어와 목적어는 다른 개념의 어구를 등장시킨다.

### (1) 출제가 많이 되는 완전 타동사 중요(상)

① 완전 타동사 : 목적어를 직접 수반하며, 동사 뒤에 전치사를 두지 않는 동사

② 완전 타동사의 예 : marry, reach, enter, attend, approach, mention, await, accompany, discuss, address, consider, resemble, survive, greet, leave 등

예 He entered the new building. / enter into (×)

그는 새 건물로 들어갔다.

예 His parents accompanied him in the concert. / accompany with (×)

그의 부모님은 그를 그 콘서트에 데려갔다.

예 She resembles her mother. / resemble with (×)

그녀는 그녀의 어머니를 닮았다.

## (2) 목적어 뒤에 특정 전치사를 선택하는 타동사

### ① 분리, 박탈 의미의 동사 : of 선택

> rob, deprive, rid + 목적어 + of

예 The man deprived her of some money. 그 남자가 그녀에게서 약간의 돈을 빼앗았다.

### ② 소개(설명) 의미의 동사 : 사람 앞에 to 선택

> confess, explain, describe, introduce, suggest, announce + 목적어 + to + 사람

예 Let me introduce my friend to you! 여러분께 제 친구를 소개해드리겠습니다.

### ③ 방해(금지) 의미의 동사 : 목적어 뒤에 from 선택  중요 중)

> prevent, hinder, prohibit, keep, stop, disable, deter, discourage, dissuade, ban + 목적어 + from –ing
> ※ 동명사의 의미상 주어는 소유격으로 표시하며 전치사 from의 목적어 자리에 동명사 대신 명사나 대명사도 가능하다.

예 My teacher dissuaded me from going out.

나의 아버지는 내가 외출하지 않도록 권하셨다.

예 The man disabled her from attending the meeting.

그 남자는 그녀가 모임에 참석하지 못하게 했다.

예 The law prohibits the minors from smoking.

그 법률은 미성년자들의 흡연을 금지하고 있다.

### ④ 제공(공급) 의미의 동사 : 목적어 뒤에 with 선택

> provide, furnish, present + 목적어 + with + 사물

예 He provided his brothers with much money.

그는 그의 형제들에게 많은 돈을 제공해 주었다.

### ⑤ 통보(확신) 의미의 동사 : 목적어 뒤에 of 선택

> inform, assure, convince, remind + 목적어 + of + 사물

예 He reminded me of his departure the next morning.

그는 나에게 다음 날 아침 그의 출발을 상기시켜 주었다.

예 He convinced me that he would come back hometown.

그는 그가 고향으로 반드시 돌아올 것이라고 상기시켜 주었다.

⑥ 칭찬(상벌) 의미의 동사 : 목적어 뒤에 for 선택

> praise, blame, scold, thank + 목적어 + for + 사물

> 예 She thanked me for picking up her daughter.
>
> 그녀는 나에게 그녀의 딸을 데리고 와 준 것에 감사했다.

**(3) 재귀대명사가 목적어인 완전 타동사(주어 = 목적어 : 재귀대명사)**

① absent oneself from = be absent from : ~에 결석하다

② dress oneself in = be dressed in : ~을 차려입다

③ seat oneself on(at) = be seated in[at] : ~에 앉다

④ present oneself at = be present at : ~에 참석하다

> 예 The woman dressed herself in red at the party yesterday night.
>
> 그녀는 어젯밤 파티에서 붉은색 옷으로 차려입었다.

## 핵심 04　　4형식 : 주어 + 수여동사 + 간접 목적어 + 직접 목적어

문장의 주성분으로 간접 목적어(~에게)와 직접 목적어(~을, ~를)를 가져야만 문장의 완전한 정보를 완성하는 문장의 패턴을 말한다.

**(1) 4형식을 3형식으로 전환 시 전치사의 선택**

① give, lend, send, write + 목적어 + to + 간접 목적어

> 예 He gave me some advice. = He gave some advice to me.
>
> 그는 나에게 약간의 충고를 주었다.

② make, do, get, buy + 목적어 + for + 간접 목적어

> 예 He did me a favor. = He did a favor for me.
>
> 그는 나에게 호의를 베풀었다.

③ ask, beg, demand, inquire + 목적어 + of + 간접 목적어

> 예 He asked me a favor. = He asked a favor of me.
>
> 그는 나에게 부탁을 하나 했다.

④ play, bestow, confer + 목적어 + on + 간접 목적어

> 예 He played me a joke. = He played a joke on me.
>
> 그는 나에게 농담 한마디를 던졌다.

**(2) 4형식 문장을 3형식 문장으로 전환하지 못하는 동사**

> envy, cost, save, forgive, pardon, strike

예 The mission cost him his life. (○) 그 임무는 그에게서 생명을 앗아갔다.

　* The mission cost his life to him. (×)

## 핵심 05　5형식 : 주어 + 불완전 타동사 + 목적어 + 목적격 보어

문장의 주성분 중에서 주어, 술어, 목적어만으로 완전한 정보를 만들지 못하여 목적어를 서술하는(nexus) 목적격 보어를 뒤에 둠으로써 완전한 정보를 완성하는 패턴을 말한다. 목적어와 목적격 보어는 서로 보충하는 관계를 말하며, 주어와 주격 보어를 검증하는 관계와 일치한다. 목적격 보어 자리의 준동사의 위치로 절을 만드는 동사는 나올 수 없다.

**(1) 지각동사 / 사역동사 + 목적어 + 목적격 보어(R / V-ing / V-ed)** 중요 상

행위자는 반드시 사람이 아닐 수도 있다.

| 지각동사(Vt) | 목적어(O) | 목적격 보어(O.C) |
|---|---|---|
| see, watch, hear, feel, notice, perceive, observe, look at, listen to | 사람 / 행위를 함 | 동사원형(R) – 상태 의미<br>현재분사(V-ing) – 진행, 계속 의미 |
| | 사물 / 행위를 당함 | 과거분사(p.p.) |
| **사역동사(Vt)** | **목적어(O)** | **목적격 보어(O.C)** |
| make, have, let | 사람 / 행위를 함 | 동사원형(R) |
| | 사물 / 행위를 당함 | 과거분사(p.p.) |

예 I heard the pin drop on the floor. : 자동사의 과거분사 불가(dropped 불가)

　나는 핀 한 개가 마루 위에 떨어지는 소리를 들었다.

예 I have never heard his daughter well spoken of.

　나는 그의 딸이 칭찬 듣는 소리를 들어본 적이 없다.

**(2) 불완전 타동사 + 목적어 + 목적격 보어(to + R / to be p.p. / p.p.)**

> get, compel, force, allow, ask, advise, urge, enable, cause, oblige

예 My father forced me to enlist in the army at the time.

　나의 아버지께서는 내가 그때 당시에 군에 입대하도록 종용하셨다.

**(3) 불완전 타동사 + 가목적어(it) + 목적격 보어 + 진목적어(to + V, that절, 동명사)**

> think, believe, find, make, take, feel, consider, call

예 He took it for granted that he would pass the exam.

그는 시험에 합격할 것이라고 당연하게 여겼다.

**(4) 불완전 타동사 + 목적어 + as + 목적격 보어(수동태 주의)**

> think of, look upon, refer to, regard, consider

예 They looked upon him as a scholar.

= He was looked upon as a scholar by them. 그들은 그를 학자로 여겼다.

**(5) 불완전 타동사 + 목적어 + 목적격 보어(to + V) 불가 동사**

> hope, suggest, say, propose, insist, demand

예 He suggested to me that he would like to join us.

그는 나에게 그가 우리에게 합류하고 싶다는 뜻을 제안했다.

## 핵심 06 '말하다' 동사의 활용 중요 하

| | |
|---|---|
| say(타동사) | that절 등장 (3형식) |
| tell(타동사) | 간접 목적어 + that절 등장 (4형식) |
| speak(자동사) | 전치사(of, to) 등장 / speak(타동사) + 언어(名) |
| talk(자동사) | 전치사(to, about) 등장 |

**혼동하기 쉬운 불규칙 동사의 활용**

① lie – lied – lied(거짓말하다) → lying (자동사)

② lie – lay – lain(눕다, 놓이다) → lying (자동사)

③ lay – laid – laid(놓다, 눕히다, 낳다) → laying (타동사)

④ found – founded – founded(설립하다, 세우다) (타동사)

⑤ find – found – found(찾다, 발견하다) (타동사)

⑥ rise – rose – risen(일어나다) (자동사)

⑦ raise – raised – raised(일으키다) (타동사)

⑧ sit – sat – sat – sitting(앉다) (자동사)

⑨ seat – seated – seated(앉히다) (타동사)

## ✓ Check UP

**01** 자동사 + 전치사의 수동태가 가능한 동사를 10개만 쓰시오.

|  |
| --- |
|  |

**정답** look after 돌보다, laugh at 비웃다, deal with 다루다, look into 조사하다, rely on 신뢰하다, agree on 합의하다, yell at 소리를 버럭 지르다, speak to ~에게 말을 걸다, run over 치다, deal in 거래하다 등

**02** 5감각 동사를 모두 쓰시오.

|  |
| --- |
|  |

**정답** feel, look, sound, smell, taste

**03** 방해, 금지 동사를 10개만 쓰시오.

|  |
| --- |
|  |

**정답** keep, hinder, prevent, prohibit, stop, deter, discourage, dissuade, disable, ban 등

**04** 수여동사를 3형식으로 전환할 때 전치사 for을 이용하는 동사를 5개만 쓰시오.

<br>
<br>
<br>

**정답** make, do, buy, cook, get

**05** 지각동사로 목적격 보어 자리에 현재분사나 원형부정사를 쓰는 동사를 5개만 쓰시오.

<br>
<br>
<br>

**정답** see, watch, hear, notice, observe

**06** 사역동사로 목적격 보어 자리에 to + R을 쓰는 동사를 5개만 적으시오.

<br>
<br>
<br>

**정답** get, compel, force, cause, enable 등

**07** 사역동사로 목적격 보어 자리에 원형부정사를 쓰는 동사를 3개만 적으시오.

<br>
<br>
<br>

**정답** make, have, let 등

**08** 가목적어를 반드시 사용하는 불완전 타동사를 5개만 적으시오.

<br>
<br>
<br>

**정답** make, call, believe, find, take 등

**09** '말하다' 동사를 자동사와 타동사로 구분하여 설명하시오.

> **정답** 자동사 : speak, talk / 타동사 : say, tell

**10** 불규칙 동사의 활용 중에서 자동사(lie)와 타동사(lay)를 각각 설명하시오.

> **정답** lie – lay – lain / lying 눕다(자동사), lay – laid – laid / laying 눕히다(타동사)

시간의 흐름에 따라서 단순시제, 완료시제, 진행시제, 완료진행시제로 구분되며 12가지의 시제형을 가진다.

## 핵심 01 　현재시제 중요 상

시간, 조건을 나타내는 부사절에서는 현재가 미래를 대신하며, 현재완료가 미래완료를 대신한다.

**(1) 시간 부사절** : before, after, till, until, when, while, the time, as soon as

**(2) 조건 부사절**

　① If, provided, in case, as long as, unless, on condition (that) ~

　　예 If it is fine tomorrow, I will go fishing. (현재)

　　　내일 날씨가 좋으면 나는 낚시를 갈 것이다.

　　예 As soon as I arrive at New York, I will keep in touch with you. (현재)

　　　내가 뉴욕에 도착하자마자 나는 너에게 연락을 취할 것이다.

　　예 I will send an E-mail to you if I have finished this report. (현재완료)

　　　만약에 내가 이 보고서를 마치면 당신에게 e-mail을 보낼 것이다.

　② 다만, 명사절과 형용사절은 그대로 미래형 조동사를 사용한다.

　　예 We don't know when she will come back home. (명사절)

　　　우리는 그녀가 언제 집으로 돌아올지 알지 못한다.

　　예 The time will necessarily come when my dream will come true. (형용사절)

　　　내 꿈이 실현될 그날이 반드시 올 것이다.

## 핵심 02 　과거시제

**(1) 역사적 사실(복문의 형태에서 특히 주의)은 언제나 과거시제를 사용한다.**

　예 Columbus discovered America in 1492.

　　콜럼버스는 미국을 1492년에 발견했다.

　예 The teacher said that Columbus discovered America in 1492. [had discovered (×)]

　　그 선생님은 콜럼버스가 미국을 1492년에 발견했다고 말했다.

**(2) 부사(구)에서는 과거시제를 사용한다.**

① '~ ago, just now(= but now), in + 과거 연도'는 항상 과거시제와 함께 사용한다.

  예 The train started 10 minutes ago. 그 기차는 10분 전에 출발했다.

  예 I finished it just now. 나는 그것을 방금 전에 마쳤다.

② before와 just는 현재완료, 과거완료와 함께 사용한다.

  예 The train had started 10 minutes before. 그 기차가 10분 전에 출발했다.

  예 I have just finished it. 나는 그것을 방금 마쳤다.

---

## 핵심 03  주의해야 할 현재완료 [중요(중)]

> • have been to : ~에 간 적이 있다(경험), ~에 갔다 왔다(완료)
> • have been in : ~에 살아본 적이 있다(경험), ~에 살아 왔다(계속)
> • have gone to : ~에 가고 현재 이 장소에 없다(결과), 3인칭 주어만 가능

※ "주어가 ~한 이래로 시간이 지났다."의 관용 표현

"그녀가 죽은 지 10년이 지났다"

She has been dead for ten years.

→ She died ten years ago.

→ Ten years have passed since she died.

→ It is ten years since she died. 그녀가 죽은 지 10년이 되었다.

→ It has been ten years since she died. (미국식 구어 표현)

---

## 핵심 04  주의해야 할 과거완료

**(1) 과거완료는 출제 시에 반드시 과거동사를 기준으로 제시해야 한다.**

따라서 과거동사를 보여주는 문장을 제시한다면 정답이 과거완료(had + p.p.)일 확률이 크다.

**(2) Hardly, scarcely, no sooner가 문두에 등장할 때, 반드시 도치 문장이 등장하며 과거완료(had + p.p.)와 함께 쓴다. (hardly, scarcely는 when / before와 연결, no sooner는 than과 연결)**

  예 The thief had hardly seen me when he ran away through the window.

  예 Hardly had the thief seen me before he ran away through the window.

  예 The thief had no sooner seen me than he ran away through the window.

   = As soon as the thief saw me, he ran away through the window.

    도둑이 나를 보자마자 창문을 통해서 달아났다.

미래완료를 쓰는 문장은 반드시 현재까지의 상황(주로 현재완료)을 묘사해 주고 다가올 미래 시점을 제시해준다. 예를 들면, '다음 주, 다음 달, 내년 이맘때쯤이면'과 같은 어구를 동반한다. (by this time next week, next month, next year 등)

예 We'll have left for New York by this time you arrive here tomorrow.
　　당신이 내일 여기에 도착할 즈음에 우리는 뉴욕을 향하여 떠났을 것이다.

핵심 06　진행형 불가 동사 중요 하

① 지각 동사 : see, hear
② 상태 동사 : resemble, consist of
③ 인지 동사 : know, think, understand
④ 소유 동사 : have, possess, belong to
⑤ 감정 동사 : love, hate, like
　　예 *Are you hearing a strange noise? (×)
　　　= Do you hear a strange noise? (○) 너, 이상한 소리 들리니?
　　예 *She is belonging to the dance club. (×)
　　　= She belongs to the dance club. (○) 그녀는 그 댄스 클럽에 속한다.

✓ Check UP

[01~20] 다음 문장의 시제의 일치를 확인하고 답을 고르시오.

01
I didn't think that he [will / would] come that evening.

해설 주절의 동사가 과거이면 종속절의 동사는 과거나 과거완료가 가능하다. 따라서 will의 과거형 would를 쓴다.
해석 나는 그가 그날 저녁에 올 것이라고 생각하지 않았다.

정답 would

**02**

In old days, people believed that the earth [is / was] flat.

해설 과거의 사실은 과거 동사를 쓴다.

해석 옛날에는 사람들이 지구가 평평하다고 믿었다.

정답 was

**03**

I was looking for a man who [will / would] help me with my moving.

해설 주절의 동사가 과거이므로 종속절도 will의 과거형으로 표현한다.

해석 나는 내가 이사하는 것을 도와줄 사람을 찾고 있었다.

정답 would

**04**

These family trips usually continue until their children [become / will become] teenagers.

해설 시간 의미(until)의 부사절은 미래의 사실일지라도 현재형으로 미래를 나타낸다.

해석 이런 가족들의 여행은 통상적으로 그들의 자녀들이 10대가 될 때까지 계속된다.

정답 become

**05**

Students with high grades organize their time, planning when they [complete / will complete] their assignments.

해설 시간 의미의 명사절이나 형용사절은 그대로 미래형 조동사로 미래의 사실을 나타낸다. when 이하는 planning의 목적어 역할을 하는 명사절이다.

해석 성적이 높은 학생들은 언제 그들이 자신들의 과제를 완성할지를 계획하며 자신들의 시간을 짠다.

정답 will complete

**06**

If the weather [is / will be] good, he will arrive in Yeouido on August.

해설 조건 의미의 부사절은 현재가 미래를 나타낸다.

해석 만약에 날씨가 좋아진다면, 그는 8월에 여의도에 도착할 것이다.

정답 is

**07**

He told us that World War Ⅱ [ended / had ended] in 1945.

해설 1945년은 과거 표시의 부사구이기도 하고 역사적 사건은 언제나 과거를 쓴다.
해석 그는 우리에게 제2차 세계대전이 1945년에 끝났다고 말했다.

정답 ended

**08**

We learned at school that Shakespeare [was / had been] born in 1564.

해설 1564년은 과거 표시 부사구이다.
해석 우리는 셰익스피어가 1564년에 태어났다고 학교에서 배웠다.

정답 was

**09**

She [finished / has finished] her work two hours ago.

해설 ago는 과거 표시 부사구로 현재로부터 과거를 나타내는 어구이다. '~전'
해석 그녀는 2시간 전에 그녀의 일을 마쳤다.

정답 finished

**10**

I came to this city last year, I [am staying / have been staying] here since.

해설 since(과거시점)에서 지금까지(현재) '그때 이후로 내내'의 의미를 담고 있다. 주절의 동사는 현재완료(진행)를 사용한다.
해석 나는 작년에 이 도시로 왔으며, 그때부터 현재까지 계속해서 이곳에 머물고 있다.

정답 have been staying

**11**

The road was muddy, because it [rained / had rained] heavily the night before.

해설 문맥상 과거의 기준보다 먼저 발생한 동작(대과거)을 묻고 있다.
해석 도로는 질척였다. 왜냐하면 전날 밤에 비가 내렸기 때문이다.

정답 had rained

**12**

I [ate / have eaten] a lot of candy when I was a child.

해설 과거의 사실을 묻고 있다. 동동시제를 체크하자.

해석 나는 어렸을 때 사탕을 많이 먹었다.

정답 ate

**13**

I have [been / gone] to a station.

해설 have been to ～에 갔다 왔다, ～에 가본 적 있다.

　　 have gone to ～에 가고 여기에 현재 없다. (3인칭 주어만 가능)

해석 나는 기차역에 가본 적이 있다.

정답 been

**14**

Ann has lived here only for two months. She's been here [since / for] April.

해설 주절의 동사가 has been이기 때문에 since가 적절하다.

해석 Ann은 여기서 단 두 달을 살았다. 그녀는 4월 이후로 이곳에 머물렀다.

정답 since

**15**

He said that the earth [moves / moved] around the sun.

해설 불변의 진리는 언제나 현재시제를 쓴다.

해석 그는 지구가 태양 주위를 돈다고 말했다.

정답 moves

**16**

It was proposed that we [start / started] at once.

해설 제안동사(propose)가 that절을 이끌며 '당위성'의 개념을 포함하고 있으므로 (should) + R이 적절하다.

해석 우리는 즉시 출발해야 한다고 제안을 받았다.

정답 start

**17**

My grandfather [has died / died] two years ago.

해설 ago는 과거동사와 사용한다.

해석 나의 할머니는 2년 전에 돌아가셨다.

정답 died

**18**

When the bell rang, the student [already left / had already left] the class.

해설 대과거의 사실은 과거완료를 사용한다.

해석 벨이 울렸을 때, 이미 학생들은 교실을 떠난 뒤였다.

정답 had already left

**19**

I [stay / will stay] here until you come back.

해설 미래의 사실은 미래의 동사를 사용한다.

해석 나는 당신이 돌아올 때까지 여기에 머무를 것이다.

정답 will stay

**20**

I [had known / have known] him well since he was a child.

해설 since가 시간의 의미를 지니는 문장에서 주절의 동사는 현재완료를 사용한다.

해석 나는 그가 아이였을 때부터 그를 잘 알고 있다.

정답 have known

**[21~26]** 다음 문장의 수일치를 확인하고 정답을 고르시오.

**21**

The water sources they can depend on in the summertime [is / are] frozen in the winter.

해설 주어가 The water sources이므로 동사는 복수이다.

해석 그들이 여름철에 의지할 수 있는 수원지는 겨울에는 꽁꽁 언다.

정답 are

**22**

Such teachers as Susan [is / are] rare.

해설 주어가 Such teachers이므로 동사는 복수이다.
해석 Susan과 같은 선생님들은 드물다.

정답 are

**23**

The population of Japan [is / are] much larger than [that / those] of Korea.

해설 주어는 The population이므로 동사는 단수 is, 비교대상은 that이다.
해석 일본의 인구는 한국의 인구보다 훨씬 많다.

정답 is, that

**24**

The seasons of South Africa [is / are] the reverse of [that / those] of Korea.

해설 주어는 The seasons이므로 동사는 복수 are, 비교대상은 those이다.
해석 남아프리카의 계절들은 한국의 계절들과 정반대이다.

정답 are, those

**25**

He together with his friends [is / are] to attend the meeting.

해설 주어는 He이므로 동사는 단수 is이다.
해석 그의 친구들과 함께 더불어 그는 모임에 참석할 것이다.

정답 is

**26**

"Legends of the Ring of Fire", an animation film based on Asian legends, [is / are] being aired by the Disney Channel.

해설 " " 안의 내용은 전체를 하나의 명사 취급을 한다. 따라서 동사는 단수가 적절하다.
해석 아시아의 전설을 기초로 한 애니메이션 영화 "불의 고리의 전설"은 디즈니 채널을 통해 방영되고 있다.

정답 is

**[27~30]** 다음 문장이 어법상 옳다면 ○, 옳지 않다면 ×를 고르시오.

**27**

> The advantages of flight have played a key role in the survival of insects.　　[○, ×]

**해설** 주어는 The advantages이므로 동사는 복수가 적절하다.
**해석** 비행의 이점들은 곤충의 생존에 중요한 역할을 해왔다.

**정답** ○

**28**

> The best thing I've learned are to act like a grown-up.　　[○, ×]

**해설** 주어는 The best thing이므로 동사는 단수 is가 적절하다.
**해석** 내가 배운 최상의 것은 성인처럼 행동하는 것이다.

**정답** ×

**29**

> A pot that is very old and beautiful are valuable.　　[○, ×]

**해설** 주어는 A pot이므로 동사는 단수 is가 적절하다.
**해석** 매우 오래되고 아름다운 병은 가치가 있다.

**정답** ×

**30**

> The great developments in science and technology give us more free time to enjoy ourselves.　　[○, ×]

**해설** The great developments가 주어이므로 동사는 복수가 적절하다.
**해석** 과학과 기술의 엄청난 발달은 우리들에게 스스로 즐길 수 있는 더 많은 자유시간을 제공해준다.

**정답** ○

## CHAPTER 03 | 가정법

문장의 법(Mood)에는 직설법, 가정법, 명령법 등의 원리가 있다. 직설법은 사실대로 묘사하고 가정법은 사실과 반대로 묘사하며 한 시제 앞선 동사를 이용한다. 명령법은 동사원형으로 시작한다.

### 핵심 01    가정법 과거 : 직설법 현재 사실의 반대   중요 하)

> If + S + were / 과거형 동사 ∼, S + would / should / could / might + R

예 If I were a millionaire, I would be happier now.
만약 내가 백만장자라면, 나는 지금 행복할 텐데….

### 핵심 02    가정법 과거완료 : 직설법 과거 사실의 반대   중요 중)

> If + S + had + p.p. ∼ , S + would / should / could / might + have + p.p.

예 If I had had enough money then, I would have been married to her.
만약 내가 그때 충분한 돈을 가지고 있었다면, 나는 그녀와 결혼했을 텐데….

### 핵심 03    혼합 가정법 : 과거의 상황이 가져온 현재의 입장 표명   중요 상)

> If + S + had + p.p. ∼ + 과거 표시 부사(구), S + would / should / could / might + R + 현재 표시 부사(구)

예 If I had studied English harder in my school days, I would not be hard to study this exam now.
내가 학창시절에 영어 공부를 더 열심히 했더라면, 지금 이 시험을 준비하는 게 힘들지 않을 텐데….

## 핵심 04 I wish + 가정법 중요 중

### (1) I wish + 가정법

→ '~라면 / ~였다면 얼마나 좋을까!'라는 의미이다.

> I wish + 주어 + 가정법 과거 / 가정법 과거완료

예 I wish I had passed the test last year. 내가 작년에 시험에 합격했다면 얼마나 좋을까!

예 I wish I were a billionaire. 내가 억만장자라면 얼마나 좋을까!

## 핵심 05 without(= but for = except for)의 조건절 대용 표현

### (1) 가정법 과거의 조건절을 대용한다.

예 Without oxygen, all of the animals would disappear right now.

산소가 없다면 모든 동물들은 당장 사라지고 말 텐데.

= If it were not for ~ = Were it not for ~

= If there were no ~ = Were there no ~ (가정법 과거의 조건절 대용)

### (2) 가정법 과거완료의 조건절을 대용한다.

예 Without your help, I would have failed in the business.

너의 도움이 없었다면, 나는 사업에 실패하고 말았을 텐데.

= If it had not been for ~ = Had it not been for ~

= If there had been no ~ = Had there been no ~ (가정법 과거완료의 조건절 대용)

## 핵심 06 otherwise, or, or else의 조건절 대용 표현

### (1) otherwise, or, or else

→ '그렇지 않으면, 그렇지 않았다면'

예 She hurried up; otherwise, she would have been late for the play.

= If she had not hurried up

그녀는 서둘렀다; 그렇지 않았다면, 그녀는 그 연극에 늦고 말았을 텐데.

**but (that) 가정법**

but (that) 가정법 → '만일 ~가 아니라면 / 아니었다면' : 문두 · 문미 등장 가능

---

But (that) + 직설법 동사 = 의미만 if ~ not[= unless] + 직설법 동사

---

예 I <u>would have been married</u> to her <u>but</u> she <u>was</u> poor then.
    (가정법 과거완료 주절)           (직설법 과거)

　나는 그녀와 결혼했을 텐데…, 만약 그녀가 그때 부자였다면.

　※ But that 가정법은 직설법 동사를 수반한다는 점을 명심할 것. but that 대신에 if ~ not으로 바꾸고 문
　　제에 접근하는 것이 중요

---

☑ **Check UP**

**[01~06] 다음 빈칸에 알맞은 것을 쓰시오.**

**01**

> As I am not rich, I ＿＿＿＿＿＿ the luxury car. (직설법)
> = If I were rich, I could buy the luxury car. (가정법 과거)

　해석 내가 부자가 아니라서 나는 그 차를 살 수 없다. (직설법 현재)
　　　내가 부자라면 그 멋진 차를 살 수 있을 텐데. (가정법 과거)

정답 can't buy

**02**

> As I didn't pass the exam last year, I was through with her. (직설법)
> = If I ＿＿＿＿＿＿ the exam last year, I would not have been through with her. (가정법 과거완료)

　해석 내가 작년에 시험에 불합격해서 그녀와 헤어졌다. (직설법 과거)
　　　만약에 내가 작년에 시험에 합격했다면, 나는 그녀와 헤어지지 않았을 텐데. (가정법 과거완료)

정답 had passed

**03**

> If I had passed the exam last year, I _____ with her now.
> (조건절 : 가정법 과거완료)    (주절 : 가정법 과거)

**해석** 내가 작년에 시험에 합격하지 못해서, 나는 지금 그녀와 함께하지 못하고 있다.
→ 내가 작년에 합격했다면, 난 지금 그녀와 함께하고 있을 텐데.
　(가정법 과거완료)　　+　　(가정법 과거)

**정답** would be

**04**

> If I _____ much money now, I could buy the mansion.

**해석** 만약에 내가 지금 많은 돈이 있다면, 나는 그 저택을 살 수 있을 텐데.

**정답** had

**05**

> If I _____ her yesterday, I would have transmitted a letter by hand.

**해석** 내가 어제 그녀를 만났다면, 편지를 손수 전해 주었을 텐데.

**정답** had met

**06** ① I wish (that) I _____ rich. (be동사)
　　→ 내가 부자라면 얼마나 좋을까!

② I wish (that) I _____ rich when young. (be동사)
　　→ 내가 어렸을 때 부자였었다면 얼마나 좋을까!

③ I wish (that) I _____ the work completely. (do 동사)
　　→ 내가 완전하게 그 일을 했다면 얼마나 좋을까!

④ I wish (that) I _____ much money when I was married. (have 동사)
　　→ 내가 결혼할 때 많은 돈이 있었다면 얼마나 좋을까!

⑤ I wish (that) I _____ a mistake before her. (make 동사)
　　→ 내가 그녀 앞에서 실수를 하지 않았다면 얼마나 좋을까!

**정답** ① were ② had been ③ had done ④ had had ⑤ had not made

[07~11] 다음 빈칸에 알맞은 것을 쓰시오.

**07**

If it were not for oxygen, all the animals would disappear.

= If there were _____ , all the animals would disappear.

해석 산소가 없다면 모든 생물은 사라지고 말 텐데.

정답 no oxygen

**08**

If there hadn't been their help, I _____ in the business.

해석 그들의 도움이 없었다면, 나는 사업을 성공하지 못했을 텐데.

정답 wouldn't have succeeded

**09**

He talks as if he _____ the fact.

해석 그는 마치 그 사실을 알고 있는 것처럼 말한다.

정답 knew

**10**

It's time you should go to bed. = It's about time you _____ to bed.

해석 지금이야말로 당신이 잠자리에 들어야 할 시간이다.

정답 went

**11**

I'd rather you _____ there.

해석 차라리 당신이 거기에 가지 않았더라면 좋을 텐데. (현재 입장에서 과거의 사실을 아쉬움으로 표현)

정답 hadn't gone

**[12~18]** 다음 문제에 맞는 답을 고르시오.

**12**

If I had known her address, I [would write / would have written] to her that day.

해설 가정법 과거완료의 주절을 완성하는 문제이다.

해석 만약에 내가 그녀의 주소를 알았더라면, 나는 그날 그녀에게 편지를 썼을 텐데.

정답 would have written

**13**

If I [were / were to] be born again, I would be a sailor again.

해설 가정법 미래의 순수가정 구문이다.

해석 내가 다시 태어난다면, 나는 다시 선원이 될 것이다.

정답 were to

**14**

If I [went / had gone] to the party last night, I would be tired now.

해설 혼합가정법(과거의 사실에 의해 현재까지의 여파)을 완성하는 구문이다.

해석 만약에 지난밤에 파티에 갔더라면, 나는 지금 피곤할 텐데.

정답 had gone

**15**

In 1642, a war [broke / has broken] out between the Parliament and the King.

해설 In 1642는 과거 표시 부사구이다. 따라서 과거동사를 쓴다.

해석 1642년에 의회와 왕 사이에 한 차례 전쟁이 있었다.

정답 broke

**16**

The first ship [passed / had passed] through the Canal in 1914.

해설 in 1914는 과거 표시 부사구이다.

해석 1914년에 첫 번째 배가 그 운하를 통과해 지나갔다.

정답 passed

**17**

It is natural that she [should / would] say so.

해설 natural은 이성판단 형용사이므로 that절 속에 (should) 동사원형을 사용한다.

해석 그녀가 그렇게 말하는 것도 당연하다.

정답 should

**18**

She felt that if he could sleep in the boat, he would [want / have wanted] to go to bed at night.

해설 that절 속에 가정법 과거의 구문을 완성하는 문제이다.

해석 만약에 그가 보트에서 잠을 잘 수만 있다면, 그는 밤에 잠자러 가기를 원할 것이라고 그녀는 느꼈다.

정답 want

**[19~21] 다음 문장이 어법상 옳다면 ○, 옳지 않다면 ×를 고르시오.**

**19**

Two adults apologized for going to sleep in church, promising it would never happen again.    [○, ×]

해설 기준 시제가 과거의 사실(apologized)이므로 과거에서 바라본 미래의 사실(would never happen)이 적절하다.

해석 2명의 어른들이 교회에서 잠을 잔 것 때문에 사과를 했다. 그리고 다시는 결코 그런 일이 일어나지 않도록 하겠다고 약속을 하였다.

정답 ○

**20**

Until ten years ago, Internet was actually private field for the scientists and university students.    [○, ×]

해설 '10년 전까지'라는 어구를 볼 때, 대과거의 사실을 묻는 문제이다. 따라서 was가 had been으로 수정되어야 한다.

해석 10년 전까지만 해도, 인터넷은 사실상 과학자들과 대학생들만의 사적인 분야였다.

정답 ×

**21**

If you had studied English when in school, you could speak English well now.    [○, ×]

해설 혼합가정법(가정법 과거완료의 조건절, 가정법 과거의 주절)의 구문이다.

해석 만약에 학교 다닐 때 영어를 공부했더라면, 당신은 영어를 지금 잘할 수 있을 것이다.

정답 ○

# 04 간접의문문 & 부가의문문

## 핵심 01    간접의문문(의문종속절) : 의문사 + 주어 + 동사 어순

명사절로 어순은 '의문사 + 주어+ 동사 + 의문대명사(주어) + 동사 + 목적어, 보어'이다.

**(1) 의문사가 없을 때 : if 또는 whether로 연결한다.**

Do you know? + Is she in the office?

→ Do you know if(= whether) she is the office? (if, whether 모두 가능)

→ Do you know whether she is in the office or not? (whether만 가능)

당신은 그녀가 사무실에 있는지 아닌지 알고 있는가?

**(2) 의문사가 있을 때 : 의문사를 직접 이용하여 연결한다.**

• Do you know? + What is it?

→ Do you know what it is? 당신은 그것이 무엇인지 알고 있는가?

• Do you think? + What is it?

→ *Do you think what it is? (×)

→ What do you think it is? (○) 당신은 그것이 무엇이라고 생각하는가?

※ 의문사를 문두에 두는 동사 : 일명 사고(판단) 동사가 개입되면 의문사는 문두에 둔다.

→ think, guess, suppose, imagine, believe, say 등

**(3) 의문대명사가 주어이면 동사를 뒤에 바로 쓴다.**

• Do you know? + Who broke the window?

→ Do you know who broke the window? 당신은 누가 창문을 깼는지 알고 있는가?

• Do you think? Who broke the window?

→ Who do you think broke the window? 당신은 누가 창문을 깼다고 생각하는가?

**(4) 의문대명사가 보어이면 자리를 바꾸는 것도 가능하다.**

• Do you know? + Who is the best singer now?

→ Do you know who the best singer is now?

→ Do you know who is the best singer now?

당신은 현재 누가 최고의 가수인지 알고 있는가?

- Do you think? + Who is the best singer now?
    - → Who do you think is the best singer now?
    - → Who do you think the best singer is now?
      당신은 현재 누가 최고의 가수라고 생각하는가?

## 핵심 02 부가의문문(tag questions)

문장의 끝에 붙이는 의문문으로 일명 꼬리의문문이라고도 한다. 긍정은 부정으로 받고, 부정은 긍정으로 받으며, 단축형의 조동사, be동사, do 동사를 이용하고 주어는 대명사로 받는다.

### (1) 긍정문을 부정으로 받는다.

예 He is honest, isn't he? 그는 정직하다, 그렇지?

예 He can dance well, can't he? 그는 춤을 잘 춘다, 그렇지?

예 She made a mistake, didn't she? 그녀는 실수를 했다, 그렇지?

예 She has been single, hasn't she? 그녀는 독신이다, 그렇지?

### (2) 부정문은 긍정으로 받는다.

예 He isn't tall, is he? 그는 키가 크지 않다, 그렇지?

예 He can't speak French, can he? 그는 불어를 말하지 못하지, 그렇지?

예 She didn't pass the exam, did she? 그녀는 시험에 합격하지 못했다, 그렇지?

예 She hasn't finished it, has she? 그녀는 그것을 마치지 못했다, 그렇지?

### (3) There + S 구문은 there로 받는다.

예 There are many kinds of birds in the area, aren't there?
    이 지역에는 다양한 종류의 새들이 있다, 맞지?

### (4) 명령문은 긍정, 부정 모두 will you?로 받는다.

예 Do it at once, will you? 즉시 해라, 알았지?

예 Don't do that, will you? 그것을 하지 마라, 알았지?

### (5) 제안 명령문은 Let's로 시작하며 shall we?로 받는다.

예 Let's dance, shall we? 같이 춤을 춥시다, 좋지요?

### (6) 긍정의 답을 기대하는 청유형 명령문은 won't you?로 받는다.

예 (Would you) Have a cup of coffee, won't you? 커피 한 잔 하시죠, 그러시겠어요?

(7) 중문(compound sentence)은 근접한 오른쪽의 주절에 맞춘다.

예 He is very busy and he doesn't want to come here, does he?

그는 무척이나 바쁘다 그리고 그는 여기로 오기를 원치 않는다, 그렇지?

(8) 복문(complex sentence)은 주절의 주어와 동사에 맞춘다.

예 She has no time because she has taken the position, does she?

그녀는 그 직책을 떠맡았기 때문에 시간이 없다, 그렇지?

(9) 복문이라도 that절이 목적어이면 that절 안의 주어와 동사에 맞추고 긍정과 부정은 주절의 동사와 반대로 하며, 만약에 that절 속에 주어가 사물이면 다시 주절의 주어와 동사에 일치시킨다.

예 I think that she is honest, isn't she?

나는 그녀가 정직하다고 생각합니다, 그렇지요?

예 I don't think that she is honest, is she?

나는 그녀가 정직하다고 생각하지 않습니다, 그렇지요?

예 You would never believe that some of the things can be wrong, would you?

어떤 일들은 잘못될 수도 있다는 것을 너는 절대로 믿지 않으려 하는구나, 그렇지?

## ✓ Check UP

[01~06] 다음 두 문장을 연결하시오.

01

> Do you know? + When did he come back yesterday?

> 

해설 의문사가 있으면 의문사를 그대로 접속사로 활용하여 간접의문문을 만든다.

해석 당신은 그가 어제 언제 돌아왔는지 알고 있는가?

정답 Do you know when he came back yesterday?

**02**

> Do you know? + Is he sick?

<br>

<br>

해설 의문사가 없으면 if(= whether)를 접속사로 이용해 간접의문문을 만든다.

해석 당신은 그가 아픈지, 아닌지 알고 있는가?

정답 Do you know whether(= if) he is sick?

**03**

> Do you think? + When will she come back home?

<br>

<br>

해설 의문사가 있으면 사고(판단) 동사의 의문문에서는 의문사를 문두에 둔다.

해석 당신은 그녀가 언제 돌아올 것이라고 생각하는가?

정답 When do you think she will come back home?

**04**

> Do you know? + Who made her angry?

<br>

<br>

해설 의문대명사가 주어일 때는 바로 이어서 동사를 등장시킨다.

해석 당신은 그녀가 왜 화가 났는지 알고 있는가?

정답 Do you know who made her angry?

**05**

Do you think? + What made him happy?

해설 사고(판단) 동사의 의문문이므로 의문대명사는 문두에 위치하고 동사 이하를 그대로 간접의문문으로 연결한다.

해석 당신은 무엇이 그를 행복하게 만들었다고 생각하는가?

정답 What do you think made him happy?

**06**

Do you know? + Who is the best runner in the world?

해설 주어와 주격 보어는 결국 같은 것이므로 be동사 뒤에 있거나 앞에 있거나 모두 가능하다.

해석 너는 세계에서 제일 빠른 사람이 누구인지 아니?

정답 Do you know who is the best runner in the world?
= Do you know who the best runner is in the world?

**[07~10] 다음 빈칸에 알맞은 부가의문문을 쓰시오.**

**07**

There are many issues to be resolved in the modern society, _____?

해설 There is / are 구문은 대명사 주어 대신에 유도부사 there를 그대로 이용한다.

해석 현대 사회에는 해결해야 할 많은 문제들이 있습니다, 그렇지요?

정답 aren't there

**08**

I think that he is very tall, _____?

해설 주어 + 동사 that절의 부가의문문은 that절 속의 주어와 동사(is)를 이용하되 긍정, 부정의 선택은 주절의 동사(think)와 반대로 한다.

해석 나는 그가 무척 키가 크다고 생각합니다, 그렇지요?

정답 isn't he

**09**

> He is very handsome and he works hard to succeed in the business, _____ ?

해설 단문 and 단문의 구조에서는 부가의문문에 가까운 문장(오른쪽 단문)을 선택하여 부가의문문을 만든다.

해석 그는 무척 잘생겼고, 사업에 성공을 위해서 열심히 노력하네요, 그렇지요?

정답 doesn't he

**10**

> He ought not to make a mistake before the boss again, _____ ?

해설 ought to = should이고, 긍정은 부정으로 부정은 긍정으로 답한다.

해석 그는 사장 앞에서 다시는 실수를 해서는 안 됩니다. 그렇지요?

정답 should he

## 핵심 01 should의 출제 포인트(당위성, 미래지향성) 중요 상

(1) 주장, 요구, 명령, 제안, 권고, 추천, 동의, 결정 동사 뒤의 that절은 (should) + R / not + R / be + p.p. / not be + p.p.를 쓴다. (should는 생략 가능)

| | | | | |
|---|---|---|---|---|
| • insist | • suggest | • propose | • order | • recommend |
| • advise | • decide | • move | • demand | • agree |

예 He insisted that such an old law (should) be abolished in this session.

그는 그러한 낡은 법안은 이번 회기에 폐지시켜야만 한다고 주장했다.

※ 이러한 원리의 적용은 당위적 개념과 미래지향적 의미를 가지는 문장에서는 가능하지만, 분명한 과거의 사실은 과거 동사를 사용하고, 분명한 현재의 사실은 현재 동사를 사용해야 한다.

(2) 이성적, 감성적 판단 형용사 뒤의 that절은 should + R을 쓴다. (should는 생략 가능)

| | | | | |
|---|---|---|---|---|
| • essential | • imperative | • necessary | • natural | • certain | • important |
| • proper | • rational | • reasonable | • regrettable | • strange | • odd |
| • surprising | • absurd | • fortunate | • curious | • a pity 등 | |

예 It is a pity that he should be late in meeting again.

그가 다시 회의에 늦다니 유감이다.

예 It is essential that you should attend the class on time.

당신은 정각에 수업에 참석하는 것이 필요하다.

## (1) 추측(부정문, 의문문)

① The rumor cannot be true. (~일 리가 없다) ↔ must be(~임에 틀림없다)

② She can't have been sick. (~이었을 리가 없다 : 과거 사실에 대한 부정적 추측)

그녀는 아팠을 리가 없다. ↔ must have + p.p. (~이었음에 틀림없다)

## (2) 관용 표현

① S가 아무리 ~해도 지나치지 않다 = can't ~ too (much) …

예 We cannot too careful about our health.

우리는 아무리 건강에 주의를 해도 지나치지 않다.

② ~하지 않을 수 없다(~할 수밖에 없다) **중요 하)**

can't help -ing = can't avoid(resist) -ing

= have no choice but to + R

= have no alternative but to + R

= there is nothing for it but to + R

= can not but + R

= can not choose but + R

= can not help but + R

예 He couldn't help falling in love with her. 그는 그녀와 사랑에 빠질 수밖에 없었다.

③ ~하기만 하면 반드시 …하게 된다 **중요 중)**

can't + R ~ but (that) S + V …

= 부정어 ~ without …

예 They can't meet but that they quarrel.

= They never meet without quarreling. 그들은 만나기만 하면 반드시 싸운다.

① may well + R : ~하는 것이 당연하다(= It is natural that ~) (= no wonder that ~)

　　예 She may well be proud of her son, the gold-medalist in the Olympic games.

　　　그녀가 올림픽 경기의 금메달리스트인 그녀의 아들을 자랑스러워하는 것이 당연하다.

② may as well + R : ~하는 것이 더 낫다(= had better + R) (= would do well to + R)

　　예 You may as well stay at home at this weather.

　　　당신은 이런 날씨에 집에 머무는 것이 더 낫다.

③ may(= might) as well A(R) as B(R) : B하기보다는 차라리 A하는 편이 낫다. (= A rather than B)

　　예 I may as well die rather than live such as a pig or a dog.

　　　나는 개나 돼지처럼 사느니 차라리 죽는 게 더 낫다.

① must + be : ~이어야만 한다, ~임에 틀림없다 ↔ can not be : ~일 리가 없다

② must not + R(금지) : ~해서는 안 된다 / may not + R(불허가) : ~해서는 안 된다

③ don't have to + R(불필요) : ~할 필요가 없다 　중요 하

　= don't need to + R = need not + R = have not to + R

④ must have + p.p. : ~했음에 틀림없다(과거 사실에 대한 강한 긍정적 추측)

　↔ cannot have + p.p. : ~했을 리가 없다(과거 사실에 대한 강한 부정적 추측)

　　예 It must have rained at night since the earth is wet in the morning.

　　　아침에 땅이 축축한 걸 보아하니 밤에 비가 내렸음에 틀림이 없다.

　　예 He can't have finished the homework in that he is always lazy.

　　　그가 평상시에 게으른 것을 보아하니 그가 숙제를 마쳤을 리가 없다.

**조동사 + have + p.p.의 정리** 중요 중

조동사 + have + p.p. : 현재의 입장에서 과거의 일을 기술하는 방식이다.

① 과거 사실의 후회, 유감, 비난(~했어야만 했는데 하지 않았다)

  예 You should(= ought to) have attended the meeting.

   당신은 그 모임에 참석했어야만 했는데.

② 과거 사실의 부정적 추측(~했을 리가 없다)

  예 He cannot have made a mistake.

   그는 실수를 저질렀을 리가 없다.

③ 과거 사실의 단순 추측(~이었을지도 모른다 : 과거 사실에 대한 단순 추측)

  예 She may have been left for New York.

   그녀는 뉴욕으로 떠났을지도 모른다.

④ 과거 사실의 긍정적 추측(~이었음에 틀림없다)

  예 He must have done such a good thing as he is always honest.

   그는 항상 정직하기 때문에 그런 착한 일을 했음에 틀림이 없다.

⑤ 과거 사실에 대한 불필요(~할 필요가 없었는데 했다)

  예 I need not have worried about you.

   나는 당신에 관해서 걱정을 할 필요가 없었는데(하고 말았다).

⑥ 과거 사실에 대한 불확실한(완곡한) 추측(희박한 가능성)

  예 He might have been there then. 그가 그때 당시에 거기에 있었을지도 모른다.


✔ **Check UP**

**[01~10] 다음 문제에 맞는 답을 고르시오.**

01

> It [must / may] have rained during the night, for the road is wet.

해설 must have p.p.의 의미는 과거 사실에 대한 확정적, 단정적, 긍정적 의미를 나타낸다. may have p.p.는 과거 사실에 대한 단순한 추측을 의미한다. 'the road is wet.'의 의미는 현재의 분명한 사실이다.

해석 도로가 축축한 걸 보니 밤새 비가 내렸음에 틀림없다.

정답 must

**02**

He [would / will] often go swimming in the river while he was in the country.

> **해설** '동사와 동사는 시제를 일치하도록 한다(동동시제)'라는 원칙에 따라서 while 이하의 동사가 was이므로 would가 적절하다.
> **해석** 그는 시골에 머무는 동안 종종 강으로 수영을 가곤 했다.

정답 would

**03**

I really [should / must] have written to you several weeks ago, but I've been terribly busy.

> **해설** should have p.p.는 '~했어야만 했는데.'로 과거 사실에 대한 후회, 유감, 비난이다. must have p.p.는 '~했음에 틀림없다'로 과거 사실에 대한 단정적, 확정적 추측이다.
> **해석** 나는 사실 몇 주 전에 당신에게 편지를 썼어야만 했는데, 하지만 나는 몹시 바빴다.

정답 should

**04**

We [can / may] not be too careful about our health.

> **해설** can't ~ too는 '아무리 ~해도 지나치지 않다'라는 표현이다.
> **해석** 우리는 우리의 건강에 대해서 아무리 주의해도 지나치지 않다.

정답 can

**05**

It is natural that she [should / would] say so.

> **해설** It + be + 이성판단 형용사(natural) + that절 속에는 (should) + 동사원형이다.
> **해석** 그녀가 그렇게 말하는 것도 당연하다.

정답 should

**06**

He [may / can] have said so, for he knew nothing whatever about it.

> **해설** may have p.p. ~는 '~였을(했을)지도 모른다'이다.
> **해석** 그는 그렇게 말했을지도 모른다, 왜냐하면 그는 그것에 대해 아무것도 모르고 있었기 때문이다.

정답 may

**07**

I regret having paid little attention to him. In other words, I should [pay / have paid] more attention to him.

해설 should have + p.p. ~는 '~했어야만 했는데.', 과거 사실에 대한 후회, 유감, 비난이다.

해석 나는 그에게 관심을 갖지 못한 것에 대해서 후회한다. 달리 말하면, 나는 그에게 더 많은 관심을 가져야만 했다.

정답 have paid

**08**

Last week, someone left a briefcase full of money. I didn't count it, but there must [have been / be] at least $10,000.

해설 must have + p.p. ~는 '~했음에 틀림없다.', 과거 사실에 대한 단정적 추측이다.

해석 지난주에 누군가 돈이 가득 든 서류 가방을 남겨 두었다. 나는 그것을 세어 보지 않았지만, 적어도 10,000달러가 있었음에 틀림이 없다.

정답 have been

**09**

Then I started to cough. I think I should [quit / have quit] smoking earlier.

해설 should have + p.p. ~는 '~했어야만 했는데.', 과거 사실에 대한 후회, 유감, 비난이다.

해석 그때, 나는 기침을 시작했다. 나는 좀 더 일찍 담배를 끊었어야만 했다는 생각이 든다.

정답 have quit

**10**

Those victims of education should [receive / have received] training to develop creative talents while in school. It really is a pity that they did not.

해설 should have + p.p. ~는 '~했어야만 했는데', 과거 사실에 대한 후회, 유감, 비난이다.

해석 교육에 관련한 희생자들은 학교에 머무는 동안 창의적 재능을 개발하도록 훈련을 받아야만 했었다. 그들이 그렇지 못했던 것은 진정으로 유감스럽다.

정답 have received

동사가 지니는 특성 중에서 태(voice)는 능동(= active voice)과 수동(= passive voice)으로 나누어진다. 수동태를 쓰는 목적은 대략 크게 3가지의 기준에 따른다. 행위자가 불분명할 때, 행위자가 일반주어라서 굳이 밝힐 필요가 없을 때, 목적어를 강조하여 문장의 강조를 두고자 할 때로 나눌 수 있다. 수동으로 표현하는 방식은 단순형(기본형), 완료형, 진행형으로 나눌 수 있다.

예 Thousands of millions of soldiers were killed in this war.

　수천, 수백 만 명의 군인들이 이 전쟁으로 전사하였다.

예 It is said that man is mortal. 사람은 언젠가 죽게 마련이라고들 한다.

예 The captain of this ship has been respected because of his bravery.

　이 배의 선장은 그의 용맹으로 존경받아 왔다.

예 We are being waited on by another waitress.

　우리는 다른 웨이트리스한테 시중을 받고 있는 중이다.

## 핵심 01  감정동사의 수동태 중요 하

감정동사는 타동사(vt)로서 감정의 주체가 사람으로 등장하는 문장은 반드시 감정의 동기부여(motive)를 받았을 때 그 감정이 진행되는 의미를 가지게 된다. 따라서 수동적 의미(p.p.)가 늘 함께하는 문장이 만들어진다. 다시 말해 감정을 가지고 느끼는 대상(사람)은 과거분사와, 감정을 유발하는 대상(사물)은 현재분사와 논리적으로 연결된다.

| | | | | | | |
|---|---|---|---|---|---|---|
| 사람주어 (감정느낌) | + | be | + | interested (흥미로운) | amused (재미 있는) | excited (흥분한) | thrilled (오싹한) |
| | | | | embarrassed (당혹스런) | surprised (놀란) | startled (놀란) | satisfied (만족한) |
| | | | | shocked (충격을 받은) | bored (지루한) | | |

| 사물주어<br>(감정유발) | + | be | + | interesting / amusing / boring / exciting / surprising 등 |

예 As the lecture was interesting she was very interested in class yesterday.

그녀는 어제 강의가 흥미로워서 그녀는 어제 수업에 무척 재미있었다.

## 핵심 02 지각동사, 사역동사의 수동태

예 I saw him enter the room through the window.

= He was seen to enter the room through the window by me.

그는 창문을 통해서 방으로 들어가다가 나한테 목격당했다.

예 I saw him entering the room through the window.

= He was seen entering the room through the window by me.

그가 창문을 통해 그 방으로 들어가는 것이 내 눈에 띄었다.

예 I made him clean the office just now.

= He was made to clean the office just now.

그는 방금 전에 나한테 사무실을 청소하도록 지시받았다.

예 I had the dentist pull my tooth yesterday.

= *The dentist was had to pull my tooth yesterday. (×)

= The dentist was asked to pull my tooth yesterday. (○)

나는 치과의사에게 나의 치아를 뽑아달라고 말씀을 드렸다.

## 핵심 03 5형식 문장의 수동태(목적어 - 목적격 보어 : 수동관계)

예 She had her hair cut at the beauty shop. (her hair − cut)

그녀는 미용실에서 머리를 깎았다.

예 She had her picture taken at the photographer's. (her picture − taken)

그녀는 사진관에서 그녀의 사진을 찍었다.

예 *She found her purse disappeared in the train. (×) (자동사의 p.p.)

그녀는 기차 안에서 그녀의 지갑이 사라진 것을 알았다.

예 She made her secretary look into the materials. (○)

그녀는 그녀의 비서에게 그 자료들을 조사해보도록 시켰다.

= She made the materials looked into by her secretary. (○)

※ 자동사라도 전치사의 목적어를 수동의 주어로 하는 수동태는 가능하다.

예 She found her purse stolen on the street. (○) (타동사의 p.p.)

그녀는 그녀의 지갑이 거리에서 도난당한 것을 알았다.

## 핵심 04 자동사 + 전치사 = 타동사 기능 중요(중)

- laugh at 비웃다
- look after 돌보다
- speak to ～에게 말을 걸다
- look for 찾다
- deal with 다루다

- yell at ～에 소리를 지르다
- agree on 합의를 하다
- wait on 시중을 들다
- rely on 의존하다, 신뢰하다 등

예 She laughed at the man at the meeting. 그녀는 회의 중에 그 남자를 비웃었다.

= *The man was laughed at the meeting. (×)

= The man was laughed at at the meeting. (○) 그 남자는 그녀로부터 비웃음을 샀다.

## 핵심 05 복문의 수동태 : 주어 + 동사 + that절(목적어) 중요(상)

주어 + 타동사 + that절 + S + V + O : 일반주어가 say, think, believe 등과 만나면 주로 수동태의 문장으로 표현한다.
= It + be + p.p. + that절 + S + V + O : 주절의 동사를 수동태로 전환한다.
= S + be + p.p. + to + R + O : that절 내에 주어를 주절의 주어로 한 수동태이다.

예 People say that she was a beauty at one time.

= It is said that she was a beauty at one time.

= She is said to have been a beauty at one time.

사람들은 그녀가 한때 미인이었다고들 말한다.

예 They believe that he was killed in the Korean War.

= It is said that he was killed in the Korean War.

= He is said to have been killed in the Korean War.

그는 한국전쟁 당시에 전사한 것이라고들 말한다.

Any는 긍정문의 주어로 쓸 수는 있으나 부정문의 주어는 쓸 수 없다.

예 *Anyone doesn't believe the fact. (×)

　아무도 그 사실을 믿지 않는다.

예 No one believes the fact. (○)

　어느 누구도 그 사실을 믿지 않는다.

예 Nobody believes the fact. (○)

　어느 누구도 그 사실을 믿지 않는다.

예 The fact is not believed by anybody. (○)

　그 사실은 아무도 믿지 않는다.

　※ not ~ by anybody로 풀어써야만 가능하다.

예 *The fact is believed by nobody. (×)

　※ by nobody의 표현은 영어에 존재하지 않는다.

**[01~06] 다음 밑줄 친 부분에 알맞은 전치사를 써넣으시오.**

**01**

I was caught ＿＿＿＿＿ a shower. 나는 소나기를 만났다.

해설 be caught in ~을 만나다

정답 in

**02**

I was surprised ＿＿＿＿＿ the result. 나는 그 결과에 놀랐다.

해설 be surprised at ~에 놀라다

정답 at

**03**

The mountains are covered ＿＿＿＿＿ snow. 산들은 눈으로 덮여 있다.

해설 be covered with ~으로 덮여 있다

정답 with

**04**

The news was not known _____ them. 그 소식은 그들에게 알려지지 않았다.

[해설] be known to ∼에게 알려지다

[정답] to

**05**

A man is known _____ the company he keeps. 사람은 그의 친구를 보면 알 수가 있다.

[해설] be known by ∼에 의해서 식별되다, 판별되다

[정답] by

**06**

She was married _____ a foreigner. 그녀는 외국인과 결혼했다.

[해설] be married to ∼와 결혼하다

[정답] to

**[07~15]** 다음 문장에서 틀린 부분을 바르게 고치시오.

**07**

Let your children be not overprotected.

[해설] 부정 명령문의 수동태 : let + 목적어 + not + be + p.p. 어순이다.

[해석] 당신의 아이들이 과잉보호되도록 하지 마라.

[정답] not be

It is not believed by nobody.

**해설** by nobody라는 표현은 불가하며 not by anybody로 풀어 써야 한다.

**해석** 그것을 어느 누구도 믿지 않는다.

**정답** anybody

## 09

Chairman was elected me by them.

**해설** 내가 의장으로 선출되는 것이지 의장이 나로 선출되는 것은 아니다.

**해석** 나는 그들에 의해 의장으로 선출되었다.

**정답** I was elected chairman by them.

He was seen enter the room by me.

**해설** 지각동사의 수동태 be seen to + R / V −ing로 쓴다.

**해석** 그는 방으로 들어가다가 나한테 목격되었다.

**정답** to enter

**11**

The patient was taken good care of the nurse.

해설 take good care of ~을 돌보다 '동사구의 수동태'

해석 그 환자는 간호사에 의해서 잘 돌보아졌다.

정답 taken good care of by

**12**

He is said that he failed in the exam.

해설 "People say that he failed in the exam."을 수동태로 전환한다.

= It is said that he failed in the exam.

= He is said to have failed in the exam.

해석 그가 시험에 실패했다고들 말한다.

정답 to have failed

**13**

I am interested by music.

해설 be interested in ~에 흥미를 가지다

해석 나는 음악에 흥미가 있다.

정답 in

**14**

By who was this machine invented?

By whom was this machine invented?

누구에 의해서 이 기계가 발명되었는가?

whom

**15**

Everybody is called Tom a genius, but he doesn't like to so be called.

해석상 모두들 Tom을 천재라고 부르는 것이므로 능동의 의미인 calls가 나와야 한다. 또한 so라는 부사는 be와 p.p. 사이에 써야 하므로 be so called의 어순이 적절하다.

모든 사람들은 Tom을 천재라고 부른다, 하지만 그는 그렇게 불리는 것을 좋아하지 않는다.

calls / be so called

**[16~20] 의미가 같도록 다음 밑줄 친 부분에 알맞은 말을 써넣으시오.**

**16**

Who wrote the letter?

= By _____ the letter _____?

The letter was written by whom. (평서문 어순)

= By whom was the letter written? (의문문 어순)

누구에 의해서 편지가 쓰였는가?

whom was, written

**17**

> They say that Tom is honest.
>
> = Tom is said _____ honest.

해설 동사 say와 is가 시제가 같으므로 단순 부정사를 사용한다.

해석 그들은 Tom이 정직하다고들 말한다.

정답 to be

**18**

> I had my money stolen.
>
> = My money _____ .

해설 사물주어 be + stolen / have + 사물 + stolen

해석 나는 나의 돈을 도난당했다.

정답 was stolen

**19**

> Nobody believes that she was innocent.
>
> = It is _____ believed by _____ that she was innocent.
>
> = She is _____ believed _____ innocent by _____ .

해설 That she was innocent is believed by nobody.

= It is not believed by anybody that she was innocent.

= She is not believed to have been innocent by anybody.

해석 어느 누구도 그녀가 무고했다는 사실을 믿지 않는다.

정답 not, anybody, not, to have been, anybody

**20**

> She dressed herself for the farewell party.
>
> = She _____ for the farewell party.

해설 dress oneself ~을 차려입다. 재귀목적어를 쓰는 동사

해석 그녀는 송별회를 위해서 옷을 차려입었다.

정답 was dressed

# CHAPTER 07 부정사

준동사의 하나로서 절(clause)의 개념을 구(phrase)의 개념으로 줄여 쓴 경우에 만들어지는 형태로 명사, 형용사, 부사의 기능을 수행한다.

## 핵심 01  단순 부정사 만드는 법

### (1) 일반동사

① 단순 부정사 : 같은 시제 또는 미래의 동작이나 상태를 뜻함

　예 He wants to pass the exam.

　　그는 시험에 합격하기를 원한다.

② 완료 부정사 : 먼저 발생한 동작이나 상태를 뜻함

　예 He is said to have passed the exam last year.

　　그가 작년에 시험에 합격했다고들 한다.

### (2) be동사

예 It seems that he is sick. 그는 아픈 것 같다.

　= He seems to be sick.

예 It seems that he was sick. 그는 아팠던 것 같다.

　= He seems to have been sick.

### (3) do 동사

예 He wants to do his best at the job. 그는 그 일에 최선을 다하고 싶어 한다.

① do 동사와 수동과의 조합 형태

　예 People say that he has done the laborious work.

　　사람들은 그가 힘든 일을 해본 적이 있다고 말한다.

　　= It is said that he has done the laborious work.

　　= He is said to have done the laborious work.

### (4) have 동사

예 People say that she has an invaluable china.

　사람들은 그녀가 아주 귀중한 도자기를 하나 가지고 있다고 말한다.

= It is said that she has an invaluable china.

= She is said to have an invaluable china.

## 핵심 02 　to부정사도 명사구에 속한다

### (1) 주어 자리에

예 To see is to believe. 백문이 불여일견이다(보는 것이 믿는 것이다).

### (2) 목적어 자리에(타동사 뒤에)

예 I want to see the doctor this afternoon. 나는 오늘 오후에 진찰받고 싶다.

### (3) 보어 자리에

예 His dream is to become a lawyer. 그의 꿈은 변호사가 되는 것이다.

### (4) 완료형(to have p.p.)

예 He seems to have been sick. 그가 아팠던 것처럼 보인다.

### (5) 수동형(to be p.p.)

예 He seems to be appointed prime minister. 그가 수상에 지명될 것 같다.

## 핵심 03 　to부정사는 형용사처럼, 부사처럼 쓰이기도 한다

### (1) 명사(구) 뒤

예 He got the plan to finish the mission then.

　그는 그때 당시에 임무를 마칠 수 있는 계획을 가지고 있었다.

　※ the plan을 to finish 이하가 수식한다. (~할 수 있는)

### (2) 대명사 뒤

예 He has something to drink now. 그는 지금 마실 수 있는 것을 가지고 있다.

　※ something을 to drink 이하가 수식한다. (~할 수 있는)

(3) be동사 뒤

　　예 He is to build a silver town. 그는 실버타운을 건설할 예정이다.

　　　※ be동사 뒤에 to부정사가 be동사와 함께 '예정, 의무(당연), 가능, 운명, 의도(소망)' 등의 의미를 가지
　　　　면 형용사 역할을 하는 서술적 기능이다.

(4) to부정사가 명사나 형용사 기능이 아니면 부사 기능으로 쓰이는 것이다. 이때 의미로는 '목적, 결과, 이유 / 원
　　인, 정도, 판단의 근거 / 형용사, 부사 뒤 수식'의 경우를 가진다.

　　예 To pass the exam, you should study hard every day.
　　　시험에 합격하려면, 너는 매일 열심히 공부해야만 한다.


## 핵심 04　to부정사가 목적어로 사용되는 타동사 　중요 하

| | |
|---|---|
| • want 원하다 | • manage 그럭저럭 ~하다 |
| • plan 계획하다 | • tend ~하는 성향이 있다 |
| • decide 결정하다 | • intend ~할 의도(중)이다 |
| • expect 기대하다 | • pretend ~인 척 하다 |
| • refuse 거절하다 | • afford ~할 여유가 있다 |

　예 He managed to support his large family.
　　그는 자신의 대가족을 그럭저럭 부양해오고 있다.
　예 He can afford to buy the luxury car.
　　그는 멋진 차를 구매할 여유가 있다.


## 핵심 05　to부정사에서 to가 생략되는 경우

to부정사에서 to가 생략되어 원형부정사, 현재분사(-ing), 과거분사(p.p.)의 형태로 나타나기도 한다.

(1) help (to) + R

　　예 He helped organize the farewell party yesterday.
　　　그는 어제 송별회 파티를 준비하는 것을 도왔다.

(2) have + 목적어 + R

　　예 He had me wash the car.
　　　그는 나더러 차를 세차하라고 했다.

**(3) make + 목적어 + R**

> 예 He made me take wounded soldiers.
>
> 그는 나더러 부상병들을 옮기도록 했다.

**(4) see + 목적어 + R / V + ing**

> 예 He saw the children playing soccer.
>
> 그는 아이들이 축구를 하는 것을 보았다.

**(5) hear + 목적어 + p.p.**

> 예 He heard his name called after him.
>
> 그는 자신의 뒤에서 이름이 불리는 소리를 들었다.
>
> ※ 목적어와 목적격 보어의 관계(= nexus)는 항상 능동, 수동의 관계를 검증해본다.

## 핵심 06  부정사의 의미상 주어

부정사는 동사의 성질을 그대로 가지고 있는데 그 동사의 동작을 하거나, 당하는 문장 속의 어떤 대상을 의미상 주어라 한다.

**(1) 주절 주어**

> 예 I want to go to New York.
>
> 나는 뉴욕에 가기 원한다[가고 싶다].

**(2) 목적어**

> 예 I expect her to succeed.
>
> 나는 그녀가 성공하기를 기대한다.

**(3) 형용사 + for + O + to + R**

형용사는 easy, difficult, hard, dangerous, impossible, convenient가 등장한다.

> 예 It is difficult for me to visit Africa.
>
> 내가 아프리카를 방문하기는 어렵다.

**(4) 형용사 + of + O**

형용사는 good, kind, clever, wise, rude, polite, thoughtful, careless, considerate가 등장한다.

> 예 It is kind of you to show me the way. 당신이 나에게 길을 알려주시니 친절하시군요.
>
> = You are very kind to show me the way.

not to speak of ~은 말할 것도 없이
= not to mention ~
= let alone ~
= to say nothing of ~
= still[much] more ~ (앞에 긍정문을 받아서)
= still[much] less ~ (앞에 부정문을 받아서)

예 She can speak French, much more English.

그녀는 프랑스어도 할 수 있다, 하물며 영어는 말할 것도 없다.

예 She can't dance well, still less sing.

그녀는 춤을 잘 못 춘다, 하물며 노래는 말할 것도 없다.

## 핵심 08 부정사의 4가지 변화 중요 상

| 구분 | 단순형 | 완료형 |
|------|--------|--------|
| 능동 | to + V | to have + p.p. |
| 수동 | to be + p.p. | to have been + p.p. |

예 It seems that she is sick. = She seems to be sick.

그녀는 아픈 것처럼 보인다.

예 It seems that she was sick. = She seems to have been sick.

그녀는 아팠던 것처럼 보인다.

예 It is said that she will be elected captain in the team.

= She is said to be elected captain in the team.

그녀는 팀의 주장으로 선출될 것이라고들 말한다.

예 It is believed that she was awarded in Oscar.

= She is believed to have been awarded in Oscar.

그녀가 오스카상을 받은 적이 있다고들 믿는다.

## 핵심 09 　형용사적 부정사

형용사적 부정사는 명사, 대명사 뒤에 위치하거나 be + to + R의 의미로 판단한다.

예 I have some books to read tonight. (○)

　나는 오늘 밤에 읽을 책이 좀 있다.

예 *I have a house to live. (×)

　I have a house to live in (○) 나는 살 집이 있다.

예 Every man is to die some day. (의무, 예정, 운명, 가능, 의도)

　모든 인간은 언젠가 죽게 마련이다.


## 핵심 10 　대부정사(반복되는 부분을 to로만 제시)

'You may go there if you want to go there.' 문장은 'You may go there if you want to'라고 표현하며 to 를 절대 생략하지 못한다.


## 핵심 11 　to부정사의 목적어를 중복해서 사용하지 못함

예 It is too difficult for me to solve the problem. (○)

　= The problem is too difficult for me to solve. (○)

　= *The problem is too difficult for me to solve it. (×)

　그 문제는 너무 어려워서 내가 풀 수 없다.

　※ to부정사의 목적어가 중복되어 사용되어 있다.

예 The problem is so difficult that I can't solve it. (○)

　= *The problem is so difficult that I can't solve. (×)

　※ that절 속의 목적어가 빠져 있다.

# CHAPTER

## 08 | 동명사

준동사의 하나로서 명사적 기능을 가지고 등장하며 주어, 목적어, 보어의 기능을 수행한다.

### 핵심 01 | 동명사 만드는 법

**(1) be동사 이용**

① 주어 자리

　예 Being is happy. 존재함은 행복하다.

② 전치사의 목적어 자리 　중요 상

　예 I was afraid of being unhappy.

　　　나는 불행해질까봐 두려웠다.

전치사 of는 unhappy(형용사)를 직접 목적어로 둘 수 없다. 'of unhappy'는 불가능한데 왜냐하면 전치사는 반드시 목적어를 가지고 있어야 하기 때문이다. 그래서 unhappy 앞에 being이라는 동명사를 목적어로 두고 being의 보어로 형용사 unhappy를 뒤에 세운다. 아주 중요한 영어의 문법이다.

**(2) do 동사 이용**

　예 Doing volunteer work is a happy activity.

　　　자원 봉사를 한다는 것은 행복한 활동이다.

Doing은 동명사이다. 왜냐하면 주어 역할을 하고 있기 때문이다. 다만 do는 타동사의 성질을 가지고 있어서 volunteer work라는 명사구를 목적어로 뒤에 두고 있는 것이다.

**(3) have 동사 이용**

　예 Having a lover means having a sense of responsibility.

　　　사랑하는 사람을 가지는 것은 책임감을 가지는 것을 의미한다.

※ 위 문장에서 동명사 having은 주어이고 a lover는 having의 목적어가 되며 단수 취급한다. 동사 means 뒤에 having은 means의 목적어가 되는데 have는 타동사이므로 a sense of responsibility라는 목적어를 갖는다.

**(4) 일반동사 이용**

예 Making a mistake is common to people.

실수를 하는 것은 사람들에게 흔하다.

**(5) 전치사 to 다음에 동명사** `중요 하`

예 She is looking forward to <u>seeing</u> me.

그녀는 나를 만나기를 학수고대하고 있다.

예 She is used to <u>living</u> alone in city.

그녀는 도시에서 혼자 사는 데 익숙하다.

예 What do you say to <u>taking</u> a walk with me?

당신 나와 산책하지 않을래요?

## 핵심 02 · 동명사와 현재분사 구분

**(1) 주어 자리**

예 <u>Seeing</u> is believing.

백문이 불여일견이다.

**(2) 타동사의 목적어 자리**

예 She used to avoid <u>seeing</u> me.

그녀는 나를 만나는 것을 피하곤 했다.

**(3) 보어 자리**

예 My hobby is <u>taking</u> a picture.

나의 취미는 사진을 찍는 것이다.

**(4) 전치사의 목적어 자리**

예 With a view to <u>finishing</u> the project in time, he should try hard.

제때에 그 일을 마치기 위해서 그는 열심히 노력해야 한다.

**(5) 동격 자리**

예 He has <u>one aim</u>, <u>being</u> an official within a year.

그는 1년 이내로 공무원이 되는 것을 목표로 가지고 있다.

## 핵심 03  동명사가 주어인 문장 구성

동명사가 주어인 경우 단수(singular) 취급한다.

### (1) be동사 이용

예 Being a very honest man is my family motto.

정직한 사람이 되는 것은 나의 가훈이다.

### (2) do 동사 이용

예 Doing something in life is called the job.

살면서 무언가 하는 일을 직업이라고 부른다.

### (3) have 동사 이용

예 Having a dream means being happy.

한 가지 꿈을 가지는 것은 행복해지는 것을 의미한다.

## 핵심 04  동명사를 목적어로 취하는 동사  중요 하

| | |
|---|---|
| • deny | • finish |
| • allow | • consider |
| • dislike | • enjoy |
| • mind | • forgive |
| • avoid | • suggest |
| • discontinue | • quit |

예 Would you mind opening the window?

창문을 열어도 폐가 되지 않을까요?

예 They always suggest climbing the mountain on weekends.

그들은 항상 주말마다 산에 오르는 것을 제안하곤 한다.

## 핵심 05 동명사를 목적어로 취하는 문장

**(1) deny(부인하다)**

예 He denied <u>being</u> an agent.

그는 스파이라는 것을 부인했다.

**(2) forgive(용서하다)**

예 My father forgave <u>punishing</u> me.

나의 아버지는 나를 벌하는 것을 용서하셨다.

**(3) postpone(연기하다)**

예 He postponed <u>starting</u> for New York.

그는 뉴욕으로 떠나는 것을 연기했다.

**(4) resist(저항하다)**

예 He resisted <u>being arrested</u> violently.

그는 격렬하게 체포되는 것을 저항했다.

**(5) suggest(제안하다)**

예 He suggested <u>going</u> together there with me.

그는 나와 함께 거기에 가는 것을 제안했다.

**(6) mind(꺼리다, 반대하다, 싫어하다)**

예 Would you mind <u>holding</u> tongue?

제발 가만히 있을 수 없습니까?

**(7) consider(고려하다)**

예 He considers <u>going</u> to study English abroad.

그는 해외로 영어를 공부하러 가는 것을 고려하고 있다.

**(8) enjoy(즐기다)**

예 He always enjoys <u>playing</u> tennis with friends.

그는 항상 친구들과 테니스 치는 것을 즐긴다.

**(9) finish(마치다)**

예 He finished <u>writing</u> a letter to his parents.

그는 부모님께 편지 쓰는 일을 마쳤다.

**(10) quit(중단하다)**

예 He quitted <u>doing</u> a hard work because of his bad health.

그는 그의 나쁜 건강 때문에 힘든 일을 하는 것을 중단했다.

## 핵심 06 ▌ 동명사와 to부정사를 둘 다 목적어로 취하는 동사 중요중

**(1) remember(기억하다)**

예 He remembers <u>to send</u> a mail to Mary. (해야 할 일)

그는 Mary에게 mail 한 통을 보내야 할 일을 기억하고 있다.

예 He remembers <u>sending</u> a mail to Mary. (했던 일)

그는 Mary에게 메일 한 통을 보낸 일을 기억한다.

**(2) forget(잊다)**

예 He forgot <u>to meet</u> Mary next morning. (해야 할 일)

그는 다음 날 Mary를 만나야 할 일을 잊었다.

예 He forgot <u>borrowing</u> some money to Mary. (했던 일)

그는 Mary에게 약간의 돈을 빌렸던 일을 깜박했다.

**(3) stop(멈추다)**

예 He stopped <u>to smoke</u>.

(일시적 동작) 그는 담배를 피우기 위해서 가던 길을 잠시 멈추었다.

예 He stopped <u>smoking</u>.

(지속적 동작) 그는 담배 피던 것을 끊었다.

**(4) try(노력하다, 시도하다)**

예 He tried <u>to pass</u> the exam.

그는 시험에 합격하기 위해서 애를 썼다.

예 He tried <u>eating</u> sauce.

그는 시험 삼아 소스를 먹어보았다.

**(5) mean(의도하다, 의미하다)**

예 He means <u>to attend</u> the dance party tonight.

그는 오늘 밤 댄스파티에 참가할 생각이다.

예 His choice means <u>objecting</u> to my opinion.

그의 선택은 나의 의견에 반대하는 것을 의미한다.

## 핵심 07  동명사는 수동형일 때 주의 [중요 상]

예 *She couldn't avoid satisfying with her fortune. (×)

　　　　　　 = being satisfied (○)

그녀는 자신의 운명에 만족할 수밖에는 없었다.

예 *Dogs can bark without teaching. (×)

　　　　　　　 = being taught (○)

개는 가르쳐주지 않아도 짖을 수 있다.


## 핵심 08  동명사의 의미상 주어는 반드시 존재

### (1) 일반주어(생략)

예 Speaking English fluently is not easy within a year.

영어를 1년 이내에 유창하게 말하는 것은 쉽지 않다.

### (2) 주어

예 I am fond of playing soccer.

나는 축구를 하는 것을 좋아한다.

### (3) 소유격으로 표시

예 John insisted on my staying with him.

John은 내가 그와 함께 머물러야 한다고 주장했다.

### (4) 다음 동사에는 소유격만이 의미상 주어로서 동명사 앞에 온다.

| | | | | |
|---|---|---|---|---|
| • appreciate | • consider | • enjoy | • avoid | • suggest |
| • deny | • postpone | • delay | • defer 등 | |

예 She appreciates your helping her.

그녀는 당신이 그녀를 도와준 일을 감사하게 생각한다.


## 핵심 09  전치사 to 다음에 동명사가 오는 경우 [중요 중]

예 I object to (am opposed to) being treated like a child.

나는 아이처럼 취급받는 것을 반대한다.

예 What do you say to taking a rest?

휴식하는 것이 어떠니?

예 I am looking forward to seeing you.

나는 당신을 볼 것을 학수고대한다.

예 He devoted himself to studying English.

그는 영어 공부에 몰두했다.

예 I am equal to doing the work.

나는 그 일을 하는 것을 감당할 수 있다.

예 The man is tied to investing the business.

그 사람은 기업에 투자하는 일과 연관되어 있다.

예 When it comes to playing the guitar, he is the best in this class.

기타 연주에 관해서라면 그가 이 반에서 최고이다.

예 With a view to meeting her, he is waiting before the hall.

그녀를 만나기 위해서 그는 홀 앞에서 기다리고 있다.

## 핵심 10　동명사의 관용적 표현

### (1) S + 부정의 뜻(not, never) + A + without + −(B)ing

S + 부정의 뜻(not, never) + A + but (that) + S' + V'(B) : A하기만 하면 반드시 B한다.

예 They never met without quarreling. 그들은 만나기만 하면 반드시 싸운다.

### (2) There is no + −ing : ～하는 것은 불가능하다

예 There is no telling when he will come back.

그가 언제 돌아올지 말하는 것은 불가능하다.

### (3) S + be worth + −ing : S가 ～할 가치가 있다

예 The novel is worth reading in the schooldays.

그 소설은 학창 시절에 읽어볼 가치가 있다.

### (4) be far from + −ing : 결코 ～하지 않는다 / ～하기는커녕

예 Far from saying "yes", she answered back to me.

"예"라고 말하기는커녕, 그녀는 나에게 말대꾸를 하였다.

### (5) It goes without saying that ～ : ～하는 것은 두말할 필요도 없다

예 It goes without saying that we can't too careful about our health.

우리가 아무리 건강에 주의를 기울여도 지나치지 않는다는 것은 두말할 필요가 없다.

## 핵심 01 　분사(participle)란 무엇인가?

분사는 2가지 종류가 있다. 동사원형에 ing를 붙여서 만드는 현재분사(동명사와 동일한 형태)와 모든 동사의 3단 변화의 마지막 형태인 과거분사(past participle)가 있다. 물론 과거분사는 앞에서 배운 것처럼 규칙 변화의 모양과 불규칙 변화의 모양으로 구분한다. 그러면 분사는 무슨 역할을 수행하는가? 바로 형용사의 기능을 수행한다. 명사나 대명사의 앞이나 뒤에서 형용사의 역할을 하면서 수식하기도 하고 보충하기도 하면서 형용사 본래의 기능을 수행한다. 다만 동사에서 파생하여 동사적 특징을 가지고 순수 형용사가 되어버린 경우와 비교해 보면, 복잡하고도 재미있는 부분이 바로 이 분사이다.

예 He is dead. 그는 죽었다. : dead는 순수 형용사 '죽은'

예 He is dying. 그는 죽어가고 있다. : dying은 분사 형용사 '죽어가고 있는'

※ dying은 동사 die와 진행의 의미 ing가 만나서 만들어낸 형용사이다.

> 분사구문은 분사가 포함된 단어가 2개 이상 모여서 만드는 내는 문장 안에 등장하는 형용사 기능(형용사절의 축소)과 부사 기능(부사절의 축소)으로 나누어 볼 수 있다.
> 예 The girls (who are) dancing on the stage are idol stars.
> 　무대 위에서 춤추고 있는 소녀들은 아이돌 스타들이다.
> 예 Dancing on the stage, The girls are always welcome by young generations.
> 　= (When they are) dancing on the stage
> 　무대 위에서 춤을 출 때, 그 소녀들은 항상 젊은 세대들에게 환영받는다.

### (1) 현재분사와 과거분사
　① 현재분사는 진행이나 능동의 의미를 나타낸다.
　　예 The sleeping baby is very cute. (진행)
　　　잠자는 아기는 매우 귀엽다.
　　예 The bullfighting is an exciting game. (능동)
　　　투우는 매우 흥분을 일으키는 경기다.
　② 과거분사는 완료나 수동의 의미를 나타낸다.
　　예 The fallen leaves are on the street in autumn. (완료)
　　　가을에는 떨어진 잎사귀들이 거리에 있다.
　　예 There were many damaged cars because of the typhoon. (수동)
　　　태풍 때문에 피해를 입은 많은 차들이 있었다.

## (2) 현재분사 만드는 법

동명사와 동일한 형태를 가지며 동사원형 + ing로 만들어진다. 다만 문장 안에서 현재분사는 형용사 역할을 하고, 동명사는 명사 역할을 한다.

예 being, doing, thinking, playing, having, making, coming, hugging, running 등

              A                           B                 C

> A : 원형 + ing
> B : e로 끝나는 단어는 e를 없애고 + ing
> C : 단모음 + 단자음으로 끝나는 단어는 자음을 하나 더 붙인 다음 + ing

## (3) 과거분사 만드는 법

| 규칙 변화 | • play – played – played | ※ + ed만 붙인다. |
|---|---|---|
| | • decide – decided – decided | ※ + d만 붙인다. |
| 불규칙 변화 | • give – gave – given | ※ A – B – C형 |
| | • run – ran – run | ※ A – B – A형 |
| | • keep – kept – kept | ※ A – B – B형 |
| | • cut – cut – cut | ※ A – A – A형 |

## (4) 형용사처럼 쓰이는 말

> • convincing (설득력 있는)
> • promising (전도유망한)
> • missing (행방불명의)
> • interesting (흥미로운)
>
> • exciting (흥분을 일으키는)
> • thrilling (손에 땀을 쥐게 하는)
> • surprising (깜짝 놀랄만한) 등

※ 동사의 원형에 + ing로 만들어졌으나 오랜 세월을 거쳐 지금은 형용사처럼 굳어져 사용되고 있는 분사 형태의 형용사 : 사전에는 단어로 설정이 되어 있다.

## (5) 명사의 앞, 뒤에 모두 등장

예 She looks at a sleeping baby.

그녀는 잠자는 아기를 바라보고 있다.

예 The baby sleeping on the bed now is my younger brother.

                       수식어

지금 침대에서 잠자고 있는 아기는 나의 어린 남동생이다.

※ 현재분사와 과거분사는 형용사 역할을 하는 동안 필요에 따라서 명사 앞에도, 명사 뒤에도 등장하여 사용된다. 수식어를 동반하여 길어지는 경우 주로 명사 뒤에서 수식하는 경우가 많다.

**(1) 현재분사는 진행을 의미 '~하고 있는'**

예 the dancing girls 춤추는 소녀들

**(2) 현재분사는 능동을 의미 '~하게 하는'**

예 the surprising news 놀라운 소식

**(3) 과거분사는 완료를 의미 '~진, 된'**

예 the well-dried timbers 잘 마른 목재들

**(4) 과거분사는 수동을 의미 '~당한, ~받은'**

예 the broken windows 깨진 창문들

**(5) 현재분사 or 과거분사는 명사를 수식 or 보충하는 기능**

예 The gentleman talking to her is my father. (수식)

그녀와 대화하고 있는 신사는 나의 아버지다.

예 The soldiers wounded in the battle were taken to hospital. (수식)

전투에서 부상을 당한 군인들은 병원으로 후송되어졌다.

예 She stands smiling at me. (보충)

그녀가 나에게 미소를 지으며 서 있다.

예 She looks tired with the much work. (보충)

그녀는 많은 일 때문에 지쳐 보인다.

※ 수식은 분사가 명사를 수식할 때 분사를 먼저 해석해야 되는 상황이고, 보충(= nexus)은 명사나 대명사
가 '~하다'라는 의미를 갖는 상황이라서 주로 주격 보어 자리, 목적격 보어 자리에 등장한다.

## 핵심 03 현재분사로 시작하는 분사 구문

(1) _____ at me, she always smiles brightly.

나를 바라볼 때 그녀는 항상 미소를 짓는다. (look) → (Looking)

(2) _____ along the street, he often drops by the flea market.

그 거리를 따라 걸을 때, 그는 종종 벼룩시장에 들른다. (walk) → (Walking)

(3) There are many kinds of birds _____ in the front garden.

앞쪽 정원에서 노래하는 여러 종류의 새들이 있다. (sing) → (singing)

(4) The family is the best _____ people.

가족은 가장 사랑하는 사람이다. (love) → (loving)

(5) The bullfighting is an _____ game.

투우는 흥분을 일으키게 하는 경기다. (excite) → (exciting)


## 핵심 04 과거분사로 시작하는 분사 구문

(1) _____ with this work, that is much more wonderful.

이 작품과 비교했을 때, 저 작품은 훨씬 더 멋지다. (compare) → (Compared)

(2) _____ in the 1960s, the novel was not known to people.

1960년대에 쓰여졌을 때, 그 소설은 사람들에게 알려져 있지 않았다. (write) → (Written)

(3) The team _____ of twenty members belongs to Seoul.

20명으로 구성된 그 팀은 서울 소속이다. (compose) → (composed)

(4) The cars _____ by the typhoon SARA were taken to rendezvous point.

태풍 SARA에 의해서 피해를 당한 차들이 집결지로 옮겨졌다. (damage) → (damaged)

(5) The three founding members _____ unlawfully will go to law.

불법적으로 해고당한 3명의 창단 멤버들은 소송을 제기할 것이다. (dismiss) → (dismissed)

과거동사는 절(clause)을 구성하는 위치에 있어야 하고, 과거분사는 구(phrase)을 구성하는 위치에 있어야 한다. 이것이 문장을 구성하는 기본 원리인 것이다. 다만 과거분사가 절(clause)을 만들어 내려면 과거분사 앞에 be동사를 붙여서 수동태를 만들거나 과거분사 앞에 have동사를 붙여서 완료형 동사를 만들어 내면 된다. 아래 예문을 참조해 보자.

> break – broke – broken(vt) ~을 깨다, 부수다

(1) The boys _____ the windows. (broke)
　　　　　　　　(과거동사)
　그 소년들이 창문들을 깼다.

(2) The windows _____ by the boys should be compensated. (broken)
　　　　　　　　　　(과거분사)
　그 소년들에 의해서 깨어진 창문들은 보상받아야 한다.

(3) The windows _____ by the boys. (were broken)
　　　　　　　　　　(과거동사)
　창문들은 그 소년들에 의해서 깨어졌다.

(4) The boys _____ the windows. (have broken)
　　　　　　　　(완료동사)
　그 소년들이 그 창문들을 깨었다.

(5) The _____ windows should be made up for by their parents. (broken)
　　　　　(과거분사)
　깨진 창문들은 그들의 부모님들에 의해서 보상받아야 한다.

(1) 한정적(= junction) 기능 : 명사, 대명사를 수식(한정)하는 기능

　예 The man singing a song on the stage is my father. (노래하는)
　　　무대에서 노래를 부르고 있는 사람이 내 아버지이다.

　예 The book written in English is very interesting. (쓰인)
　　　영어로 쓰인 책은 매우 흥미롭다.

　예 A drowning man will catch at a straw. (물에 빠져 허우적거리는)
　　　물에 빠진 사람은 지푸라기를 잡을 것이다.

예 The wounded soldiers were taken to the field hospital. (부상당한)

부상당한 병사들은 야전 병원으로 이송되었다.

※ 형용사 역할을 하면서 앞의 명사를, 또는 뒤의 명사를 수식하고 있다.

※ 수식받는 명사와 능동, 진행적 관계 = 현재분사,

　　　　　　수동, 완료의 관계 = 과거분사

### (2) 분사(형용사 기능)의 서술적(= nexus) 기능 : 명사, 대명사를 서술하는 기능

예 The program is exciting. (흥미로운)

그 프로그램은 흥미롭다.

예 The man stood leaning against the wall. (기대고 있는)

그 남자는 벽에 기대고 서 있었다.

예 I found my watch disappearing. (사라진)

나는 내 시계가 사라진 것을 알아챘다.

예 I found my watch stolen. (도난당한)

나는 내 시계가 도난당한 것을 알아챘다.


※ 형용사 기능을 수행하며 주격 보어의 자리나, 목적격 보어의 자리에 있는 현재분사 또는 과거분사는 서
술적 기능을 수행한다.

※ 자동사는 수동적 의미를 지닐 수 없으므로 현재분사의 형태만을 가진다.

### (3) 부사 기능의 분사 : 접속사 + 주어 + 동사의 절(clause)에서 구(phrase)가 된 형태를 의미하며, 문두에 주로 등장하나 종종 문미에 오기도 한다.

예 Walking on the street, I met a friend of mine. (능동관계)

길을 걷다가 나는 내 친구를 만났다.

예 Compared with his brother, he is not so clever. (수동관계)

그의 남자형제와 비교하면, 그는 그렇게 영리하지 않다.

※ 의미상 주어는 주절의 주어이므로 능동적 관계이면 현재분사, 수동적 관계이면 과거분사를 쓴다. = 분
사구문이라 한다.


아래의 문장의 형태를 현수구조 문장(= informal sentence)이라 하며, 결국 분사구문의 의미상 주어를 검
증할 필요성이 있다.

예 *Coming on, we had to come back home. (×)

　　→ Night coming on, we had to come back home. (○)

밤이 다가오자 우리는 집으로 돌아와야만 했다.

예 *Written in French, we can't understand the letter. (×)

　　→ Written in French, the letter can't be understood. (○)

프랑스어로 쓰인 그 편지는 이해할 수 없다.

독립 분사 구문에서는 분사 앞에 의미상 주어를 따로 둔다.

예 As night came on, the children were very scared.

　= Night coming on, the children were very scared.

　밤이 오면서, 아이들은 무척이나 겁에 질렸다.

예 If it is fine tomorrow, she will go shopping.

　= It being fine tomorrow, she will go shopping.

　내일 날씨가 좋으면 그녀는 쇼핑을 갈 것이다.

예 As there was no bus on the street, I came back home by taxi.

　= There being no bus on the street, I came back home by taxi.

　거리에 버스가 없어서 나는 택시로 집으로 돌아왔다.

예 If weather permits tomorrow, I will travel by ship.

　= Weather permitting tomorrow, I will travel by ship.

　날씨가 허락하는 한, 나는 배로 여행을 갈 것이다.

예 As the work is done, they are leaving here soon.

　= The work done, they are leaving here soon.

　그 일을 마치고 그들은 곧 이곳을 떠날 것이다.

## ✓ Check UP

**[01~21] 다음 괄호 안의 알맞은 답을 선택하시오.**

**01**

> There were some children [swimming / swim] in the river.

해설 준동사 자리에는 본동사를 쓸 수 없다.

해석 강에서 수영하는 몇몇 아이들이 있다.

정답 swimming

**02**

> There was a big red car [parked / parking] outside the house.

해설 The car (which was) parked outside the house.

해석 집 밖에 주차된 큰 빨간색의 차가 있었다.

정답 parked

**03**

> The boy [injuring / injured] in the accident was [taking / taken] to the hospital.

해설 The boy (who was) injured in the accident. 부상당한 소년이 병원에 이송되는 것은 모두 수동관계이다.
해석 사고에서 부상당한 그 소년은 병원으로 이송되었다.

정답 injured, taken

**04**

> The [exciting / excited] children were [building / built] a snowman in the falling snow.

해설 감정류 동사는 감정의 원인을 제공하는 요인은 현재분사와, 감정을 받는 대상은 과거분사와 이어진다. The children were excited.
해석 흥분한 아이들이 내리는 눈으로 눈사람을 만들고 있었다.

정답 excited, building

**05**

> Watch our [exciting / excited] new program!

해설 The new program was exciting.
해석 우리의 흥미진진한 새로운 프로그램을 보라!

정답 exciting

**06**

> I found some [hiding / hidden] money under the sofa.

해설 The money was hidden under the sofa. 돈은 소파 아래에 숨겨져 있었다.
해석 나는 소파 아래에서 약간의 숨겨진 돈을 찾았다.

정답 hidden

**07**

> This is the picture [taking / taken] by his son.

해설 The picture (which was) taken by his son.
해석 이것은 그의 아들에 의해서 찍힌 사진이다.

정답 taken

**08**

We sat quietly around the [burning / burnt] fire.

> **해설** 타 버린 불(×) / 타고 있는 불(○), 현재분사는 진행, 능동의 의미를 가진다.
> **해석** 우리는 모닥불 주위에 조용히 앉아 있었다.

**정답** burning

**09**

I had visions of mummies [coming / came] toward us with cold, dead hands.

> **해설** have visions of ~을 보다
> **해석** 차갑고 핏기 없는 손으로 우리를 향해 다가오고 있는 미라들을 보았다.

**정답** coming

**10**

I worked [surrounding / surrounded] by thousands of books.

> **해설** 수천의 'thousands of ~' / The man was surrounded by thousands of books.
> **해석** 나는 수천 권의 책에 둘러싸인 채 일을 했다.

**정답** surrounded

**11**

He came in with his boots [covering / covered] in mud.

> **해설** The boots (which were) covered in mud
> **해석** 그는 그의 부츠에 진흙을 묻힌 채 안으로 들어왔다.

**정답** covered

**12**

Once [learning / learned], a language cannot easily be forgotten.

> **해설** Once it is learned, a language cannot ~
> **해석** 일단 언어를 학습하면, 언어는 쉽게 잊히지 않는다.

**정답** learned

**13**

The field lay [covering / covered] with snow.

해설 The field (was covered) with snow. lie-lay-lain 놓이다, 눕다
해석 들판은 눈으로 덮여져 있었다.

정답 covered

**14**

[Seeing / Seen] from the moon, the earth might look like a ball.

해설 If it is seen from the moon, the earth might look like a ball.
= (Being) seen from the moon,
해석 달에서 본다면, 지구는 공처럼 보일지도 모른다.

정답 Seen

**15**

[Educating / Educated] in France, she is a good speaker of French.

해설 As she is educated in France, she is a good speaker of French.
해석 그녀는 프랑스에서 교육을 받았기 때문에, 그녀는 불어를 잘한다.

정답 Educated

**16**

Sometimes it took years just [making / to make] one book.

해설 It + takes + 사람 + 시간 + to + R~ 구문 / It + takes + 시간 + (for + 목) + (to + R) 구문
해석 때때로, 단지 한 권의 책을 만드는 데에도 몇 년이 걸렸다.

정답 to make

**17**

When it comes to [teach / teaching] kids about money, we have a problem.

해설 when it comes to -ing ~에 관한 한, ~관해서라면
해석 돈에 관해서 아이들을 가르치는 것에 관한 한, 우리는 한 가지 문제를 가지고 있다.

정답 teaching

**18**

For this reason, US lawmakers have tried to avoid [passing / to pass] laws that might limit advertisers' rights.

해설 try to + V ~하고자 노력하다, avoid + 동명사(목적어)

해석 이러한 이유 때문에, 미국의 법률제정자들은 광고주들의 권리를 제한할지도 모르는 법의 통과를 회피하고자 노력해 왔다.

정답 passing

**19**

Today many people enjoy [to buy / buying] from catalogs.

해설 enjoy + 동명사(목적어)

해석 오늘날 많은 사람들은 일람표에서 구매하는 것을 즐겨한다.

정답 buying

**20**

Frankly speaking, I don't expect [to invite / to be invited] by him.

해설 여기서 주어는 그에게 초대받는 수동의 입장이다. 따라서 to be invited이다.

해석 솔직히 말해서, 나는 그에 의해서 초대받는 것을 기대하지 않는다.

정답 to be invited

**21**

It is one of the few sports that enable people [to move / move] at high speed without any power-producing device.

해설 enable + 목적어 + 목적격 보어(to + R)에서 that은 형용사절을 이끄는 관계대명사이다.

해석 그것은 어떠한 동력을 만들어내는 장치 없이 사람들이 고속으로 움직이는 것을 가능케 하는 몇몇 스포츠 중에 하나다.

정답 to move

**22**

> But Ellison's mother was committed to his education, and she encouraged him to read widely.　　[○, ×]

**해설** encourage + 목적어 + to + V / discourage + 목적어 + from + –ing

**해석** 그러나 Ellison의 어머니는 Ellison의 교육에 전념하였다. 그리고 그녀는 그가 폭넓게 읽도록 격려하였다.

**정답** ○

**23**

> Regret allows you to learn and move on; guilt just holds you in the past.　　[○, ×]

**해설** allow + 목적어 + to + V / hold 가두다

**해석** 후회는 당신이 배우고 계속 움직이기를 허용하고, 죄는 단지 과거 속에 당신을 가두게 된다.

**정답** ○

**24**

> Now I am actually looking forward to spending some quiet nights by myself.　　[○, ×]

**해설** look forward to –ing ~하기를 학수고대하다

**해석** 이제, 나는 실제로 혼자서 어떤 조용한 밤을 보내기를 학수고대하고 있다.

**정답** ○

**25**

> Mars has a thin atmosphere that allows most of the sun's energy to escape.　　[○, ×]

**해설** allow + 목적어 + 목적격 보어(to + R)

**해석** 화성은 대부분의 태양의 에너지가 빠져나가도록 허용하는 얇은 대기를 가지고 있다.

**정답** ○

관사는 명사 앞에 사용하는 한정사로서 명사를 구체화하거나 특정해주며, 대명사는 명사를 대신하여 경제적이고 효율적으로 글을 쓰는 데 필요한 품사이다. 따라서 3가지 품사의 연관성을 알고 학습을 한다면 더욱 효과를 배가시킬 수 있다.

## 핵심 01　관사는 부정관사 a, an을 구분

예 a used car / an English teacher.

※ 철자상의 표기가 아니라 발음상 모음으로 시작되는 보통명사의 단수 앞에 붙인다.

예 an hour, an M.P, an X-ray, an honest man, an english teacher 등

## 핵심 02　관사는 중심 한정사로서 이중 소유격의 원리를 적용 중요 중

### (1) 관사의 사용

중심 한정사로서 이중 소유격의 원리를 적용해서 사용한다. 특정의 한정사(an, any, no, some, this, that, these, those 등)는 관사나 인칭대명사의 소유격이나 명사의 소유격, 명사구의 소유격과 중복해서 사용할 수가 없다.

예 This is not my fault. (○)

*This is no fault of me. (×)

This is no fault of mine. (○)

### (2) 이중 소유격

중심 한정사가 나란히 쓰이지 못하여 전치사 of 뒤에 소유대명사나 명사's 또는 명사구's가 오는 형태를 말한다.

예 This is a book of my father's. = This is my father's book.

*This is a my father's book. (×)

※ 부정관사와 소유격은 같은 중심 한정사로 나란히 사용 금지

## 핵심 03  관사의 위치 중요(하)

관사의 위치는 중심 한정사의 위치를 말한다.

(1) 일반적으로 관사 + 부사 + 형용사 + 명사 순서로 기술함

(2) as, too, so, how, however + 형용사 + a(n) + 명사

(3) all, both, 배수사 + the + (형용사) + 명사

(4) such, what, half, quite + a(n) + (형용사) + 명사


## 핵심 04  정관사의 용법(동사와 전치사에 유의할 것)

(1) catch, seize, grasp, grip(잡다 형 동사) + 사람 + by the + 신체 일부
    예 He caught me by the sleeve. 그는 나의 소매를 잡았다.

(2) hit, pat, tap, touch, kiss(접촉 형 동사) + 사람 + on the + 신체 일부
    예 She kissed me on the lips. 그녀는 나의 입술에 키스했다.

(3) look, gaze, stare(보다 형 동사)+ 사람 + in the + 신체 일부
    예 He gazed me in the eyes. 그는 나의 눈을 바라보았다.


## 핵심 05  무(無)관사를 쓰는 중요 포인트 중요(하)

(1) 관직, 신분명이 보어 자리에 쓰이면 무관사
    예 He was elected president of our country.
        그는 우리나라의 대통령으로 선출되었다.

(2) 식사, 질병, 운동명은 무관사
    예 They are playing football in the ground now.
        그들은 현재 운동장에서 축구를 하고 있는 중이다.

(3) 교통, 통신 수단은 무관사
    예 by bus, by telephone, by subway 등

**(4)** a kind of / a type of / a sort of 뒤에 무관사

　예 This is a kind of virus. 이것은 바이러스의 일종이다.

**(5)** as가 양보 의미로 쓰이는 접속사일 때 앞에 나오는 명사는 무관사

　예 Scholar as he is, he can't know the theory well.
　　그가 아무리 학자라 할지라도, 그가 그 이론을 잘 알 수는 없다.

## 핵심 06　복수형이면서 단수 취급되는 경우

**(1)** 시간, 거리, 금액, 무게는 하나의 단위로 보아서 단수 취급

　• Ten years is a long time to wait. 10년은 기다리기에 너무 긴 기간이다.
　• Thirty miles is a good distance. 30마일은 상당한 거리이다. (상당히 먼 거리)

**(2)** 학과 이름 → 단수 취급

　athletics(운동 경기), mathematics(수학), mechanics(기계학), phonetics(음성학), economics(경제학), ethics(윤리학), politics(정치학), linguistics(언어학), statistics(통계학), genetics(유전학)

**(3)** 병명, 운동경기

　diabetes(당뇨병), mumps(이하선염), measles(홍역), rabies(광견병), billiards(당구), darts(화살 던지기), bowls(구주놀이), dominoes(도미노)

**(4)** 기타

　news(뉴스), billiards(당구), measles(홍역)

## 핵심 07　상호복수 중요 하

명사는 항상 복수명사로 등장

| |
|---|
| • make friends 사귀다　　　　　　　　　• be on visiting terms with ~와 서로 왕래하다 |
| • change cars 차를 갈아타다　　　　　　　• take turns 교대하다 |
| • be on good terms with ~와 사이가 좋다　• change trains 기차를 갈아타다 |
| • exchange seats 자리를 교환하다 |

## 핵심 08  소유격 만드는 법

시간, 거리, 가격 등의 무생물명사 + 's

- five minutes' walk 5분간의 걸음
- five miles' distance 5마일의 거리

## 핵심 09  이중소유격 [중요 중]

이중소유격(중심 한정사끼리 함께 쓰지 못함) : a(n) + 명사 + of + 소유대명사

- a friend of mine 나의 친구 (○) / *a my friend (×)
- a book of my father's 나의 아버지의 책 (○) / *a book of my father (×)

## 핵심 10  집합적 물질명사

집합적 물질명사 : 단수 취급, a little, much로 수식, 복수형 불가

- furniture 가구
- poetry 시류
- jewelry 보석류
- foliage 잎(전체)
- game 사냥감
- cash 현금
- machinery 기계류
- pottery 자기류
- weaponry 무기류
- rubbish 쓰레기
- mail 우편물
- produce 농산물
- percentage 백분율
- wealth 부(富)
- homework 숙제
- advice 충고
- damage 피해
- information 정보

## (1) one : 총 인칭 의미

(단, 물질명사, 소유격 own 다음, 기수사 뒤에는 사용불가)

## (2) 일반주어(one – one's – one)

예 One should obey one's[= his] parents.

누구나 자신의 부모님께 복종해야만 한다.

---

- a + 명사 = one : 불특정의 같은 종류 다른 물건
- the + 단수명사 = it : 특정의 단수명사 개념
- 복수명사 = ones : 불특정의 같은 종류 다른 물건들
- the + 복수명사 = them : 특정의 복수명사 개념

---

**핵심 12**  another(= an + other)

'A와 B는 별개의 문제이다' 구문

예 To know is one thing; to teach is another.

아는 것과 가르치는 것은 별개의 것이다.

예 It is one thing to own a library, and it is quite another to use it.

서재를 보유하는 것과 그것을 이용하는 일은 아주 별개의 문제이다.

---

**핵심 13**  other + 단수명사, 복수명사 가능

| some(여러 개 중 일부) | others(여러 개 중에서 다른 것들) : 나머지 존재 |
| --- | --- |
| some(여러 개 중 일부) | the others(여러 개 중에서 다른 것들 전부) : 나머지 없음 |

예 There are many animals in this zoo : some from Asia, others from Africa.

이 동물원에는 많은 동물이 있습니다 : 일부는 아시아, 다른 것들은 아프리카에서 왔습니다.

예 There are ten lions in this cage : some from Zimbabwe, the others from Congo.

이 우리에는 10마리의 사자들이 있습니다 : 일부는 짐바브웨, 다른 것들은 콩고에서 왔습니다.

## 핵심 14    either(둘 중 하나) A or B(선택)

either(둘 중 하나) : either A or B (선택)

예 Either will do. 둘 중에 하나면 충분합니다.

예 Either of the two is acceptable. 둘 중에 하나는 수용이 가능합니다.


## 핵심 15    neither(둘 중 어느 것도 ~않다)

neither(둘 중 어느 것도 ~않다) : neither A nor B (양자 부정)

예 Neither of the two loves her. 그들 둘 다 그녀를 사랑하지 않습니다.


## 핵심 16    none(셋 이상 모두 아닌)

none(셋 이상 모두 아닌) : 두 개에서는 사용 불가 (전체 부정)

### (1) 단수 취급

예 None but the brave deserves the fair.
용감한 자만이 미인을 얻을 수 있다.

### (2) 복수 취급

예 None have succeeded in the test. (전체 부정)
어느 누구도 그 시험에 성공하지 못했다.


## 핵심 17    no one(단수)

예 No one knows the fact. 어느 누구도 그 사실을 알지 못한다.

예 No one(= Nobody) passed the examination. 어느 누구도 그 시험을 통과하지 못했다.

## 핵심 18 관용적 표현

(1) anything but = never = far from (결코 ~아니다)

(2) nothing but = only (단지)

(3) for nothing = free (공짜로)

(4) in vain (헛수고로)

(5) have nothing to do with (~와 관련이 없다)

(6) other than (~와 다른)

## 핵심 19 재귀대명사

**(1) 재귀용법**

① She killed herself. (Vt의 목적어)(S = O) 그녀는 자살했다.

② Mr. Smith bought a charming house for his wife and <u>himself</u>.
   him(×)

   Smith 씨는 그의 아내와 자신을 위해서 멋진 집을 구매했다.

**(2) 강조용법**

He himself said so. (강조어구 옆, 문장 끝에) : 생략 가능

그가 스스로 그렇게 말했다.

**(3) 관용표현**

| | |
|---|---|
| • to oneself 혼잣말로, 자기 자신에게만 | • of oneself 저절로 |
| • for oneself 혼자 힘으로 | • by oneself 혼자서, 단독으로 |
| • beside oneself 제정신이 아닌 | • in itself 본래, 본질적으로 |
| • in spite of(= despite) oneself 자신도 모르게 | • between ourselves 우리끼리 얘긴데 |

예 The window opened of itself by wind.

창문이 바람에 저절로 열렸다.

예 The woman shed tears down despite herself on hearing the news.

그 여자는 그 소식을 듣자마자 자신도 모르게 눈물이 흘러내렸다.

## 핵심 20  Dummy it(해석 안함) 중요상

### (1) 예비의 it

① 가주어 : It + be + 주격 보어 + 진주어(to + R 구문 / that절 / 동명사 구문)

예 It is not difficult to learn English.

영어를 배우는 것은 어렵지가 않다.

예 It is important that you should attend the meeting at once.

당신이 즉시 모임에 참가하는 것이 중요하다.

② 가목적어 : Vt + it + O.C + 진목적어(to + R 구문 / that절 / 동명사 구문)

예 I think it possible to finish the report by tomorrow.

나는 내일까지 그 보고서를 마치는 일은 가능하다고 생각한다.

### (2) 비인칭의 it : 시간, 요일, 날씨, 거리, 명암, 상황 등

예 It is ten years since she died. 그가 죽은 뒤 10년이 지났다.

예 It is raining. 비가 내리고 있다.

예 It is ten miles north from here. 여기서부터 북쪽으로 10마일이다.

예 It is getting dark. 점점 어두워지고 있다.

### (3) 강조 it : It + be동사 + 강조어구 + that + S + V + O / C + 부사(구)(절)

예 It was I that[= who] met the woman yesterday. 어제 그녀를 만난 사람은 나다.

예 It was the woman that I met yesterday. 내가 어제 만난 사람은 그녀다.


## 핵심 21  지시대명사

this(these) & that(those)의 사용

• 전자 = the former = the one = that

• 후자 = the latter = the other = this

### (1) The + 명사 + of 구문에서 명사 반복을 피해 that(those) 사용

예 The population of Seoul is larger than that of Busan.

서울의 인구는 부산의 인구보다 많다.

예 The houses of the rich are larger than those of the poor.

부유한 사람들의 집들은 가난한 사람들의 집보다 크다.

(2) 앞에 구(phrase) 또는 절을 받는다.

> 예 You must go there, and that at once.
>
> 너는 거기에 가야만 한다, 게다가 그것도 즉시 말이다.

(3) those who : ~한 사람들, ~한 자들[= those (people)]

> 예 Those present at the party were surprised at the president's appearance.
>
> 파티에 참석한 사람들은 대통령의 출현에 모두 놀랐다.

## 핵심 22 so & not

so & not : '그렇다고' & '그렇지 않다고'

(1) think, suppose, imagine, say, do, believe 등은 긍정의 앞 문장 내용을 받을 때 → 대답은 so를 사용

> 예 A : Do you think that he will come back soon? 당신은 그가 곧 돌아올 거라고 생각하나요?
>
> B : I think so. 그렇다고 생각합니다.
>
> I'm afraid so. 그렇다니 유감입니다.

(2) think, suppose, imagine, expect, believe 등은 부정의 앞 문장 내용을 받을 때 → 대답은 not을 사용

> 예 A : Do you think that he will pass the examination this time?
>
> 당신은 그가 이번에 시험을 통과할 거라고 생각하나요?
>
> B : I think not. 그렇지 않다고 생각합니다.
>
> I'm afraid not. 그렇지 않다니 유감입니다.

> 예 A : Do you think that his son is in the hospital? 당신은 그의 아들이 입원했다고 생각하나요?
>
> B : I am afraid so. 그렇다니 유감입니다.
>
> (I am afraid not. 그렇지 않다니 유감이다. (×) → 문맥상 불가)

## ✔ Check UP

[01~10] 다음 빈칸에서 옳은 것을 고르시오.

01

> Cats often find [them / themselves] in dangerous situations because of their curiosity.

해설 주어 = 목적어 cats = 목적어(재귀대명사)

해석 고양이들은 종종 그들의 호기심 때문에 위험한 상황에 처한 것을 알게 된다.

정답 themselves

**02**

> Americans often tell guests, "Make [you / yourself] at home."

해설 Make oneself at home. 편안히 쉬세요.
해석 미국 사람들은 종종 "편안히 쉬세요."라고 손님들에게 말하곤 한다.

정답 yourself

**03**

> So it is true that Koreans define [them / themselves] by their diet.

해설 Koreans + define(V) + 목적어(= themselves)
해석 그래서 한국 사람들은 자신들의 식사로 스스로를 규정하기도 한다는 것이 사실이다.

정답 themselves

**04**

> It is based on a Korean legend about a magical snail that changes [itself / themselves] into a woman.

해설 snail = 목적어(itself)
해석 그것은 여자로 변신하는 마법의 우렁이에 관한 한국의 전설을 근거로 한다.

정답 itself

**05**

> Once upon a time, a king had a rock placed on a road. Then he hid [itself / himself] and attached to see if anyone would remove it.

해설 hide – hid – hidden[he → 목적어(= himself)]
해석 옛날에 한 왕은 도로 위에 바위 하나를 놓았다. 그다음에는 그가 몸을 숨기고 어떤 사람이 그것을 치우게 될지를 보기 위해서 찰싹 달라붙어 있었다.

정답 himself

**06**

> If they are found to have lead in their bodies, children can be treated with medicines that remove [it / them].

해설 lead(납) = it
해석 만약에 아이들이 자신들의 몸에 납을 품고 있는 것이 발견된다면, 아이들은 납을 제거할 수 있는 약을 가지고 치유할 수 있다.

정답 it

**07**

> The plants can be grown by them well in pots indoors. Someone must water [it / them] from time to time.

해설 grow 성장하다(vi) ; 재배하다(vt), the plants = them

해석 그 식물들은 실내의 화분에서 그들이 잘 재배할 수 있다. 누군가는 때때로 그들에게 물을 주어야만 한다.

정답 them

**08**

> Supermarket managers have all kinds of tricks to encourage people to spend more money. [His / Their] aim is to make customers go more slowly through the supermarket.

해설 managers = they - their - them

해석 슈퍼마켓 관리자들은 사람들이 더 많은 돈을 쓰도록 독려하는 모든 종류의 수단을 가지고 있다. 그들의 목표는 고객들이 슈퍼마켓을 천천히 지나도록 만드는 것이다.

정답 their

**09**

> Many people live in the country, but [they / he] work in the city.

해설 many people = they

해석 많은 사람들은 시골에서 산다, 하지만 그들은 도시에서 일한다.

정답 they

**10**

> We also organize [an activity / activities] that help fight pollution.

해설 help(돕다) + (to) + R, help to fight pollution 오염과 싸우는 것을 돕는다.

해석 우리는 오염과 싸우는 것을 돕기 위한 활동을 또한 조직화한다.

정답 activities

# CHAPTER 11 | 형용사, 부사 및 비교

## 핵심 01 서술형 용법 : 주격 보어나 목적격 보어 자리에 단독 사용

(1) 서술형 용법으로만 쓰이는 형용사

| | | | | | |
|---|---|---|---|---|---|
| • alive | • alike | • alone | • asleep | • aware | • worth |
| • afraid | • content | • ashamed | • awake | • drunk | • unable |
| • fond | • ignorant | • loath | • glad 등 | | |

예 He found his baby asleep on the bed.

그는 침대에서 잠든 그의 아기를 발견했다.

예 *She is asleep girl. (×)

그녀는 잠든 소녀이다.

예 She is a sleeping girl. (○)

그녀는 잠자는 소녀이다.

(2) 주격 보어, 목적격 보어 자리에 사용하며 명사, 대명사를 수식하지 못하고 서술적 기능으로만 쓰인다는 사실에 주의한다. 따라서 한정적 용법과는 구별되어 사용한다.

## 핵심 02 수(數) & 양(量) 형용사

| 수(數) | 수 or 양 | 양(量) |
|---|---|---|
| many + pl.(n) | all + pl.(n) / sl.(n) | much + sl.(n) |
| a few | some, any | a little |
| few | no | little |

| | |
|---|---|
| • not a few = many(꽤 많은) + pl.(n) | • only a few = but few(극소수의) + sl.(n) |
| • quite a few = a number of | • not a little = much(꽤 많은) |
| • only a little = but little | • quite a little = a good deal of |

※ pl.은 plural의 약자로 복수형을 의미하고, sl.은 singular의 약자로 단수형을 의미한다.

형용사에 따라 어떤 구문을 쓰는지 주의한다.

**(1) It is + 형용사 + for + 사람 + to + R 구문으로 사용하는 형용사 : that절 불가**
　　　　　└ (일명 난이도 형용사)

예 It + be + [easy, difficult, tough, hard] $\underline{+ \text{for} + O + \text{to} + R \,(\bigcirc)}$
　　　　　　　　　　　　　　　　　　　　+ that + S + V (×)

**(2) It is + 형용사 + of + 사람 + to + R 구문으로 사용하는 형용사**
　　　　　└ (일명 성질, 성품 형용사)

예 It + be + $\begin{bmatrix} \text{honest, dishonest, polite,} \\ \text{impolite, sensible, foolish} \end{bmatrix}$ + of + O + to + R (○)

**(3) It is + 형용사 + that 구문으로 사용하는 형용사**
　　　　　└ (일명 진의 판단 형용사)

예 It + be + $\begin{bmatrix} \text{likely, true, certain,} \\ \text{evident, clear, probable} \end{bmatrix}$ $\underline{+ \text{for} + O + \text{to} + R \,(×)}$
　　　　　　　　　　　　　　　　　　　　　　　+ that + S + V (○)

**(4) 사람을 주어로 할 수 없는 형용사(가능한, 중요한, 필요한, 난이도, 유쾌한, 편리한 형용사)**
　　　　　　　　　　　　　　　　　(가 · 중 · 필)

예 It + be + $\begin{bmatrix} \text{convenient, important, difficult,} \\ \text{painful, impossible, useful} \end{bmatrix}$ + for + O + to + R (○)

**(5) 사람만을 주어로 하는 형용사 (대화체로 많이 쓰이는 형용사)**

예 S(= 사람) + be + $\begin{bmatrix} \text{happy, angry, anxious, ashamed,} \\ \text{afraid, sorry, proud} \end{bmatrix}$ + that + S + V
　　　　　　　　　　　　　　　　　　　　　　　　　　　　　= of + –ing
　　　　　　　　　　　　　　　　　　　　　　　　　　　　　= to + R

월, 일은 서수, 기수로 모두 읽을 수 있다.

예 10월 15일 : October fifteen = October (the) fifteenth
　　　　　　　 = The fifteenth of October = October 15

소수점은 point, decimal로 읽는다. 소수점 이하는 한 자리씩 읽는다.

예 3.56 = three point, five six

## 핵심 06  복수형을 취하지 않는 수사

dozen, score, hundred, thousand, million, billion, trillion 등

예 two dozen (○) / *two dozens (×)

예 three hundred (○) / *three hundreds (×)


## 핵심 07  연도 읽는 법

연도는 두 자리씩 읽는다.

예 1997 = nineteen ninety seven

예 2006 = twenty hundred six = two thousand six


## 핵심 08  어미가 바뀌면 혼동하기 쉬운 형용사 중요하

| | |
|---|---|
| considerable 상당한 | considerate 사려 깊은 |
| credible 믿을 수 있는 | credulous 잘 속는 |
| desirous 바라고 있는 | desirable 바람직한 |
| industrial 산업의 | industrious 근면한 |
| sensible 분별 있는 | sensitive 민감한 |
| negligent 부주의한 | negligible 무시해도 좋은 |
| practical 실제적인 | practicable 실행 가능한 |
| ingenuous 순진한 | ingenious 영특한, 솜씨 있는 |
| • imaginable 상상할 수 있는<br>• imaginative 상상력이 풍부한 | imaginary 상상의 |
| • literal 문자대로의<br>• literate 학식 있는, 읽고 쓸 줄 아는 | literary 문학의 |
| • respectable 존경할 만한<br>• respectful 공손한, 경의를 표하는 | respective 각각의 |

## (1) very와 much

① very : 원급(형용사, 부사), 현재분사 수식

예 She is very clever for her age. 그녀는 나이에 비해서 무척 영리하다.

② much : 비교급, 최상급, 과거분사 수식

예 She was much laughed at. 그녀는 대단히 비웃음을 샀다.

## (2) ago와 before

① ago : 과거시제에 쓴다. (지금부터 ~전)

예 He died two years ago. 그는 2년 전에 죽었다.

② before : 완료시제에 쓴다. (그때부터 ~전)

예 He hasn't seen her before. 그는 전에 그녀를 만난 적이 없다.

## (3) already와 yet

① already : 긍정문(완료시제나 과거시제에 사용), 의문문(확인 차원에서)

예 She has already done the work. 그녀는 이미 그 일을 마쳤다.

예 Has she done the work already? 그녀가 벌써 그 일을 마쳤니?

② yet : 의문문, 부정문, 조건문, 긍정문(여전히 = still 의미)

※ not ~ yet / still ~ not

예 He hasn't finished it yet. 그는 아직 그 일을 마치지 못했다.

예 He still couldn't understand her. 그는 여전히 그녀를 이해할 수 없었다.

## (4) too와 so 그리고 either와 neither 그리고 nor(= and neither)

① too : 긍정문(~역시, ~또), 문미

② so : 긍정문 문두(so + 주어 + 동사 : 대상 1)(so + 동사 + 주어 : 대상 2)

예 A : I am very hungry.

B : I'm, too. / So am I.

예 A : It was a nice party.

B : So it was. (대상 하나를 인정)

③ either : 부정문(~역시, ~또), 문미

④ neither : 부정문 문두(neither + 동사 + 주어 : 도치)

예 A : He can't dance well.

B : I can't, either.

예 A : She can't speak English.

B : Neither can he.

## (5) after, before와 since

전치사 또는 접속사이지만 부사로도 쓰인다.

① after : 나중에(평서문), ~후에, ~한 후에

> 예 I am leaving now, but I'll see you after.
>
> 나는 지금 떠나겠지만 나중에 당신을 만나게 될 것입니다.

② before : 전에(의문문), ~전에, ~하기 전에

> 예 Have you seen him before?
>
> 당신은 전에 그를 본 적이 있는가?

③ since : 그 이후로(부정문), ~이후로, ~한 이후로

> 예 I saw her last month, but I haven't seen her since.
>
> 나는 지난달에 그녀를 보았다, 하지만 나는 그 이후로 그녀를 만난 적이 없다.

## 핵심 10  형용사와 형태가 같은 부사

| | | | | |
|---|---|---|---|---|
| • fast | • hard | • late | • early | • long |
| • near | • far | • high | • overseas 등 | |

예 He is a fast runner. (형용사)(빠른)

그는 빠른 주자이다.

예 Don't speak so fast. (부사)(빨리)

너무 빠르게 말하지 마라.

예 He keeps early hours. (형용사)(이른)

그는 언제나 이르다.

예 He gets up early. (부사)(일찍)

그는 일찍 일어난다.

---

**※ 참고**

dear(비싸게) – dearly(끔찍이) / late(늦게) – lately(최근에)

hard(세게) – hardly(거의 ~않다) / high(높게) – highly(몹시)

direct(곧바로) – directly(즉시) / deep(깊게) – deeply(매우)

---

## 핵심 11 빈도부사의 위치 중요(하)

### (1) 일반동사 앞

예 She often comes to see me.

그녀는 종종 나를 만나러 온다.

### (2) be동사, 조동사 다음

예 He could hardly say a word.

그는 거의 한마디도 할 수 없었다.

### (3) have + p.p. 사이 / be + p.p. 사이

예 He has ever been to canada.

그는 이제까지 캐나다에 가본 적이 있다.

### ✔ Check UP

[01~18] 다음 빈칸에서 옳은 것을 고르시오.

**01**

These different areas are all very [close / closely] to one another.

해설 close to~에 가까운
해석 이러한 특이한 지역들은 서로서로 모두가 무척 가까이 있다.

정답 close

**02**

The beggar looked so [sad / sadly] and lonely.

해설 look(감각 동사) + 형용사 보어
해석 그 거지는 아주 슬프고 외로워 보였다.

정답 sad

**03**

> You need to look [careful / carefully] at the situation.

해설 look careful 조심성이 있어 보이다

해석 당신은 그런 상황에 조심성을 보여줄 필요가 있다.

정답 careful

**04**

> Alice ran till she was quite tired and out of breath, and till the dog's bark sounded quite [faint / faintly] in the distance.

해설 sound(감각동사) + faint(형용사) 희미하게 들리다

해석 Alice는 무척 힘들고 숨이 찰 때까지 그리고 개가 짓는 소리가 아주 희미하게 들릴 때까지 달렸다.

정답 faint

**05**

> Salt is [necessary / necessarily] to life.

해설 necessary 필요한 (형용사), 보어 가능 / necessarily 반드시 (부사)

해석 소금은 생명에 필요하다.

정답 necessary

**06**

> The lizard used their tails to keep [safely / safe].

해설 keep safe 안전을 유지하다(지키다)

해석 도마뱀은 안전을 유지하기 위해서 그들의 꼬리를 사용하였다.

정답 safe

**07**

> Mom made sure we did our part by keeping our rooms [neat / neatly].

해설 keep(불완전 타동사) + 목적어(our rooms) + 목적격 보어(neat = 깔끔한)

해석 어머니는 우리가 방을 깔끔하게 유지하게 함으로써 우리의 역할을 확인하셨다.

정답 neat

**08**

Taking a bath in water whose temperature ranges between 35℃ and 36℃ helps calm you down when you are feeling [nervous / nervously].

해설 feel nervous 초조함을 느끼다

해석 온도 범위가 35℃와 36℃ 사이의 물속에서 목욕을 하는 것은 당신이 초조함을 느낄 때 당신을 진정하도록 돕는다.

정답 nervous

**09**

Seeing elderly people working low-paying, physically demanding jobs makes me [sadly / sad].

해설 make + 목적어 + 목적격 보어(형용사)

해석 노인들이 저임금으로, 신체적으로 힘이 드는 일을 하고 있는 것을 보는 것은 나를 슬프게 만든다.

정답 sad

**10**

They will be smart, strong, and untiring workers, and their only goal will be to make our lives [easier / more easily].

해설 make + 목적어 + 목적격 보어(형용사)

해석 그들은 영리한, 강한, 지칠 줄 모르는 근로자가 될 것이다. 그들의 유일한 목표는 우리의 삶을 편안하게 만드는 것이다.

정답 easier

**11**

Nothing around me feels [interesting / interestingly].

해설 feel + 형용사

해석 내 주변의 어느 것도 흥미로운 것처럼 느껴지지 않는다.

정답 interesting

**12**

You know how [interesting / interested] I am in everything you do.

해설 How + 형용사 / 부사 + 주어 + 동사

해석 당신은 내가 당신이 하는 모든 것에 얼마나 흥미를 가지고 있는지 알고 계시잖아요.

정답 interested

**13**

She felt very [sleepy / sleepily], when suddenly a rabbit with pink eyes ran close by her.

해설 feel sleepy 졸리다

해석 그녀는 졸린 기분이 들었는데, 그때, 갑자기 핑크색 눈을 가진 토끼 한 마리가 그녀 곁에 가까이 뛰어왔다.

정답 sleepy

**14**

Three hours will be enough for us to make your home [free / freely] of any dirt.

해설 make + 목적어 + 목적격 보어

해석 3시간이면 우리가 당신의 집에서 어떠한 먼지도 없도록 할 만큼 충분하다.

정답 free

**15**

The wind was blowing so hard that I could [hard / hardly] walk.

해설 hardly 거의 ~하지 않다(준부정어)

해석 바람은 아주 강하게 바람이 불고 있어서 나는 걸을 수가 없었다.

정답 hardly

**16**

I've been really tired [late / lately].

해설 late 늦은, 늦게 / lately 최근에

해석 나는 정말로 최근에 지친 상태였다.

정답 lately

**17**

She thinks very [high / highly] of your work.

해설 think highly of ~을 높이 평가하다

해석 그녀는 당신의 작품을 매우 높이 평가하고 있다.

정답 highly

**18**

I believe the experiment is [high / highly] educational.

해설 highly 몹시, 매우

해석 나는 그 실험을 매우 교육적이라고 믿는다.

정답 highly

**[19~20] 다음 문장이 어법상 옳다면 ○, 옳지 않다면 ×를 고르시오.**

**19**

The little bird looked happily and joyously in the sun.　　[ ○ , × ]

해설 look happy and joyous 행복하고 즐거워 보이다

해석 어린 새는 태양 아래에서 행복하고 즐거워 보인다.

정답 ×

**20**

Great white sharks with about 3,000 teeth are as deadly as taipans, too.　　[ ○ , × ]

해설 as ～ as : 동등비교 / as deadly as ～만큼 치명적인

해석 대략 3,000개의 치아를 가진 엄청난 흰 상어들은 역시, 타이팬(오스트레일리아산 맹독성 독사)만큼이나 치명적이다.

정답 ○

(1) good(형용사 : 좋은 / 부사 : 잘, 훌륭하게)
　　well(형용사 : 건강한 / 부사 : 잘, 훌륭하게) ] – better – the best

　　예 He likes football best. 그는 축구를 가장 좋아한다.

(2) little – less – the least (약간)

　　예 He had 10 dollars at least. 그는 기껏해야 10달러밖에 없었다.

(3) late – later – the latest (시간)

　　※ latter – the last (순서, 차례)

　　예 The former is mine, but the latter is yours. 전자는 내 것이고, 후자는 너의 것이다.

(4) up – upper – uppermost[upmost] (위에)

　　※ in – inner – innermost (안에)

　　예 The upper stories of a building are being built.
　　　건물의 위층 부분이 지어지고 있는 중이다.

(5) old – older – the oldest (나이)

　　※ elder – the eldest (형제)

　　예 He is my elder brother. 그는 나의 손위의 형님이다.

(6) far – farther – the farthest (거리)

　　※ further – the furthest (정도, 시간, 수량)

　　예 He went abroad to study further art. 그는 수준 높은 미술을 공부하기 위해서 해외로 갔다.

| | | | | | |
|---|---|---|---|---|---|
| • round | • complete | • full | • supreme | • vacant | • perfect |
| • empty | • matchless | • dead | • square | • unique 등 | |

※ round – rounder – roundest (×)

## 핵심 14    비교구문은 언제나 병치(대등) 구조로 등장

예 Walking is as good an exercise as running.

걷기는 달리기만큼 좋은 운동이다.


## 핵심 15    라틴계 단어나 prefer는 than 대신 to 사용 중요 하

| | | | | | |
|---|---|---|---|---|---|
| • superior | • minor | • anterior | • major | • posterior | • prefer 등 |

예 She is six years senior to him. 그녀는 그보다 6살 선배이다.

예 She prefers spring to autumn. 그녀는 가을보다 봄을 더 좋아한다.


## 핵심 16    원급에 의한 비교(~만큼 …한)

방법 : as + 원급 + as를 이용한다. (as ~ as 사이에는 원급만을 쓴다는 점에 유의)

**(1) 동등 비교 : as + 원급 + as**

  예 She is as wise as pretty.

    그녀는 현명하기도 하고 예쁘기도 하다.

  예 This peach is as sweet as that one.

    이 복숭아는 저 복숭아만큼 달다.

**(2) 열등 비교 : not as + 원급 + as (부정어 위치 유의)**

  예 She is not so tall as he.

    그녀는 그만큼 크지가 않다.

  예 No other boy is as studious as John.

    어떤 다른 소년도 John만큼 학구적이지는 않다.

**(3) 배수사 : 배수사 + as + 원급 + as (배수사 위치에 유의)**

  예 This is twice as large as that.

    이것은 저것의 2배의 크기이다.

  예 This building is three time as high as that one.

    이 건물은 저 건물의 3배나 높다.

**(1) as + 원급 + as possible : 가능한 ～한**

(= as + 원급 + as + S + can)

예 Be as kind to her as you can. 당신이 할 수 있는 만큼 그녀에게 친절하게 대해라.

　= Be as kind to her as possible. 가능한 한 그녀에게 친절하게 대해라.

**(2) as + 원급 + as + any + 명사 : 누구 못지않게 ～한**

예 He is as wise as any boy in class.

그는 반의 소년 중 누구 못지않게 현명하다.

**(3) as + 원급 + as + ever + -ed : 이제껏 어느 누구 못지않게 ～한**

예 He is as great a poet as ever lived.

그는 이제껏 그 어느 누구 못지않게 위대한 시인이다.

예 He is as well as ever.

그는 언제나 건강하다.

**(4) as + 원급 + as + (형) + can be : 매우 ～한(= very + 형용사)**

예 She is as poor as(poor) can be. 그녀는 매우 가난하다.

　= She is as poor as anyone. 그녀는 그 어느 누구만큼 역시 가난하다.

**(5) not so much A as B(= not A so much as B) : A라기보다는 오히려 B하다(이다)**

**= less A than B = more B than A** 중요 중]

예 She is not so much a scholar as a writer.

그녀는 학자라기보다는 오히려 작가다.

예 A man's worth lies not so much in what he has as in what he is.

인간의 가치는 그가 가진 재산에 있는 것이 아니라, 그의 인격에 달려 있다.

예 His success is not so much by talent as by energy.

그의 성공은 재능에 의해서라기보다는 열정에 의해서이다.

**(6) not so much as = not even = without so much as = without even : ～조차도 없이 ～하다**

예 She took my umbrella without so much as asking.

그녀는 내게 물어보지도 않고 내 우산을 가져갔다.

예 She did not so much as ask us to sit down.

그녀는 우리에게 앉으라는 말조차 없었다.

**(1) 방법 : 비교급 ~ than을 이용**

중복불가
- 병치 구조를 이끄는 접속사
- as도 역시 병치 구조를 이끄는 접속사
- 라틴계 단어는 than 대신 to 사용

예 She likes him better than you. (him 〉 you)

그녀는 당신보다 그를 더 좋아한다.

예 She likes him better than you do. (she 〉 you)

그녀는 당신이 그를 좋아하는 것보다 그를 더 좋아한다.

**(2) 비교급 강조 단어 '훨씬'으로 해석**

much, still, even, far, by far, a lot 등

**(3) 비교급 앞에 'the'를 쓰는 경우(3가지)**

① of the two가 수식하는 비교급 앞에 사용

(= of A and B / between A and B)

예 He is the taller of the two. 그는 둘 중에서 더 키가 크다.

예 Which is taller, she or her sister? 그녀와 그녀의 여동생 중에 어느 쪽이 더 큰가?

② 이유, 원인의 어구가 수식할 때 사용

because, because of, as, for, on account of 등

예 She loves him all the more for his faults.

그녀는 그의 결점 때문에 더욱더 그를 사랑한다.

③ The + 비교급(more / less)(S + V), the + 비교급(more / less)(S + V) 구문 : ~하면 할수록, 점점 더 (덜) ~하다

예 The higher the tree is, the harder the wind blows.

나무가 더 자라면 자랄수록 바람은 더 거세지는 법이다.

## 핵심 19  Know better than to + R 중요하

> Know better than to + R(= be not so foolish as to~) : ~할 만큼 어리석지 않다

예 She knows better than to tell a lie.

그녀는 거짓말을 할 만큼 어리석지 않다.


## 핵심 20  no better than

> no better than(= as good as~) : ~와 다를 바 없는, 거의 ~나 마찬가지

예 He is no better than a beggar.

그는 거지나 다름없다.

예 The used car is as good as new.

그 중고차는 새 차나 마찬가지다.

※ little more than ~ : ~나 다름없는, ~에 지나지 않는


## 핵심 21  '하물며 ~은 말할 것도 없고'의 표현

| 긍정문 등장 | much[still] more (하물며 ~은 말할 것도 없고) |
| --- | --- |
| 부정문 등장 | much[still] less (하물며 ~은 말할 것도 없고) |
| 긍정, 부정문에 모두 쓰임 | not to mention = not to speak of = to say nothing of = let alone |

예 She can speak English, much more Korean.

그녀는 영어를 말할 수 있다, 하물며 한국어는 말할 것도 없다.

예 She can't speak Korean, much less English.

그녀는 한국어를 말할 수 없다, 하물며 영어는 말할 것도 없다.

(1) ・no more than = only (단지)

　예 She has no more than 50 books.

　　그녀는 단지 50권의 책을 가지고 있다.

　・not more than = at (the) best as = at (the) most (기껏해야)

　예 She has not more than 50 books.

　　그녀는 기껏해야 50권의 책을 가지고 있다.

　・no less than = as much as (〜만큼, 〜씩이나)

　예 She owes him no less than 1,000 won.

　　그녀는 그에게 1,000원씩이나 빚지고 있다.

　・not less than = at (the) least (적어도)

　예 She owes him not less than 1,000 won.

　　그녀는 적어도 1,000원은 그에게 빚지고 있다.

---

암기
　・more than은 단지 no만 붙인다. more than은 기껏해야 not을 붙인다.
　・no less than 만큼은 less than은 적어도 not을 붙인다.

---

(2) A is no more B than C is D(= B) [A가 B가 아닌 것은 C가 D(= B)가 아닌 것과 같다]

　= A is not B any more than C is D(= B)

　= A is not B, just as C is not D(= B)

　예 A whale is no more a fish than a horse is.

　　고래가 물고기가 아닌 것은 말이 물고기가 아닌 것과 같다.

(3) ・not more A than B (B 이상은 A 아니다)

　예 She is not more wise than he is.

　　그녀는 그 이상은 현명하지 않다.

　・no less A than B [B만큼(마찬가지로) A하다]

　예 She is no less beautiful than her sister.

　　그녀는 그녀의 여동생만큼 아름답다.

　・not less A than B (B 못지않게 A하다)

　예 He is not less diligent than his brother (is).

　　그는 그의 형 못지않게 부지런하다.

## 핵심 23 최상급 구문 정리 중요(상)

최상급 표현방법은 최상급의 의미를 가지는 표현에 유의한다.

**(1) 부정주어 + V + so + 원급 + as**

예 No other crop in Korea is so important as rice.
한국에서 쌀은 가장 중요한 농작물이다.

**(2) 부정주어 + V + 비교급 ∼ than**

예 No other crop in Korea is more than important than rice.
한국에서 쌀보다 더 중요한 작물은 없다.

**(3) 긍정주어 + V + 비교급 than any other + 단수명사**

예 Rice is more important than any other crop in Korea.
쌀은 한국의 다른 어떤 작물보다 중요하다.

**(4) 긍정주어 + V + 비교급 than all the other + 복수명사**

예 Rice is more important than all the other crops in Korea.
쌀은 한국의 다른 작물들보다 더 중요하다.

**(5) 긍정주어 + V + 최상급 형용사 + of + all**

예 Rice is the most important of all the other crops in Korea.
쌀은 한국의 다른 모든 작물들 중에서 가장 중요하다.

**(6) 긍정주어 + V + 비교급 than anyone[= anything] else**

예 Rice is more important than anything else in Korea.
한국에서는 쌀이 무엇보다 중요하다.

[01~05] 다음 문장의 의미를 쓰시오.

**01**

He is the last man to tell a lie.

해설 the last man to tell 결코 ~할 사람이 아니다

정답 그는 결코 거짓말을 할 사람이 아니다.

**02**

She knows better than to go out in this hot weather.

해설 know better than to + R ~할 만큼 어리석지 않다

정답 그녀는 이런 더운 날씨에 외출할 만큼 어리석지 않다.

**03**

The wisest man can't solve all these problems on the spot.

해설 최상급의 경우에도 '양보'의 의미를 포함시킬 수 있다.

정답 아무리 현명한 사람일지라도 즉석에서 이 모든 문제들을 해결할 수는 없다.

**04**

He is not so much a scholar as a scientist.

해설 not so much A as B A라기보다는 오히려 B이다(하다)

정답 그는 학자라기보다는 오히려 과학자다.

**05**

A whale is no more a fish than a horse is.

해설 A is no more B than C is(D) A가 B 아니듯 C도 D 아니다.

정답 고래가 물고기가 아니듯이 말도 물고기는 아니다. (양쪽 부정)

## [06~09] 다음 문장의 틀린 부분을 수정하시오.

**06**

The celebrity is more intelligent than any other entertainers.

해설 긍정주어 + 동사 + 비교급 ~ than + any + other + 단수명사 (최상급 표현)

해석 그 유명인은 다른 어떤 연예인보다 더 똑똑하다.

정답 any other entertainer

**07**

> 그는 기껏해야 주머니에 5달러밖에 없다.
>
> = He has not less than 5 dollars in his pocket.

> 　

[해설] no less than ~만큼 / not less than ~ 적어도 / no more than ~ 단지 / not more than ~ 기껏해야

[정답] not more than

**08**

> The eyes of a rabbit are larger than that of a dog.

> 　

[해설] the + 명사(단수) → that, the + 명사(복수) → those

[해석] 토끼의 눈은 개의 눈보다 크다.

[정답] those

**09**

> 그녀는 한국어를 유창하게 말할 수 없다, 하물며 영어는 말할 것도 없다.
>
> = She can't speak Korean fluently, much more English.

[해설] ・긍정문, 하물며 ~은 말할 것도 없다 : much more ~, still more ~

　・부정문, 하물며 ~은 말할 것도 없다 : much less ~, still less ~

　・긍정문, 부정문 : let alone ~, not to mention ~, not to speak of ~, to say nothing of ~

[정답] much(still) less / not to mention / to say nothing of / let alone / not to speak of

**10** 다음 문장이 어법상 옳다면 ○, 옳지 않다면 ×를 고르시오.

> I prefer to take a taxi rather than walk on foot.　　　　　　　　　　　　　　　[○, ×]

[해설] prefer to + V rather than (to) + V / prefer + 동명사 + to + 동명사

[해석] 나는 도보로 걸어서 가는 것보다 택시를 타는 것을 선호한다.

[정답] ○

## 핵심 01   who 연구(격의 등장에 주의)

who는 사람이 선행사인 경우에 쓰인다.

### (1) who 다음에는 동사가 온다.

동사가 보이면 주격의 who가 답이다. 이때는 선행사가 사람이며, 선행사의 수(number)와 동사의 수일치에 주의한다.

예 The women who are present at the meeting are famous people.

모임에 참석한 여성들은 유명한 명사들이다.

### (2) whose 다음에는 명사가 온다.

명사가 보이면 whose가 답이다. 이때는 명사가 주어일 수도 있고, 목적어 또는 보어일 수도 있다.

예 The house whose roof is red is my house.

지붕이 붉은 색인 그 집은 나의 집이다.

### (3) whom 다음에는 주어 + 동사가 온다.

주어 + 동사가 보이면 whom이 답이다. 이때는 whom을 생략할 수도 있다.

예 The men whom she wants to meet today are sportsmen in Korea.

그녀가 오늘 만나고 싶은 사람들은 한국의 스포츠맨들이다.

### (4) 전치사 뒤에 whom이 오면 반드시 주어 + 동사가 기본 구조로 나온다.

예 There were many friends with whom I played in my childhood.

내가 어린 시절에 함께 놀던 많은 친구들이 있었다.

which는 사물이 선행사인 경우에 쓰인다.

**(1) which 다음에 동사가 오면 주격 관계대명사만 사용한다. (생략 불가)**

　예 He has a fantastic car which is cream-colored.
　　그는 크림 색상의 멋진 차를 가지고 있다.

**(2) whose 다음엔 명사가 온다. = 명사가 보이면 whose가 답이다.**

　이때 whose 대신 of which가 오면 명사는 the를 반드시 수반한다.

　whose + 명사 = the + 명사 + of which = of which + the + 명사

　예 Look at the mountain whose top is covered with white snow.

　예 Look at the mountain of which the top is covered with white snow.

　예 Look at the mountain the top of which is covered with white snow.
　　정상 부분이 흰 눈으로 덮여져 있는 산을 좀 보라.

**(3) which 다음에 만약 주어 + 동사가 오면 목적격 관계대명사를 사용한다. (생략 가능)**

　예 He had a used car which his father bought for the Christmas holidays.
　　그는 그의 아버지가 크리스마스 휴일에 구매하신 중고차를 가지고 있었다.

**(4) 전치사 + which는 다음에 반드시 주어 + 동사가 온다. (완전한 절 등장)** 중요 상

```
                    ┌─ 주어 + 자동사 + (전치사) + ~
전치사 + which +    │
                    └─ 주어 + be동사 + 형용사 + (전치사) + ~
```

위에서 뒤에 있는 전치사가 앞으로 올 수도 있고, 전치사 + which는 관계부사 when, where, why, how 등으로 바뀔 수도 있다.

　예 Many places in korea are known for delicious food of which most people think as wholesome food.
　　한국에 많은 장소들은 대부분의 사람들이 건강한 음식이라고 생각하는 맛있는 음식들로 유명하다.

　예 This is the house in which I lived in my childhood.
　　= This is the house where I lived in my childhood.
　　이곳은 내가 어린 시절에 살던 집이다.

## 핵심 03    that 연구

that이 관계사로 쓰이면 선행사를 사람, 사물로 다 받을 수 있다. 격의 변화에 모양이 바뀌지 않지만, 절(clause) 내부는 언제나 불완전한 절의 형태를 취하므로 접속사 that이 항상 절(clause) 내부를 완전한 절(clause)의 형태로 취하는 것과는 구분된다. 특히, that만을 취하는 경우가 있다.

※ that 앞에는 전치사를 세울 수 없고, 계속적 용법으로도 사용이 불가능하므로 주의한다.

> 예 Man is the only creature that is gifted with speech.
>
> 인간은 말을 재능으로 하는 유일한 생명체이다.
>
> 예 There are a man and his dog that follow the car on the street.
>
> 그 거리에는 차를 따라가는 한 사람과 그의 강아지가 있다.
>
> 예 *They have information for the project, that is needed for me. (×)
>
> They have information for the project, which is needed for me. (○)
>
> 그들은 그 프로젝트에 맞는 정보를 가지고 있다. 그것은 나에게 필요하다.


## 핵심 04    관계대명사 삽입절과 비삽입절 연구   중요(하)

(1) S + V + V이면 주격 who를 사용

(2) S + V + to + R이면 목적격 whom을 사용

> 예 The woman who [I thought] was honest deceived me. (삽입절) : 생략 불가
>
> 예 The woman whom I thought to be honest deceived me. (비삽입절)
>
> 내가 정직하다고 생각했던 여성이 나를 속였다.
>
> 예 He will give this magazine to whoever (he thinks) needs it now.
>
> 그는 현재 그 잡지가 필요하다고 생각하는 사람이면 누구에게나 이 잡지를 줄 것이다.

## 핵심 05 　관계대명사 what 연구(자신이 선행사를 포함) 중요 중

(1) what = that[those] which = the thing(s) which = all that

　　예 Tell me what you want. (what = 의문대명사, 관계대명사)

　　예 She is not the woman who she used to be.

　　　　= She is not what she used to be(was).

　　　　그녀는 더 이상 과거의 그녀가 아니다.

(2) 관용표현

　　① what + S + be : S의 인격, what + S + have : S의 재산

　　② what we / you / they call = what is called(소위, 이른바)

　　③ A is to B what(= as) C is to D = A와 B와의 관계는 C와 D와의 관계와 같다.


## 핵심 06 　관계부사 연구 → 반드시 전치사 + 관계대명사로 전환 가능

① This is the house where I lived.

　　　　　　　　= in which I lived.

　　　　　　　　= which I lived in.

　　　　　　　　※ 전치사 + which to + R

② Tell me the time when you will come here.

　　　　　　　　= at which you will come here.

③ I don't know the reason for which she was absent.

　　　　　　　　= why

## 핵심 07    복합관계사 연구

전치사 + 복합관계대명사 + 동사로 이어지는 구조에서 복합관계사는 whoever가 정답이다. 이때 whomever를 함정으로 제시하는 경우가 많다. 복합관계대명사도 대명사로서 역할을 수행하는 동시에 what처럼 선행사를 지니고 있는 의미이다.

whoever = anyone who / whatever = anything that = everything that = no matter what 등으로 풀어서 생각할 수 있기 때문이다.

예 You may give this book to <u>whomever</u> wants to read it in your class. (×)

= whoever (○)

네가 너의 학급에서 그것을 읽기를 원하는 사람 누구에게라도 이 책을 주어도 좋다.


## 핵심 08    관계대명사 생략 연구

### (1) 목적격 관계대명사는 생략한다.

예 This is the book which my mother gave me for a birthday present.

이 책은 나의 어머니께서 나에게 생일 선물로 주신 책이다.

예 I gave my brother some toys with which I played at the age of 7.

= I gave my brother some toys (which) I played with at the age of 7.

나는 내가 7살 때 가지고 놀던 몇 개의 장난감을 나의 남동생에게 주었다.

### (2) 전치사의 목적격이 생략되면 전치사는 후치한다는 사실을 주의한다.

### (3) 주격이라도 생략이 가능하다. (there be 구문이 있을 때)

예 He taught me the difference that there is between right and wrong.

그는 옳고 그름 사이에 존재하는 차이를 나에게 가르쳐주었다.

예 Japanese fox is the most cunning animal that there is.

일본 여우는 세상에 존재하는 가장 교활한 동물이다.

**[01~15] 다음 문장을 읽고 질문에 맞는 답을 고르시오.**

**01**

> What is the name of the woman [who / which] cleans the school?

해설 the woman who cleans ~
해석 학교를 청소하는 그 여성의 이름은 무엇인가요?

정답 who

**02**

> In America, there are lots of people [who / which] don't get enough food to eat.

해설 people who don't get ~
해석 미국에는, 먹을 수 있는 충분한 음식을 얻지 못하는 많은 사람들이 있다.

정답 who

**03**

> One study shows that kids [who / which] hardly play develop brains 20% to 50% smaller than normal.

해설 kids who hardly play
해석 한 연구는 거의 놀지 않는 아이들은 정상적인 아이들보다 20%에서 50% 정도 더 적게 뇌가 발달한다는 사실을 보여주고 있다.

정답 who

**04**

> I know the girls, one of [them / whom] loves me.

해설 the girls, one of whom loves ~
해석 나는 그 소녀들을 알고 있다, 그들 중에 하나는 나를 사랑한다.

정답 whom

**05**

> But why do we call the people [deliver / who deliver] letters mail carriers?

해설 call the people who deliver ~

해석 그러나 우리는 왜 편지를 배달하는 사람들을 우편배달부라고 하는가?

정답 who deliver

**06**

> The number of people [who / whose] get cancer [is / are] increasing.

해설 people who get ~ / The number of 복수명사 + 동사(단수)

해석 암에 걸린 사람들의 숫자는 증가하고 있다.

정답 who, is

**07**

> Once there was a little boy [who / whose] name was Richard Whittington.

해설 a boy whose name was ~

해석 옛날 옛적에 이름이 Richard Wittington인 한 어린 소년이 있었다.

정답 whose

**08**

> It has been proven that background music does [when / what] it is designed to do.

해설 when 이하의 절은 완전하다 / what it is designed to do ~ : do의 목적어가 불완전

해석 배경 음악은 배경 음악이 실행하고자 고안된 그대로 한다는 사실이 증명되어졌다.

정답 what

**09**

> Nervous first dates, wedding decorations and bouquets, anniversaries, and Valentine's Day are all special events [when / that] need beautiful, carefully selected flowers.

해설 when : 완전한 절 / that + need(동사) ~ : 불완전한 절

해석 긴장이 되던 첫 데이트 날들, 결혼 장식들, 그리고 부케, 기념일, 그리고 발렌타인데이는 모두가 아름다운, 조심스럽게 선택된 꽃들을 필요로 하는 특별한 행사들이다.

정답 that

**10**

> The area was once a wasteland, [who / where] no vegetables could grow.

**해설** where : 완전한 절 / who : 불완전한 절

**해석** 그 지역은 한때 황무지였다, 그곳에서는 어떠한 채소들도 성장할 수 없다.

**정답** where

**11**

> We were crossing 72nd Street, [which / when] we hear somebody call for help.

**해설** 관계대명사 : 불완전한 절 / 관계부사 : 완전한 절 / when : 완전한 절

**해석** 우리는 72번 거리를 가로지르고 있었다, 그리고 그때 우리는 누군가가 도움을 요청하는 소리를 들었다.

**정답** when

**12**

> In the distance, less than 160 kilometers away from Death Valley, visitors can see Telescope Park, [which / where] is over 3351.32 meters high.

**해설** which : 불완전한 절

**해석** 멀리서 데스밸리로부터 160킬로미터가 채 안 되는 곳에서, 방문객들은 Telescope Park를 볼 수 있으며, 그곳은 높이가 3351.32미터보다 위쪽에 위치하고 있다.

**정답** which

**13**

> No matter [how / what] she did, he wanted to stay up.

**해설** did의 목적어를 만드는 구조를 찾아야 한다.
no matter how : 복합관계부사 / no matter what : 복합관계대명사

**해석** 그녀가 무엇을 하든지 간에, 그는 늦게까지 머물러 있기를 원했다.

**정답** what

**14**

> FedEx was the idea of his dreams and he did [however / whatever] it took to keep the company alive.

**해설** took의 목적어로 whatever가 필요하다.

**해석** FedEx는 그가 꿈꾸던 생각이었다. 그리고 그는 그 회사를 유지하도록 하기 위해서 무엇이든지 했다.

**정답** whatever

**15**

In most countries [which / where] there are mountains, people enjoy the unique appeal of skiing.

**해설** where : 완전한 절(there are mountains)이 등장한다.
**해석** 산악지대가 있는 대부분의 나라들에서 사람들은 독특한 스키의 매력을 즐긴다.

**정답** where

**[16~19] 다음 문장이 어법상 옳다면 ○, 옳지 않다면 ×를 고르시오.**

**16**

Americans do or think this, all of them don't do or think so.　　[○, ×]

**해설** 주절, 주절은 불가능하다. 따라서 all of whom으로 바꾸어야 한다.
**해석** 미국인들은 이것을 하거나 생각한다, 하지만 그들 모두가 그렇게 행하거나 생각하는 것은 아니다.

**정답** ×

**17**

About 70 percent of Earth is covered with water, some of which is frozen.　　[○, ×]

**해설** water some of which is frozen.
**해석** 대략 지구의 70%는 물로 덮여져 있고, 그들 중 일부는 얼어 있다.

**정답** ○

**18**

It was a beautiful place which fairies were living together with wild animals.　　[○, ×]

**해설** the place where fairies were living ∼
**해석** 요정들이 야생동물들과 함께 살아가고 있었던 아름다운 장소가 있었다.

**정답** ×

**19**

The Australian taipan, for example, is a snake, whose poison is strong enough to kill 199 adults with just one bite.　　[○, ×]

**해설** a snake whose poison is ∼
**해석** 예를 들어 호주의 타이팬은 뱀인데, 그 뱀의 독에 한 번 물리면 199명의 성인들을 죽일 수 있을 만큼 아주 강력하다.

**정답** ○

중요 중

접속사는 절을 유도하는 종속 접속사와 대등한 구조를 연결하는 등위 접속사로 나누어진다. 다만 구를 유도하는 전치사와 종속 접속사는 구분해서 적용할 줄 알아야 한다.

| 의미 | 접속사 + S + V | 전치사 + 명사(구) |
|---|---|---|
| ~때문에 | because | because of |
| ~일지라도 | though | despite(= in spite of) |
| ~인 경우에 | in case(that) | in case of |
| ~할 때쯤 | by the time | by |
| ~하는 동안 | while | during |
| ~에 따르면 | according as | according to |

## 핵심 01    전치사의 목적어

※ 전치사의 목적어 : 명사 상당 어구를 적용하며, 목적격을 쓴다.

예 Man differs from animals in that he can think and speak. (that절)

인간은 사고하고 말한다는 점에서 동물과 구분된다.

예 I have no idea about who broke the window. (간접의문문)

나는 창문을 누가 깼는지 모른다.

예 The plane is about to take off. (to부정사, 극히 예외)

비행기는 막 이륙하려 하는 중이다.

예 She did nothing but cry all day long. (원형부정사)

그녀는 단지 하루 종일 울기만 했다.

예 The plan was far from being perfect. (동명사)

그 계획은 결코 완벽하지 못하다.

## 핵심 02    시간을 나타내는 전치사

(1) • in(~ 후에, ~지나면) : 미래의 일

  예 I'll be back in a minute. 나는 일분 내로 돌아올 것이다.

  • after(~ 후에) : 과거의 일

  • within(~ 이내에) : 일정한 기간 내를 의미

  예 He will be back within a week. 그는 일주일 내로 돌아올 것이다.

(2) • for(~ 동안) : 일반적으로 수사 앞에

  예 He stayed at the city for three days. 그는 3일 동안 그 도시에 머물렀다.

  • during(~ 동안) : 특정한 기간을 나타내는 어구와 함께

  • through(~ 동안 줄곧) : 처음부터 끝까지의 의미

  예 He had a good time during the vacation. 그는 방학 동안 좋은 시간을 가졌다.

(3) • since(~ 이래로 줄곧) : 과거부터 현재까지 계속

  예 I have never seen him since 2002. 나는 결코 2002년 이후로 그를 본 적이 없다.

  • from(~부터) : 출발점만 나타내며 계속의 의미는 없다.


## 핵심 03    장소를 나타내는 전치사

(1) • between : (2개) 사이

  예 He is standing between the old man and the woman.

    그는 그 노인과 여성 사이에 서 있다.

  • among : (3개 이상의) 사이에

(2) • along(~을 따라서)

  예 He walked along the river with her. 그는 그녀와 강을 따라서 걸었다.

  • across(~을 가로질러)

  • through(~을 꿰뚫어)

## 핵심 04  원인, 이유를 나타내는 전치사(~으로, ~때문에)

**(1) from, of : 직접적인 원인이나 외적 원인, 과로, 부상으로 죽음에 이르는 경우**

> 예 He died of cancer. (병명) 그는 암으로 사망했다.

**(2) with : 동시성 강조(추위, 두려움, 열, 배고픔의 경우)**

> 예 He was terrible with fear. 그는 두려움으로 무서웠다.

**(3) through : 간접적 · 매개적 원인, 실수, 부주의, 태만의 경우**

> 예 It was through you that he succeeded. 그가 성공한 것은 당신 때문이었다.

**(4) for : 상벌, 감정 / 원인, 이유**

> 예 He compensated her for damages. 그는 그녀에게 배상금을 보상했다.
> 예 She cried for pain. 그녀는 고통으로 울었다.


## 핵심 05  기타 주의해야 할 전치사

**(1) • 결과 to : 변화의 방향**

> 예 He was moved to tears. 그는 감동하여 눈물을 흘렸다.

  **• into : 변화의 결과**

> 예 Cheese is made from milk.
>   = Milk is made into Cheese.
>   치즈는 우유로 만들어진다.

**(2) • 행위자 : by**

> 예 The engines are driven by electricity. 그 엔진들은 전기로 가동된다.

  **• 도구, 수단 : with, by**

**(3) • 찬성 : for**

  **• 반대 : against**

> 예 Are you for or against reform? 당신은 개혁에 찬성하는가, 반대하는가?

**(4) 부대상황의 with**

> 예 He stood with his arms folded. 그는 팔짱을 낀 채로 서 있었다.

## 핵심 06    but의 용법

(1) not A but B : A가 아니라 B = B, and not A = B, not A

예 He is not a poet, but a novelist. 그는 시인이 아니라 소설가다.

(2) never[not, 부정어] ~ but : ~하면 반드시 …하다 / ~하지 않고는 …하지 않는다.

예 They never meet without quarreling. 그들은 만나기만 하면 싸운다.

예 They never see this picture, but they are reminded of you.

그들은 이 사진을 보기만 하면, 반드시 너를 상기한다.

(3) not only A but also B = B as well as A : A뿐만 아니라 B도 역시

예 Not only my sister but (also) I know my father's birthday.

나의 누이뿐만 아니라 나도 아버지의 생신을 알고 있다.


## 핵심 07    명사절을 이끄는 접속사

(1) that절은 문장 중에서 명사절을 이끌며, 주어 · 목적어 · 보어 동격 역할을 한다.

예 I think that the man was wrong. 나는 그 남자가 잘못이었다고 생각한다.

(2) whether ~(or not)는 간접의문문을 이끌며 명사절을 만든다. (목적어)

예 She asked me whether he would come back home.

그녀는 나에게 그가 집으로 돌아올 것인지 아닌지 물어봤다.

(3) if도 간접의문문을 이끌며 명사절의 역할을 한다. (목적어)

예 They don't know if he will come back soon.

그들은 그가 곧 돌아올 것인지 아닌지 알지 못한다.

(4) what절은 불완전한 절을 유도하며, 완전한 절을 유도하는 that과 항상 대비된다.

예 What is important most in life is not money, but love.

인생에서 가장 중요한 것은 돈이 아니라, 사랑이다.

## 핵심 08  결과(so ~ that, such ~ that) 중요(상)

so that 뒤에 조동사가 있으면 목적 의미로 해석한다. (가끔 결과도 가능)

', so that'은 결과나 목적을 나타내기도 한다.

such that은 도치시켜서도 사용할 수 있다. (such = so great의 의미)

예 He is so kind that everybody likes him.

　　그는 너무나 친절해서 모든 사람이 그를 좋아한다.

예 He is so kind a student that everybody likes him.

　　그는 너무나 친절한 학생이라서 모든 사람이 그를 좋아한다.

예 He is such a kind boy that his friends like him.

　　그는 아주 친절한 소년이라서 그의 친구들이 그를 좋아한다.

예 He is a very kind boy, so that everybody likes him.

　　그는 아주 친절한 소년이다, 그래서 모든 사람이 그를 좋아한다.

예 Such was the typhoon that almost the houses were swept.

　　그 태풍은 너무나 대단해서 거의 모든 집들이 쓸려나갔다.

예 She worked so hard that she would not fail in the examination.

　　그녀는 시험에 실패하지 않기 위해서 아주 열심히 일한다.


## ✓ Check UP

**[01~18] 다음 빈칸에서 옳은 것을 고르시오.**


**01**

> I [discussed / discussed about] the plans for the new school with them.

해설 discuss 토론하다(vt)

해석 나는 그들과 함께 새로운 학교에 대한 계획을 토론하였다.

정답 discussed


**02**

> My father [reached / reached at] New Orleans on Thursday.

해설 reach 도착하다(vt)

해석 나의 아버지는 목요일에 뉴올리언스에 도착했다.

정답 reached

**03**

When you [enter / enter into] the classroom, you will notice that American students are quick to criticize something and quick to defend themselves. The teacher encourages the students to [discuss / discuss about] many topics.

> 해설 enter 들어가다 / enter into 시작하다 / discuss 토론하다(vt)
> 해석 당신이 교실에 들어갈 때, 당신은 미국 학생들이 어떤 것을 비판하는 데 빠르고, 자신들을 방어하는 데 빠르다는 것을 목격할 것이다. 선생님들은 학생들이 많은 주제를 토론하도록 독려한다.
>
> 정답 enter, discuss

**04**

It's amazing how closely Brian and Steve [resemble with / resemble] each other.

> 해설 resemble(vt) 닮다
> 해석 Brian과 Steve가 서로서로 얼마나 닮았는지는 놀라울 정도다.
>
> 정답 resemble

**05**

[Although / Despite] he was so successful later in life, he left school at the age of sixteen and then studied art for a short time.

> 해설 접속사는 절을 이끈다. 전치사는 절을 이끌지 못한다.
> 해석 비록 그가 인생의 말년에 대단히 성공을 거두었을지라도, 16살의 나이에 학교를 떠났고, 잠깐 미술 공부를 했다.
>
> 정답 Although

**06**

[Though / despite] John was very short and skinny, he loved football very much.

> 해설 '양보' 의미의 접속사가 필요하다.
> 해석 John이 비록 무척 작고 말랐는데도 불구하고, 그는 무척이나 축구를 사랑했다.
>
> 정답 Though

**07**

[During / While] the flight from Denver to Kansas City, my mother was sitting across the aisle from a woman and her eight-year-old son.

해설 During(전치사) + 명사(구)
해석 덴버에서 캔자스 시티로 비행하는 동안, 나의 어머니는 한 여성과 그녀의 아들과 더불어 복도 쪽에 앉아있었다.

정답 During

**08**

The effects of pollution became more noticeable as cities grew [while / during] the Middle Ages.

해설 전치사(during) + 명사(구)
해석 도시들이 중세에 성장하는 동안 오염의 영향은 더욱더 눈에 띄게 되었다.

정답 during

**09**

[During / While] cleaning the living room carpet, I tripped and fell over the vacuum cleaner hose.

해설 분사구문으로 While I cleaned the living room carpet, I tripped and fell over ~
해석 거실의 카펫을 청소하는 동안 나는 발이 청소기의 호스에 걸려서 넘어졌다.

정답 While

**10**

[While / during] looking around in the shop, he found a nice necktie which there are check shapes on.

해설 분사구문으로 While he looked around in the shop, he found a nice necktie ~
해석 그 가게에서 주위를 둘러보는 동안, 그는 체크무늬가 들어있는 멋진 넥타이를 발견하였다.

정답 While

**11**

Around the world, about 529,000 women a year die [while / during] pregnancy or childbirth.

해설 during(~하는 동안) : 전치사, while(~하는 동안) : 접속사
해석 전 세계 여기저기에, 일 년에 대략 529,000명의 여성들이 임신이나 출산 중에 죽는다.

정답 during

**12**

London was growing quickly [during / while] the early 19th century.

**해설** during + 특정 기간

**해석** 런던은 19세기 초기 동안 빠르게 성장하고 있었다.

**정답** during

**13**

You should not despise a man just [because / because of] he is poor.

**해설** because(접속사) + S + V

**해석** 당신은 단지 그 사람이 가난하다는 이유로 사람을 무시해서는 안 된다.

**정답** because

**14**

Music boxes made people feel good. That's [why / because] I love music boxes so much.

**해설** That's why ~ (○) / That's because ~ (×)

**해석** 뮤직 박스는 사람들을 기분 좋게 만들어주었다. 그것이 내가 뮤직 박스를 무척 사랑하는 이유다.

**정답** why

**15**

A clerk made a two-million-dollar mistake [because / because of] a comma.

**해설** because of(전치사) ~때문에

**해석** 점원은 콤마 하나 때문에 2백만 달러의 실수를 했다.

**정답** because of

**16**

At times, cats were feared [because / because of] their strange ways.

**해설** because of + 명사(구)

**해석** 때때로, 고양이들은 자신들의 이상한 방식 때문에 두려워했다.

**정답** because of

**17**

> The telephone does not care [that / whether] we are sleeping or eating or working.

해설 whether A or B A이든지 또는 B이든지
해석 전화는 우리가 잠을 자든, 밥을 먹든, 일을 하든지 간에 개의치 않는다.

정답 whether

**18**

> Yesterday evening my son came in to ask [if / that] I felt like playing ball with him.

해설 궁금 동사(ask) + if(= whether) + S + V
해석 어제 저녁에 나의 아들은 내가 그와 함께 공놀이를 하고 싶은지 어떤지를 물어보려고 나에게로 왔다.

정답 if

**[19~20] 다음 문장이 어법상 옳다면 ○, 옳지 않다면 ×를 고르시오.**

**19**

> But, you can only check in at this hotel during the winter.　[○, ×]

해설 during + 특정 기간
해석 그러나, 당신은 겨울 동안에는 이 호텔에서 숙박할 수 있다.

정답 ○

**20**

> I never drink cola because of it is really bad for health.　[○, ×]

해설 because of(전치사) ~때문에
해석 나는 그것이 실제로 건강에 나쁘기 때문에 콜라를 결코 마시지 않는다.

정답 ×

특수 구문은 문장의 정상적인 어순을 탈피하여 도치, 강조, 생략, 공통관계, 병렬 등의 방식으로 글을 경제적이고 효율적으로 쓰는 것을 말한다.

※ 문두에 부정어 Never, Hardly, Scarcely, Not until, Not only, Only after, Only, Little, Few, Seldom 등이 등장하면 반드시 주절에 도치 구문을 확인해야 한다.

## 핵심 01 도치 구문

• never + do / does / did + 주어 + 동사원형
• Only after + 명사(구) + S + V + was / were + 주어 + ∼
• Scarcely had + 주어 + p.p. + ∼

예 Hardly had he seen me when he ran away. 그가 나를 보자마자 달아났다.

예 Rarely does he go to the movies with his family. 좀처럼 그는 그의 가족과 영화를 보러 가지 않는다.

## 핵심 02 구문상의 도치

(1) 기원문, 의문문에서는 May 생략

　예 May God bless you! 신이 네게 축복을 내리기를!

(2) there(here) 구문에서는 명사구는 도치

　예 Here are some apples. 여기 몇 개의 사과가 있다.

(3) 대명사 + V에서는 대명사는 정치

　예 Here he comes! 여기 그가 온다!

(4) So[neither, nor] + V + S (대상이 2개이면 항상 도치)

**(1) 보어 도치 시 주어와 자리 바꿈**

예 Great was the Queen's satisfaction. 여왕은 대단히 만족했다.

**(2) 목적어 도치 (목적어 뒤는 정치)**

예 The speaker the audience gave a big hand. 청중은 연사에게 큰 박수를 보냈다.

**(3) 부사(구) 도치에서는 부사구 등장 시 도치 가능**

예 On the bed lay a beautiful baby. 침대에는 예쁜 아기가 누워 있다.

## 핵심 04   삽입 구문 : '있기는 하지만'

**(1) She seldom, if ever, comes to see me. (동사 앞에서)**

그녀는 있기는 하지만 좀처럼 나를 만나러 오지 않는다.

**(2) There are very few, if any, mistakes. (명사 앞에서) 있기는 하지만 거의 실수가 없다.**

(if ever + 부사 또는 동사 강조 어구, if any + 명사 강조 어구로 쓰인다.)

### ✓ Check UP

[01~04] 다음 밑줄 친 부분을 올바른 형태로 수정하시오.

**01**

> He didn't know that information, <u>neither did</u> she.

>

해설 주절, 주절은 불가능하다. 따라서 and neither + V + S

해석 그는 그런 정보를 알지 못했다. 그리고 역시 그녀도 그랬다.

정답 and neither = nor

**02**

Only after he got to the place, he knew the fact.

Only after ~ 어구 '~하고 나서야 비로소', 어구는 문두에 등장하면 주절을 도치시킨다.

해석 그가 그 장소에 도착하자마자 그는 그 사실을 알았다.

정답 did he know

**03**

He had known the fact that she was not in the office until she called him.

해설 문맥의 의미를 판단해 볼 때, "그녀가 과거에 전화를 하고 나서야 비로소 그녀가 사무실에 없다는 사실을 알았다."이므로 그녀가 사무실에 없었다는 사실을 대과거 시간에는 알지 못했다. hadn't known이 적절하다.

해석 그는 그녀가 과거에 전화를 하고 나서야 비로소 그녀가 사무실에 없다는 사실을 알았다.

정답 hadn't known

**04**

Hardly did he get to the airport when he found that he had left his suitcase in the house.

해설 Hardly had + 주어 + p.p. ~ when(before) + 주어 + 동사 + ~ : ~하자마자 곧 ~했다

해석 그가 공항에 도착하자마자 그는 집에 서류가방을 놓고 온 것을 알았다.

정답 had he got

**05** 다음 문장에서 맞는 답을 고르시오.

[If / Were] I rich, I would help you.

해설 가정법 과거의 if 생략

해석 만약에 내가 부자라면, 나는 당신을 도울 텐데.

정답 Were

**[06~10] 다음 문장이 어법상 옳다면 ○, 옳지 않다면 ×를 고르시오.**

**06**

I couldn't think of anything to say and neither could he.                    [○, ×]

해설 and neither = nor + 동사 + 주어
해석 나는 어떤 말도 할 수 있는 생각조차 하지 못했고, 그도 역시 생각할 수 없었다.

정답 ○

**07**

Little does he realize that he could never return home again.                [○, ×]

해설 Little did he realize : 시제를 일치하도록 한다.
해석 그는 결코 다시는 집으로 돌아올 수 없을 거라는 것을 깨닫지 못했다.

정답 ×

**08**

Had he finished the work then, he could have gone to the concert.           [○, ×]

해설 가정법 과거완료의 조건절에 if 생략 구문이다.
해석 그가 그때 그 일을 마쳤다면, 그는 콘서트에 갈 수 있었을 텐데….

정답 ○

**09**

Not a word did he say before her girlfriend.                                [○, ×]

해설 목적어(not a word)가 부정의 의미를 가지면 문두에 등장할 때 도치 구문을 쓴다.
해석 그는 그녀의 여자친구 앞에서 한 마디도 하지 못했다.

정답 ○

**10**

It was not until when he arrived at the airport that he heard the news.      [○, ×]

해설 It was 강조 어구 that절일 때 that절은 정치 문장을 그대로 쓴다.
해석 그가 그 소식을 듣게 된 것은 그가 공항에 도착했을 때였다.

정답 ○

**01** 밑줄 친 부분이 어법상 옳지 않은 것은?　　　23 지역인재

① The mail gets delivered every day except Sunday.
② I can borrow you this book if you want to read it.
③ Two thirds of the students are satisfied with the class.
④ He was standing around with a bored expression on his face.

**해석**
① 우편물은 일요일을 제외하고 매일 배달된다.
② 네가 그것을 읽고 싶다면 내가 빌릴 수 있어 → 빌려줄 수 있어.
③ 학생들의 3분의 2가 수업에 만족하고 있다.
④ 그는 지루한 표정으로 우두커니 서 있었다.

**해설 & 정답**

**01**
② 조건절에서 'if you want to read it(네가 그것을 읽고 싶다면)'이라고 했으므로, 어법상 'borrow(빌리다) → lend(빌려주다)'가 되어야 한다.
① 'get + 과거분사'는 '주어가 과거분사의 상태가 되다'의 뜻인데, get delivered가 '(우편물이) 배달되다'로 올바르게 사용되었다. 이때 get은 become(~이 되다)의 의미이다.
③ be satisfied with는 '…에 만족하다'의 뜻인데, 주어(Two thirds of the students)가 복수이므로, 복수동사(are)가 올바르게 사용되었다.
④ 전치사구인 'with a bored expression on his face'가 '지루한 표정을 하고'의 뜻으로 동사(was standing)를 수식하고 있으므로 올바르게 사용되었다.

**어휘**
• deliver 배달하다
• borrow 빌리다
• be satisfied with …에 만족하다
• stand around 우두커니[멍하니] 서 있다
• expression 표정

**정답** 01 ②

**02**

② 'not A but B(A가 아니라 B인)' 용법으로, that절의 주어는 he이므로 are → is가 되어야 한다.

① ask for는 '~을 요청하다는 의미'이고, 전치사 for 다음에 명사가 와야 하므로 어법상 올바르게 쓰였다.

③ be + ing는 현재 진행을 나타낼 뿐만 아니라, 확정된 미래의 의미를 표현하기도 한다. 따라서 'tomorrow night'라는 미래 표시 부사구와 잘 어울리므로 어법상 올바르게 쓰였다.

④ 'I wish + 주어 + 동사의 과거형' 구문은 현재 실현 가능성이 매우 낮거나 가능성이 없는 일을 소망할 때 사용한다. 또, 형용사 비교급(-er) 앞에서 강조 부사 a little(a bit)을 사용해 '조금, 약간'의 의미를 만들 수 있으므로 올바르게 쓰였다.

[어휘]

drown 물에 빠져 죽다, 흠뻑 젖게 하다

---

**02 어법상 옳지 않은 것을 고르시오.**

① A drowning man will ask for help.

② It is not you but he that are responsible for it.

③ I'm going to a party tomorrow night.

④ I wish I were a bit taller.

[해석]

① 물에 빠진 사람은 도움을 요청할 것이다.

② 그것에 책임이 있는 사람은 당신이 아니라 그 사람이다.

③ 나는 내일 밤 파티에 갈 것이다.

④ 나는 내가 키가 조금 더 컸으면 좋겠다.

**정답** 02 ②

① He went out, with his dog following behind.

② Little did he know that so many things would change.

③ I became so wrapped up in myself that I could not see what was really going on.

④ I wrote passionate letters of love to him with an intensity for which I never knew before.

해석

① 그는 개를 뒤쫓아 나갔다.

② 그는 그렇게 많은 것들이 바뀔 것이라는 것을 거의 알지 못했다.

③ 나는 내 자신에게 너무 사로잡혀서 무슨 일이 일어나고 있는지 알 수 없었다.

④ 나는 전에는 전혀 몰랐던 격렬함으로 그에게 열정적인 사랑의 편지를 썼다.

해설 & 정답

**03**

④ 전치사 which 뒤에는 명사가 포함된 완전한 문장이 이어져야 한다. 'I never knew before.'에는 주어(I), 동사(knew)만 있고, 문장 마지막의 before는 부사로 사용되었기 때문에 타동사에 목적어가 없는 불완전한 문장이다. 따라서 for which → which[that]가 되어야 한다. 또한 before 앞에 꼭 had+p.p.가 올 필요는 없다.

① with + 명사 + -ing는 '~하면서, ~한 채로'의 의미이므로 with his dog following behind는 올바르게 쓰였다.

② 'Little did he know ~'는 도치 문장으로, he little know에서 little을 강조하기 위해 주어와 동사를 도치한 경우이므로 올바르게 쓰였다.

③ 'so ~ that' 구문은 '매우 ~해서 ~하다'의 의미로 사용되므로 so와 that 사이에는 형용사나 부사가 반드시 들어가야 한다. 따라서 부사구로 wrapped up in myself는 올바르게 쓰였다.

어휘

• follow (~의 뒤를) 따라가다[오다], ~뒤에[뒤이어] …을 하다

• wrap up in ~에 몰두한

• passionate 격정적인, 열정적인, 열렬한

• intensity 강렬함, 강함

정답　03 ④

## 04

③ 옳은 문장으로 주어 author와 단수 수일 치에 주의해야 한다.

① 사역동사 let의 보어로는 동사원형이 와 야 한다. 따라서 'to go'가 아닌 'go'가 들 어가야 한다.

② 부정부사인 rarely가 문장의 가장 앞에 위치하였으므로, 주어와 동사의 어순은 도치돼야 한다. 따라서 'Rarely is Jason' 이 들어가야 한다.

④ 비교급을 강조하는 부사는 much, far, even, still 등이 있다. very는 원급을 수 식하므로, 'very'가 아닌 'much'가 들어 가야 한다.

[어휘]
- rarely 드물게, 좀처럼 ~하지 않는
- author 작가, 저자
- observe 관찰하다, 주시하다

## 05

③ 지각동사 see(saw)의 보어로는 동사원 형이 오므로, 'to work'가 아닌 'work'가 들어가야 하므로 옳지 않은 문장이다.

① 타동사인 'expose A to B(노출시키다)' 의 수동태로 'be exposed to'가 사용되 었고, 수량 형용사인 many는 가산명사 를 수식하므로, 옳은 문장이다.

② few는 가산명사에 사용된다. 옳은 문장 이다.

④ '~해야 한다'라는 의미가 내포된 동사 insist의 목적어인 that절에서는 명령문 형식의 동사원형이 사용되어 당위성과 호응관계를 이룬다. 참고로 'should + V' 형태는 영국식 문법에 해당한다. 옳은 문 장이다.

[어휘]
- be exposed to ~에 노출되다
- overnight 밤사이에, 하룻밤 동안
- laboratory 실험실
- insist 주장하다
- board 이사회

정답 04 ③ 05 ③

---

## 04 어법상 옳은 것은?     21 지역인재

① David loosened his grip and let him to go.

② Rarely Jason is sensitive to changes in the workplace.

③ The author whom you criticized in your review has written a reply.

④ The speed of the observed change is very greater than we expected.

[해석]
① David는 잡은 손을 풀고 그를 놓아주었다.

② Jason이 직장에서의 변화에 민감하게 반응하는 경우는 드물다.

③ 당신이 서평에서 비판을 한 저자가 답장을 보내왔다.

④ 관측된 변화의 속도는 우리가 예상했던 것보다 훨씬 더 빠르다.

## 05 어법상 옳지 않은 것은?     21 지역인재

① Bees are exposed to many dangerous things.

② Japanese tourists came here but few stayed overnight.

③ I saw Professor James to work in his laboratory last night.

④ She insists that he should not be accepted as a member of our board.

[해석]
① 벌들은 많은 위험한 것들에 노출되어 있다.

② 일본인 관광객들은 이곳에 왔지만 하룻밤을 묵은 사람은 거의 없었다.

③ 어젯밤에 James 교수가 실험실에서 일하는 걸 봤다.

④ 그녀는 그가 우리 이사회의 일원으로 받아들여져서는 안 된다고 주장한다.

## 06 밑줄 친 부분 중 어법상 옳지 않은 것은?

> Bone and ivory needles ① found at archaeological sites indicate ② that clothes ③ have been sewn for some 17,000 years ④ ago.

해석 고고학 유적지에서 발견된 뼈와 상아로 만들어진 바늘들은 옷이 약 17,000년 동안 바느질되었다는 것을 보여준다.

TIP ~ ago, just now(= but now), in + 과거년도는 항상 과거시제와 함께 사용한다.

## [07~09] 다음 중 어법상 옳지 않은 것을 고르시오.

## 07

> One of ① the most important principles in biology ② are that ③ all living things must come ④ from other living things.

해석 생물학의 가장 중요한 원칙들 중에 하나는 모든 살아있는 것들은 다른 살아있는 것으로부터 유래해야만 한다는 것이다.

TIP 주어와 동사를 보면 수(number)일치를 확인한다.

## 08

> The ① increased melting has already begun to change the region's geography. One lake in northern Tibet has risen 20 centimeters a year since 1997, ② spreading over local pastures and towns, and ③ forcing residents ④ moving to higher ground.

해석 증가된 용해는 이미 그 지역의 지형을 변화시키기 시작했다. 티벳 북쪽의 한 호수는 1997년 이후로 해마다 20센티미터씩 증가해왔으며, 지역의 목초지와 도시를 덮어버리며, 주민들이 어쩔 수 없이 고지대로 대피하게 만들었다.

TIP 사역동사(get, compel, force) + 목적어 + 목적격 보어(to + R) 구문을 확인한다.

---

**06**

④ ago는 과거시제를 수반하기 때문에 어법상 옳지 않으므로 삭제해야 한다.

① find의 과거분사로 앞에 주격 관계대명사와 be동사인 which were가 생략되었다.

② indicate의 목적절이다.

③ 목적어가 없으므로 수동태로 쓴 것은 어법상 적절하다.

어휘
- ivory 상아, 상아로 된 물건
- archaeological 고고학의
- sew 바느질하다, 깁다, (바느질로) 만들다

**07**

one이 문장의 주어이므로 동사는 단수이다(is).

어휘
- biology 생물학
- living 살아있는
- come from~에서 유래하다

**08**

force가 사역동사이므로 moving이 to move로 바뀌어야 한다.

어휘
- increased 증가된
- increasing 증가하는
- pasture 목초지

정답  06 ④  07 ②  08 ④

## 09

and 뒤의 went는 시제의 법칙을 병치하여 rise를 rose로 해야 한다.

어휘
• alone 서술적 형용사로 '외로운'
• loneliness 외로움

## 10

4형식 문장의 간접목적어가 주어가 되는 수동태 문장은 과거분사 뒤에 목적어가 있다. given, granted, served 등이 있다.

어휘
• opportunity 기회
• productive 생산적인

## 11

started를 받아서 대동사로 쓰려면 did를 활용한다. so + V + S의 문장으로 받는다.

어휘
• fare 요금
• fee 수수료
• reduced 할인된
• offer 제공하다

정답 09 ② 10 ④ 11 ③

## 09

The thought ① of being alone on the island while so many suns ② rise from the sea and went ③ slowly back into the sea ④ filled my heart with loneliness.

해석 섬에서 외로이 있다는 생각은 결국 여러 차례의 태양이 바다에서 떠오르고 바다로 다시 천천히 지는 동안에도 나의 마음을 외로움으로 가득 채웠다.

TIP 동사1과 동사2 사이에는 반드시 시제 법칙을 확인한다.

**[10~11] 다음 중 빈칸에 들어갈 내용으로 옳은 것을 고르시오.**

## 10

_____ a chance, homeless and troubled boys born into a world with little opportunity can become productive citizens.

① To give
② Having given
③ Give
④ Given

해석 한 번의 기회라도 받게 된다면, 거의 기회를 가지지 못한 채 세상에 태어난 집 없고 문제를 일으키는 아이들도 생산적인 시민이 될 수 있다.

TIP 수동태가 되어도 목적어를 가지는 경우가 있음을 확인한다.

## 11

The bus company started offering reduced fares to older people last year, and so _____.

① one of the taxi companies did
② one of the taxi companies does
③ did one of the taxi companies
④ has one of the taxi companies done

해석 그 버스 회사는 작년에 노인들에게 할인된 요금을 제공하기 시작했으며, 택시 회사 중 한 곳도 마찬가지다.

TIP 등위 접속사(and, or, but) 뒤에는 병치 구조를 확인한다.

## 12 어법상 옳은 것은?

20 지역인재

① Harry's decision retire from politics was not completely unexpected.

② I'll take over the cooking from you while you will walk the dog.

③ I walked along the hall, keeping close to the side.

④ You haven't given me that I asked for.

**해석**

① 정계에서 은퇴하겠다는 Harry의 결정은 전혀 예기치 못했던 것은 아니었다.

② 당신이 개를 산책시키는 동안 요리는 내가 넘겨받을게.

③ 나는 벽에 바짝 붙어서 복도를 따라 걸었다.

④ 당신은 내가 요청한 것을 나에게 주지 않았다.

**TIP** 현재분사는 진행이나 능동의 의미를 나타낸다.

---

**[13~26] 다음 중 어법상 옳지 않은 것을 고르시오.**

## 13

Although the designer had all ① kinds of fabric samples, ② but she couldn't ③ make up her mind ④ which one to select.

**해석** 비록 그 디자이너가 모든 종류의 섬유 샘플을 가지고 있었을지라도 그녀는 어떤 것을 선택해야할 지 결정할 수 없었다.

**TIP** 주절, 주절은 절대 불가능하다.

---

### 해설 & 정답

**12**

③ 분사구문이 사용되었으며 분사구문의 의미상 주어가 I이기 때문에 능동의 의미인 keeping은 적절하다.

① 의미상 retire from politics가 Harry's decision을 수식하므로 to부정사의 형용사적 용법을 사용하여 to부정사를 retire 앞에 넣어 주어야 한다. → Harry's decision to retire from politics was not completely unexpected.

② 시간을 나타내는 접속사 while이나 when 등은 부사절을 이끄는 경우 현재시제가 미래시제를 대신하므로 미래시제로 쓴 것은 옳지 않다. → I'll take over the cooking while you walk the dog.

④ that 명사절은 뒤에 완전한 문장이 와야 하는데, ask for의 목적어가 없으므로 that을 what으로 고쳐야 한다. → You haven't given me what I asked for.

**어휘**
• unexpected 예기치 않은, 예상 밖의, 뜻밖의
• take over (from somebody) (~로부터) (~을) 인계받다
• walk (동물을) 산책시키다

**13**

종속절의 접속사 Although가 있으므로 but을 제거해야만 복문이 형성된다.

**어휘**
• fabric 섬유의
• which one 어느 것(여기서 which는 의문 형용사)

**정답** 12 ③ 13 ②

**14**

유사관계대명사는 비교어구가 있는 선행사를 받아서 활용한다.

[어휘]
- ruin 파멸시키다
- destroy 파괴하다

**15**

them은 works이므로 published가 타당하다.

[어휘]
- consider(= factor into) 고려하다
- translate 번역하다
- leading 인류의
- overseas 해외의(형용사), 해외로(부사)

**16**

with exhaustion이 아니라 from exhaustion으로 바꾸어 병치 관계를 정립해야 한다.

[어휘]
- migrating 이주하는
- hazard 위험
- incessantly 끊임없이
- not only A but also B A뿐만 아니라 B도 역시

[정답] 14 ③ 15 ④ 16 ③

**14**

> ① More men ② have ruined themselves ③ as have ever been destroyed ④ by others.

[해석] 더욱더 많은 사람들이 다른 사람들에 의해서 지금까지 파괴되어온 것보다 더욱 자신 스스로를 파멸시켜 왔다.

[TIP] 비교급이 보이면 반드시 than이 나올 수 있음을 예상한다.

**15**

> Random House Publishing Company said that ① it was considering ② translating the works of this Korean ③ leading novelist into English and getting them ④ publish in overseas.

[해석] 랜덤하우스 출판사는 이번 한국의 일류 소설가의 작품들을 영어로 번역해서 해외에서 그것들을 출판할 계획을 고려하고 있다고 말했다.

[TIP] 사역동사가 보이면 목적어와 목적격 보어의 관계(= nexus)를 반드시 검증한다.

**16**

> Migrating birds can die not only from the impact of ① flying into plate glass ② they do not recognize as a hazard but ③ with exhaustion after flying incessantly around a source of light ④ to which they are drawn.

[해석] 철새들은 위험요소로서 인식하지 못하는 판유리로 날아서 충돌하는 충격뿐만 아니라 그들이 이끌림을 당하는 빛의 근원지 주변에서 지속적으로 날다가 지쳐서 죽을 수도 있다.

[TIP] 등위 접속사가 보이면 다음에 나오는 밑줄이 정답일 확률이 90% 이상이다.

## 17

> ① Theoretically, a good friend should ② last a lifetime, but he or she rarely ③ is, usually because he or she ④ is changed or changes over time for some reasons.

해석 이론적으로 좋은 친구는 평생 지속되어야 하지만, 좀처럼 그러기는 어려운데, 통상 그들이 어떤 이유로 시간이 흐르면서 변화되고 변화하기 때문이다.

TIP 앞에서 반복되는 대동사의 법칙을 정확히 적용한다.

## 18

> ① Not wanting to spend money unnecessarily, I ② put into my backpack everything which I thought ③ it would be necessary for our ④ five day's field trip.

해석 불필요하게 돈을 낭비하고 싶지 않아서 나는 5일간의 여행에 필요할 거라 생각되는 모든 것을 배낭에 담았다.

TIP 관계대명사절 속의 삽입절(clause)에 현혹되지 말자!

## 19

> Sue ① hasn't been at home last night when we ② went to ③ visit her. She might have ④ been studying at the library.

해석 Sue는 우리가 그녀를 방문했을 때, 지난밤 집에 없었다. 그녀는 도서관에서 공부를 하고 있었을지도 모른다.

TIP 과거표시 부사(구)(~ ago, just now, 역사적 사건)는 과거 동사가 정답이다.

## 20

> They ① will be effected by Jack's decision, ② but they will not ③ become aware of the fact ④ for several weeks.

해석 그들은 Jack의 결정에 영향을 받겠지만 그들은 몇 주 동안 그 사실을 알지 못할 것이다.

TIP 활용이 상대적인 동사(예 borrow, lend 등)는 반드시 의미를 검증한다.

**17**

'He or she rarely lasts.'를 받아서 is 대신에 does가 옳다.

어휘
• last 지속되다
• rarely 좀처럼 ~하지 않다.

**18**

which 다음에 I thought는 삽입절이다. it은 제거해야만 한다.

어휘
• backpack 배낭
• put into ~에 담다

**19**

last night이 있으므로 hasn't been 대신에 was not이 정답이다.

어휘
might have p.p. ~했을지도 모른다.

**20**

affect는 '~에 영향을 끼치다, 감동시키고 effect ~에 결과를 초래하다, 성취하다'의 의미이므로 따라서 will be affected가 옳다.

어휘
become aware of ~에 대해서 알게 되다

정답 17 ③ 18 ③ 19 ① 20 ①

**21**

where 다음에 불완전 문장이 이어질 수 없으므로 which로 바꾸어 주어야 한다.

어휘
- achievement 업적, 성취, 성공
- statecraft 정치적 수완, 국정, 외교의 기술

**22**

very pleased는 pleased가 분사형의 형용사이므로 원급 취급한다. 따라서 원급 취급하여 very로 수식한다. turn around는 자동사이므로 turning around가 옳다.

어휘
turn around 빙글빙글 돌다

**23**

by and large = on the whole = all in all = in general 대체로

어휘
- be willing to + R 기꺼이 ~하다
- carry out 수행하다
- expect + 목 + to + 부정사 구문

정답 21 ③ 22 ④ 23 ①

---

**21**

> I look forward ① to ② America ③ where will reward achievement in the arts as we reward achievement in business or ④ statecraft.

해석 나는 미국이 사업과 정치적 수완 분야에서 업적을 치하하듯이 예술 분야에서도 업적을 보상해 주기를 미국에 학수고대한다.

TIP 관계부사는 반드시 완전 문장을 이끌고 있는지를 검증한다.

**22**

> The reason is ① that the boy feels ② very pleased ③ to see the wheels ④ turned around.

해석 그 소년이 바퀴들이 빙글빙글 도는 모습을 보고 무척 기쁨을 느끼고 있는 것이 이유이다.

TIP 지각동사 see 다음에 목적어와 목적격 보어의 서술적 관계를 검증한다.

**23**

> ① By and largely, people are willing to work for ② the major institutions and ③ expect them to carry out ④ society's work.

해석 대체로 사람들은 기꺼이 중요기관을 위해서 일하며, 그 기관들이 사회의 과업을 수행해주기를 기꺼이 기대한다.

TIP 관용표현은 절대 변형시키지 못한다.

## 24

By ① the time Fred ② will get ③ home, his father ④ will have left for Paris.

**[해석]** Fred가 집에 도착할 때쯤, 그의 아버지는 파리를 향해 떠나고 없을 것이다.

**[TIP]** 시간 의미, 조건 의미의 부사절에서는 현재가 미래를 대용한다.

## 25

The supply of oak, hickory, and birch logs ① are sufficient ② to keep the family warm, ③ even if this winter is ④ as cold as the last one.

**[해석]** 비록 이번 겨울이 지난겨울만큼 추울지라도 가족을 따뜻하게 유지할 만큼 참나무, 호두나무, 자작나무 장작의 공급이 충분하다.

**[TIP]** 주어와 동사 사이에 수식어가 길면 수일치를 주의한다.

## 26

① Both animals who ② hunt and who ③ are hunted need ④ colors patterns to conceal themselves.

**[해석]** 사냥하고 사냥당하는 동물들 모두 자신을 숨기기 위해서 색상 패턴이 필요하다.

**[TIP]** 명사는 수(number)를 가진다. 따라서 명사 앞에 명사는 복수형이 안 된다.

## 24

by the time은 시간 의미(~할 때쯤)의 접속사이다.

**[어휘]**
- get home 집에 도착하다
- leave for ~를 향해 떠나다
- leave ~을 떠나다 (vt)

## 25

The supply가 주어이므로 수일치를 위해 동사는 is를 써야 한다.

**[어휘]**
- birch 자작나무
- log 통나무
- sufficient 충분한
- as ~ as … ~만큼 …한

## 26

colors patterns는 color patterns가 되어야 한다.

**[어휘]**
conceal 숨기다

**[정답]** 24 ② 25 ① 26 ④

## 27

④ 주어는 you로, you가 기쁨을 유발하는 주체가 아닌 기쁨을 느끼는 대상이므로 현재분사 pleasing이 아닌 과거분사 pleased가 와야 한다. 감정을 나타내는 타동사의 경우 주어가 감정의 원인이면 능동, 감정을 느끼는 대상이면 수동을 쓴다.

① Most of us는 복수 형태의 가산명사 (people)를 가리키므로 복수 취급해야 하며, 해석상 현재시제가 올바르다. '분수 / 부분 / 비율 / %' 등을 나타내는 명사는 of 뒤의 명사에 동사의 수를 일치시킨다는 것에 유의해야 한다.

② will be 뒤에는 명사나 형용사가 들어가야 한다. '어떤 인생'일 것 같은지, 즉 형용사가 아닌 명사로 서술되는 보어 자리이므로 비어 있는 명사 자리 앞에 전치사로 '~처럼'이라는 뜻을 가지는 like가 들어갈 수 있다.

③ 과거에 대해 반대 가정을 할 때는 가정법 과거완료를 사용한다. If절에는 '주어+과거완료(had p.p.)'가 와야 하므로 올바르게 쓰였다.

[어휘]
- pace 속도
- back then 그 당시에, 그때에

## 28

so는 앞에 내용을 긍정으로 받으며, not은 앞에 내용을 부정으로 받는다. 따라서 I'm afraid not으로 답해야 한다. → I am afraid that you can't get one in Toronto.

[어휘]
- expire 만기가 되다(자동사)
- apply 신청하다

---

## 27 밑줄 친 부분 중 어법상 옳지 않은 것은?

> Most of us ① are amazed by the rapid pace of technology at the beginning of the twenty-first century. We often wonder what life will be ② like 50 or 100 years from now. But do you ever wonder how your life would have been if you ③ had been alive 100 years ago? Do you think you would have been ④ pleasing with your life back then?

해석 우리 중 대부분은 21세기 초반 기술의 빠른 속도에 깜짝 놀란다. 우리는 종종 지금으로부터 50년이나 100년 후에 우리 삶이 어떤 모습일지 궁금해 한다. 하지만 당신이 100년 전에 살아 있었다면 우리의 삶이 어땠을지 궁금하게 여긴 적이 있는가? 당신은 그 당시의 당신의 삶에 만족했을 거라고 생각하는가?

TIP 감정을 가지고 느끼는 대상(사람)은 과거분사와, 감정을 유발하는 대상(사물)은 현재분사와 논리적으로 연결된다.

## [28~29] 다음 중 어법상 옳지 않은 것을 고르시오.

## 28

> A : Is there a ① problem with my passport?
> B : Yes, I'm sorry, but your entry visa ② has expired.
> A : Isn't it possible to get ③ one in Toronto?
> B : I'm afraid ④ so. You have to apply from outside Canada.
> A : So I can't get on this flight?

해석
A : 제 여권에 문제라도 있습니까?
B : 예, 유감이지만 당신의 비자는 만기가 되었습니다.
A : 토론토에서 비자를 받는 것은 불가능한가요?
B : 유감스럽지만 그렇습니다. 당신은 캐나다 밖에서 신청을 하셔야 합니다.
A : 그러면 제가 이 비행기를 탈 수 없다는 말입니까?

TIP I'm afraid so 그렇다니 유감이다.
I'm afraid not 그렇지 않다니 유감이다.

## 29

Mistry, a ① Bombay-born writer, who moved to Toronto in 1975, has ② long ③ distinguished him as a rigorous humanitarian who can re-create ④ from after ever last rending detail of his clamorous hometown.

해석 Mistry는 봄베이 태생 작가로서 1975년 토론토로 이사했으며, 그의 시끌벅적한 고향의 마지막 가슴 찢어지게 만드는 세부적인 사건을 멀리서 재창조할 수 있는 엄격한 인도주의자로서 오래오래 명성을 떨쳐왔다.

TIP 재귀대명사의 재귀용법에 주의한다.

해설 & 정답

## 29

주어와 타동사의 목적어가 같으므로 재귀대명사(himself)를 목적어 자리에 써야 한다.

어휘
- from after 멀리서
- ever last 최후의 ~까지도
- rend ~을 찢다
- rending 가슴 찢어지게 만드는
- distinguish oneself 명성을 떨치다
- rigorous humanitarian 엄격한 인도주의자

## 30 밑줄 친 부분에 들어갈 가장 적절한 것을 고르시오.

Instead of ＿＿＿＿＿＿ into a nearby river or lake, sewage is sent to a giant tank where the water is purified.

① dumped
② being dumping
③ being dumped
④ dumping

해석 가까운 강이나 호수에 투기되지 않고 오물은 물을 정화할 수 있는 거대한 탱크로 보내진다.

TIP 동명사는 반드시 수동형과 능동형을 명확히 구분해야 한다.

## 30

의미상 주어가 sewage이므로 dumping은 불가능하다.

어휘
- nearby 근처의
- sewage 하수 오물
- purify 정화하다, 정제하다

## [31~34] 다음 중 어법상 옳지 않은 것을 고르시오.

## 31

The salmon and the ① carrier pigeon can find their ② way home as we cannot : they have, ③ as it was, a practical memory ④ that man cannot match. But their reactions always depend on some form of habit : on instinct or on learning, which reproduces by rote a train of known responses.

해석 연어와 전서구는 인간이 할 수 없는 집으로 돌아오는 그들의 길을 찾을 수 있다. 말하자면 그들은 인간이 필적할 수 없는 실용적인 기억을 가지고 있다. 그러나 그들의 행동 반응은 항상 어떤 형태의 습관, 본능 또는 학습에 의존하는 것이며, 그것들은 일련의 이미 알고 있는 반응을 기계적으로 재생해 내는 것이다.

TIP 관용표현은 절대 바꿀 수 없다.

## 31

as it were 말하자면(가정법의 조건절 대용 표현)

어휘
- practical 실용적인(= down to earth)
- reproduce 재생하다
- by rote 기계적으로

정답 29 ③ 30 ③ 31 ③

## 32

조건절의 were는 인정해야 하므로 주절을 가정법 과거로 바꾸어 준다. 따라서 have been을 be로 바꾸어야 한다.

[어휘]
- make public 공표하다
- discriminate against ~을 차별 대우하다
- mistreat ~을 혹사(학대)하다

## 33

people이 복수명사이므로 less를 fewer로 바꾸어야 한다.

many, a few, few : 수 개념의 부정형용사)
much, a little, little : 양 개념의 부정형용사)
few – fewer – fewest
little – less – least

[어휘]
trend 성향, 추세, 트렌드

## 34

의미상 원형부정사(enter)가 들어가야 하므로 leave 대신에 let을 쓴다.

[어휘]
- leave for ~를 향하여 떠나다
- leave ~을 떠나다

[정답] 32 ② 33 ④ 34 ④

## 32

If results were ① made public, victims would ② have been discriminated ③ against on the job, in school, and ④ mistreated in other ways.

[해석] 만일 결과가 공개된다면, 희생자들은 직장이나 학교에서 차별받을 것이고 여러 가지 방식으로 부당하게 대우받을 것이다.
[TIP] 가정법은 공식처럼 약속된 구문을 확실히 기억한다.

## 33

The ① industrial trend is ② in the direction of more ③ machines and ④ less people.

[해석] 산업계의 추세는 더 많은 기계를 쓰고 더 적은 사람을 고용하는 방향으로 가고 있다.
[TIP] 부정 형용사의 적용은 수량의 관계를 정확히 적용한다.

## 34

The policeman ① allowed people ② to stay but ③ he did not ④ leave them enter easily.

[해석] 그 경찰관은 사람들이 머무는 것을 허용하였지만, 그들이 쉽게 들어가는 것을 허용하지 않았다.
[TIP] 불완전 타동사(Vt) 뒤 목적어와 목적격 보어는 서술적 관계를 검증한다.

**35** 다음 중 어법상 옳지 않은 문장을 고르시오.

① During the next two weeks, I ate nothing but fruit.

② Because of all the furniture, it was difficult to move.

③ The driver had just a few scratches from the broken glass.

④ Things did not turn out as well as we had expected.

[해석]

① 그 다음 2주 동안 나는 단지 과일만 먹었다.

② 그 모든 가구 때문에 이사하기가 어려웠다.

③ 그 운전자는 깨어진 유리 때문에 몇 군데 찰과상을 입었다.

④ 상황들이 우리가 기대했던 만큼 좋지는 않았다.

[TIP] 불완전 자동사 뒤에는 형용사 보어를 검증한다.

**36** 어법상 옳지 않은 것은?　　　　　　　　　　19 지역인재

① It was her who ate all the cheese.

② She regretted studying abroad last year.

③ The soldier felt his eyes dazzled by a blaze of light.

④ Many episodes of her drama have no recognizable plot.

[해석]

① 치즈를 모두 먹어버린 사람은 바로 그녀였다.

② 그녀는 작년에 외국에서 공부한 것을 후회했다.

③ 그 병사는 휘황찬란한 불빛으로 인해 눈이 부셨다.

④ 그녀의 드라마의 에피소드 대다수는 눈에 띄는 줄거리가 없다.

[TIP] 강조 it : It + be동사 + 강조어구 + that + S + V + O / C + 부사(구)(절)

**35**

turn out (to be)는 불완전 자동사로 형용사 보어를 뒤에 둔다. 따라서 good을 써야 한다.

[어휘]

turn out (to be) ~임이 판명되다(= prove (to be))

**36**

① 주어진 문장은 It ~ that 강조 구문으로 강조 대상이 사람이어서 that 대신 주격 관계대명사인 who가 왔다. 강조하기 전 문장이 she ate all the cheese이므로, 목적격 her가 아닌 주격인 she가 와야 한다.

② regret은 '후회하다'라는 뜻의 동사로 목적어로 동명사를 취한다. studying이 올바르게 들어갔다.

③ 5형식 'feel + 목적어 + 목적격보어' 구문에서 목적어인 his eyes가 눈부심을 유발하는 주체가 아닌 눈부시다고 느끼는 대상이므로 목적격보어에 과거분사가 올바르게 쓰였다.

④ don't have any는 have no의 의미이다.

[어휘]

• regret 후회하다

• dazzle 눈이 부시게 만들다

• blaze 광휘

• recognizable 눈에 띄는, 쉽게 알아볼 수 있는

[정답] 35 ④　36 ①

**[37~39]** 다음 중 어법상 옳지 않은 것을 고르시오.

## 37

many, few + 복수명사이므로 fewer 역시 복수명사를 수반한다. 따라서 fewer lumps 가 정답이다.

**어휘**

feel embarrassed 당혹감이 느껴지다

## 37

> At the tea party I ① felt embarrassed ② because I noticed that everyone took fewer ③ lump of sugar ④ than I did.

**해석** 다과회에서 나는 모든 사람들이 내가 넣는 것보다 각설탕을 적게 넣는 것을 보고 당혹스러웠다.

**TIP** 수(number) 형용사 뒤에는 복수명사가 등장한다.

## 38

관계대명사 앞에 전치사는 뒤에 걸리거나 앞에 선행사가 결정한다. be famous for에 맞도록 전치사 by 대신에 for를 쓴다.

**어휘**

tell a story 이야기를 하다

## 38

> Another thing ① by which Lincoln was famous ② was his love of joke. He ③ was always telling funny stories, and he ④ told them very well.

**해석** Lincoln이 유명했던 또 한 가지 이유는 그가 아주 농담을 좋아했다는 것이다. 그는 항상 재미있는 이야기를 했으며 그는 그 이야기들을 잘 말했다.

**TIP** 전치사 + which는 완전문을 이끌며 전치사도 올바른지 반드시 검증한다.

## 39

such A as B = A such as B : B와 같은 그런 A

**어휘**

be willing to + R~ 기꺼이 ~하려 하다

## 39

> The government ① is willing to ② pay for essential training ③ needed for such sophisticated weapons system ④ like surface to air missiles.

**해석** 정부는 지대공 미사일과 같은 정교한 무기체계에 필요한 필수 훈련에 지불할 비용을 기꺼이 지불하려 한다.

**TIP** 상관적으로 연결되는 어구는 반드시 검증하도록 한다. (예 as ~ as, 비교급 ~ than)

**정답** 37 ③ 38 ① 39 ④

[40~42] 다음 중 빈칸에 들어갈 가장 적절한 것을 고르시오.

## 40

> Of the 300 languages that were once spoken by native American people, an estimated _____ today.

① exist 150

② 150 exist

③ there are 150

④ existing are 150

**해석** 한때 미국의 원주민에 의해서 쓰이던 300개의 언어들 가운데, 오늘날 단지 추정되는 150개만이 존재한다.

**TIP** 주어와 동사의 수(number)일치는 반드시 검증하되 단수형이나 복수를 의미하는 명사, 복수형이나 단수를 의미하는 명사를 주의해서 익혀두자!

## 41

> Evidence has been put forward showing that astronauts exposed to long periods of weightlessness _____ quite severely.

① have affected

② have effected

③ have affections

④ have been affected

**해석** 장기적인 무중력 상태에 노출된 우주비행사들이 아주 심하게 감염되었음을 보여주는 증거가 제시되었다.

**TIP** 주어와 동사를 보면 반드시 태(voice)일치를 검증한다.

**40**

150이 주어이므로 150개의 언어를 뜻하는 복수가 정답이다.

**어휘**

speak − spoke − spoken(vt) ~을 말하다 (언어명이 목적어로 등장하면 타동사 기능을 한다.)

**41**

주어가 사물이면 수동태 동사를 일단 의심해본다. 완료수동태(have been p.p.)를 확인해보자.

**어휘**

affect(vt) ~을 감염시키다

**정답** 40 ② 41 ④

## 42

prove + 형용사(보어)

[어휘]

- prohibit 금지시키다
- parcel post 소포 우편
- merchandise 상품

## 42

It is prohibited by law to mail through parcel post any merchandise that might prove _____ in transport.

① dangerous
② with danger
③ dangerously
④ to the danger

해석 수송 중에 위험할 수 있을지도 모르는 어떤 상품을 소포 우편으로 발송하는 것은 법으로 금지된다.

TIP 판명동사(prove, turn out)는 형용사 보어가 정답이다.

[43~46] 다음 중 어법상 옳지 않은 것을 고르시오.

## 43

doing 대신 making을 쓴다.

[어휘]

- make a reservation 예약을 하다
- make a good impression 좋은 인상을 남기다
- make a fortune 벼락부자가 되다

## 43

The discovery ① of gold in the Klondike attracted ② thousands ③ interested in ④ doing a fortune.

해석 Klondike 지역에서 금의 발견은 벼락부자가 되고자 관심을 가진 수천 명의 사람들을 끌어들였다.

TIP 관용적 표현은 반드시 올바른 동사나 어구를 이용하고 있는지 확인한다.

## 44

to do 대신에 to make를 쓴다.

[어휘]

- products 제품
- produce 농산물(셀 수 없는 명사)

정답 42 ① 43 ④ 44 ④

## 44

① The milk of ② both goats and cows ③ can be used ④ to do dairy products.

해석 염소와 소가 만드는 우유는 유제품을 만드는 데 이용될 수가 있다.

TIP 어구 표현을 정확하게 묘사하는 문제는 혼동하지 말자!

## 45

The chairman ① conferred the committee ② on the proposed budget ③ but did not reach ④ any conclusion.

해석 그 위원장은 제안된 예산안에 대하여 위원회와 상의를 하였으나 어떤 결론에도 도달하지 못했다.

TIP 자동사와 타동사의 역할을 모두 행하는 동사는 반드시 어법을 구분해 정리해 두자!

### 45

confer가 타동사로 사용되었을 때는 '~수여하다, 부여하다'라는 의미이며, confer with는 '~와 상의하다'라는 의미이다. 문맥상 위원회와 상의하다는 내용이 나와야 하므로 conferred가 conferred with로 수정되어야 한다.

어휘
• propose 제안하다
• reach 도달하다, 도착하다

## 46

① If we refrain ② by the suicide ③ of war, we can look forward ④ to very good times indeed.

해석 만약 우리가 전쟁이라는 자살 행위를 그만둔다면, 우리는 진정으로 좋은 시대를 학수고대할 수가 있다.

TIP 자동사 뒤에는 전치사가 있고 타동사 뒤에는 목적어가 있다. 전치사를 변화시키는 동사들도 잘 정리해두자!

### 46

refrain from = restrain from ~을 삼가다, 억제하다

어휘
• suicide 자살
• homicide 살인
• look forward to -ing ~을 학수고대하다

**[47~48] 다음 중 빈칸에 들어갈 가장 적절한 것을 고르시오.**

## 47

A radome, a giant inflated dome, _____ instruments that transmit messages by way of orbiting satellites.

① and contains
② contains
③ containing
④ for containing

해석 레이돔, 즉 거대하게 부풀어 오른 돔으로 선회하는 인공위성을 수단으로 해서 메시지를 전송하는 도구를 포함하고 있다.

TIP 주절의 동사를 반드시 검증한다.

### 47

주절의 동사가 필요하다. 주어가 단수이므로 contains가 와야 한다.

어휘
• by way of ~을 수단으로 해서
• transmit 전송하다
• inflated 부풀어 오른

정답 45 ① 46 ② 47 ②

**48**

searchingly라는 부사를 자동사와 전치사 사이에 쓴다.

[어휘]
- towering 높이 솟아있는
- ridge after ridge 등성이 넘어 등성이

**49**

fast는 부사와 형용사 모두의 역할을 한다. fastly는 현대 영어에 존재하지 않는다.

[어휘]
- measure 측정하다
- on the average 평균적으로

**50**

men을 받는 대명사는 him 대신에 them을 쓴다.

[어휘]
- in the service of ~에 전념하여
- risk ~을 위험에 빠뜨리다

[정답] 48 ③ 49 ③ 50 ④

---

**48**

> Jody looked _____ at the towering mountains — ridge after ridge until at last there was the ocean.

① to search
② to searching
③ searchingly
④ to search for

[해석] Jody는 높이 솟아있는 산들을 탐색하듯이 쳐다보았다. 그리고 산등성이 너머에 드디어 대양이 있었다.

[TIP] 자동사와 전치사 사이에는 부사나 부사구가 등장하기도 한다.

**[49~51] 다음 중 어법상 옳지 않은 것을 고르시오.**

**49**

> We can't watch individual dollars ① move, ② but we can measure ③ how fastly money moves ④ on the average.

[해석] 우리는 개별적인 달러의 이동을 지켜볼 수 없지만, 평균적으로 얼마나 빨리 돈이 움직이는지 측정할 수가 있다.

[TIP] 형용사가 보이면 부사를, 부사가 보이면 형용사를 검증해보자!

**50**

> Men ① have been known ② to risk their lives ③ in the service of an aim that seemed ④ to him dearer than life itself.

[해석] 인간은 목숨 자체보다 자신에게 더 귀하게 보이는 어떤 목표를 위해서라면 생명의 위험을 무릅쓰는 것으로 알려져 왔다.

[TIP] 대명사는 반드시 수일치를 검증한다.

## 51

> ① One day when I ② jumped on to a bus I found that I ③ left home without ④ any money in my pocket.

**해석** 어느 날 내가 버스에 올라탔을 때, 나는 주머니 속에 돈 한 푼 없이 집을 떠났음을 알게 되었다.

**51**

시간의 흐름이 자연스럽게 이어진다는 문제에서 먼저 발생한 동작은 앞선 시제를 쓴다. 따라서 had left를 적용한다.

**어휘**

• jump on ~에 올라타다

• leave home 집을 떠나다

• one day 과거의 어느 날

## 52 다음 중 어법상 옳지 않은 문장을 고르시오.

① If she likes the present is not clear to me.

② It all depends on whether they will support us.

③ Whoever they lend the money to must be trustworthy.

④ You can't imagine what difficulties I have with my children.

**TIP** whether 명사절은 주어 위치에도 나올 수 있지만, if 명사절의 경우 목적어 자리에만 나올 수 있다.

**52**

Whether she likes the present로 바꾸어주면 된다. whether 명사절은 단수 취급한다.

**어휘**

• depend on ~에 달려 있다

• trustworthy 신뢰할 만한

## [53~55] 다음 중 어법상 옳지 않은 것을 고르시오.

## 53

> My wife and I had ① been concerned our son because he stopped ② gaining weight ③ at the age of eight months, and ④ a few months later his hair started falling out.

**해석** 나의 아내와 나는 아들을 걱정해 왔는데 왜냐하면 그가 8개월의 나이로 체중이 증가하지 않는 상태가 되고 몇 달 뒤에는 머리가 빠지기 시작했기 때문이다.

**TIP** by 이외의 전치사가 연결되는 수동태도 주의한다.

**53**

문맥상 아들에 대해 걱정해왔다는 내용이 들어가야 하므로 '~에 대해 걱정하다'라는 의미인 be concerned about으로 수정되어야 한다. 참고로 be concerned with는 '~에 관련되다, 관심이 있다'라는 뜻이다.

**어휘**

• at the age of ~의 나이에

• fall out 빠지다

**정답** 51 ③ 52 ① 53 ①

## 54

관계대명사 which를 관계부사 where로 바꾼다.

[어휘]
• take pride in ~에 자부심을 가지다
• spend + 목 + -ing ~하면서 (시간, 돈 따위를) 쓰다

## 55

wetting it, mixing it, packing it이 병치되어 있다.

[어휘]
pack 다지다

## 56

what religious expressions에 나온 what은 절(clause)을 이끌어야 하지만 동사가 없어서 정답이 될 수 없다. 따라서 ②의 명사구가 보어로서 적합하다.

[어휘]
religious 종교적인, 신앙심이 깊은(= pious)

[정답] 54 ④ 55 ③ 56 ②

---

## 54

① We the faculty take no pride in our educational achievements with you. We have prepared you for a world that does not exist, indeed, ② that cannot exist. You have spent four years ③ supposing that failure leaves no record. But starting now, ④ in the world which you go, failure marks you.

[해석] 우리 교수진은 여러분과 함께한 교육적 업적에 대하여 아무런 자부심을 가지고 있지 않다. 우리는 존재하지도 않는, 실로, 존재할 수도 없는 세상을 위하여 여러분을 준비시켜 왔다. 여러분들은 실패는 아무런 자취도 남기지 않을 것이라 상상하면서 4년을 보내왔다. 그러나 이제 시작함에 있어서 여러분이 나아가는 세계는 실패가 여러분에게 오점을 남기게 될 것이다.
[TIP] 관계대명사는 불완전한 문장, 관계부사는 완전한 문장을 이끈다.

## 55

Adobe bricks are made ① by wetting clay, ② mixing it with straw or hay, and ③ packing into ④ wooden frames.

[해석] 어도비 벽돌은 점토를 물에 적시고, 그것을 짚이나 건초와 섞어서 그것을 나무로 만든 틀 속에서 다져서 만든다.
[TIP] A, B, and C 구조의 병치 구조는 품사적 기능의 병치를 검증한다.

[56~57] 다음 중 빈칸에 들어갈 가장 적절한 것을 고르시오.

## 56

Western art in the Middle Ages was primarily _____.

① what religious expressions
② an expression of religion
③ religious expressed there
④ with religion expressed

[해석] 중세 시대에 서양의 예술은 주로 종교적인 표현물이었다.
[TIP] 명사 = 명사구 = 명사절 = 명사절은 반드시 주어, 목적어, 보어 중에 하나의 역할을 수행한다.

## 57

Instead of trying to imitate reality in their works, many artists of the early twentieth century _____ their feelings and ideas in abstract art.

① in beginning to reveal

② revealed the beginning

③ began to reveal

④ to begin revealing

**해석** 그들의 작품 속에 현실을 모방하려고 애를 쓰지 않고, 19세기 초에 많은 예술가들은 추상적인 작품 속에서 그들의 감정과 생각을 드러내기 시작했다.

TIP 주절의 동사는 필수 요소로서 우선 만들어 문장을 완성한다.

---

**[58~59]** 다음 중 어법상 옳지 않은 것을 고르시오.

## 58

In 1978 astronomers made the startling ① discover of ② a moon ③ orbiting the ④ planet Pluto.

**해석** 1978년 천문학자들은 명왕성의 궤도를 선회하는 위성의 발견에 놀라움을 금치 못했다.

TIP 관사가 보이면 명사를 기대한다.

## 59

We are considering ① granting membership ② to foreign firms and allowing them to challenge ③ our markets, ④ expanding their products, and to compete openly with us.

**해석** 우리는 외국계 회사에 회원자격을 승인하고 그들이 우리의 시장에 도전하여, 그들의 제품을 퍼트리고 공개적으로 우리와 경쟁할 수 있도록 허락하는 것을 고려하고 있다.

TIP 준동사의 병치 구조를 확인한다.

---

**57**
준동사를 버리고 우선적으로 본동사를 찾는다.
어휘
• imitate 모방하다
• abstract = non representative 추상적인

**58**
①은 동사가 아닌 명사가 나와야 하는 자리다. 따라서 discover(발견하다)라는 동사 대신에 discovery(발견)로 수정되어야 한다.
어휘
• startling 놀라운
• orbiting 선회하는

**59**
A, B, and C의 구조를 떠올려야 한다. allowing의 목적격보어 자리로 to부정사가 병렬적으로 나열되어야 하므로 ④가 expanding → to expand로 수정되어야 한다. 참고로 consider는 동명사(granting, allowing)를 목적어로 취하고 있으며, grant something to somebody 구문이 사용되었다.
어휘
• grant 승인[인정]하다
• compete 경쟁하다

**정답** 57 ③  58 ①  59 ④

**60**

depending on이 준동사이므로 앞에는 본동사가 필요하므로 동사가 있는 문장을 찾아본다. 문맥상 다양한 종류의 부식이 존재한다는 내용이 나와야 하므로 there is/are 구문을 통하여 '~이 있다'라는 의미를 나타낼 수 있다. 참고로 a number of 복수명사 구문은 '많은, 다양한'이라는 의미이다.

[어휘]
• involved 관련된
• surrounding 주위의, 주변의
• corrosion 부식

**60** 다음 중 빈칸에 들어갈 가장 적절한 것을 고르시오.

> _____ number of different kinds of corrosion, depending on the types of materials involved and the nature of the surrounding media.

① A
② It is
③ That a
④ There are a

[해석] 많은 다양한 종류의 부식이 존재하는데, 관련된 물질의 유형과 주위의 매개체의 본질에 따라서 달라진다.

[TIP] 문장의 동사를 확인하면 반드시 역으로 주어를 검증한다.

**61**

remember to + R는 '(미래에) 해야 할 일'을 의미한다.

[어휘]
• seat 앉히다
• mention 언급하다
• resemble 닮다

**61** 다음 중 어법상 옳은 문장을 고르시오.

① All the boys seated at the front row.
② The woman mentioned about the accident.
③ She resembled to her father in her personality.
④ She remembered to post the letter on her way home.

[해석] 그녀는 그녀가 집으로 돌아오는 길에 편지를 부쳐야 할 것을 기억하고 있었다.

[TIP] remember, forget 동사의 문형에 주의한다.

**62**

③처럼 두 단어를 하이픈으로 연결하면 두 단어는 하나의 형용사가 되어 뒤의 명사를 꾸며주게 된다. 따라서 뒤의 명사인 protest는 학생들에 의해 주도되는 수동의 의미를 갖기 때문에 능동의 의미를 갖는 student-leading이 아니라 student-led로 수정되어야 한다.

[어휘]
• bring A to B A를 B로 이끌다
• standstill 교착상태

[정답] 60 ④ 61 ④ 62 ③

**[62~64]** 다음 중 어법상 옳지 않은 것을 고르시오.

**62**

> ① Within weeks, ② the Asian economic crisis and the ③ student-leading protests against President ④ Suharto's rule had brought the country to a standstill.

[해석] 몇 주 내로 아시아의 경제적 위기와 학생 주도의 시위가 Suharto 대통령의 통치에 맞서며 그 나라에 교착상태를 초래하였다.

[TIP] 분사형 형용사는 문맥의 의미를 정확히 파악하여 결정한다.

## 63

The man ① flung the door wide ② opened for his sister ③ and silently ④ watched her go out.

해석 그 남자는 그의 여동생을 위해서 문을 활짝 열어두고 조용히 그녀가 나가는 것을 지켜보았다.

TIP 형용사가 나와야 할 자리에 분사와 형용사를 골라야 한다면 형용사가 우선한다는 것을 기억한다.

## 64

The ① preferring of ② many Western cultures for ③ maintaining a physical distance of ④ at least three feet during social interaction is well documented in anthropological studies.

해석 사교를 하는 동안 적어도 3피트의 신체적 거리를 유지하려는 많은 서양문화의 선호는 인류학적인 연구 자료에 잘 기록되어져 있다.

TIP 명사가 나와야 할 자리에 명사와 동명사를 골라야 한다면 명사가 우선한다는 것을 기억한다.

## 65 다음 보기의 문장과 의미가 같지 않은 것을 고르시오.

No other boy in his class is taller than Tom.

① Tom is the tallest of all the boys in his class.

② Tom is taller than any other boys in his class.

③ Tom is taller than all the other boys in his class.

④ No boy in his class is as tall as Tom.

해석 그의 학급에서 어떤 다른 소년도 톰보다 더 키가 크지는 않다.

TIP 최상급의 의미를 가지는 절대 원칙은 8가지로 함축된다.

## 63

open은 열린(형용사), 열다(동사)라는 2가지의 뜻이 있다. 문맥상 '열린'의 의미를 나타내야 하므로 open으로 수정되어야 한다. 다만, '닫힌(형용사)'의 의미를 나타날 때는 closed를 사용한다.

어휘

fling – flung – flung ~을 내던지다. 팽개치다

## 64

관사가 나왔으므로 ①의 자리에는 명사가 나와야 한다. 따라서 동명사 대신 명사형인 preference로 수정되어야 한다.

어휘

• maintain 유지하다

• interaction 상호작용

• anthropological 인류학적인

## 65

비교급 ~ than any other + 단수명사,
= 비교급 ~ than all the other + 복수명사

정답 63 ② 64 ① 65 ②

**66**

대과거 시제는 과거 시제가 있을 경우에만 사용한다. 따라서 had sailed → sailed로 수정해야 한다.

[어휘]
• reach 도착하다
• eastward 동쪽으로

**67**

advances가 주어이므로 동사는 복수형인 raise로 수정되어야 한다.

[어휘]
• subject to ~에 걸리기 쉬운, ~의 지배를 받는
• schizophrenia 정신분열증
• round 국면

**68**

위의 문장은 보어가 앞으로 나와 주어, 동사가 도치된 문장이다. 따라서 관계대명사 that 이하의 문장 역시 주절의 시제와 통일시켜 lets → let으로 수정해야 한다.

[어휘]
• scrap 폐지시키다
• adulterous 간통한

[정답] 66 ① 67 ④ 68 ③

---

[66~75] 다음 중 어법상 옳지 않은 것을 고르시오.

**66**

Yesterday we ① had sailed eastward ② over a smooth sea and ③ at sunset ④ almost reached Algiers.

[해석] 어제 우리는 고요한 바다 위에서 동쪽으로 항해를 하였고 해질녘에 거의 알제에 이르렀다.
[TIP] 과거에 발생한 일을 발생한 순서대로(연속상황) 기술할 경우 과거–과거의 시제를 쓴다.

**67**

Advances ① in genetic screening that identifies ② whether the unborn individual will be ③ subject to heart disease or cancer or schizophrenia ④ raises a new round of issues.

[해석] 태아가 심장질환이나 암 또는 정신분열증에 걸리기 쉬운지 어떤지 확인시켜 주는 유전적 스크리닝의 발전은 새로운 국면의 논쟁을 불러일으키고 있다.
[TIP] 주어와 동사의 사이가 멀어질수록 수일치, 태일치를 반드시 검증한다.

**68**

① Scrapped ② was an old law that ③ lets husbands ④ kill adulterous wives.

[해석] 남편이 간통한 아내를 살해하도록 허락했던 낡은 법안이 폐지되었다.
[TIP] 동사와 동사의 시제일치는 반드시 확인한다.

## 69

I remember ① <u>finding</u>, one day while ② <u>browsing</u> among the ③ <u>weathered</u> tombstones of a centuries-old English graveyard, ④ <u>was</u> an inscription that had been kept clean and legible.

**해석** 나는 어느 날 해묵은 영국의 묘지가 있는 곳에서 비바람으로 닳아빠진 묘비들 사이에서 거닐고 있는 동안 선명하고도 또렷한 묘비의 비문을 찾았던 기억이 난다.

**TIP** 본동사 2개는 반드시 1개의 접속사가 필요하다.

## 70

① <u>All those things</u>, ② <u>with which</u> ③ <u>another woman of her rank</u> would never ④ <u>even</u> have been conscious, tortured her and made her angry.

**해석** 그녀의 지위와 동일한 또 다른 여성들이 결코 심지어는 의식조차 하지 못할 모든 일들이 그녀를 괴롭히고 그녀를 화나게 만들었다.

**TIP** 전치사 + which는 항상 완전한 문장을 유도하며 전치사는 연결되는 부분과 검증한다.

## 71

Today the number of workers ① <u>who</u> ② <u>go on strike</u> for higher wages ③ <u>is twice</u> ④ <u>those</u> of twenty years ago.

**해석** 오늘날 높은 임금을 달라고 파업하고 있는 노동자들의 숫자는 20년 전의 거의 두 배에 달한다.

**TIP** the + 단수명사가 비교 대상으로 등장할 때 that으로 받고, the + 복수명사는 those로 받는다.

### 69

콤마와 콤마 사이에 삽입어구를 제거하고 보면, finding의 목적어가 an inscription임을 알 수 있다. 따라서 was는 불필요하다.

**어휘**
- weathered 풍화된
- inscription 묘비
- legible 또렷한, 알아볼 수 있는

### 70

be conscious of(~에 대해서 의식하다)라는 숙어를 사용한 문장으로, 숙어 문장의 경우 수동태로 사용하여도 전치사를 생략하여서는 안 된다. 따라서 ② with → of로 수정되어야 한다.

**어휘**
- rank 지위, 계급
- torture 괴롭히다

### 71

④ those가 받는 대상은 the number of workers로 단수 취급한다. 따라서 those → that으로 수정해야 한다.

**어휘**
- on strike 파업 중
- wages 임금

**정답** 69 ④  70 ②  71 ④

## 72

that 이하는 선행사, 주어가 없는 불완전 문장이므로 선행사 역할을 하면서 불완전한 문장을 이끄는 what으로 수정해야 한다.

(어휘)

• crash 추돌(추락)

• indication 단서, 증거

• cause 일으키다

## 73

to be remained는 to remain으로 바꾸어 주어야 한다.

(어휘)

repeat(= reiterate) 반복하다, 되풀이하다

## 74

주어인 a few(약간의)는 복수명사 취급하므로 따라서 ④의 동사도 was → were로 수정해야 한다.

(어휘)

• by oneself 혼자서, 단독으로

• accompany ~을 수반하다, 동반(행)하다

## 75

the city가 의미상 주어이므로 him으로 표기해야 옳다.

(어휘)

• devotion 헌신, 공헌

• award ~에게 ~을 수여하다

**정답** 72 ④ 73 ③ 74 ④ 75 ②

## 72

There were ① no survivors in the ② crash and officials ③ say there is still no indication of ④ that caused the crash.

[해석] 그 추락 사고에서 생존자는 없었고 관리들은 아직도 그 추락을 일으킨 것에 대한 증거가 없다고 말한다.

[TIP] 명사절 중에서 what은 불완전 문장, that은 완전 문장을 형성한다.

## 73

① Economically, the dynamism of the East Asian region ② is expected ③ to be remained although ④ the high growth rate of the 1960s and early 1970s may not be repeated.

[해석] 경제적으로 동아시아 지역의 활력은 비록 1960년대와 1970년대 초의 고도 성장률이 반복되지는 않을지라도 남아 있을 거라고 예상된다.

[TIP] 자동사는 수동태가 될 수 없으며, 준동사 자리에도 그 법칙은 유효하다.

## 74

Most students who ① auditioned for the special program were ② accompanied by their parents, but ③ a few who lived nearby ④ was able to travel by themselves.

[해석] 특별한 프로그램을 위하여 오디션을 받았던 대부분의 학생들은 그들의 부모님들을 동반하였지만 근처에 사는 몇몇 학생들은 스스로 여행을 할 수 있었다.

[TIP] 주격 관계대명사 뒤의 동사는 선행사와 수일치되어야 한다.

## 75

Garret A. Morgan died in Cleveland, Ohio, the city ① that had awarded ② himself a gold medal for his ③ devotion to ④ public safety.

[해석] Garret A. Morgan은 공공안전을 위해서 헌신한 그에게 금메달을 수여한 오하이오 주 클리블랜드 시에서 사망하였다.

[TIP] 의미상 주어와 목적어가 같을 때 재귀적 용법에 주의한다.

## 76

> "Mr. Chairman, I move that money _____ used for library books."

① be

② shall be

③ has been

④ will be

**해석** 의장님, 저는 그 돈이 도서관의 책을 위해서 사용되어야 한다는 것에 동의합니다.

**TIP** 주요명제형 동사가 이끄는 that절은 (should) + 동사원형을 사용한다.

## 77

> "How did you pay the workers?" "As a rule, they were paid _____."

① by hours

② by hour

③ by an hour

④ by the hour

**해석** 당신은 어떻게 근로자들에게 지급을 합니까? 대체로, 그들은 시간당으로 지급을 받습니다.

**TIP** 시간이나 수량을 나타내는 명사 앞에 the 사용에 주의한다.

## 78

> I want an overcoat, but I have no money to buy _____.

① it with

② it

③ that

④ one with

**해석** 나는 외투를 하나 갖고 싶지만, 그것을 살 수 있는 돈이 없다.

**TIP** 명사(구)를 수식하는 to부정사는 목적어를 중복 사용하지 않는다.

**76**
move의 영향으로 that절 속의 동사는 동사원형으로 쓴다.
**어휘**
move 의사나 의견을 같이하다

**77**
• by the hour 시간당으로
• by the week 주급으로
• by the gallon 갤런당으로
**어휘**
as a rule 대체로(= all in all = on the whole = by and large)

**78**
빈칸에 들어갈 말은 to buy an overcoat with money이므로 an overcoat는 지정된 대상이 아니므로 부정대명사인 one으로 받는다.
**어휘**
overcoat 외투

**정답** 76 ① 77 ④ 78 ④

## 79

비교급 ~ than, as ~ as, so ~ that 등의 관계를 확인한다.

어휘
- argue 주장하다
- contribute to ~에 기여하다, 공헌하다, 헌신하다

## 80

most 대부분 / the most~ 가장 ~한(최상급 표현) / mostly 주로 / almost 거의 / all (the) 명사 모든 명사(들)

어휘
- control 장악하다
- reconstruction 재편성, 전당대회

## 81

regret + 동명사는 '~(과거에) 한 것을 후회하다'라는 의미를 갖지만, regret + to부정사는 '~(미래에) 해야 하다니 유감이다'라는 뜻이다. 또한 고립은 내가 스스로 하는 것이 아니라, 타인에게 당하는 것이므로 수동형이 되어야 한다. 따라서 문맥상 과거에 대한 행동에 대한 후회를 나타내면서 수동형으로 표현된 ②가 정답이다.

어휘
isolation 고립

정답   79 ④   80 ②   81 ②

---

**[79~80] 다음 중 어법상 옳지 않은 것을 고르시오.**

## 79

Scientists ① have recently argued that Einstein's contributions ② to physics and mathematics ③ are less important ④ as Newton's.

해석 과학자들은 물리학과 수학에 기여한 아인슈타인의 공헌은 뉴턴의 공헌보다는 덜 중요하다고들 최근에 주장해왔다.

TIP 등위 · 상관 접속사는 항상 나란히 등장하고 있는지 확인한다.

## 80

The Democratic party ① has controlled ② the most of the elected positions ③ at state and local levels in South Carolina ④ since the reconstruction.

해석 민주당은 전당대회 이후에 사우스 캐롤라이나에서 주와 지방의 직급에서 선거직의 대부분을 장악해왔다.

TIP most, the most, mostly, almost의 활용법을 익혀두자!

---

**[81~94] 다음 중 빈칸에 알맞은 것을 고르시오.**

## 81

Such an isolation is sometimes bitter, but I do not regret _____ from the understanding of other men.

① to be cut off
② being cut off
③ cutting off
④ to have cut off

해석 이러한 고립은 때때로 고통스럽지만, 나는 다른 사람들이 나를 이해하지 못하게 되는 그런 고립 상황을 후회하지는 않는다.

TIP regret + to부정사 또는 동명사의 법칙을 구분해두자!

## 82

I would have rung you up, but I _____ your telephone number then.

① could not have known

② had not known

③ did not know

④ would not know

[해석] 나는 너에게 전화를 했을 텐데, 하지만 나는 그때 너의 전화번호를 알지 못했다.

[TIP] 가정법은 한 시제 앞선 시제를 이용하여 사실과 반대되는 것을 표현한다.

## 83

A : What do you think of the school lunch?

B : I think it's about time the school _____ its meal service.

① had improved

② will improve

③ improve

④ improved

[해석] A : 당신은 학교 점심에 대해 어떻게 생각하세요?

B : 학교 측이 학교 급식을 개선해야할 때라고 생각합니다.

[TIP] It's time 가정법은 과거동사나 should + 동사원형을 취한다.

## 84

He _____ me of having neglected my work.

① asked

② accused

③ praised

④ denied

[해석] 그는 나에게 나의 일을 게을리 했다고 비난을 퍼부었다.

[TIP] 칭찬. 상벌 동사는 지배 능력이 있어서 전치사(of)를 지정함에 유의한다.

**82**

가정법 과거완료를 의미하므로 과거의 사실을 표현하는 직설법 동사가 옳다.

[어휘]

• ring up 전화를 걸다

• then 그때 당시에(과거 표시 부사(구))

**83**

It's time 가정법은 '지금이 바로 ～할 때다.'라는 표현으로 과거동사나 should + 동사원형을 쓴다.

[어휘]

meal service 급식 서비스

**84**

accuse A of B : A에게 B를 비난하다

[어휘]

neglect 태만하다

[정답] 82 ③ 83 ④ 84 ②

## 85

go with ～와 어울리다

어휘

a pair of pants 바지 한 벌

## 86

빈칸은 동사가 나와야 할 자리이므로 동사에 해당하지 않는 선지를 먼저 제거한다. 또한 '～하는 경향이 있다'라는 의미를 갖는 동사는 tend to부정사로 나타낸다.

어휘

• result in ～을 초래하다

• accompany ～을 수반하다

## 87

주어와 동사의 관계는 수동의 관계이며 ago는 과거동사와 쓴다.

어휘

heart transplant 심장이식

정답 85 ① 86 ④ 87 ②

## 85

Neither my shirts nor my hat ＿＿＿＿＿＿ with this pair of pants.

① goes

② go

③ becomes

④ become

해석 내 셔츠나 내 모자 모두 이 바지와 어울리지 않는다.

TIP 등위 상관 접속사는 근접어 일치 원칙에 따라 동사와 가까운 명사와 수(number)를 일치시킨다.

## 86

An increase in a nation's money supply, without an accompanying increase in economics activity, ＿＿＿＿＿＿ result in higher prices.

① tends

② tends the

③ tending to

④ will tend to

해석 경제 활동의 증가를 수반하지 않는 한 국가의 통화 공급의 증가는 물가 상승을 유발하는 경향이 있다.

TIP to부정사를 목적어로 취하는 타동사는 의미와 더불어 익혀두자!

## 87

The hospital ＿＿＿＿＿＿ for its heart transplant surgery several years ago.

① acclaimed

② was acclaimed

③ has acclaimed

④ has been acclaimed

해석 그 병원은 몇 년 전에 심장이식수술 때문에 박수갈채를 받았다.

TIP 동사는 언제나 시제를 지배하는 부사(구)를 주의한다.

## 88

It is not what you have but what you are that _____ .

① believes

② counts

③ hand in

④ give in

해석 중요한 것은 당신의 재산이 아니라 당신의 인격이다.

TIP It be동사 뒤에 명사(구)(절)은 강조 구문의 문형임을 기억한다.

## 89

Susan wasn't happy about the delay, and _____ .

① neither I was

② I was neither

③ nor I was

④ I wasn't either

해석 Susan은 지체된 것이 좋지 않았고, 나 역시도 좋지 않았다.

TIP '역시' 표현의 법칙은 반드시 익혀두자!

## 90

Shall I put this equipment away _____ you've finished the lab work?

① unless

② now that

③ what

④ lest

해석 당신이 실험을 마쳤으니까 이 장비를 내가 치워 드릴까요?

TIP 접속사는 완전한 문장을 이끌며 의미가 가장 중요하다.

## 88

not A but B : 구문의 명사절 병치

what + 사람 + have : 사람의 재산

what + 사람 + be : 사람의 인격

어휘

• hand in 제출하다(= submit)

• give in 굴복하다

• count 중요하다(= matter)

## 89

앞에 부정문을 받아서 neither + V + S와 S + V + not + either 중에 선택해 사용한다.

어휘

delay 지체

## 90

now that ~ : ~이니까

unless ~ : 만일 ~이 아니라면

lest should ~ : ~하지 않도록 하기 위해서

어휘

put away 치우다

정답 88 ② 89 ④ 90 ②

## 91

lest (should) ~ : ~할까봐 두려워

**어휘**

- threaten ~을 위협하다
- break upon 덮치다
- constant 지속적인

## 91

> They live in constant fear _____ the storm that threatens every moment should break upon them with dreadful violence.

① from

② with

③ lest

④ whatever

**해석** 그들은 매순간 위협하는 폭풍이 무서운 기세로 그들을 덮칠지도 모른다는 끊임없는 두려움 속에서 살아간다.

**TIP** 상관적으로 연결되는 접속사는 반드시 의미와 함께 기억해두자!

## 92

consider A as B = look upon A as B

= think of A as B

= refer to A as B

**어휘**

worthy of ~ (= worth ~) ~할 가치가 있는

## 92

> We consider your suggestion _____ of serious thought.

① as worth

② being worth

③ as worthy

④ being worthy

**해석** 우리는 당신의 제안을 진지하게 고려를 해볼 가치가 있다고 여긴다.

**TIP** 불완전 타동사 중에서 'A를 B라고 여기다' 구문을 확실히 익혀두자!

## 93

That이나 What으로 유도되는 명사절은 주어가 될 수 있지만 절이기 때문에 동사를 수반해야 한다. 하지만 위의 문장에서 본동사는 dates from가 되어야 하므로 ①처럼 일반명사를 주어로 삼아야 한다.

**어휘**

date from ~로 거슬러 올라가다

## 93

> _____ dates from the end of the eighteenth century.

① The modern circus

② That the modern circus

③ While the modern circus

④ The modern circus that

**해석** 현대의 서커스는 18세기 말로 거슬러 올라간다.

**TIP** 문두에 명사(구)(절)은 주어가 되는 기능을 한다.

**정답** 91 ③ 92 ③ 93 ①

## 94

Later he went to New Zealand, _____ he did all sorts of jobs.

① how
② why
③ that
④ where

[해석] 나중에 그는 뉴질랜드로 갔으며, 그곳에서 모든 종류의 일을 다 해보았다.

[TIP] 주절, 주절은 절대 불가능하다. 따라서 종속절이나 대등절을 만들어 주어야 한다.

[95~104] 다음 중 어법상 옳지 않은 것을 고르시오.

## 95

Mr. White ① has retired from public life, because his ② failing health did not ③ permit him ④ staying in his post.

[해석] Mr. White씨는 공직에서 물러났는데, 왜냐하면 그의 악화되는 건강이 그의 지위에서 그가 있도록 허락해 주지 않았다.

[TIP] 불완전 타동사 중 목적보어 자리에 to부정사를 취하는 동사는 단연코 1순위 문제다.

## 96

Some ① bloods types are ② quite common, others are ③ regionally distributed, and ④ others are rare everywhere.

[해석] 어떤 혈액형들은 아주 흔하며, 다른 혈액형들은 지역적으로 분포되어 있고, 다른 혈액형들은 어디서나 희귀하기도 하다.

[TIP] 명사 + 명사의 표현은 한자화되어 있는 사례가 많다(예 서점 : Book Store).

**94**

콤마 이하의 문장이 완전한 형태의 절을 구성하고 있으므로 완전한 절을 이끌면서 뉴질랜드라는 장소 선행사를 표현할 수 있는 관계부사 where가 정답이 되어야 한다.

[어휘]
all sorts of ~ 모든 종류의

**95**

permit, allow, admit와 같은 허가동사는 목적보어 자리에 to + R을 취한다.

[어휘]
• retire from ~로부터 물러나다
• failing 악화되는
• post 지위; 기둥

**96**

복합명사에서 앞의 명사는 뒤의 명사를 형용사처럼 수식하는 구조로 되어있으므로 앞의 명사는 단수형태로 써야 한다. 참고로 불특정 개체에서 일부는 some으로, 또 다른 불특정 개체의 일부는 others를 쓴다. 다만, 불특정 개체의 나머지 전부는 the others로 표현한다.

[어휘]
• blood type 혈액형
• common 공통의, 일반의, 보통의
• distribute 분포시키다

[정답] 94 ④ 95 ④ 96 ①

**97**

worthy는 '훌륭한, 가치 있는'이라는 뜻을 가진 형용사이므로 주로 사람을 묘사할 때 사용한다. 따라서 돈의 가치를 표현하기 위해서는 worth of로 수정되어야 한다.

[어휘]

at the bottom of ∼의 기저에

**98**

be used to –ing는 '∼하는 데 익숙하다'라는 뜻으로 문맥상 수단의 의미를 나타내는 be used to 동사원형 형태가 되어야 한다. 따라서 was used to describe(묘사하기 위해서 사용되었다)로 수정되어야 한다.

[어휘]

• clap 박수치다
• excitement 흥분
• describe 묘사하다

**99**

because는 접속사로 주어, 동사를 수반하지만 위의 문장은 proportions라는 명사만 있기 때문에 전치사가 필요하다. 따라서 because → because of로 수정되어야 한다.

[어휘]

• timeless 시대를 초월한
• proportions 구성비

[정답] **97** ① **98** ④ **99** ②

**97**

> Many millions of dollars ① worthy gold, silver, and jewels ② have gone down with ships in numerous ship disasters. These treasures lie ③ at the bottom of ④ almost every major body of water in the world.

[해석] 수백만 달러의 가치가 나가는 금, 은, 보석들은 수많은 선박 사고로 인하여 배들과 함께 가라앉았다. 이러한 보물들은 세계 전역에 거의 모든 해양의 기저에서 잠자고 있다.

[TIP] 명사 앞에는 형용사가 있으며 형용사는 형용사를 수식하지 못한다.

**98**

> In the fields black slaves ① picked cotton. And as they worked, they sang of their misery, sang of hope, and sang to keep themselves working. But soon ② the songs changed, and they were not sung just in the fields. Their strong rhythms ③ were established through clapping, and in the language of the slaves, jazz was born. Jazz originally meant 'excitement', but it soon ④ was used to describing a special kind of music.

[해석] 들판에서 노예들은 목화를 땄으며, 그리고 일을 하면서 비애와 희망을 노래로 불렀고 그들이 일을 지속하기 위해서 노래를 불렀다. 그러나 곧 노래는 변하고 들판에서 그 노래들은 더 이상 불리지 않았다. 그들의 강한 리듬은 손뼉치기를 통해서 이루어졌으며, 노예들의 언어에서 재즈가 탄생했다. 본래 재즈는 '흥분'을 의미했지만 이내 그것은 특별한 종류의 음악을 묘사하기 위해 사용되었다.

[TIP] be used to + 동사원형과 be used to + 동명사의 의미 차이를 기억한다.

**99**

> Ancient Greek art is frequently described ① as timeless, partly ② because its ③ mathematically precise, ④ classic proportions.

[해석] 고대 그리스인들의 예술은 종종 시대를 초월한다고 묘사되었는데, 그것의 수학적으로 정확한 그리고 정통적인 구성비 때문이다.

[TIP] 접속사와 전치사를 구분할 수 있어야 한다.

## 100

> In addition to ① providing antibodies against bacteria, the immune system recognizes ② and ③ destroys ④ abnormally or foreign cells.

**해석** 세균에 대항하는 항체를 제공하는 것 이외에도 면역체계는 비정상적이거나 이질적인 세포를 인식하여 파괴하는 기능을 한다.

**TIP** 등위 접속사에 의한 병치 구조를 반드시 확인한다.

## 101

> ① Don't you think you're ② wasting away your life ③ chasing after dreams that have no chance of ④ realizing?

**해석** 당신은 실현될 수 있는 가망성이 없는 꿈을 좇아가며 당신의 인생을 낭비하고 있다고 생각하지 않으십니까?

**TIP** 동명사 위치에서 수동형 동명사는 반드시 검증한다.

## 102

> ① As a child, Robinson competed ② against bigger and older kids ③ who laughed at his small stature until he ④ beats them.

**해석** 어린아이 때, Robinson은 그의 작은 키를 비웃던 덩치 크고 나이가 많은 아이들을 그가 때려눕힐 때까지 맞서곤 하였다.

**TIP** 절(clause)과 절(clause)이 연결되는 문장이 나열되면 동사와 동사의 관계를 따질 때 반드시 시제의 법칙을 확인한다.

## 103

> The professor wants ① us all — Jack, Liz, and ② you ③ and I — ④ to visit Helen in the nursing home.

**해석** 그 교수님은 보육원에 있는 헬렌을 방문하기 위해서 우리 모두, 즉 다시 말해 잭, 리즈 그리고 당신과 나 모두를 원하신다.

**TIP** 주어와 주격 보어는 주격으로 쓰며, 목적어와 목적격 보어는 목적격으로 쓴다.

**100**

destroys의 목적어로 명사 cells가 사용되었다. 따라서 명사를 수식할 수 있는 형용사 형태인 abnormal이 되어야 한다.

**[어휘]**
- antibody 항체
- immune system 면역체계
- recognize 인식하다

**101**

that의 선행사인 dreams는 realizing의 의미상 주어가 되기도 한다. 따라서 '꿈이 실현되다'라는 의미에 맞게 being realized으로 수정되어야 한다.

**[어휘]**

realize 실현되다(= come true)

**102**

beat – beat – beat(A-A-A) 형의 불규칙 변화를 활용하여 beat으로 수정되어야 한다.

**[어휘]**
- stature 키, 신장
- statue 동상
- status 지위, 신분
- compete 경쟁하다

**103**

목적어와 동격도 목적격으로 쓴다. 따라서 me가 옳다.

**[어휘]**

nursing home 보육원

**정답** 100 ④  101 ④  102 ④  103 ③

## 104

for 대신에 수단이나 도구를 의미하는 by 또는 with를 써야 한다.

**[어휘]**

including ~을 포함하여(전치사)

## 105

① 유사관계대명사 but 뒤에 있는 not을 제 거해야 한다.
② this old coat of my father's로 바꾸어 주어야 한다.
③ arouse는 타동사로 전치사를 뒤에 둘 수 가 없다.

**[어휘]**

· beside ~옆에
· besides ~이외에

## 106

occur to ~ : ~에게 떠오르다
It occurred to me that ~ : ~가 나에게 떠올랐다.

**[어휘]**

· await(= wait for) ~를 기다리다
· seat(vt)~를 앉히다

**[정답]** 104 ① 105 ④ 106 ①

---

## 104

> The internet is a relatively inexpensive and effective means ① for which individuals ② from almost anywhere in the world can ③ communicate with one another using ④ any one of many different methods including electronic mail and video-conferencing.

**[해석]** 인터넷은 비교적 비용이 저렴하고 유용한 수단이기 때문에 사람들은 거의 전 세계 어디에서나 전자우편과 화상회의를 포함한 여러 다양한 방법들 중 어느 하나를 이용하여 서로 의사 전달을 할 수 있다.

**[TIP]** 전치사 + which 또는 전치사 + whom이 이끄는 절은 완전한 문장이 되어야 하며 반드시 전치사의 옳고 그름을 검증해야 한다.

## 105 다음 중 어법에 맞는 문장을 고르시오.

① There is no one but doesn't wish to die a worthy death.
② My father's this old coat makes me cry.
③ At the sight of her son, a mother aroused in her.
④ Someone beside Ruth and me spoke to her.

**[해석]** ① 가치 있는 죽음을 원치 않는 사람은 아무도 없다.
② 나의 아버지의 이 낡은 모자는 나를 슬프게 한다.
③ 그녀의 아들을 보자마자 어머니는 모성애가 올라왔다.
④ 루스와 내 옆의 누군가가 그녀에게 말을 걸었다.

**[TIP]** 이중 소유격의 문제는 출제될 가능성이 높다.

## 106 우리말을 영어로 옮긴 것 중 옳지 않은 것을 고르시오.

① 내가 실수를 범했다는 생각이 들었다.
　→ It occurred me that I had made a mistake.
② 그 책이 사라졌다.
　→ The book has disappeared.
③ 죽음은 모든 사람을 기다린다.
　→ Death awaits all men.
④ 좌석에 앉아있는 동안에 안전벨트를 착용해 주십시오.
　→ While you are seated, fasten your seat belt.

**[TIP]** 자동사 뒤에는 전치사가 있다. 관련 어구를 반드시 익혀두자!

## 107 다음 중 어법상 올바른 것을 고르시오.

① She admitted me that I was right.

② He regards himself to be a genius.

③ Small animals inhabit the woods.

④ This machine will save a lot of trouble for you.

해석 ① 그녀는 나에게 내가 옳았음을 인정했다.

② 그는 스스로를 천재라고 여긴다.

③ 작은 동물들은 숲속에 거주한다.

④ 이 기계는 당신에게서 많은 노고를 덜어줄 것이다.

TIP 4형식 불가 동사들은 반드시 정리해두자!

## 108 다음 중 어법상 올바른 것을 고르시오.

① He is a five-feet-tall man.

② The hurricane striked the east coast.

③ He laid the book on the desk and went out.

④ Your both hands are dirty.

해석 ① 그는 신장이 5피트다.

② 허리케인은 동쪽 해안을 강타하였다.

③ 그는 책상 위에 책을 놓고 나갔다.

④ 네 손이 모두 더럽다.

TIP lie-lay-lain(vi) & lay-laid-laid(vt)는 반드시 구분해서 익혀두자!

## 109 밑줄 친 부분의 표현이 적절하지 않은 것은?

① I had hoped to meet your parents.

② She considers me to be her best friend.

③ Instruments like a guitar have been existed since ancient times.

④ No sooner had I seen her than she began to cry.

해석 ① 나는 당신의 부모님을 만나기를 희망했었는데.

② 그녀는 내가 그녀의 가장 친한 친구라고 여긴다.

③ 기타와 같은 악기는 고대 이후로 존재해 왔다.

④ 내가 그녀를 보자마자 그녀는 울기 시작했다.

TIP 완료형 동사가 되더라도 자동사는 수동태가 불가능하다.

**107**

① admit는 4형식 불가 동사로 me → to me로 수정해야 한다.

② regard A as B 구문은 'A를 B라고 여기다'라는 뜻으로 to be a genius → as a genius로 수정해야 한다.

④ save는 4형식을 3형식으로 전환해서 쓰지 못하는 동사이다. save a lot of trouble for you → you a lot of trouble로 수정해야 한다.

어휘

live in(= inhabit) ~에 살다

**108**

① a five-foot-tall man

② strike-struck-struck

④ both your hands

어휘

a five-foot-tall man 5피트의 신장을 가진 사람

**109**

has been existed를 has existed로 바꾸어 준다.

어휘

treat ~을 다루다

정답 107 ③ 108 ③ 109 ③

작은 기회로부터 종종 위대한 업적이 시작된다.

– 데모스테네스 –

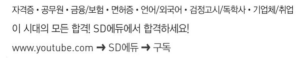

## 핵심 01 글의 주제 또는 제목을 찾는 유형

제시된 글에서 내용의 중심이 되며 반복되는 내용을 주제라 하며, 글은 두괄식 문장이나 미괄식 문장이 지배적이다. 또한 제목은 글의 주제나 요지를 한꺼번에 가장 압축하여 나타내는 것을 말하며, 제목은 글의 장르에 따라 달라질 수 있다. 하나의 단락은 보통 하나의 주제(topic)를 갖고 있다. 즉, 그 단락이 '무엇에 관한 글'인지를 분명히 밝히고, 그 주제를 일관성 있게 다루고 있다. 하지만 경우에 따라서는 글 전체를 읽고 종합하여 파악하거나 함축된 내용을 추론하여 주제를 파악해야 하는 경우도 있다. 논설문이나 설명문은 그 핵심 내용으로 제목을 정하며, 소설, 수필 등은 제재(핵심 소재)를 제목으로 할 수 있다. 제목은 독자의 관심을 끌 수 있어야 하고 다양한 방식으로 구사할 수 있다. 그러나 제목이 전달하는 범위가 주어진 단락의 내용에 비해 너무 광범위해서도 안 되고 너무 좁아서도 안 되므로 전반적인 내용을 나타내는 글을 찾는다.

### ✔ 학습 방법

① 주제나 제목은 '무엇에 관한 내용이냐'가 초점이므로 '무엇을 중심적으로 다루고 있는가?'의 답을 찾는 것임을 염두에 두자.

② 주제 진술의 내용이 너무 지엽적이거나 지나치게 비약적인 것은 배제한다. 전체와의 조화 속에서 전체를 포괄할 수 없는 것은 주제나 제목이 될 수 없음을 상기하자.

③ 논리적인 글은 대개 주제와 제목이 일치하므로 주제문을 찾아 요약하고 글 속에서 자주 반복되는 핵심어와 연결된 제목을 찾는다. 따라서 문단의 첫 문장이나 마지막 문장을 주의해서 읽는다.

④ 주제가 글의 표면에 나타나지 않는 글인 경우에는 주제를 암시하는 말이나 요지를 파악한다.

### ✔ 주제문이 있는 위치(문두, 문미, 문중)

| 주제문 | ※ 이유, 원인의 내용<br>※ as a result<br>※ due to<br>　= because of | 글감에 따른 분류 |
| --- | --- | --- |
| ※ for example<br>　= such as<br>※ in addition<br>※ furthermore | | 주제문 |
| | 주제문 | 내용에 따른 분류 |

## ☑ 글의 주제를 찾는 방법 1

① 글의 서술방식을 알고 해석하자. 즉, 시간순서, 인과관계, 비교, 열거형 등 글의 전개방식의 유형을 분석해 보면 주제문을 찾는 시간을 줄일 수 있다. 평소 이러한 몇몇의 분류방식으로 독해 연습을 해두면 실제 새로운 지문을 독해하는 경우 시간 단축에 도움이 된다.

② 자주 등장하는 핵심어(key word)를 유의해서 본다.

③ 예시(for example)의 앞 문장이 주제문이다.

④ 의문문이 나온 경우 이에 답한 답변이 주제문이다.

⑤ as a result의 뒤가 보통 주제문이다.

⑥ because of 앞의 문장이 보통 주제문이다.

⑦ 주제문은 통상 구체적이어야 한다. 하지만 너무 포괄적이거나 너무 구체적인 문장은 주제문이 아니다. 즉, 시간, 공간, 이름 등이 너무 구체적으로 나오는 문장은 주제문이 아닐 가능성이 높다.

⑧ 통계나 예시는 주제문이 될 수 없다.

## ☑ 글의 주제를 찾는 방법 2

| 상반개념 후반의 문장 | 추가항목 |
|---|---|
| but | again |
| yet | another |
| nevertheless | second |
| on the other hand | also |
| however | as well as |
| on the contrary | and besides |
| despite | |
| although | |
| otherwise | |
| in fact | |
| rather | |

| 결론 내용 문장 | 주제문 문장 |
|---|---|
| but | I believe |
| yet | think |
| nevertheless | insist |
| on the other hand | mean |
| however | In my opinion |
| on the contrary | my belief is |
| despite | the result[consequence] is |
| although | remember, keep in mind |
| otherwise | matter, count |
| in fact | the best |
| rather | the most important |
| | necessary, essential |
| | extremely |
| | must, have to, should, |
| | ought to, need to 이후에는 명령문 등장 |

**글의 요지를 찾는 유형**

글의 요지는 필자가 주제를 가지고 궁극적으로 이야기하거나 주장하려고 하는 내용을 말한다. 즉 주제를 뒷받침한다. 다시 말하면 글의 요지는 중심 사상을 내포한 압축된 요점이며, 그 단락의 결론에 해당한다. 그리고 요지 진술은 대개 문장 형태로 한다.

### ✔ 학습 방법

① 주어진 단락의 전체적인 내용을 파악한 다음 글의 대의 파악을 바탕으로 하여 핵심어와 주제문을 찾아보고 주제를 파악한다.

② 예시, 부연 설명 문장은 필자가 말하고자 하는 중심 내용의 근거 자료이므로 요지를 요약할 때는 배제시킨다.

### ✔ 글의 요지를 찾는 방법

① 대조 접속사(but, however, on the other hand, in contrast)를 찾으면 그 다음에 요지가 있다.

② 예시(for example), first of all 이하의 문장은 글의 요지와는 직접적인 관련이 없다.

③ 요약의 접속사(in short, in a word, in brief)의 문장에 요지가 숨어 있다.

④ 당연, 필요, 주장의 문장에 요지가 숨어있다(need to, should, ought to, I believe).

⑤ 강조구문은 주제문일 가능성이 있다.

⑥ colon( : )은 다음의 내용에 이어지는 부분이므로 관심을 두지 말자.

⑦ 도표, 통계, 연구는 요지가 될 수 없다. 다만, 그 결과는 요지문장이 될 수 있다.

⑧ 전체 내용이 긍정인지 부정인지를 확인하자.

⑨ 비교(비유)를 나타내는 문장 연결어(similar to, similarly, like + 명사, likewise)가 있을 때, 비교하는 대상과 비유되는 대상의 공통점을 찾으면 그것이 주제(제목)이다.

⑩ 결과를 나타내는 문장 연결어(so, hence, thus, consequently, therefore, as a result) 뒷부분이 주제(제목) 부분이다.

**지칭추론 유형**

영어에서는 문맥의 일관성과 응집성을 갖도록 하기 위해 이미 나온 단어나 구, 절을 대명사로 표현하는 경우가 많다. 이러한 지칭 추론의 경우 시험에서는 크게 주어진 글 속에서 가리키는 대상을 찾는 문단 내 지칭 문제와 제시된 내용 중 필요한 정보를 선택해 지시어가 가리키는 것을 알아내는 순수 지칭 문제가 있다.

① 문단 내 지칭 문제는 한 번 언급된 명사(구)를 대명사로 바꾸어 그 가리키는 대상을 주어진 글 속에서 찾는 유형으로, 주로 밑줄 친 부분 즉 대명사가 문단 가운데 또는 뒷부분에 나오는 문제가 이에 속한다.

② 순수 지칭 문제의 경우 대명사나 특정 명사(구) 등의 지시어가 문단 처음부터 제시되어 가리키는 대상이 본문에 명확히 언급되지 않은 문제이다.

① 우선 글의 대략적인 흐름을 파악해 가며 읽되, 지시어의 속성에 대해 진술하는 부분을 선택하여 판단의 근거가 되는 자료로 삼는다.

② 대명사나 지시어는 보통 앞에 나온 대상을 가리키므로, 글의 앞부분에 나온 명사(구)를 중심으로 지시 대상을 찾아본다.

③ 수(단수, 복수)나 성(남성, 여성)이 일치하는 것 중에서 글의 흐름상 가장 잘 어울리는 지시 대상을 찾아 대명사에 대입한 후, 다시 한 번 속독으로 글을 읽고 확인해 본다.

④ 모든 진술을 만족시키는 선지를 고른다. 정답이 아닌 경우, 그렇게 판단되는 근거를 찾는다.

⑤ 지시어가 가리키는 것은 일상적으로 누구나 쉽게 접해서 그 속성을 잘 아는 사물인 경우가 많다. 신속한 확인을 위해 선택한 정보를 밑줄로 표시하여 두는 것이 좋다.

## 핵심 04　글 분위기를 묻는 유형

> 글의 분위기는 필자가 글의 소재를 다루는 방식에 따라 생겨나는 정서적 효과라고 할 수 있다. 따라서 이 유형의 문제는 글 속의 여러 표현들을 종합하여 글 전체의 흐르는 어조 및 분위기를 판단하는 능력을 평가하기 위한 것이다. 글의 분위기를 묻는 문제는 문학 작품이나 보도기사, 기행문과 같은 묘사 위주의 글을 대상으로 출제된다. 또한 글의 종류를 묻는 문제는 시나 소설과 같은 문학적인 소재가 아니라 안내문, 광고문, 기행문 등 실용적인 글을 제시하는 것이 보통이다. 이 유형의 문제를 잘 풀기 위해서는 평소 글의 각 종류의 특유한 형태와 구성 요소를 눈여겨봐 두는 것이 좋다. 또는 문제를 풀기 위해서는 글쓴이가 독자에 대해 갖는 태도나 전하려고 하는 내용이 무엇인가를 생각해 본다.

✅ **학습 방법**

① 먼저 글 속에 묘사되는 정경이나 상황을 머릿속에 그려 가며 글을 읽는다.

② 특히 형용사, 부사, 명사 등의 어휘들이 주는 공통적인 느낌에 착안하여, 글 속의 사실적 정보, 추론적 정보를 종합하여 전체적인 느낌을 그려낸다.

③ 글의 어조에 있어서는 우선 글의 분위기를 파악하고, 그에 맞는 어조, 즉 말의 느낌을 찾는다.

④ 글의 종류의 경우, 우선 글의 주제나 요지를 찾는다. 즉, 어떤 구체적인 정보를 알리려 하는 것인지(설명문, 안내문, 광고문), 어떤 문제에 대한 자기주장을 전개하는 것인지(논설문, 평론), 개인의 경험을 회고하려는 것인지(일기문, 기행문)에 따라 글의 종류가 다르게 파악된다.

⑤ 이 문제 또한 세부 사항에 신경 쓰지 말고 글의 전체적인 흐름을 파악하여 해결한다.

**작자의 심정을 묻는 유형**

글의 내용이나 글에서 묘사되는 상황을 기초로 하여 등장인물의 심경을 파악하는 유형이다. 기본적인 독해 능력과 더불어, 이 유형의 문제는 주어진 글을 읽고 그 글 속의 정보들을 근거로 전체 내용을 종합 및 분석하여 필자가 특정사항에 대해 어떤 감정을 가지고 있는지를 판단해 내는 능력을 묻는 것이다.

### ✓ 학습 방법

① 일반적으로 단락의 서두에 제시되는 필자나 등장인물이 처한 상황에 주목하여 읽는다. 또한 단락의 중간이나 끝부분에 제시되는 필자나 등장인물의 반응을 반드시 파악해야 한다.
② 주어진 글에서 필자의 심경 및 감정 유추에 단서가 되는 형용사 및 부사에 주목하여, 이들 단어들의 공통점을 찾아 선택지의 단어와 하나하나 비교해 본다.

**추론 유형**

이 유형의 문제는 주어진 단락에 나타난 중요한 사실들을 얼마나 정확하게 파악하고 있는가를 측정하기 위한 것이다. 다시 말해 단락 속의 세부적인 내용, 즉 사건, 행위, 등장인물, 사물, 어떤 행위에 대한 원인(이유), 목적, 결과, 수치, 시간, 사람 수, 장소 등에 대해 얼마나 잘 이해하고 있는가를 구체적으로 질문하는 것으로 사실적 이해가 핵심을 이루며 다양한 방식으로 출제된다.

### ✓ 학습 방법

① 밑줄 친 어구가 숙어인 경우 그 어구의 기본적인 의미를 찾는다.
② 그리고 문장 내에서 주어진 특별한 의미를 묻는 경우라면, 그 어구는 글의 요지나 주제문의 술부가 되거나 부사구가 되는 경우가 많으므로 글 전체의 윤곽을 파악하면 보다 쉽게 찾을 수 있다.
③ 혹시라도 막히는 단어나 어구가 나오더라도 앞·뒤 문맥 및 문장의 흐름을 통해 글의 내용을 파악하도록 한다.
④ 마지막으로 문제가 되는 어구의 의미를 다시 한 번 강조하는 문장이 없는지 살펴본다. 즉, 경우에 따라 앞에 반대의 의미를 가진 문장이나 뒤따라오는 부연의 의미를 가진 문장과 짝을 이루어 전개되는 수도 있다.

연결 어구를 찾는 유형

연결 어구를 고르는 문제는 문단의 전체적인 흐름 속에서 앞뒤 내용의 논리적인 연결 관계를 파악할 수 있는 능력을 측정하기 위한 것이다. 이 유형의 문제를 해결하기 위해서는 연결어가 들어 갈 문장의 전·후 문장이 서로 어떤 관계인가를 파악하는 것이 중요하다. 다시 말해서 그 관계가 역접, 예증 또는 대조의 관계인지를 파악해야 한다. 또한 이러한 여러 관계를 나타내는 연결 어구를 미리 익혀 두는 것이 필요하다.

✔ 학습 방법

① 기본적으로 주제를 파악하자.
② 가장 중요한 것은 빈칸 앞 문장과 뒤 문장의 관계이다.
③ 글의 서술방식(시간순서, 인과관계, 비교, 열거, 대조)을 알고 구조적으로 해석하면 정답을 찾기가 수월하다.

핵심 08 전후 문장을 찾는 유형

단락과 단락 사이에는 논리적인 일관성이 있다. 따라서 주어진 한 단락의 글을 읽고, 앞·뒤 단락에 전개된 그리고 전개될 내용을 추론할 수 있다. 이 유형의 문제는 바로 글의 단락이 어떤 논리적 구조 속에서 전개되고 있는지를 파악하는 능력을 알아보기 위한 것이다.

✔ 학습 방법

① 앞에 나온 단락의 내용을 추론하는 문제의 열쇠는 대개 첫 문장에 있다. 마찬가지로 다음에 이어질 글의 내용을 추론하는 문제의 열쇠는 마지막 문장에 있다.
② 앞 단락과의 연결을 나타내는 지시어나 연결어를 찾아 그 의미를 따져 추론해 본다.
③ 첨가(furthermore, in addition, moreover, …)의 연결어가 나오면 앞 단락에 대한 부연 설명이 나오게 되며, 역접(but, however, …)의 연결어가 나오면 앞 단락과 상반되는 내용이 이어진다.
④ 주어진 단락에서 해결되지 않고 논의의 여지를 남겨둔 문제점이 무엇인지 생각해 본다.
⑤ 마지막 문장의 내용이 다음에 이어질 내용에 대해 어떠한 전제에서 쓰인 것인지 추론해 본다.

① 앞에 올 내용이 긍정의 내용인지 아니면 부정의 내용인지를 파악한다. 특히 대조의 연결어에 주목한다.

② 가장 중요한 명사, 즉 글의 소재를 찾는다.

③ 앞에 올 내용은 첫 줄을 읽고서 핵심단어를 찾아서 대입한다.

④ 뒤에 올 내용은 마지막 줄을 읽고 핵심단어로 푼다.

⑤ also, another + 단수명사 등과 같이 첨가를 나타내는 문장 연결어가 첫 부분에 있으면 첫 부분의 내용과 앞 문단의 내용이 같다.

⑥ 만약에 대조를 나타내는 접속어가 온다면 그 내용은 반대가 와야 한다는 것은 기본이다. 그중에서도 but, however, on the other hand 이외에도 still, though, in spite of, despite 역시 역접의 접속사라는 것을 이해하자.

## 핵심 09   어순 배열 유형

> 글에는 각 단락마다 주제문과 그 주제문을 뒷받침해 주는 세부 사항들(supporting details)이 들어있는 문장들이 있다. 이 뒷받침하는 문장들은 주제문을 향해 통일성(unity)을 이루고 있어야 한다. 따라서 통일성 있는 단락이라면 주제문에 어긋나는 문장이 있어서는 안 된다.

### ✓ 학습 방법

① 단락의 내용을 파악한 후 주제와 주제문을 찾아본다.

② 그 주제와 동떨어진 또는 관계없는 문장을 고른다.

③ 무관한 문장을 골라낸 후 그 문장 없이도 글의 흐름이 자연스럽게 연결되는지 확인한다.

### ✓ 흐름과 관계없는 문장 찾는 방법

① 글의 통일성 문제 접근은 크게 글감을 통해 구분하는 방법과 주제를 통해 구분하는 방법으로 나눌 수 있다.

② 앞에서 제시된 글감을 반드시 찾는다. 그 글감에 대한 저자의 관점을 살피면 그 안에 답이 있다.

③ 정의, 대조, 비교, 결론, 추론, 인과, 열거, 순서, 반박 등의 서술관계를 따져 본다.

④ 연결사를 조심해서 보며 등장인물의 관점에서 이해하라.

## 핵심 10  재진술 유형

논리적인 문장의 흐름을 잘 지키고 있는 글은 설득력과 감동을 주게 마련이다. 따라서 감동을 주고, 설득을 통해서 독자의 마음을 사로잡고 이해시키는 글이야말로 참의미를 부여할 수 있다. 글을 읽고 난 후 독자가 각기 다른 생각으로 또는 전혀 다른 방향으로 이해할 수도 있으므로 제시된 최초의 문장을 바꾸어 쓰더라도 글의 핵심이 바뀌지 않는 글을 찾는 것이 재진술(restatement)의 목적이다.

### ✔ 학습 방법

동일한 의미를 전달하는 언어의 특징을 이해하고 동의적 개념, 반의적 개념, 유사 개념들의 다양한 표현을 정리하고 익히는 숙달이 필요하다.

## 핵심 11  내용 일치 유형

주어진 단락의 내용과 일치하느냐 또는 일치하지 않느냐 하는 형식으로 출제되며, 이런 유형의 문제는 여러 가지 세부 사항을 한 문제 안에서 물어볼 수 있기 때문에 출제자에게 선호되는 문제 유형이라고 볼 수 있다. 간단한 문제인 것 같지만 보기 문항은 글의 내용을 그대로 옮겨놓은 것이 아니기 때문에 신중한 판단이 요구된다.

### ✔ 학습 방법

① 대체로 보기에 주어지는 예문의 순서는 단락 속의 내용의 전개 순서와 일치하는 경우가 많기 때문에 문제의 보기를 먼저 읽어보는 것도 상당히 도움이 될 수 있다.
② 보기에 주어진 내용들은 반드시 지문에 있는 사실적 내용을 근거로 판단해야 한다. 따라서 아래의 보기 내용이 나온 본문 부분에 밑줄을 긋고 확인한다.
③ 단락에서 핵심어나 동사(구)는 예문에서 동의어로 바뀌는 것이 보통이므로 어휘력을 기르는 것도 필요하다.
④ 각 보기의 내용을 본문과 꼼꼼히 대조하며, 본문 사실에 초점을 맞추어 지나친 유추나 비약된 내용, 혹은 사실과 모순된 진술이라고 판단하려면 반드시 본문에서 그 근거를 찾아야 한다.

# CHAPTER

## 02 대의 파악

**01** 글의 요지로 가장 적절한 것은? 20 지역인재

> A recent review of 38 international studies indicates that physical activity alone can improve self-esteem and self-concept in children and adolescents. Apparently, the exercise setting also matters. Students who participated in supervised activities in schools or gymnasiums reported more significant growth in self-esteem than those who exercised at home and in other settings. Adolescents' self-concept is most strongly linked to their sense of physical attractiveness and body image, an area where many people struggle. So, encourage more regular exercise programs during and after school, and support team sports, strength training, running, yoga, and swimming — not just for their effects on the body but on the mind as well.

① More physical activities should be encouraged to students.
② Physical attractiveness is closely connected with self-esteem.
③ Team teaching is one of the most efficient pedagogical approaches.
④ The exercise setting doesn't matter for the good image of your body.

**해설** 제시된 글은 신체활동이 어린이와 청소년에게 미치는 긍정적인 효과를 소개하며, 더 많은 신체활동을 지원해야 한다고 주장하고 있다. 따라서 글의 요지로 적절한 것은 ①이다.
① 더 많은 신체활동이 학생들에게 권장되어야 한다.
② 신체적 매력은 자아개념과 밀접한 관련이 있다.
③ 팀 교습은 가장 효율적인 교육학적 접근법 중 하나이다.
④ 운동 장소는 신체에 대한 좋은 이미지를 만드는 데 영향을 주지 않는다.

**해석** 38건의 국제적 연구에 대한 최근 검토는 신체활동만으로도 어린이와 청소년의 자존감과 자아개념을 개선할 수 있다는 것을 보여준다. 분명히, 운동 장소는 또한 중요하다. 학교나 체육관에서 통제된 집단 활동에 참여한 학생들은 집이나 다른 장소에서 운동한 학생들보다 자존감이 더 크게 성장했다고 전했다. 청소년들의 자아 개념은 그들의 신체적 매력과 체형에 대한 인식과 가장 강력하게 연결되어 있는데, 그 영역은 많은 사람들이 애를 쓰는 부분이다. 그러니, 학교생활 중이나 방과 후에 더욱 많은 규칙적인 운동 프로그램을 권장하고, 단체 운동, 근력 강화, 달리기, 요가, 그리고 수영을 지원하라. 그것들이 신체에 미치는 영향을 위해서 뿐만 아니라 또한 정신에 미치는 영향을 위해서 말이다.

**어휘** indicate 나타내다, 보여주다 / self-esteem 자존감, 자부심 / self-concept 자아개념, 자아상 / setting 장소, 환경 / physical attractiveness 신체적 매력 / not just A but B A뿐만 아니라 B도 / as well 또한, 역시

**정답** ①

**02** 다음 글의 요지에 해당하는 것을 고르시오.

> All nations modify their history. Disasters are refined as victories. Bitter turns to sweet. The British turned the painful retreat from Dunkirk into a triumph of the spirit. The Japanese are much like other peoples when it comes to dealing with their past. Japans' ruthless invasion of China, for example, is described as 'an advance into China'. Most offensive incidents are also wholly ignored perhaps hoping that not discussing the unpleasant will somehow make it disappear.

① 역사의 법칙
② 역사의 교훈
③ 역사의 가치
④ 역사의 왜곡

[해석] 모든 국가는 그들의 역사를 수정한다. 재앙은 승리로 다시 정의된다. 쓰라림은 달콤함으로 변한다. 영국은 Dunkirk로부터 고통스러운 퇴각을 정신의 승리로 바꾸었다. 일본인들도 그들의 역사를 다루는 거라면 다른 사람들과 아주 비슷하다. 예를 들어 중국에 대한 일본의 무례한 침략은 '중국에 대한 진출'로 묘사되었다. 대부분의 공격적인 사건들은 불쾌한 것으로 논의되지 않거나 그것이 사라지기를 희망하면서 전체적으로 무시되었다.

[어휘] when it comes to -ing ~하는 거라면

[정답] ④

**03** 다음 글의 필자가 주장하는 요지로 바른 것은?

> Sometimes certain eras or events from our past receive little or no attention. This might be because there is little information available on these subjects, or because the subjects are controversial or shameful, and we are reluctant to face them. But when we ignore or deny a part of our past, we fail to learn the lessons that history can teach us, and we neglect people who are part of that history. These people and their history can become 'invisible', and in time we can forget that they ought to be part of what we think of as history.

① History tends to repeat itself.
② Historians should not write about disputed matters.
③ More people should study history.
④ No part of history should be ignored.

[해석] 때때로 과거로부터 어떤 시대나 사건들이 거의 또는 전혀 주목을 받지 못하고 있다. 이것은 이 주제에 관하여 이용할 수 있는 정보가 거의 없기 때문일지 모르고, 그 주제가 논쟁을 불러일으키거나 치욕적이어서 우리가 그들을 직면하기를 꺼려하기 때문일지 모른다. 그러나 우리가 과거의 일부를 무시하거나 부인할 때 역사가 우리에게 가르쳐 주는 교훈을 배우지 못하고 그 역사의 일부인 사람들을 무시하게 된다. 즉, 이 사람들과 그들의 역사가 눈에 보이지 않게 될 수가 있다. 시간이 경과하면서 그들이 우리가 역사라고 간주하는 것의 일부여야 한다는 것을 우리는 잊을 수 있다.

[어휘] era 시대 / controversial 논쟁을 일으키는 / face 직면하다

[정답] ④

## 04 글의 요지로 가장 적절한 것은?

> Much will be done if we do but try. Nobody knows what he can do till he has tried; and few try their best until they have been forced to do it. "If I could do such and such a thing," sighs the desponding youth. But nothing will be done if he only wishes.

① 누군가의 강요 때문에 최선을 다하는 것은 의미가 없다.

② 최선을 다하기 전에 실망하는 것은 금물이다.

③ 젊은이들은 먼저 자신의 능력을 알아야 한다.

④ 모든 일에서 시도해 보는 것이 중요하다.

**해설** 첫 번째 문장에서 시도하는 것만으로도 성취가 일어날 수 있다고 하였다. 이러한 논조는 글의 끝까지 유지되어 '시도'에 대해 긍정적인 태도를 견지하고 있다. 따라서 이 글의 요지로 가장 적절한 것은 핵심 소재인 '시도'를 포함하고 그것의 중요성을 강조하는 ④이다.

**해석** 우리가 단지 시도하기만 하면 많은 것이 이루어질 것이다. 아무도 그가 시도할 때까지는 그가 무엇을 할 수 있는지 알지 못한다. 그리고 그렇게 하도록 강요될 때까지 최선을 다하는 사람은 거의 없다. "만일 이러이러하게 그런 일을 할 수 있다면"이라고 낙담한 젊은이는 한탄한다. 하지만 소망만 해서는 아무것도 이루어지지 않을 것이다.

**어휘** desponding 낙담한

**정답** ④

## 05 다음 글의 요지를 가장 잘 나타낸 것은?

> Advertisers get psychologists to study the way consumers think and their reasons for choosing one brand instead of another. These experts tell advertisers about the motives of self-image. They also inform that certain colors on the package of an attractive product will cause people to reach out and take that package instead of buying an identical product with different colors. Also certain words attract our attention. These words can pull our eyes and hand toward the package.

① 광고의 양은 제품의 판매량과 비례한다.

② 소비자의 심리를 이용한 광고는 효과가 크다.

③ 과대광고는 소비자의 판단을 흐리게 한다.

④ 제품의 선택에 광고는 큰 역할을 하지 못한다.

**해석** 광고주들은 심리학자들에게 소비자들이 생각하는 방식과 다른 것 대신에 한 브랜드를 선택하는 그들의 이유를 연구하게 한다. 이런 전문가들은 광고주들에게 자체 이미지의 동기에 관해서 말해준다. 그들은 또한 다양한 색깔을 가진 동일한 상품을 사는 대신에, 매력적인 상품의 포장지의 어떠한 색깔들이 사람들로 하여금 손을 뻗어 그 포장지를 잡게 하는지도 알려준다. 또한 상품의 어떤 글들은 우리의 시선을 끈다. 이런 글들이 그 포장지를 향해 우리의 눈과 손을 끌어당길 수 있다.

**어휘** advertiser 광고주 / reach out 손을 내밀다

**정답** ②

Words are powerful and they can be a leader's greatest friend or foe. Wise leaders will find a way to use their words to their advantage. Great leaders will use their communication as a tool to empower and develop their followers. Leadership is all about the people, not the leader. Leadership is the ability to inspire vision, strength, and influence into people through the usage of positive communication. Thus, positive communication is essential to leaders who are attempting to develop people. Leaders will be much more likely to empower and develop their followers by being quick to praise, slow to judge, leading by faith, not by fear, and restoring people gently through positive communication.

① 리더에게는 적극적인 의사결정 능력이 필요하다.
② 리더에게는 긍정적인 말의 사용이 중요하다.
③ 리더는 의사소통에 자신감을 가져야 한다.
④ 리더는 상대방의 의견을 존중하여야 한다.

해설　첫 번째 문장에서 핵심 소재로 '말'과 '리더'를 제시하였으며, 다섯 번째 문장부터 마지막까지 '긍정적인 의사소통'의 중요성에 대하여 이야기하고 있다. '말' 혹은 '의사소통', '리더'라는 핵심 소재를 포함하고, 의사소통에 대해 긍정적인 논조를 가지고 있는 것은 ②이며, 글의 요지로 가장 적절하다.

해석　말은 강력하고 리더의 가장 좋은 친구이자 적이 될 수 있다. 현명한 리더들은 그들의 말을 그들에게 유리하게 사용하는 방법을 찾을 것이다. 훌륭한 리더들은 의사소통을 도구로 사용하여 추종자들에게 능력을 주거나 발달시킬 것이다. 리더십은 리더에 관한 것이 아니라 사람에 관한 것이다. 리더십은 긍정적인 의사소통을 사용하여 사람들에게 통찰력, 힘, 그리고 영향력을 불어넣는 능력이다. 그러므로, 긍정적인 의사소통은 사람들을 발전시키려고 노력하는 리더들에게 필수적이다. 리더들은 긍정적인 커뮤니케이션을 통해 빠르게 칭찬하고, 천천히 판단하며, 두려움이 아닌 신뢰로 이끌고, 부드럽게 사람들을 회복시킴으로써 추종자들에게 능력을 주고 그들을 발전시킬 가능성이 훨씬 더 크다.

어휘　foe 적 / empower 능력을 주다, 권한을 주다 / inspire 고취하다, 격려하다, 영감을 주다 / faith 신의, 신뢰

정답 ②

**07** 다음 글의 필자가 주장하는 요지로 바른 것은?

No matter what road is chosen, the travelers who started from different valleys will all meet on the top of the mountain, provided they keep on ascending. No one must pride himself on having chosen the best route or force his neighbor to follow him. Everyone takes the path which suits him best, imposed by the structure of the brain, by heredity, by traditions.

① 목적은 수단을 정당화한다.
② 모든 일에 자부심과 긍지를 가져라.
③ 목표를 정했으면 끝까지 이루도록 노력해야 한다.
④ 사람들은 저마다 자신에게 적합한 방식대로 일을 해야 한다.

[해석] 비록 어떤 길을 선택할지라도 다양한 계곡으로부터 출발한 여행자들은 그들이 올라간다면 모두가 산 정상에서 만나게 될 것이다. 아무도 가장 좋은 길을 선택했다고 자랑하거나 그의 이웃에게 그를 따르도록 강요하지 말아야 한다. 모든 사람은 두뇌의 구조, 유전, 전통에 의하여 강요받은 채, 그에게 가장 잘 어울리는 길을 선택하게 한다.

[어휘] keep on ~ing 계속해서 ~하다 / heredity 유전

[정답] ④

Everything sprouts, grows, withers, and disappears. This is the cycle of life — and the same process also applies to money and the way you obtain it. Our perception of money is undergoing a major change. You open your wallet and see a dime. The coin is physical, you can hold it in your hand, and you are confident that it has a value of 10 cents. In a few years, you will most likely be holding a small plastic, or you might not even have a wallet and only have access to a virtual currency. You have to be prepared for this financial revolution in the next 10 to 15 years. Money as we know it has only existed for a relatively few years — the first banknote was printed in France in the 17th Century. However, currencies have started to disappear; more than 600 in the last 30 years, and the trend continues.

① What Makes Money Hold Its Value?
② What Causes a Financial Reform?
③ Why Do Currencies Disappear?
④ What Is the Future of Money?

해설 돈(화폐)이 겪고 있는 변화를 설명하는 글이므로 글의 제목으로 가장 적절한 것은 ④ '돈의 미래는 무엇인가?'이다.
　　① 무엇이 돈이 가치를 가지게 만드는가?
　　② 무엇이 금융 개혁을 유발하는가?
　　③ 왜 통화는 사라지는가?

해석 모든 것은 싹이 나고, 자라고, 시들고, 그리고는 사라진다. 이것은 삶의 주기이고, 같은 과정이 돈에게도 역시 적용되며 당신이 그것을 얻는 방식에도 적용된다. 돈에 관한 우리의 인식은 중대한 변화를 겪고 있다. 당신이 지갑을 열면 10센트짜리 동전을 본다. 동전은 물질적인 것이어서 당신은 그것을 손으로 잡을 수 있고, 당신은 그것이 10센트의 가치를 지닌다는 것을 확신한다. 몇 년 후에 당신은 아마 작은 플라스틱을 잡거나, 혹은 지갑이 없을 수도 있으며, 오직 가상화폐에만 접근할 수 있을지도 모른다. 당신은 향후 10~15년 내에 금융 혁명에 대해 준비해야 한다. 우리가 아는 돈은 비교적 짧은 기간 존재해 왔다 – 최초의 지폐는 17세기에 프랑스에서 찍혀졌다. 하지만 지폐는 사라지기 시작했다. 지난 30년간 600개가 넘으며, 이러한 추세는 계속되고 있다.

어휘 sprout 싹이 나다, 자라기 시작하다 / perception 인식; 지각, 자각 / dime 다임(미국 · 캐나다의 10센트짜리 동전) / have access to ~에 접근할 수 있다/ virtual currency 가상화폐, 가상통화 / banknote 은행권, 지폐

정답 ④

The United States is currently the world's largest market for coffee. Annual consumption per capita is just over 4kg compared with 5kg on average in Europe. Consumption in Europe varies from around 10kg per capita per year in the Nordic countries (Denmark, Finland, Iceland, Norway and Sweden) to around 3kg in the United Kingdom and most of Eastern Europe. The annual consumption of over 5kg per capita in Brazil is exceptionally high among the over 60 coffee-producing countries. Brazil's annual production of around 2.4 million tons (40 million 60-kg bags) makes up a third of the world production of just over 7 million tons.

① Relationship between Coffee Production and Consumption
② Geographical Factors Influencing Coffee Consumption
③ Growth in Coffee Consumption by Continent
④ Annual Coffee Consumption by Country

**해설** 첫 번째 문장에서 미국의 커피 소비량, 그 다음 문장에서 유럽 국가들의 커피 소비량, 그리고 마지막 두 문장에서 브라질의 커피 소비량에 대해 차례로 서술하였다. 따라서 글의 제목으로 가장 적절한 것은 ④ '국가별 연간 커피 소비량'이다.
① 커피 생산량과 소비량 사이의 관계
② 커피 소비량에 영향을 미치는 지리적 요인
③ 대륙별 커피 소비량의 증가

**해석** 미국은 현재 세계에서 가장 큰 커피 시장이다. 1인당 연간 소비량은 유럽 평균 5kg와 비교해 4kg를 넘는다. 유럽에서의 소비는 북유럽 국가들(덴마크, 핀란드, 아이슬란드, 노르웨이, 그리고 스웨덴)에서 1인당 10kg부터 영국과 대부분의 동유럽 국가들에서 1인당 3kg로 다양하다. 브라질에서의 1인당 5kg 이상인 연간 커피 소비량은 60개 이상의 커피 생산국들 중 이례적으로 높은 수치이다. 브라질의 연간 생산량은 약 240만 톤(60kg 봉지 4천만 개)으로 전 세계 생산량인 7백만 톤의 3분의 1을 차지한다.

**어휘** per capita 1인당 / annual 매년, 한 해의 / exceptionally 특출나게, 유별나게 / continent 대륙

**정답** ④

Someone in your work team is struggling with a particular project you have asked him to manage. Perhaps this team member is losing confidence in his ability to provide the required output of the project. A useful approach, assuming that you still believe him to be capable of the task, would be to remind him how hardworking and persevering he is. You should even point out examples of previous times when he had triumphed over similar challenges and successfully delivered. This strategy works for adults and children alike. For instance, when teachers tell children that they seem like the kind of students who care about having good handwriting, the kids are more likely to spend more of their free time practicing their handwriting.

① Encouraging as a Motivation Strategy
② Don't Be Afraid to Take on New Challenges
③ The Harder You Work, the More You Achieve
④ Does Handwriting Reflect a Person's Character?

[해설] 세 번째 문장에서 'A useful approach, assuming that you still believe him to be capable of the task, would be to remind him how hardworking and persevering he is(여러분이 그가 여전히 그 일을 할 수 있다고 믿는다고 가정하면, 유용한 접근법은 그에게 그가 얼마나 근면하고 끈기가 있는지를 상기시켜 주는 것일 것이다.)'라고 했고, 다섯 번째 문장에서 'This strategy works for adults and children alike(이 전략은 성인과 아이들 모두에게 효과가 있다.)'라고 했다. 마지막 문장에서 예를 들어 교사가 아이들에게 좋은 필체에 관심 있는 학생들처럼 보인다고 말하면 아이들은 그들의 자유 시간을 필체 연습하는 데 더 많이 할애할 가능성이 있다고 했으므로, 글의 제목으로 적절한 것은 ① 'Encouraging as a Motivation Strategy(동기부여 전략으로 격려하기)'이다.
② 새로운 목표에 도전하는 것을 두려워하지 마라
③ 더 열심히 할수록 더 많이 달성한다
④ 필체가 사람의 성격을 반영할까?

[해석] 여러분의 작업팀에서 누군가가 여러분이 그에게 해내라고 요청한 특정한 프로젝트로 고심하고 있다. 아마 이 팀원은 프로젝트의 요구 산출량을 제공하는 그의 능력에 대한 자신감을 잃어가고 있을 것이다. 여러분이 그가 여전히 그 일을 할 수 있다고 믿는다고 가정하면, 유용한 접근법은 그에게 그가 얼마나 근면하고 끈기가 있는지를 상기시켜 주는 것일 것이다. 여러분은 심지어 그가 유사한 도전들을 이겨내고 성공적으로 이루어냈던 이전의 예들을 지적해야 한다. 이 전략은 어른과 아이들 모두에게 효과가 있다. 예를 들어, 교사들이 어린이들에게 그들이 좋은 필체를 갖는 것에 관심이 있는 유형의 학생들처럼 보인다고 말할 때, 아이들은 그들의 자유 시간을 필체 연습하는 데 더 많이 할애할 가능성이 있다.

[어휘] struggle with ~로 고심하다 / particular 특정한 / manage …하다[해내다] / confidence 자신감 / require 필요로 하다 / output 생산량, 산출량 / capable 유능한 / assuming that …이라 가정하여, …이라 하면 / remind 상기시키다 / hardworking 근면한 / persevering 인내심이 강한 / point out 지적하다 / triumph over …을 이겨내다 / deliver 내놓다[산출하다] / work 효과가 있다 / handwriting 필체

[정답] ①

Many job candidates have been hit with difficult questions they were hoping not to face: Do you have any other offers? If we make you an offer tomorrow, will you say yes? Are we your top choice? If you're unprepared, you might say something inelegantly evasive or, worse, untrue. Telling a lie frequently comes back to harm you, but even if it doesn't, it's unethical. The other risk is that, faced with a tough question, you may try too hard to please and end up losing leverage. The point is this: You need to prepare for questions and issues that would put you on the defensive or make you feel uncomfortable. Your goal is to answer honestly without looking like an unattractive candidate—and without giving up too much bargaining power.

① 면접에서 방어적인 태도는 좋지 않은 인상을 준다.
② 면접에서 나올 만한 곤란한 질문에 대하여 미리 준비하라.
③ 면접에서 부족한 점들을 솔직히 드러내는 것이 유리하다.
④ 면접에서 거북한 질문을 받았을 때 침착함을 유지해야 한다.

**해설** 다섯 번째 문장에서 'If you're unprepared, you might say something inelegantly evasive or, worse, untrue(만약 여러분이 준비되어 있지 않다면, 여러분은 우아하지 못하게 얼버무리거나 더 나쁘게는 사실이 아닌 무언가를 말할지도 모른다).'라고 한 다음에, 거짓말을 하면 종종 되돌아와서 여러분에게 피해를 주지만, 설령 그렇지 않다고 해도 그것은 비윤리적이라고 했다. 그리고 마지막에서 두 번째 문장에서 'You need to prepare for questions and issues that would put you on the defensive or make you feel uncomfortable(여러분을 방어적으로 만들거나 불편하게 만들 질문들과 문제들에 대비할 필요가 있다)'이라고 했으므로, 글의 요지로 적절한 것은 ② '면접에서 나올 만한 곤란한 질문에 대하여 미리 준비하라.'이다.

**해석** 많은 구직자들이 마주치지 않기를 바라는 어려운 질문들에 부딪친다. 다른 제안이 있으신가요? 만약 우리가 내일 제안한다면 동의하시겠습니까? 우리가 당신의 최고의 선택인가요? 만약 여러분이 준비되어 있지 않다면, 여러분은 우아하지 못하게 얼버무리거나 더 나쁘게는 사실이 아닌 무언가를 말할지도 모른다. 거짓말을 하면 종종 되돌아와서 여러분에게 피해를 주지만, 설령 그렇지 않다고 해도, 그것은 비윤리적이다. 또 다른 위험은, (대답하기) 곤란한 질문에 직면하면, 여러분은 비위를 맞추려고 지나치게 애쓰게 되고 결국 유리한 카드(영향력)를 잃게 될 수도 있다. 요점은 여러분을 방어적으로 만들거나 불편하게 만들 질문들과 문제들에 대비할 필요가 있다는 것이다. 여러분의 목표는 매력 없는 지원자처럼 보이지 않고, 그리고 너무 많은 협상력을 포기하지도 않고 정직하게 대답하는 것이다.

**어휘** candidate 지원자 / hit (문제·곤경 등에) 부닥치다 / unprepared 준비가 안 된 / inelegantly 우아하지 않게 / evasive 얼버무리는 unethical / 비윤리적인 / please 기분[비위]을 맞추다 / leverage 영향력, 지렛대 사용 / bargaining power 협상력

**정답** ②

## 01 글의 주제로 가장 적절한 것은? 20 지역인재

In the formation of his psychological theory, Carl Jung was for a time strongly influenced by Patañjali's Yoga Psychology. The period of influence was mainly in the 1920s, but by the end of the 1930s Jung's main attention turned back to Western thought. This is especially evident if the cognitive aspects of his psychology, for example, the processes of memory, perception, and thinking are analyzed in relation to the corresponding concepts found in Patañjali's Yoga Sutras. Such an analysis shows that at least one of the reasons Jung could not completely identify with Patañjali's Yoga was the lack of distinction between philosophy and psychology that seems to typify much Eastern thought. In line with other modern Western thinkers, Jung claimed to follow the scientific method of keeping a clear distinction between the description of cognitive processes, on the one hand, and truth claims attesting to the objective reality of such cognitions, on the other.

① the influence of Yoga on Jung
② Jung's desperate search of objective reality
③ Jung combining Eastern intuition with Western science
④ Jung's shift of interest from Yoga Psychology to Western thoughts

해설 ④ Jung의 요가 심리학으로부터 서양 사상으로의 관심의 전환
① Jung에게 미친 요가의 영향
② Jung의 필사적인 객관적 실재 추구
③ Jung의 동양의 직관과 서양 과학의 결합

해석 그의 심리학 이론의 형성 과정에서 Carl Jung은 Patañjali의 요가 심리학으로부터 한때 강한 영향을 받았다. 영향을 받은 기간은 주로 1920년대였으나 1930년대 말쯤 Jung의 주요 관심사는 서양 사상으로 돌아왔다. 이는 특히 그의 심리학에서 인지적 측면들, 예를 들어 기억, 지각, 사고 과정들이 Patañjali의 '요가 수트라'에서 발견된 상응하는 개념과 비교해서 분석되면 명백하다. 이러한 분석은 최소한 Jung이 완전히 Patañjali의 요가와 동일시할 수 없었던 이유 중 하나가 대단히 동양 사상의 특징인 것으로 보이는 철학과 심리학 간의 차이점 부족이라는 것을 보여준다. 다른 현대 서양 사상가들과 함께, Jung은 한편으로는 인지 과정의 설명과 다른 한편으로는 그러한 인지의 실재하는 현실을 증명하는 가설을 뚜렷이 구별하는 과학적 방법을 따를 것을 주장했다.

어휘 formation 형성 (과정) / Western thought 서양사상 / in relation to ~에 관하여, ~와 비교하여 / corresponding (~에) 해당[상응]하는 / identify with ~와 동일시하다 / typify 특징이다, 전형적이다 / in line with ~와 함께, ~에 따라 / truth claim 아직 경험적으로 실증되지 않은 가설

정답 ④

**02** 주어진 보기의 글 다음에는 어떤 주제의 글이 이어지겠는가?

> 'A sound mind in a sound body' has been a medical ideal since ancient times. The phrase was originally intended simply to emphasize the importance of a balanced concern toward physical plus mental health. However, as scientists continue to unravel the layers of interdependence between these two delicately entwined parts of ourselves, it becomes clearer that a strong, fit healthy body is an essential element in a happy, secure, psychologically healthy human being.

① how to make a body strong and healthy.
② the importance of mental health.
③ a balance between physical and mental health.
④ scientific researches on the ancients.

[해설] 마지막 문장을 해석하면 된다. 강하고 건강한 육체가 행복하고 안전하고 심리적으로 건강한 인간의 필수적인 요소이다.

[해석] '건전한 육체 속에 건전한 마음'은 고대부터 의학적인 이상이었다. 그 말은 원래에 단순히 육체적인 것에 덧붙인 정신적인 건강에 대한 균형 잡힌 관심의 중요성을 강조하기 위함이었다. 그러나 과학자들이 우리 자신에게 이 두 개의 섬세하게 얽혀진 부분 사이의 상호 의존의 층을 계속 풀어감에 따라서 강하고 건강한 육체가 행복하고 안전하고, 심리적으로 건강한 인간에게 필수적인 요소라는 것이 더 명확하게 되었다.

[어휘] emphasize 강조하다 / interdependence 상호 의존

[정답] ①

**03** 다음 글의 주제는?

> Life is seldom as exciting as we think it ought to be. It is the other fellow's life which seems full of adventure. No matter what your profession, or how happy you may be in it, there are moments when you wish you had chosen some other career.

① 사촌이 땅을 사면 배가 아프다.
② 이열치열
③ 남의 입의 떡이 커 보인다.
④ 직업에는 귀천이 없다.

[해석] 삶은 우리가 생각하는 것만큼 흥미롭지 못하다. 모험으로 가득 찬 것처럼 보이는 것은 다른 친구의 삶이다. 당신의 직업이 무엇이든지, 당신이 그것에서 아무리 행복할지라도 다른 직업을 선택했으면 하고 원하는 순간이 있다.

[어휘] adventure 모험 / profession 직업

[정답] ③

---

Every aspect of human development, health and well-being depends on our ability to navigate and form loving social relationships. Several recent studies, however, suggest that adults are compromising those relationships when they divert their attention from their infants to the cell phones. In one, infants were more negative and less exploratory when parents picked up their phones. Society's 12-year unintended experiment since smart phones were introduced may be the culprit for tweens who are less socially attuned and for the 74% of pre-K-to-8 school principals who lamented that their biggest concern was the stark increase in children who suffer from emotional problems. Our digital habits might be getting in the way of our interpersonal relationships.

---

① How cell phones can assist young students' study

② How cell phones can change the education system

③ How cell phones interrupt human relationships

④ How cell phones affect physical development

**해설** 첫 번째 문장에서 핵심 소재로 '사회적 관계'가 제시되었으며, 두 번째 문장에서 휴대전화가 사회적 관계에 끼치는 영향을 부정적으로 묘사하였다. 핵심 소재와 논조를 모두 올바르게 표현하고 있는 선지는 ③ '어떻게 휴대전화가 인간관계를 방해하는가'이다.
① 어떻게 휴대전화가 어린 학생들의 공부를 도울 수 있는가
② 어떻게 휴대전화가 교육 체계를 바꿀 수 있는가
④ 어떻게 휴대전화가 신체 발달에 영향을 끼치는가

**해석** 인간 발달, 건강, 행복의 모든 면은 애정이 있는 사회적 관계를 찾아 형성하는 우리의 능력에 달려 있다. 그러나 최근의 몇몇 연구들은 성인들이 그들의 관심을 자녀에서 휴대전화로 돌릴 때, 그러한 관계를 위태롭게 하고 있다는 것을 시사한다. 한 연구에서, 부모가 그들의 휴대전화를 집어들 때 유아들은 더 부정적이고 덜 탐구적이었다. 의도치 않게 지난 12년간 스마트폰을 사용한 것은 사회에 적응하지 못하는 10대 초반의 어린 아이들이 장본인이었으며 유치원 원장과 초등학교 교장의 74%가 감정 문제로 고통 받는 아이들이 빠르게 증가하는 것이 가장 큰 걱정이라고 슬퍼하게 만들었다. 우리의 디지털 습관은 우리의 대인관계에 방해가 되고 있을지도 모른다.

**어휘** compromise 타협하다, 절충하다 / divert 전환시키다, 우회시키다 / exploratory 탐사의, 탐구의 / culprit 범인, 범죄자, 장본인 / tween 10대 초반의 아동 / attuned 익숙한, 적절히 대응하는 / lament 애탄하다, 몹시 슬퍼하다 / stark 삭막한, 극명한 / get in the way of 방해되다, 방해하다

 ③

**05** 다음 문장의 뜻을 잘 나타내는 주제를 표현한 격언은?

> There are many kinds of work in life. We must choose among them because our power and intelligence are limited. He who wants to do everything will never do anything. We ought to decide upon a point of attack and concentrate our forces there. Once the decision is made, let there be no change unless a serious accident happens. Let's do our best to achieve our aim.

① Make hay while the sun shines.

② You can't eat your cake and have it.

③ Things done by halves can never be done.

④ There is no will, there is no way.

해석 삶에는 많은 종류의 직업이 있다. 우리는 우리의 힘과 지성이 제한되어 있기 때문에 그들 사이에서 선택해야 한다. 모든 것을 하기를 원하는 사람은 결코 어떤 것도 하지 못할 것이다. 우리는 공격점을 결정하고, 거기에 우리의 힘을 집중시켜야 한다. 일단 결정이 이루어지면 어떤 심각한 사건이 일어나기 전까지는 바꾸지 마라. 목적을 성취하기 위하여 최선을 다하자.

어휘 concentrate 집중하다

정답 ③

**06** 다음 글에 적용될 수 있는 가장 적절한 격언(maxim)은?

> Prejudice means literally prejudgment, the rejection of a contention out of hand before examining the evidence. Prejudice is the result of powerful emotions, not of sound reasoning. If we wish to find out the truth of a matter, we must approach the question with as nearly a open a mind as we can and with a deep awareness of our own limitations and predispositions. On the other hand, if after carefully and openly examining the evidence we reject the proposition, that is not prejudice. It might be called 'post-judice.' It is certainly a prerequisite for knowledge.

① It takes one to know one.

② Never judge a book by its cover.

③ Still waters run deep.

④ Words are the gateway to knowledge.

해석 편견은 문자 그대로 미리 판단하는 것, 즉 증거를 조사하기 전에 즉석에서 논쟁을 거절하는 것을 의미한다. 편견은 올바른 논증이 아니라 강력한 감정의 결과이다. 우리가 어떤 문제의 진실을 알아내기 원한다면 가능한 한 마음을 열고, 우리 자신의 한계와 기질을 깊게 인식하고서 그 문제에 접근해야 한다. 다른 한편으로 신중하게, 공개적으로 그 증거를 조사한 후 우리가 그 명제를 거절한다면 그것은 편견이 아니다. 그것은 '후 판단'이라고 불리어질 수 있다. 그것은 확실히 지식의 선결조건이다.

어휘 prejudice 편견 / predisposition 기질, 성질

정답 ②

Monkeys and apes are both primates, which means they're both part of the human family tree. As distinguished relatives, we should probably be able to tell them apart. But how do you know which is a monkey and which is an ape? The quickest way to tell the difference between a monkey and an ape is by the presence or absence of a tail. Almost all monkeys have tails; apes do not. Their bodies are different in other ways too: monkeys are generally smaller and narrow-chested, while apes are larger and have broad chests and shoulder joints that allow them to swing through trees (while some monkeys also have this ability, most of them are built for running across branches rather than swinging). Apes are generally more intelligent than monkeys, and most species of apes exhibit some use of tools.

\* primate: 영장류

**해설** 첫 문장에서 원숭이와 유인원은 둘 다 영장류이며, 모두 인간 가계도의 일부라고 했는데, 네 번째 문장에서 'The quickest way to tell the difference between a monkey and an ape is by the presence or absence of a tail(원숭이와 유인원을 구별하는 가장 빠른 방법은 꼬리의 유무이다).'이라고 했다. 이후 원숭이와 유인원의 차이점을 나열하고 있으므로, 글의 주제로 적절한 것은 ③ 'the differences between monkeys and apes(원숭이와 유인원의 차이)'이다.
① 인간 가계도의 중요성
② 정글 동물들에게 꼬리의 필요성
④ 지능의 발달에서 도구의 역할

**해석** 원숭이와 유인원은 둘 다 영장류인데, 이것은 그들이 모두 인간 가계도의 일부라는 것을 의미한다. 차별화된 동족으로서 우리는 아마도 그들을 구분할 수 있어야 한다. 하지만 여러분은 어떤 것이 원숭이이고 어떤 것이 유인원인지 어떻게 알 수 있을까? 원숭이와 유인원을 구별하는 가장 빠른 방법은 꼬리의 유무이다. 거의 모든 원숭이는 꼬리를 가지고 있는데, 유인원은 꼬리가 없다. 그들의 몸은 다른 점에서도 다르다. 원숭이는 일반적으로 더 작고 가슴이 좁은 반면, 유인원은 더 크고 (가지를 잡고 그네를 타듯이) 몸을 흔들어서 나무 사이를 이동할 수 있도록 넓은 가슴과 어깨 관절을 가지고 있다. (일부 원숭이들도 이러한 능력을 가지고 있지만, 대부분의 원숭이들은 (가지를 잡고) 몸을 흔들어 움직여서 이동하기보다는 나뭇가지를 가로질러 뛰도록 만들어졌다). 유인원은 일반적으로 원숭이보다 더 지능이 높으며, 대부분의 유인원 종들은 도구 사용을 보여준다.

**어휘** family tree 가계도 / distinguished 차별화된 / relative 동족, 동류 / tell apart 구별하다, 분간하다 / presence 존재(함), 있음 / absence 부재, 없음 / narrow-chested 빈약한 가슴 / shoulder joint 어깨 관절 / swing (고정된 무엇을 잡고 몸을 흔들어) 휙 움직이다[돌다] / exhibit 보이다[드러내다]

**정답** ③

**01** 글의 내용과 일치하는 것은? 20 지역인재

Halloween (also referred to as All Hollows' Eve) is a holiday that's celebrated in America on 31 October of each year, regardless of what day of the week this date falls on. Although it is rooted in religion, Halloween today is enjoyed mainly because of its decorations, costumes, candy, treats, and general excitement, and furthermore, it is enjoyed by most everyone. Before Halloween, many individuals carve a design into an orange-colored pumpkin, or a solid, durable vegetable. Once a personally satisfying design is carved, a lit candle is typically put inside a pumpkin, thereby making it a Jack-O-Lantern. At night, this design lights up against the darkness. Besides carving pumpkins, some celebrate Halloween by putting decorations up. Supernatural (referring in this case to non-natural creatures that are typically based in fiction) figures, including vampires, ghosts, werewolves, zombies, and more, generally account for most of these decorations. Bugs, spiders, cobwebs, gravestones, and anything else that can be considered creepy (or unusual and possibly scary) can also be found on Halloween, in decoration form.

① Halloween is celebrated on the last Sunday of October each year.

② Originally, Halloween has nothing to do with religion.

③ The designs most popular in a community are usually carved in the pumpkins.

④ Supernatural figures are used as Halloween decorations.

**해설** ④ 초자연적인 형상들은 핼러윈 장식으로서 사용된다. → 일곱 번째 문장에 서술되어 있다.

① 핼러윈은 매년 10월 마지막 일요일에 기념된다. → 매년 10월 31일 요일에 상관없이 기념되는 휴일이라고 첫 번째 문장에서 제시하고 있다.

② 애초에 핼러윈은 종교와 아무 관련이 없다. → 두 번째 문장에서 종교에서 발전했다고 언급하고 있다.

③ 공동체에서 가장 인기 있는 디자인이 보통 호박에 조각된다. → 언급되지 않은 내용이다.

**해석** 핼러윈(모든 성자들의 날 전야로도 불린다)은 매년 10월 31일 미국에서 그날이 일주일 중 무슨 요일인지 상관없이 기념되는 휴일이다. 비록 종교에서 발전되었지만 오늘날 핼러윈은 주로 장식, 의상, 사탕, 대접, 그리고 전반적인 흥분 때문에 즐기며, 더 나아가 거의 누구나 즐긴다. 핼러윈 전날, 많은 사람들은 오렌지 색상의 호박이나 단단하고 튼튼한 채소에 디자인을 조각한다. 스스로 만족하는 디자인이 조각되면 보통 불 켜진 초를 호박 안에 넣으며, 그렇게 함으로써 그것은 호박등이 된다. 밤에 이 디자인은 어둠과 맞서 환하게 된다. 호박을 조각하는 것 외에도 어떤 이들은 장식을 함으로써 핼러윈을 기념한다. 뱀파이어, 유령, 늑대인간, 좀비, 그리고 그 밖의 것들을 포함하는 초자연적인(이 경우에 있어서 보통 허구에 기반을 둔 자연적이지 않은 생물체를 나타낸다) 형상들은 보통 이 장식들의 대부분을 차지한다. 벌레, 거미, 거미줄, 묘비, 그밖에 오싹하게(또는 특이하거나 아마 무섭게) 여겨지는 어떤 것이라도 핼러윈 날 장식 양식에서 찾을 수 있다.

**어휘** regardless of ~에 상관없이 / treat 대접, 한턱 / durable 내구성이 있는, 오래가는 / account for (부분 · 비율을) 차지하다, 설명하다, 이유가 되다 / cobweb 거미줄 / creepy 오싹하게 하는, 으스스한 / have nothing to do with ~와는 전혀 관계가 없다

**정답** ④

**02** 다음 중 교통사고 발생에 기여하는 원인으로 언급되지 않은 것은 무엇인가?

> In addition to poor highway design, people's attitudes about driving also contribute to the high rate of traffic accidents. Some people persist in believing that they can drink and be alert drivers. Yet alcohol is estimated to be a factor in at least half of all fatal highway accidents. Refusing or forgetting to wear safety belts also increases fatalities. A negative attitude about wearing seat belts is inconsistent with statistics showing that the chances of being seriously hurt or dying in a car accident are greater when a seat belt is not worn.

① Drunk drivers
② Highway cares
③ Highway designers
④ Drivers refusing to wear seat belts

해석 형편없는 고속도로의 설계 외에도 운전에 관한 사람들의 태도가 높은 교통사고 발생률에 기여하고 있다. 일부 사람들은 그들이 술을 마시고 주의 깊은 운전자가 될 수 있다고 계속해서 믿는다. 그렇지만 술은 모든 치명적인 고속도로 교통사고에서 최소한 절반의 요인이라고 추정되고 있다. 안전벨트 착용에 관한 부정적인 태도는 교통사고에서 심각하게 부상을 입거나 죽을 가능성이 안전벨트를 착용하지 않았을 때 더 크다는 것을 보여주는 통계자료와 모순이 된다.

어휘 attitude 태도 / safety belt 안전벨트 / highway cares 고속도로 관리

정답 ②

**03** 다음 글의 내용과 일치하지 않는 것은?

> A recent investigation by scientists at the U.S. Geological Survey shows that strange animal behavior might help predict future earthquakes. Investigators found such occurrences in a ten-kilometer radius of the epicenter of a fairly recent quake. Some birds screeched and flew about wildly; dogs yelped and ran around uncontrollably. Scientists believed that animals perceive these environmental changes as early as several days before the mishap. In 1976, after observing animal behavior, the Chinese were able to predict a devastating quake. Although hundreds of thousands of people were killed, the government was able to evacuate millions of other people and thus keep the toll at a lower level.

① Some animals may be able to sense an approaching earthquake.

② By observing animal behavior, scientists perhaps can predict earthquakes.

③ The Chinese have successfully predicted an earthquake and saved many lives.

④ All birds and dogs in ten-kilometer radius of the epicenter went wild before the quake.

해석 미국에 지질협회에 있는 과학자들에 의한 최근의 조사가 동물의 이상한 행동이 미래의 지진을 예언하는 데에 도움을 준다는 것을 보여주고 있다. 조사원들은 상당히 최근 지진의 진앙지 반경 10km 이내에서 그런 일들을 발견했다. 몇몇의 새들은 꽥꽥 울어대고 주변을 거칠게 날아다녔고, 개들도 고함을 치고 통제할 수 없을 정도로 주변을 돌아다녔다. 동물들은 그 재앙이 있기 전만큼 일찍이 이런 환경에 변화를 감지한다고 과학자들은 믿었다. 1976년에 동물의 행동을 관찰한 후 중국 사람들은 대단히 파괴적인 지진을 예상할 수 있었다. 수십 만의 사람들이 죽었지만 정부는 수백 만의 다른 사람들을 이주시키고 희생자 수를 낮은 수준으로 유지할 수 있었다.

어휘 investigation 조사 / devastate 파괴하다 / epicenter 진앙지 / evacuate 이주시키다

정답 ④

## 04 다음 글의 내용과 일치하는 것은?

The cat has probably been associated with Man since it was first given a place by his fire in return for keeping the cave free of rats and mice. The relationship between the cat and Man has not been constant, however, Man's attitude has ranged through indifference and neglect to the extremes of persecution and worship.

① Man has constantly been friendly toward cats.

② Man's attitude towards cats has been through many changes.

③ Rats and mice were allowed to dwell in the cave with Man.

④ Man first gave the cat a place to make a fire.

해석 고양이가 동굴에서 쥐를 없애 주는 대가로 불가의 자리를 제공받은 이래로 인간과 관련성을 맺어 왔을 것이다. 그러나 고양이와 인간과의 관계는 지속적이지는 못했다. 인간의 태도는 무관심과 소홀로부터 박해와 숭배라는 극단적인 관계에까지 미쳤다.

어휘 persecution and worship 박해와 숭배 / in return for ~의 답례로, 보답으로 / indifference 무관심, 냉담

정답 ②

## 05 다음 글의 내용과 일치하는 것은?

Egoism is the mainspring of human nature. It is the one quality from which we can never escape(I do not like to call it a vice, though it is the ugliest of our vices, because it is also the marrow of our virtues), for it determines our existence. Without it we should be nought. And yet our constant effort must be to check its claims and we can only live well if we do our best to suppress it.

① 이기심은 벗어날 수 있다.

② 이기심은 악덕일 뿐이다.

③ 이기심은 억누르지 않으면 안 된다.

④ 이기심이 없으면 문화는 더 발전한다.

해석 이기주의는 인간 본성의 주된 부분이다. 그것은 우리가 결코 피할 수 없는 하나의 특징이다(나는 비록 그것이 우리의 악덕 중 가장 추한 것이지만 악덕이라고 부르는 것을 좋아하지 않는다. 왜냐하면 또한 그것이 우리 미덕의 동반자이기 때문이다). 왜냐하면 그것이 우리의 존재를 결정해 주기 때문이다. 그것이 없다면 우리는 무용지물이 될 것이다. 그렇지만 우리는 그것의 주장을 억제하기 위해서 지속적인 노력을 해야 한다. 그리고 만약 그것을 억압하기 위해 최선을 다한다면 우리는 잘 살 수 있다.

어휘 egoism 이기주의 / suppress 억압하다

정답 ③

Experts had long believed that exercise could help protect against developing dementia. However, though they had observed a general pattern of reduced risk, studies on the subject had been small with little consensus on the type, frequency or intensity of exercise that might be best. "There's no real clear prescription that we can provide for physical activity," said Dr. Joel Salinas, who specializes in treating people with dementia. But major long-term studies released in recent months have attempted to characterize the types, intensities and durations of physical activity that provide the most overall protection against dementia. These studies, which followed thousands, and even hundreds of thousands, of people for years at a time, confirm that regular physical activity, in many forms, plays a substantial role in decreasing the risk of developing dementia.

* dementia : 치매

① 전문가들은 운동이 치매 발병을 예방하는 데 도움이 될 수 있다고 오랫동안 믿어왔다.
② 치매 예방에 가장 좋은 운동의 유형과 빈도에 대한 전문가들의 의견은 대부분 일치했다.
③ 장기간에 걸쳐 이루어진 치매 관련 주요 연구들이 최근 발표되었다.
④ 최근에 발표된 연구에서는 규칙적인 신체 활동이 치매 발병 위험을 줄인다는 것을 확인했다.

**해설** ② 두 번째 문장에서 '~ studies on the subject had been small with little consensus on the type, frequency or intensity of exercise that might be best(~ 그 주제에 대한 연구는 최선이 될 수 있는 운동의 유형과 빈도, 혹은 강도에 대한 의견 일치가 거의 없는 소수였다.)'라고 했으므로, 글의 내용과 일치하지 않는 것은 ② '치매 예방에 가장 좋은 운동의 유형과 빈도에 대한 전문가들의 의견은 대부분 일치했다.'이다.

① 첫 번째 문장에서 'Experts had long believed that exercise could help protect against developing dementia.'라고 했으므로, 글의 내용과 일치한다.

③ 네 번째 문장에서 'But major long-term studies released in recent months have attempted~'라고 했으므로, 글의 내용과 일치한다.

④ 다섯 번째 문장에서 'These studies, ~ confirm that regular physical activity, in many forms, plays a substantial role in decreasing the risk of developing dementia.'라고 했으므로, 글의 내용과 일치한다.

**해석** 전문가들은 운동이 치매 발병으로부터 보호하는 데 도움을 줄 수 있다고 오랫동안 믿었다. 그러나 그들이 줄어든 위험의 일반적인 패턴을 관찰했지만, 그 주제에 대한 연구들은 가장 좋은 운동의 유형, 빈도, 혹은 강도에 대한 의견 일치가 거의 없이 소수였다. 치매에 걸린 사람들에 대한 치료를 전문으로 하는 Joel Salinas 박사는 "우리가 신체 활동에 제공할 수 있는 실질적이고 명확한 처방은 없다."라고 말했다. 그러나 최근 몇 달 동안 발표된 주요한 장기적인 연구들은 치매에 대항하는 가장 전반적인 보호를 제공하는 신체 활동의 유형, 강도 및 기간을 특징지으려고 시도했다. 이 연구들은, 한 번에 수천 명, 심지어 수십만 명의 사람들을 몇 년 동안 추적했는데, 여러 형태의 규칙적인 신체 활동이 치매 발병 위험을 줄이는 데 상당한 역할을 한다는 것이 사실임을 보여준다.

**어휘** protect against …로부터 지키다 / observe 관찰[관측/주시]하다 / consensus 의견 일치, 합의 / frequency 빈도 / intensity 강렬함 / prescription 처방전 / specialize in ~을 전문으로 하다 / treat 치료하다 / long-term 장기적인 / release 공개[발표]하다 / attempt 시도하다 / characterize 특징짓다 / duration 지속 기간 / overall 종합[전반]적인 / protection 보호 / confirm 사실임을 확인해 주다 / play a role in ~에서 역할을 하다 / substantial 상당한 / decreasing 감소하는, 점점 줄어드는

**정답** ②

**01** 다음 빈칸에 들어갈 알맞은 결론을 고르시오.

> The government organs could be easily corrupted. Criminal elements in society have found out that public works contracts are a great source of money, which is, in their eye, second only to the drug trade, and much less risky. It is well known that the Mafia have worked closely with political machines whose principal task is to _____.

① spend large sums of money

② supervise the public works contractors

③ keep the electral votes in line

④ carry out the directives of President

**[해석]** 정부기관은 쉽게 타락할 수 있다. 사회의 범죄 집단들은 공익사업 계약이 그들의 눈으로는 마약사업 다음으로 큰 돈벌이가 되고, 위험이 훨씬 덜하다는 것을 알게 되었다. 마피아들은 공익사업 계약자들을 감독하는 정당조직과 밀접하게 일을 하고 있다고 알려져 있다.

**[어휘]** corrupt 타락하다 / risky 위험한 / drug trade 마약거래

**[정답]** ②

**02** 다음 빈칸에 들어갈 가장 적절한 결론의 단어를 고르시오.

> The central part of Australia is one of the most inaccessible areas in the world. Although the eastern coast is modern, the native inhabitants of the central part of Australia are physically and culturally primitive. Their basic way of life has remained the same for centuries, remarkably untouched by the modern world. The people of central Australia demonstrate the effects of the area's _____.

① smallness      ② resources

③ cultures      ④ isolation

**[해석]** 오스트레일리아 중앙지역은 세계에서 가장 접근하기 어려운 지역 중의 하나이다. 동쪽 해안이 현대화되었지만 오스트레일리아의 중앙지역의 원주민들은 육체적, 문화적으로 원시적이다. 그들의 기본적인 삶의 방식은 수 세기 동안 똑같이 남아 있고 현대 세계에 의하여 주목할 정도로 접촉되지도 않았다. 중앙 오스트레일리아의 사람들은 그 지역 고립의 효과를 보여주고 있다.

**[어휘]** native inhabitant 원주민 / demonstrate ~을 보여주다

**[정답]** ④

**03** 다음 밑줄 친 곳에 가장 알맞은 결론을 고르시오.

> Public goods are those commodities from whose enjoyment nobody can be effectively excluded. Everybody is free to enjoy the benefits of these commodities, and one person's utilization does not reduce the possibilities of anybody else's enjoying the same goods. _____.

① Computers are public goods

② National defense is not a public good

③ Apples are public goods

④ Traffic lights are public goods

[해석] 공익상품은 누구라도 즐거움으로부터 배제될 수 없는 그런 상품이다. 누구든지 이 상품의 혜택을 자유롭게 즐기고 어느 한 사람이 이용하는 것이 다른 사람이 상품을 즐길 가능성을 줄이지는 않는다. <u>신호등은 공공재이다.</u>

[어휘] public goods 공익상품

[정답] ④

**04** 빈칸에 알맞은 것을 고르시오.

> A mother and son were washing dishes while the father and daughter were watching TV in the den. Suddenly, there was a crash of breaking dishes, then complete silence. The girl looked at her father and said, "It was Mom.", "How do you know?" "She _____."

① scolded the son

② didn't say anything

③ complained about it

④ told her son to be careful

[해석] 아버지와 딸이 거실에서 TV를 시청하는 동안에 어머니와 아들이 설거지를 하고 있었다. 갑자기 접시가 깨지는 소리가 났고, 다음은 완전한 침묵이었다. 딸이 아버지를 쳐다보고 "엄마예요."라고 말했다. "너는 어떻게 알았니?", "<u>그녀는 아무 말도 하지 않았어요.</u>"

[어휘] den 거실

[정답] ②

**01** 글 속에서 필자가 가지는 심경은?

> The other day I paid a visit to the house of a newly-married friend. My friend is a man of great wealth but vulgarity. When he had set about buying bedsteads, tables, chairs and so on, it occurred to him to buy also a library. Whether he can read or not, I do not know, but he observed that most respectable and decent people usually had a lot of books in their houses. So he bought several book-cases and filled them with all manner of new books.

① contemptuous

② envious

③ respectful

④ pleased

해설 일전에 새롭게 결혼한 친구의 집을 방문했다. 나의 친구는 아주 부유하나 저속한 사람이었다. 그가 침대, 테이블, 의자 등등을 사기 시작했을 때 또한 서재를 사는 것이 그에게 갑자기 떠올랐다. 그가 책을 읽을 수 있는지 없는지는 모르나 가장 존경할 만하고 품위 있는 사람들은 일반적으로 집에 많은 책을 가지고 있다는 것을 그는 관찰하게 되었다. 그래서 그는 여러 개의 책꽂이를 사고 여러 종류의 새로운 책들로 가득 채웠다.

어휘 and so on 기타 등등

정답 ①

**02** 다음 글에서 밑줄 친 she의 심경은?

> As she stood on the little grass plot before the house and felt the cold rain on her body, a mad desire to run naked through the streets took possession of her. She thought that the rain would have some creative and wonderful effect on her body. Not for years had she felt so full of youth and courage. She wanted to leap and run, to cry out, to find some other lonely human and to embrace him.

① passive

② timid

③ thoughtful

④ passionate

해설 그녀가 집 앞 작은 잔디밭에 서서 그녀 몸에 차가운 비를 느낄 때, 거리를 통해서 벌거벗은 채 미친 듯 달리고 싶은 갈망이 그녀를 사로잡았다. 그녀는 비가 그녀의 육체에 어떤 창조적이고 경이로운 영향을 미친다고 생각했다. 여러 해 동안 그녀는 그렇게 젊음과 용기로 가득 찬 것을 느껴본 적이 없다. 그녀는 뛰고 달리고 소리치고 어떤 다른 외로운 사람을 찾아가 그 사람을 포옹하기를 원했다.

어휘 run naked 벌거벗은 채로 달리다 / take possession of ～을 사로잡다

정답 ④

**03** 다음 글 속에서 필자의 서술 방식은 무엇인가?

In the spring when the rains have passed and before the long hot days of summer have come, the country about Winesburg is beautiful. The town lies in the midst of open fields, but beyond the field are pleasant patches of woodlands. In the wooded places are many little, quite places where lovers go to sit on Sunday afternoons. Through the trees they look out across the fields and see farmers at work about the barns or people driving up and down on the roads. In the town bells ring and occasionally a train passes, looking like a toy thing in the distance.

① descriptive

② creative

③ instructive

④ critical

해설 비가 지나가고 기나긴 뜨거운 여름이 오기 전 봄날에 윈즈버그 근처의 교외는 아름답다. 그 도시는 들판의 한가운데에 위치해 있지만 그 들판 너머에는 쾌적한 산림지역이 있다. 나무가 우거진 지역에는 연인들이 일요일 오후마다 와서 앉는 작고 조용한 장소들이 많이 있다. 나무들 사이로 그들은 그 들판을 바라보며, 헛간 주위에서 일하는 농부들이나 도로를 차로 오르내리는 사람들을 본다. 그 도시에서는 종이 울리고 이따금 기차가 지나가는데, 이것은 멀리서 볼 때 장난감 같은 것으로 보인다.

어휘 barn 헛간 / toy 장난감

정답 ①

**04** 다음 글의 성격을 가장 잘 나타내는 말은?

> I belong to that classification of people known as wives. I am a 'wife'. And, not altogether incidentally, I am a mother. Not too long ago a male friend of mine appeared fresh from a recent divorce. He had one child, who is, of course, with his ex-wife. He is obviously looking for another wife. As I thought about him while I was ironing one evening, it suddenly occurred to me that I, too, would like to have a wife. Why do I want a wife? I would like to go back to school so that I can become economically independent, support myself, and, if need be, support those dependent upon me. I want a wife to keep track of the children's doctor and dentist appointments.

① familiar

② serious

③ talkative

④ ironical

[해설] 나는 아내라고 알려진 사람들의 부류에 속한다. 나는 '아내'이다. 그리고 이것과 아주 무관하지 않게 나는 어머니이다. 얼마 전에 나의 한 남자친구가 막 이혼을 하고 나타났다. 그는 아이가 하나 있었는데 물론 그 아이는 그의 전부인과 함께 살고 있다. 그는 물론 새 아내를 찾고 있다. 어느 날 저녁 다림질을 하면서 그 사람에 대해 생각하던 중 갑자기 나도 아내를 하나 가지고 싶다는 생각이 들었다. 왜 내가 아내를 원하는가? 나는 경제적으로 독립을 하여, 자립을 하고, 그리고 필요하다면 나에게 딸린 부양가족들도 도와줄 수 있게, 학교로 돌아가서 공부하고 싶다. 나는 일을 해서 나를 학교에 보내줄 아내를 원한다. 내가 학교에 다니는 동안 아이들을 돌봐줄 아내를 원한다. 병원이나 치과의 약속 날짜에 맞춰 아이들을 데리고 다닐 아내를 원한다.

[어휘] classification 분류 / a male friend 남자친구 / ironical 반어적인, 비꼬는

[정답] ④

# CHAPTER

## 07 글의 상호관계 분석

**01** 글의 흐름상 가장 어색한 문장은?

20 지역인재

In 1971, an American computer engineer called Ray Tomlinson sent the first ever email. He needed a symbol to identify the location of the email sender within the computer system that sends and receives messages, and he chose @—pronounced 'at.' ① Today, we call it the 'at sign' in English. ② The internet, in particular, has introduced some new kinds of punctuation. ③ But other languages sometimes give it different names. ④ People look at its funny shape and compare it to all sorts of things, such as a worm, an elephant's trunk, or a monkey's tail. It's called a 'malpa' in Poland (that's the word for 'monkey' in Polish), a 'sobaka' in Russia (the word for 'dog' in Russian), and a 'papaka' in Greece (the word for 'duckling' in Greek).

**해설** 앳(at) 마크인 @의 모양 때문에 언어권마다 @을 부르는 방법이 다양하다는 내용의 글로, 인터넷이 몇몇 새로운 종류의 문장 부호를 도입했다는 내용의 ②는 글의 흐름에 위배된다.

**해석** 1971년 Ray Tomlinson이라 불리는 미국의 한 컴퓨터 기술자는 최초의 이메일을 보냈다. 그는 메시지를 주고받는 컴퓨터 시스템 내에서 이메일 발신자의 위치를 확인하기 위한 기호가 필요했는데, 그는 'at'이라고 발음되는 @을 선택했다. 오늘날 우리는 그것을 영어로 'at sign'이라고 부른다. 인터넷은 특히 몇몇 새로운 종류의 문장 부호를 도입했다. 하지만 다른 언어들은 그것을 다르게 부른다. 사람들은 그것의 재미있는 모양을 보고 그것을 지렁이, 코끼리 코, 또는 원숭이 꼬리와 같이 온갖 것과 비교한다. 그것은 폴란드에서는 'malpa'(폴란드어로 '원숭이'에 해당하는 단어), 러시아에서는 'sobaka'(러시아어로 '개'에 해당하는 단어), 그리스에서는 'papaka'(그리스어로 '새끼 오리'에 해당하는 단어)라고 불린다.

**어휘** punctuation 구두점, 구두법

**정답** ②

**02** 글의 흐름으로 보아 주어진 문장이 들어갈 가장 알맞은 곳을 고르시오.

> This is the law of the jungle.

> Animals kill animals to live. This is the rule of wildlife. ( ① ) This helps keep all wildlife strong. ( ② ) Only vigorous animals escape being eaten. ( ③ ) Predators catch the old, the sick, and sometimes, the young. ( ④ ) But this keeps the prey animal from growing too large in number. When the predator is injured or old, it dies of age and hunger. Nature is cruel, but nature loves a balance.

[해석] 동물들은 살기 위하여 다른 동물들을 죽인다. 이것이 야생의 법칙이다. 이것이 정글의 법칙이다. 이것이 모든 야생 동물을 강하게 만드는 데 도움을 준다. 오직 강건한 동물들만이 잡아 먹혀지는 것을 피하게 된다. 육식 동물들은 늙고, 병들고, 때로는 어린 동물들을 잡아먹는다. 그러나 이것은 먹잇감이 되는 동물이 수적으로 너무 많이 증가하는 것을 막아준다. 육식 동물이 부상당하거나 늙으면, 고령이나 굶주림으로 죽는다.
자연은 잔인하나 또한 균형을 좋아한다.
[어휘] wildlife 야생 / vigorous 강건한 / predator 육식동물

[정답] ①

**03** 다음 글을 읽고 본문 전체의 흐름과 관계가 없는 문장을 고르시오.

> A healthy diet is important for children as well as adults. ① When adults have poor eating habits their children usually do too. ② After all, children eat the same way as their parents do. ③ We know that the food we eat affects us in different ways. ④ When parents eat healthy food, the children will think it tastes good.

[해석] 건강한 식단은 성인뿐만 아니라 아이들에게도 중요하다. 성인들이 나쁜 식사 습관을 가질 때 일반적으로 아이들도 또한 그렇게 된다. 결국 아이들도 부모들과 같은 방식으로 밥을 먹는다. 우리는 우리가 먹는 음식이 여러 면에서 영향을 미친다는 것을 알고 있다. 부모님이 건강한 음식을 먹을 때 아이들도 그것이 맛이 좋다고 생각할 것이다.
[어휘] habits 습관 / affect 영향을 미치다

[정답] ③

**04** 글의 흐름으로 보아, 주어진 문장이 들어가기에 가장 적절한 곳은?

> But there are some people who are unusually sensitive to weather.

> Rain or snow can bring on sadness and depression in some people. ( ① ) This feeling may be caused by staying indoors for too long during bad weather. ( ② ) Rather than just feeling blue on a cold, dreary day, for example, they actually find is difficulty to carry out their daily routine. ( ③ ) Even going to work or to school becomes a big job for these people ( ④ ) Some people also become very depressed during the dark days of winter. They suffer from a sickness called 'seasonal affective disorder' or SAD.

[해석] 비나 눈은 어떤 사람들에게 슬픔이나 우울함을 야기할 수 있다. 이러한 느낌은 궂은 날씨에 너무 오래 집 안에만 머무르면서 생기는 느낌일지도 모른다. 그러나 유달리 날씨에 민감한 사람들도 있다. 예컨대 춥고 음산한 날에 단지 우울함을 느끼는 정도를 벗어나, 이 사람들은 실제로 그들의 일상조차 수행해 나가기가 어렵다는 것을 알게 된다. 직장이나 학교에 가는 것조차도 이 사람들에게는 큰일이다. 몇몇 사람들은 겨울의 우중충한 날에 매우 의기소침해지기도 한다. 이들은 '계절적 정서 장애' 즉 SAD라고 불리는 질병을 앓고 있다.

[어휘] sensitive 민감한 / bring on 초래하다 / depression 우울함, 의기소침함 / dreary 쓸쓸한 / carry out 수행하다 / routine 판에 박힌 일, 일상사 / suffer from 질병을 앓다 / affective 감정적인, 정서적인 / disorder 장애

[정답] ②

In the essay, 'normal science' means research firmly based upon one or more past scientific achievements, achievements that some particular scientific community acknowledges for a time as supplying the foundation for the further practice.

(A) These textbooks expound the body of accepted theory, illustrate many or all of its successful applications, and compare these applications with exemplary observations and experiments.

(B) Today such achievements are recounted, though seldom in their original form, by science textbooks, elementary and advanced.

(C) Before such books became popular early in the nineteenth century (and until even more recently in the newly matured sciences), many of the famous classics of science fulfilled a similar function.

① (A) - (C) - (B)

② (B) - (A) - (C)

③ (B) - (C) - (A)

④ (C) - (B) - (A)

**해설** 글의 순서를 파악하는 문제의 핵심은 지시어와 연결어를 파악하는 데 있다. 우선 주어진 문장은 정상과학의 정의를 소개하는데, 정상과학이란 과학적 성취를 기반으로 하는 연구를 말한다. 이는 (B)에서 such achievements(이러한 성취)라고 받으며, 이러한 성취가 초급 및 중급 교과서에 실린다는 내용으로 연결된다. (A)의 These textbooks는 (B)에서 언급한 교과서를 받으며, 이는 (C)에서 과거 교과서 역할을 수행한 과학 분야의 고전 도서에 관한 내용으로 글이 이어진다.

**해석** 에세이에서 '정상과학'은 과거 하나 이상의 과학적 성취에 확고히 기반을 둔 연구 활동을 의미하는데, 그 성취는 몇몇 특정 과학자 사회가 일정 기간 동안 과학의 한걸음 나아간 활동을 위한 기초를 제공하는 것으로 인정하는 것을 가리킨다.

(B) 오늘날 이러한 성취는 비록 원래의 형태로는 드물지만 초급과 중급 과학 교과서에서 이야기된다.

(A) 이 교과서들은 정설의 내용을 자세히 설명하고, 그것의 성공적인 적용에 대해 전부 혹은 다수를 실증하며, 이러한 적용을 본보기가 되는 관찰이나 실험과 비교한다.

(C) 이러한 책들이 19세기 초반에 인기를 얻게 되기 전에(그리고 심지어 훨씬 최근까지 새롭게 성숙한 과학에서도), 과학 분야의 많은 유명한 고전들이 비슷한 기능을 수행했었다.

**어휘** normal science 정상과학(과거의 과학적 성취에 확고히 기반을 둔 연구 활동) / achievement 성취, 업적 / expound 자세히 설명하다 / recount 이야기하다[말하다]

**정답** ②

**06** 다음에 주어진 글이 들어가기에 알맞은 곳을 고르시오.

Sometimes we exchange tender words.

We say and hear innumerable words. Sometimes we reply harsh words in a second. ( ① ) Living with and through language, we seldom see language as a cosmos of fantastic order. ( ② ) Although often impressed by the miracle of language in literature, we seldom try to search for the origin of language, the abstract power. ( ③ ) In or from what was language originated? ( ④ ) Was it a gift from God for human?

[해석] 우리는 수많은 단어를 말하고 듣는다. 어떤 때는 심한 말을 듣고는 즉시 대꾸를 하기도 한다. 어떤 때는 부드러운 말을 주고받는다. 말과 함께 말을 통해서 살면서도, 우리는 언어를 일련의 환상적인 질서를 갖춘 것으로서 좀처럼 간주하지 않는다. 문학 작품에서는 종종 언어의 기적에 감동을 받을지라도, 추상적인 힘인 언어의 기원을 찾으려는 시도는 거의 하지 않는다. 언어는 어디에서 혹은 어디로부터 기원했을까? 그것은 인간에 대한 신의 선물이었던가?

[어휘] exchange 주고받다 / innumerable 셀 수 없이 많은 / harsh 심한, 거친

[정답] ①

And working offers more than financial security.

---

Why do workaholics enjoy their jobs so much? Mostly because working offers some important advantages. It provides people with paychecks — a way to earn a living. ( ① ) It provides people with self-confidence; they have a feeling of satisfaction when they've produced a challenging piece of work and are able to say, "I made that." ( ② ) Psychologists claim that work also gives people an identity; they work so that they can get a sense of self and individualism. ( ③ ) In addition, most jobs provide people with a socially acceptable way to meet others. ( ④ ) It could be said that working is a positive addiction; maybe workaholics are compulsive about their work, but their addiction seems to be a safe — even an advantageous — one.

---

**해설** 주어진 문장에 financial security가 등장하므로 일이 제공하는 재정적인 안정성을 설명하는 부분 뒷부분에 삽입하면 된다. 따라서 직장이 사람들에게 급료를 제공하고, 이는 생계수단이라는 두 번째 문장 다음인 ①이 삽입될 위치로 가장 적절하다. ① 이후부터는 직장생활에서 오는 자신감, 성취감, 개인의 존재의 의미 등이 일이 제공하는 경제적 이점 외의 장점으로서 등장한다.

**해석** 왜 일 중독자들은 그들의 일을 그렇게나 즐길까? 주로 일하는 것은 몇 가지 중요한 이점을 제공하기 때문이다. 그것은 사람들에게 급료를 제공하는데, 이는 생계수단이다. 그리고 일하는 것은 재정적인 안정 이상의 것을 준다. 그것은 사람들에게 자신감을 준다. 그들이 도전적인 일을 성취했을 때 만족감을 갖게 하고, "내가 해냈어."라고 말할 수 있게 한다. 심리학자들은 일이 사람들에게 동일성을 부여한다고 주장한다. 그들은 일에 참여해서 자기 자신의 존재의 의미와 개체주의에 대한 의식을 얻게 된다. 게다가 대부분의 직장은 사람들에게 다른 사람을 만나기 위한 사회적으로 허용되는 방식을 제공한다. 일하는 것은 긍정적인 중독이라고 말할 수 있을 것이다. 아마 일 중독자들은 그들의 일에 지나치게 신경을 쓰지만 그들의 중독은 안전한 것으로, 심지어 유리한 것으로도 보인다.

**어휘** workaholic 일 중독자, 일벌레 / paycheck 급료 / make it 성공하다, 해내다 / individualism 개성, 개인주의; 개체주의 / compulsive 강박적인 / advantageous 이로운, 유리한

**정답** ①

Inside the fluid, there are many different cell parts called organelles.

Plants and animals are filled with fluid that is like gelatin. The fluid is called cytoplasm. It is made of cytosol. Cytosol is like a special soup that has everything the cell needs to live. A cell must do many different jobs to survive. ( ① ) Each organelle does a different job; some organelles turn food into energy and other organelles store water. ( ② ) Most organelles are separated from the cytosol by a membrane. ( ③ ) The membrane is like a skin that only lets in what the organelle needs. ( ④ ) Everything else is kept outside. One special kind of organelle is called chloroplast. Plant cells have these. Chloroplasts turn sunlight into energy that the rest of cell can use. Animals do not have chloroplasts. They must get their energy from eating other things.

**해설** 어떤 대상의 이름을 소개하는 문장은 그 대상에 대한 설명들 맨 앞에 나와야 한다. 주어진 문장은 '세포 기관'이라는 대상의 이름을 소개하고 있으므로, 세포 기관에 대한 설명이 시작되기 전에 들어가야 한다. 이를 충족하는 위치는 ①이다.

**해석** 식물들과 동물들은 젤라틴 같은 액체로 가득 차 있다. 그 액체는 세포질이라고 불린다. 그것은 시토졸로 이루어져 있다. 시토졸은 세포가 살기 위해 필요한 모든 것들을 담고 있는 특별한 수프와 같다. 세포는 살아남기 위해 다양한 많은 일을 해야 한다. 액체 내에는 세포 기관이라고 불리는 많은 다양한 부분들이 있다. 각각의 세포 기관은 다른 일을 맡고 있다. 어떤 세포 기관은 음식을 에너지로 바꾸고 다른 세포 기관은 물을 저장한다. 대부분의 세포 기관들은 세포막에 의해 시토졸과 분리되어 있다. 세포막은 피부와도 같은데, 오직 세포 기관이 필요로 하는 것들만을 들어오게 허락한다. 나머지는 모두 외부에 있게 된다. 한 가지 특별한 세포 기관은 엽록체라고 불린다. 식물 세포들은 이것을 가지고 있다. 엽록체는 햇빛을 에너지로 바꿔 나머지 모든 세포들이 사용하도록 한다. 동물들은 엽록체를 가지고 있지 않다. 그들은 에너지를 다른 것들을 먹음으로써 얻어야만 한다.

**어휘** organelle 세포 기관 / gelatin 젤라틴 / cytoplasm 세포질 / membrane 세포막 / let in 안으로 들이다 / chloroplast 엽록체

**정답** ①

English differs from all other major European languages in having adopted natural(rather than grammatical) gender.

(A) But even this aid is lacking in the Germanic languages, where the distribution of the three genders appears to the English students to be quite arbitrary.

(B) In the Romance languages, for example, there are only two genders, and all nouns that would be neuter in English are either masculine or feminine. Some help in these languages is afforded by distinctive endings that at times characterize the two classes.

(C) In studying other European languages, students must learn both the meaning of every other noun and also its gender.

① (A) - (B) - (C)
② (A) - (C) - (B)
③ (B) - (C) - (A)
④ (C) - (B) - (A)

**해설** 주어진 문장에서 영어와 다른 유럽어의 차이점에 대해 자연적인 성을 채택했다는 점을 들고 있다. rather than이라는 표현을 사용하여 유럽어는 문법적으로 성을 구별할 수 있다는 것을 알 수 있는데, 이에 대한 부연설명을 (B), (C)에서 하고 있다. 둘 중 더 포괄적인 내용은 (C)이므로 (C)가 먼저 나온 이후에 그에 대한 예시로 (B)가 오는 것이 맞다. (A)에서는 대명사 this를 사용하여 앞 문장에 '도움'에 관련된 내용을 다시 받아주고 있으므로 (B)에서 제시된 some help를 받기 위해서는 (A)가 (B) 뒤에 와야 한다. 이를 충족시키는 글의 순서는 ④이다.

**해석** 영어는 자연적(문법적이지 않은) 성을 채택했다는 점에서 다른 주요 유럽어들과는 다르다.
(C) 다른 유럽어들을 학습할 때, 학생들은 모든 명사의 의미와 함께 그것의 성을 배워야 한다.
(B) 예를 들어, 로맨스어에는 오직 두 개의 성이 존재하며, 영어에서 중성인 모든 명사들은 남성적이거나 여성적이다. 이러한 언어들에서는 가끔 두 부류를 특징짓는 독특한 어미들이 도움을 준다.
(A) 하지만 심지어 이러한 도움도 게르만 언어들에서는 부족한데, 이 언어들에서는 성을 세 가지로 분류하며 그것은 영어 학도들에게 매우 임의적으로 보인다.

**어휘** gender 성 / aid 도움 / distribution 분포, 구분 / arbitrary 임의적인 / Romance 로맨스어의(라틴어에서 발달한 프랑스어, 이탈리아어, 스페인어 등을 가리킴) / masculine 남성적인 / feminine 여성적인 / afford 제공하다, 주다 / distinctive 차이를 나타내는, 뚜렷이 구별되는 / ending (단어의) 어미 / at times 때로는

**정답** ④

If you catch some lobsters and transport them to a new location, each lobster will first begin to explore the new territory, partly to map its details, and partly to find a good place for shelter. ① Lobsters learn a lot about where they live, and they remember what they learn. ② If you startle one near its nest, it will quickly zip back and hide there. ③ Lobsters can immediately determine the size of their opponent from its claw size. ④ If you startle it some distance away, however, it will immediately dart towards the nearest suitable shelter, previously identified and now remembered.

**해설** 주어진 글은 바닷가재가 새로운 장소로 옮겨지면 자신들의 영역을 탐험해서 지도를 만들고 은신처를 발견한다는 내용이다. ③의 앞 문장에서 바닷가재를 둥지 근처에서 놀라게 하면 그것은 재빨리 둥지로 돌아가서 숨을 것이라고 했고, ③의 다음 문장에서 바닷가재를 둥지와 어느 정도 떨어진 곳에서 놀라게 하면 그것은 이전에 식별되었으며 지금 기억되는 가장 가까운 적당한 은신처를 향해 쏜살같이 달려갈 것이라고 했으므로, 글의 흐름상 어색한 문장은 '바닷가재들은 그들의 적수의 크기를 그것의 집게발 크기로부터 즉시 알 수 있다.'라고 한 ③이다.

**해석** 만약 여러분이 바닷가재들을 잡아서 그것들을 새로운 장소로 옮기면, 각각의 바닷가재들은 먼저 부분적으로는 세부 사항들을 지도로 만들고 부분적으로는 은신처를 위한 좋은 장소를 찾기 위해 새로운 영역을 탐험하기 시작할 것이다. 바닷가재들은 그들이 사는 곳에 대해 많이 배우고, 그들이 배운 것을 기억한다. 만약 여러분이 둥지 근처에서 그것을 놀라게 한다면, 그것은 재빨리 둥지로 돌아가서 거기에 숨을 것이다. 바닷가재들은 그들의 적수의 크기를 그것의 집게발 크기로부터 즉시 알 수 있다. 하지만, 만약 여러분이 그것을 어느 정도 떨어진 곳에서 놀라게 한다면, 그것은 즉시 이전에 식별되었으며 지금 기억되는 가장 가까운 적당한 은신처를 향해 쏜살같이 달려갈 것이다.

**어휘** lobster 바닷가재 / transport 이동시키다[실어 나르다] / location 장소[곳/위치] / explore 탐험하다 / territory 영역 / map 지도를 만들다 / shelter 피신[대피] / startle 깜짝 놀라게 하다 / zip 쌩[휙] 하고 가다 / hide 숨다 / determine 알아내다, 밝히다 / claw 집게발 / distance 거리 / dart 쏜살같이[휙] 달리다[움직이다] / suitable 적합한, 적절한 / identified 확인된, 식별된

**정답** ③

**01**

세 번째 문장에서 'I am afraid that we will not be renewing our membership for next year(저는 내년에 우리의 멤버십을 갱신하지 못할 것 같아 우려됩니다).'라고 했으므로 글의 목적으로 가장 적절한 것은 ① '회원권을 갱신하지 않겠다고 통보하려고'이다.

어휘

- Guild (직업 · 관심 · 목적이 같은 사람들의) 협회[조합], 길드
- sustaining 떠받치는, 지탱하는; 유지하는
- sustaining member 지속회원
- renew 갱신[연장]하다
- expense (어떤 일에 드는) 돈, 비용
- budget 예산, (지출 예상) 비용, 예산을 세우다

**01 글의 목적으로 가장 적절한 것은?** 22 지역인재

Dear Clara,

It has been our pleasure to have held a sustaining membership in the Rolling Meadow Theater Guild for the past ten years. We have enjoyed attending all of the shows, concerts, and other special events during that time, and it was very nice to have a seat we could call our own. However, I am afraid that we will not be renewing our membership for next year. We are living on a fixed income and our expenses keep rising. Please understand that the Theater Guild was one of the last things we wanted to cut from our budget. I expect we will continue to attend selected events at the theater, and I hope we will eventually be able to once again become a sustaining member.

Regards,

Liza Proctor

① 회원권을 갱신하지 않겠다고 통보하려고
② 연간 공연 일정에 관한 사전 안내를 요청하려고
③ 회원에게 제공되는 할인 혜택을 문의하려고
④ 공연 관람 취소 수수료에 관해 불만을 제기하려고

해석 친애하는 Clara에게,

지난 10년 동안 Rolling Meadow 극장 길드의 지속적인 회원 자격을 유지하게 되어 기쁩니다. 우리는 그 기간 동안 모든 쇼, 콘서트 및 기타 특별 행사에 참석하는 것을 즐겼고, 우리가 우리만의 좌석이라고 부를 수 있는 좌석을 가질 수 있어 매우 좋았습니다. 하지만, 저는 내년에 우리의 멤버십을 갱신하지 못할 것 같아 우려됩니다. 우리는 고정 수입으로 생활하고 있으며 지출은 계속 증가하고 있습니다. 극장 길드는 우리가 예산에서 삭감하고 싶었던 것 중 가장 마지막이었다는 것을 이해해 주세요. 앞으로도 극장에서 선별된 행사에 계속 참석할 예정이며, 언젠가는 다시 한 번 지속회원이 될 수 있기를 바랍니다.

안부를 전합니다.

Liza Proctor

정답 01 ①

## 02 글의 내용과 일치하는 것은?

October 29, 1929 was a dark day in history. "Black Tuesday" is the day that the stock market crashed, officially setting off the Great Depression. President Herbert Hoover attempted to handle the crisis but he was unable to improve the situation. In 1932, Franklin Delano Roosevelt was elected president and he promised a "New Deal" for the American people. Congress created The Works Progress Administration (WPA) which offered job opportunities for thousands of people. The end to the Great Depression came about in 1941 with America's entry into World War II.

① Black Tuesday는 주식시장이 폭락한 날이다.
② Hoover 대통령은 New Deal을 약속하였다.
③ WPA는 실업률을 증가시켰다.
④ The Great Depression은 제2차 세계대전으로 시작되었다.

**해석** 1929년 10월 29일은 역사상 암울한 날이었다. "검은 화요일(Black Tuesday)"은 주식시장이 폭락했고, 공식적으로 대공황이 촉발된 날이다. Herbert Hoover 대통령은 위기를 극복하기 위해 노력했지만 상황을 개선시킬 수 없었다. 1932년, Franklin Delano Roosevelt가 대통령에 당선되었고 그는 미국 국민을 위한 "뉴딜(New Deal)"을 약속했다. 의회는 수천 명의 사람들에게 일자리를 구할 기회를 제공하는 공공산업 진흥국(Works Progress Administration, WPA)을 만들었다. 대공황의 종식은 1941년 미국이 제2차 세계대전에 참전하면서 일어났다.

---

### 해설 & 정답

**02**

두 번째 문장에서 "검은 화요일"에 주식시장이 폭락했다고 언급하고 있으므로, 글의 내용과 일치하는 것은 ① 'Black Tuesday는 주식시장이 폭락한 날이다.'이다.

② Hoover 대통령은 New Deal을 약속하였다. → 네 번째 문장에서 Franklin Delano Roosevelt 대통령이 New Deal을 약속했다고 했으므로 글의 내용과 일치하지 않는다.

③ WPA는 실업률을 증가시켰다. → 다섯 번째 문장에서 의회가 WPA를 만들었다는 언급은 나오지만, WPA가 실업률을 증가·감소시켰는지에 대한 언급은 없으므로 글의 내용과 일치하지 않는다.

④ The Great Depression은 제2차 세계대전으로 시작되었다. → 마지막 문장에서 대공황의 종식은 제2차 세계대전에 참전하면서 시작되었다고 했으므로 글의 내용과 일치하지 않는다.

**어휘**
- stock market 증권 거래업; 주식 시장, 증권 거래소
- the Great Depression (1929년 미국에서 비롯한) 대공황
- attempt [명] (특히 힘든 일에 대한) 시도, [동] (특히 힘든 일을) 시도하다, 애써 해보다
- elect (선거로) 선출하다
- unable ～할 수 없는, ～하지 못하는 (↔able)
- Congress (미국 및 일부 다른 국가들의) 의회[국회]

**정답** 02 ①

**03**

④ 마지막 문장에서 'Since there were not yet any telescopes ~(아직 망원경이 없었기 때문에 ~)'라고 했으므로 글의 내용과 일치하지 않는 것은 ④ '망원경을 사용하여 천체를 관측했다.'이다.

① 10살 때 아버지가 돌아가셨다. → 두 번째 문장 'His father died when Nicholas was ten years old.'를 통해 알 수 있다.

② 대성당에서 얻은 일자리로 안정적 수입을 얻었다. → 네 번째 문장 'This gave him ~ continue his passion : studying the heavens.'를 통해 알 수 있다.

③ 천문학 도구를 사용할 수 있는 지붕 없는 탑을 지었다. → 다섯 번째 문장 'He built a roofless tower, ~ his astronomical instruments.'를 통해 알 수 있다.

[어휘]
- Bishop 주교
- obtain (특히 노력 끝에) 얻다[구하다/입수하다]
- cathedral 대성당(주교가 관장하는, 교구 내 중심 성당)
- secure 안심하는, 얻어 내다, 고정시키다
- secure income 안정적인[고정적인] 수입
- enabled (사람에게) ~을 할 수 있게 하다
- astronomical 천문학의, 천문학적인
- instrument 기구
- telescope 망원경
- horizon 수평선

**03** Nicholas Copernicus에 관한 글의 내용과 일치하지 않는 것은?

22 지역인재

> Nicholas Copernicus was born in Poland. His father died when Nicholas was ten years old. When his uncle became Bishop of Frauenburg, Copernicus obtained a job at the cathedral. This gave him a secure income, enabled him to study in Italy, and when he returned, to continue his passion : studying the heavens. He built a roofless tower, where he could use his astronomical instruments. Since there were not yet any telescopes, these instruments simply allowed him to measure the angles between various heavenly bodies and the horizon, and the phases of the moon.

① 10살 때 아버지가 돌아가셨다.
② 대성당에서 얻은 일자리로 안정적 수입을 얻었다.
③ 천문학 도구를 사용할 수 있는 지붕 없는 탑을 지었다.
④ 망원경을 사용하여 천체를 관측했다.

해석 Nicholas Copernicus는 폴란드에서 태어났다. 그의 아버지는 Nicholas가 10살 때 돌아가셨다. 그의 삼촌이 Frauenburg의 주교가 되었을 때, Copernicus는 대성당에서 일자리를 얻었다. 이것은 그에게 안정된 수입을 가져다주었고, 그가 이탈리아에서 공부할 수 있게 해주었고, 그가 돌아왔을 때, 하늘을 연구하는 그의 열정을 지속할 수 있게 해주었다. 그는 천문학의 기구를 사용할 수 있는 지붕이 없는 탑을 지었다. 아직 망원경이 없었기 때문에, 이 기구들은 단순히 그가 다양한 천체와 수평선 사이의 각도, 그리고 달의 위상을 측정할 수 있게 해주었다.

정답 03 ④

**04** Jose Gutierrez에 관한 글의 내용과 일치하지 않는 것은?

22 지역인재

Jose Gutierrez, a garbage collector, has brought the gift of reading to thousands of Colombian children. Gutierrez started rescuing books from the trash almost 20 years ago, when he was driving a garbage truck at night through the country's wealthier neighborhoods. The discarded books slowly piled up, and now the ground floor of his small house is a makeshift community library stacked from floor to ceiling with some 20,000 books, ranging from chemistry textbooks to children's classics. He says new books are too expensive for boys and girls in low-income neighborhoods such as his.

① 수천 명의 콜롬비아 어린이들에게 독서의 기회를 제공하였다.
② 부유한 동네를 돌며 쓰레기 트럭을 몰았다.
③ 아동 고전 명작만 골라 모았다.
④ 콜롬비아의 소득 수준이 낮은 동네에서 살고 있다.

**해석** 쓰레기 수집가인 Jose Gutierrez는 수천 명의 콜롬비아 어린이들에게 독서라는 선물을 가져주었다. Gutierrez는 거의 20년 전에 쓰레기통에서 책을 구하기 시작했는데, 그때 그는 밤에 미국의 부유한 동네를 쓰레기차를 운전해서 다니고 있었다. 버려진 책들이 서서히 쌓여갔고, 이제 그의 작은 집 1층은 화학 교과서부터 어린이 고전까지 2만여 권의 책으로 바닥에서 천장까지 쌓여 있는 임시 커뮤니티 도서관이다. 그는 새 책은 자신과 같은 저소득 지역의 소년과 소녀들에게 너무 비싸다고 말한다.

**04**

네 번째 문장에서 '~ with some 20,000 books, ranging from chemistry textbooks to children's classics(~ 화학 교과서부터 어린이를 위한 고전까지 2만 권의 책).'가 있다고 했으므로 글의 내용과 일치하지 않는 것은 ③ '아동 고전 명작만 골라 모았다.'이다.

① 수천 명의 콜롬비아 어린이들에게 독서의 기회를 제공하였다. → 첫 번째 문장의 'Jose Gutierrez, a garbage collector, ~ thousands of Colombian children.'을 통해 알 수 있다.

② 부유한 동네를 돌며 쓰레기 트럭을 몰았다. → 두 번째 문장 끝부분인 '~ through the country's wealthier neighborhoods.'를 통해 알 수 있다.

④ 콜롬비아의 소득 수준이 낮은 동네에서 살고 있다. → 마지막 문장인 'He says new books ~ such as his.'를 통해 알 수 있다.

[어휘]

• wealthy 부유한, 재산이 많은 (비교급 : wealthier)

• discard (불필요한 것을) 버리다, 폐기하다, (특히 카드 게임에서) 버린 패, 버린 것[사람]

• makeshift 임시변통의

**정답** 04 ③

**05**

제시문은 아침 운동의 당위성과 그 근거에 대해 설명하고 있는 글이다. 첫 번째 문장에서 운동하기 가장 좋은 시간이 아침이라고 한 후, 아침 운동이 하루의 루틴과 잘 맞거나 아침에 운동하면 하루의 다른 행사나 산만한 생각에 방해 받지 않고 자기 자신을 위한 준비를 할 수 있으며, 하루 중 아침 일찍 운동하는 사람들이 자신의 시간을 더 잘 관리하고 활기차게 느낀다고 하면서 아침 운동의 장점에 대해 언급하고 있다. 그런데 ③에서는 아침에 운동하면 근육이 팽팽하게 느껴지기 때문에 맞지 않는다고 했으므로 글의 흐름상 어색한 문장은 ③이다.

[어휘]
- tend to (~하는) 경향이 있다
- consistent ~와 일치하는
- distractions (주의) 집중을 방해하는 것, 머리를 식히게 해 주는 것

---

**05 글의 흐름상 가장 어색한 문장은?**

Your best time to work out is in the morning. ① Research suggests that those who exercise in the morning tend to be more consistent with their exercise routine. ② The idea is you'll get your workout in before any other events or distractions of the day interfere, thus setting yourself up for success. ③ Exercising in the morning just doesn't feel right for you because, when you wake up, your muscles feel tight. ④ People who exercise earlier in the day generally find they can manage their time better and they feel more energized throughout the day. So, start getting up early to begin your morning exercise routine.

해석 당신이 운동하기에 가장 좋은 시간은 아침이다. 연구에 따르면 아침에 운동을 하는 사람들은 그들의 운동 루틴에 더 일치하는 경향이 있다. 이 아이디어는 하루의 다른 행사나 산만함으로 방해 받기 전에 여러분의 운동을 시작하게 될 것이고, 따라서 성공을 위해 여러분 자신을 준비하게 될 것이다. 아침에 운동하는 것은 여러분이 깨어났을 때, 여러분의 근육이 팽팽하게 느껴지기 때문에 여러분에게 맞지 않다. 하루 중 일찍 운동하는 사람들은 일반적으로 시간을 더 잘 관리할 수 있고 하루 종일 더 활기차다고 느낀다. 그러므로, 아침 운동을 시작하기 위해 일찍 일어나야 한다.

정답 05 ③

## 06 주어진 문장이 들어갈 위치로 가장 적절한 곳은?

22 지역인재

However, bees are under threat, and the biggest offenders have been human beings.

It is well known that bees are the main pollinators of the world. They help 90 percent of the world's wildflowers to grow, and they also pollinate 35 percent of the world's crops, including apples and tomatoes. ( ① ) Their involvement is vital to maintaining the biodiversity and health of ecosystems around the world. ( ② ) Our activities have destroyed the environment and food sources needed to sustain bee colonies. ( ③ ) We have also inadvertently introduced dangerous predators and deadly pesticides. ( ④ ) To counter these effects, United Nations officials are urging people to take action. They advise people to grow bee-friendly plants and stop using pesticides that can be harmful to bees.

※ pollinator : 꽃가루 매개체

해석 벌들이 세계의 주요 꽃가루 매개체라는 것은 잘 알려져 있다. 그들은 세계 야생화의 90%가 자라도록 돕고 사과와 토마토를 포함한 세계 작물의 35%를 수분시킨다. 그들의 참여는 전 세계 생태계의 생물 다양성과 건강을 유지하는 데 필수적이다. 하지만, 벌들은 위협을 받고 있고, 가장 큰 범죄자들은 인간이었다. 우리의 활동은 꿀벌 군락을 유지하는 데 필요한 환경과 식량원을 파괴했다. 우리는 또한 위험한 포식자와 치명적인 살충제를 무심코 도입했다. 이러한 영향에 대항하기 위해, 유엔 관계자들은 사람들에게 조치를 취할 것을 촉구하고 있다. 그들은 사람들에게 벌에게 좋은 식물을 기르고 벌에게 해로울 수 있는 살충제의 사용을 중단하라고 충고한다.

---

## 해설 & 정답

### 06

주어진 문장에 However가 있는 것으로 보아 앞의 내용은 제시문과 반대되는 내용이 나와야 하고 뒤의 내용은 제시문과 같은 내용이 나와야 한다. ②의 앞에서는 벌의 참여가 세계 생물의 다양성과 건강 유지에 필수적이며 도움이 된다고 나오고 있다. ②의 뒤에서 우리(인간)가 위험한 포식자와 살충제를 도입했다는 내용이 나오고 있다. 따라서 주어진 문장이 들어갈 위치로 가장 적절한 것은 ②이다.

어휘
• crops 농작물
• pollinate 수분하다
• involvement 참여, 관여, 개입
• vital 필수적인, 생명 유지와 관련된
• biodiversity (균형 잡힌 환경을 위한) 생물의 다양성
• sustain (필요한 것을 제공하여) 살아가게 [존재하게/지탱하게] 하다
• offenders 범죄자
• inadvertently 무심코, 우연히, 부주의로
• predators 포식자, 포식동물
• pesticides 농약
• urging (~하도록) 충고하다[설득하려 하다], 강력히 권고[촉구]하다

정답 06 ②

**07**

제시문의 첫 문장에서 'For a person who has nothing to remember, life can become weakened(기억할 것이 없는 사람에게는 삶이 약해질 수 있다).'라고 하고, 반복적으로 교육 개혁가들의 주장 때문에 기계적 반복학습이 없어진 것의 문제점에 대해 토로하고 있다. 따라서 글의 제목으로 적절한 것은 ① 'memorization as a waste of effort(기계적 반복학습에 대한 오해)'이다.

② 기계적 반복학습의 폐해
③ 복잡한 정보를 암기하는 방법
④ 노력 낭비로서의 암기

[어휘]
- overlook 못 보고 넘어가다, 간과하다
- reformers 개혁가
- consciousness 의식(지각 · 판단 기능이 정상인 상태)
- assume (사실일 것으로) 추정[상정]하다
- extensively 아주 넓은[많은], 대규모의

---

**07** 글의 주제로 가장 적절한 것은?      22 지역인재

> For a person who has nothing to remember, life can become weakened. This possibility was completely overlooked by educational reformers early in last century, who claimed that "rote learning" was not an efficient way to store and gain information. As a result, rote learning was removed from the schools. These educational reformers would have been right, if the point of remembering was simply to solve practical problems. But if control of consciousness is considered to be as important as the ability to get things done, then memorizing complex patterns of information is not a waste of effort. It is a mistake to assume that creativity and rote learning are incompatible. Some of the most original scientists, for instance, have been known to have memorized music, poetry, or historical information extensively.
>
> ※ rote learning : 기계적 반복학습

① misconceptions about rote learning
② harmful effects of rote learning
③ how to memorize complex information
④ memorization as a waste of effort

[해석] 기억할 것이 없는 사람에게는 삶이 약해질 수 있다. 이러한 가능성은 지난 세기 초에 교육 개혁가들에 의해 완전히 간과되었는데, 그들은 "기계적 반복학습"이 정보를 저장하고 얻는 효율적인 방법이 아니라고 주장했다. 결과적으로, 기계적 반복학습은 학교에서 없어졌다. 기억의 요점이 단순히 실질적인 문제를 해결하는 것이었다면, 이러한 교육 개혁가들이 옳았을 것이다. 하지만 만약 의식의 통제가 일을 해낼 수 있는 능력만큼 중요하다고 생각된다면, 복잡한 정보 패턴을 암기하는 것은 노력을 낭비하는 것이 아니다. 창의성과 기계적 반복학습이 양립할 수 없다고 가정하는 것은 실수이다. 예를 들어, 가장 독창적인 과학자들 중 일부는 음악, 시 또는 역사적 정보를 광범위하게 암기한 것으로 알려져 있다.

[정답] 07 ①

## 08 글의 제목으로 가장 적절한 것은?

22 지역인재

For a long time, many people believed that mind and body are entirely separate, creating the debate over the nature of consciousness. Today scientists are challenging that notion with a view that consciousness arises from the properties and the organization of neurons in the brain. Experimental work to understand those properties and processes has only just begun. Although the results of the experimental work do not clearly show how consciousness is working within biological structures of neurons, they will be useful in advancing the research to the next level of questions.

① What Is the Biological Basis of Consciousness?
② Mind as Separate from Body
③ The Cost of Experimental Work
④ How Is Brain Different from Intelligence?

해석 오랫동안, 많은 사람들은 정신과 육체가 완전히 분리되어 있다고 믿었고, 의식의 본질에 대한 논쟁을 불러일으켰다. 오늘날 과학자들은 의식이 뇌의 뉴런의 특성과 조직으로부터 발생한다는 관점으로 그 개념에 도전하고 있다. 이러한 특성과 과정을 이해하기 위한 실험 작업은 이제 막 시작되었다. 실험 결과는 뉴런의 생물학적 구조 내에서 의식이 어떻게 작용하는지를 명확하게 보여주지는 않지만, 연구를 다음 단계의 질문으로 진전시키는 데 유용할 것이다.

---

### 해설 & 정답

**08**
제시문에서는 오늘날 과학자들이 의식의 발생에 대해 기존의 개념에 의문을 품고 도전하고 있으며, 의식의 특성과 과정을 이해하기 위한 새로운 실험 작업이 시작되고 있다고 언급했으므로 글의 제목으로 가장 적절한 것은 ① 'What Is the Biological Basis of Consciousness(의식의 생물학적 근거는 무엇인가)?'이다.
② 몸과 분리된 마음
③ 실험 작업 비용
④ 두뇌와 지능은 어떻게 다른가?

어휘
• entirely 전적으로, 완전히, 전부
• debate (격식을 갖춘) 토론[토의/논의]
• consciousness 자각, 의식
• notion 관념, 개념, 생각
• properties (물질의) 성질, 특징
• experimental 실험적인

정답 08 ①

## 09

제시문의 주제는 마지막 문장에서 알 수 있
듯이 이기기 위해서는 실패도 중요하다는
것이다. 따라서 밑줄친 부분에 들어갈 말로
가장 적절한 것은 ③ 'Failing in order to
win(승리를 위한 실패)'이다.
① 명확한 목표 설정
② 게임에서 재미 찾기
④ 현명한 에너지 투자

[어휘]
• in order to (목적)을 위하여
• evident 분명한, 눈에 띄는
• reinforce (감정 · 생각 등을) 강화하다
• perspective 관점
• Inherently 선천적으로, 본질적으로
• moral (이야기 · 경험 등의) 교훈
• get used to ~에 익숙해지다

**09** 밑줄 친 부분에 들어갈 말로 가장 적절한 것을 고르시오. 22 지역인재

> _____ was clearly evident in the success of the immortal baseball pitcher Cy Young. Each year the best pitcher in baseball is honored with a Cy Young trophy. Why? Because Cy Young pitched more winning games than any other pitcher in baseball history. In fact, he won almost 100 more than the runner-up. What isn't well known is the fact that Young also lost more games than any other pitcher. Tiger Woods reinforced this perspective when he told Good Morning America after his PGA loss in 2002, "Inherently, you are a loser in golf. You are going to lose many more tournaments than you can possibly win." The moral of this story is that if you win a lot you will probably also lose a lot. So get used to losing if you want to win.
>
> ※ runner-up : 차점자

① Setting a clear goal
② Finding fun in games
③ Failing in order to win
④ Investing energy wisely

[해석] 승리를 위한 실패는 불멸의 야구 투수 Cy Young의 성공에서 분명히 드러났
다. 매년 야구에서 최고의 투수는 Cy Young 트로피를 받는다. 왜? 왜냐하면 Cy
Young은 야구 역사상 그 어떤 투수보다도 더 많은 승수를 던졌기 때문이다. 사실,
그는 차점자보다 거의 100승을 더 이겼다. 잘 알려지지 않은 사실은 Young이 또한
다른 어떤 투수보다 더 많은 경기에서 패했다는 사실이다. Tiger Woods는 2002년
미국 남자 프로골프 투어(PGA)에서 패한 뒤 Good Morning America와의 인터뷰
에서 다음과 같이 말하며 이러한 관점을 강화했다. "당신은 본질적으로 골프에서 패
배자다. 당신은 토너먼트에서 당신이 이길 수 있는 것보다 더 많이 패배할 것이다."
라고 말했다. 이 이야기의 교훈은 당신이 많이 이기면 아마 많이 질 것이라는 것이
다. 따라서 이기고 싶다면 지는 것에 익숙해져라.

[정답] 09 ③

**10** 밑줄 친 부분에 들어갈 말로 가장 적절한 것을 고르시오. 22 지역인재

> Those who have not done well at school should not be discouraged. The greatest minds do not necessarily develop at young age. If you have not worked hard, then, you should be ashamed; but if you have done your best, you have only to persevere. It's because many of those who tried hard, but were not able to do well at school, have _____. Therefore, you need to be positive and keep working hard.

① continued to struggle in later school life
② hardly done anything great in life
③ been very successful in later life
④ lived a humble and simple life

해석 학교에서 잘하지 못한 학생들은 낙담해서는 안 된다. 가장 위대한 지성이 반드시 어린 나이에 발달하는 것은 아니다. 당신이 열심히 일하지 않았다면 부끄러워해야 한다. 그러나 최선을 다했다면 인내하기만 하면 된다. 열심히 노력했지만 학교에서 잘하지 못한 사람들 중 상당수가 만년에 큰 성공을 거두었기 때문이다. 그러므로, 여러분은 긍정적이고 계속해서 열심히 일할 필요가 있다.

**10**

제시문은 학교에서의 성과에 낙담하지 말고 최선을 다하라는 내용이다. 두 번째 문장에서 'The greatest minds do not necessarily develop at young age(가장 위대한 지성이 반드시 어린 나이에 발달하는 것은 아니다).'라고 했고, 빈칸 앞부분에서 'It's because many of those ~ were not able to do well at school(열심히 노력했지만 학교에서 잘하지 못한 사람들 중 상당수가)'라고 했으므로 문맥상 밑줄 친 부분에 들어갈 말로 적절한 것은 ③ 'been very successful in later life(만년에 큰 성공을 거둔)'이다.

① 후기 학교 생활에서 계속 어려움을 겪었다.
② 인생에서 위대한 일은 거의 하지 않았다.
④ 겸손하고 소박한 삶을 살았다.

어휘
- discourage 의욕[열의]을 꺾다, 좌절시키다
- The greatest minds 가장 위대한 지성, 가장 위대한 사람
- persevere 인내하며[굴하지 않고] 계속하다, 인내심을 갖고 하다
- in later life 만년에, 후년에
- struggle 투쟁[고투]하다
- humble 겸손한, 변변치 않은, 초라한

정답 **10** ③

## 11

② 제시된 글에서 주장하고자 하는 바는 한 번에 여러 가지 일을 하는 것보다는 중요한 한 가지 일에 집중하는 것이 더 생산적이라는 것이다. 밑줄 친 부분의 앞부분을 보면, 동시에 더 많은 일을 수행하려고 노력하는 동안 우리는 '어떠한' 일한 가지를 끝내지 못한다는 의미이므로, 밑줄 친 부분에는 '중요한'이라는 의미의 'significance'가 가장 적절하다.

① 집중을 방해하는 것, 산만함, 머리를 식히게 해주는 것, 오락

③ 많은, 다수의, 다양한, 복합적인

④ 사소함, 하찮음

[어휘]
- encounter 마주치다
- interrupt 방해하다
- needless to say 말할 필요도 없이
- attend to 주의하다, 처리하다
- view A as B A를 B로 보다(간주하다)

**11** 밑줄 친 부분에 들어갈 말로 가장 적절한 것은?　　21 지역인재

> I also found that we encounter more distraction today than we have in the entire history of humanity. Studies show we can work for an average of just forty seconds in front of a computer before we're either distracted or interrupted. (Needless to say, we do our best work when we attend to a task for a lot longer than forty seconds.) I went from viewing multitasking as a stimulating work hack to regarding it as a trap of continuous interruptions. While trying to do more tasks simultaneously, we prevent ourselves from finishing any one task of _____. And I began to discover that by focusing deeply on just one important thing at a time—hyperfocusing—we become the most productive version of ourselves.

① distraction

② significance

③ multiple

④ pettiness

[해석] 나는 또한 오늘날 우리가 인류의 전체 역사에서 보다 더 많은 산만함에 직면한다는 것을 발견했다. 연구에 따르면 우리는 산만해지거나 방해를 받기 전에 컴퓨터 앞에서 평균 40초 동안만 일할 수 있다. (말할 필요도 없이, 우리는 어떤 일을 40초 이상 할 때 최선을 다한다.) 나는 멀티태스킹을 자극적인 작업 해킹으로 보던 것에서 지속적인 방해의 함정으로 간주하게 되었다. 동시에 더 많은 작업을 수행하려고 노력하는 동안, 우리는 중요한 작업 하나를 끝내지 못하게 된다. 그리고 나는 한 번에 한 가지 중요한 것, 즉 초집중적인 것에 깊이 집중함으로써 우리가 우리 자신의 가장 생산적인 버전이 된다는 것을 발견하기 시작했다.

[정답] 11 ②

Bad back? You're not alone. Back pain affects about 80 percent of people at some point, and according to the World Health Organization, it's the leading cause of disability and missed workdays. In Britain it affects about nine million people, according to the charity BackCare UK, and yet fixes remain pretty elusive. The trouble is that about 85 percent of cases of chronic back pain are described by doctors as "non-specific," meaning that there is no precise cause (such as a slipped disc or a pulled muscle), making treatment extremely difficult. What's more, research is increasingly showing that many of the approaches we have used to tackle back pain are ineffective.

① 만성 허리 통증의 85퍼센트는 특정한 원인이 있다.

② 인생에서 어느 순간 허리 통증을 느끼는 사람은 약 80퍼센트이다.

③ 세계보건기구(WHO)에 따르면 허리 통증은 장애의 주요 원인이다.

④ 허리 통증을 없애기 위해 사용하는 많은 방법이 효과가 없다는 것을 점점 더 많은 연구가 보여주고 있다.

해석 등이 안 좋은가? 당신은 혼자가 아니다. 허리 통증은 어느 시점에서 약 80%의 사람들에게 영향을 미치는데, 세계보건기구에 따르면, 허리 통증은 장애와 결근의 주요 원인이라고 한다. 영국 자선단체 백케어(BackCare UK)에 따르면, 영국에서는 약 9백만 명의 사람들에게 영향을 미치지만, 여전히 해결 방법은 잘 파악되지 않고 있다. 문제는 만성 요통의 약 85%를 "비특이적"으로 의사들이 묘사하고 있다는 것인데, 이것은 치료를 극도로 어렵게 만드는 정확한 원인이 없다는 것을 의미한다. 게다가, 허리 통증에 대처하기 위해 사용한 많은 접근법이 효과가 없다는 연구 결과가 점점 더 많이 나오고 있다.

**12**

제시된 글의 'The trouble is that about 85 percent of cases of chronic back pain~'에서 만성 허리 통증의 85%는 특정한 원인이 없다고 언급했으므로, ①은 글의 내용에 위배된다.

어휘

· elusive 찾기 힘든

· precise 정확한

정답 **12** ①

**13**

제시된 글은 사람들과의 상호작용을 강조하며 조직에 대해 설명하고 있으므로, ②의 '조직은 사람들 사이에서 목적의식이 있고 조정된 상호작용으로 구성되어 있다'가 글의 요지로 가장 적절하다.

① 조직은 특별한 계약 없이 구성원을 통제할 수 있다.

③ 고객들은 식료품점의 사회적, 조직적 행동을 따라야 한다.

④ 좋은 현대적 조직 행동은 다른 구성원들의 요구를 미리 고려한다.

어휘
- be composed of ~로 구성되어 있다
- engage in ~에 종사하다
- reasonable 합리적인

**13** 글의 요지로 가장 적절한 것은?

One way to define organization is to identify its common elements. First, an organization is composed of people. Without people and their interaction, an organization could not exist. Whether as salaried, hourly, or contract employees or volunteers, these organizational members interact with one another and the organization's clients and customers in purposeful goal-directed activity. Interaction in organizations is purposeful because people interact with organizations with a goal in mind. For example, cashiers at the grocery store expect that they will scan the products that customers bring to their checkout lanes. Customers visit the grocery store to buy items and expect products to be on the shelves in a reasonable order. Whether you are the cashier or the customer, you have an expectation about the communication that will occur as you engage in these organizational roles of store clerk and customer. The point here is that people in organizations do not act randomly. Rather, organizations are sites of controlled and coordinated activity.

① An organization can control its members with no special contract.

② An organization is composed of purposeful and coordinated interaction among people.

③ Customers are required to follow the social and organizational behavior in grocery stores.

④ Good modern organizational behavior considers the needs of other members in advance.

해석 조직을 정의하는 한 가지 방법은 조직의 공통 요소를 식별하는 것이다. 첫째, 조직은 사람들로 구성되어 있다. 사람들과 그들의 상호작용이 없다면 조직은 존재할 수 없다. 봉급생활자든, 시급제든, 계약직이든, 자원봉사자든 간에, 이러한 조직 구성원은 목표 지향적인 활동을 통해 서로, 그리고 조직의 고객 및 고객과 상호작용한다. 사람들이 목표를 염두에 두고 조직과 상호작용하기 때문에 조직 내에서의 상호작용은 목적의식이 있다. 예를 들어, 식료품점의 계산원들은 고객들이 계산대에 가져온 상품을 스캔할 것이라고 기대한다. 고객들은 물건을 사기 위해 식료품점을 방문해서 합리적인 주문으로 진열대에 제품이 있을 것을 기대한다. 여러분이 계산원이든 고객이든 간에, 여러분은 가게 점원과 고객의 조직적인 역할에 관여할 때 일어날 의사소통에 대한 기대를 가지고 있다. 여기서 중요한 것은 조직 내의 사람들은 무작위로 행동하지 않는다는 것이다. 오히려 조직은 통제되고 조정된 활동의 현장이다.

정답 13 ②

## 14 글의 제목으로 가장 적절한 것은?

Asthma can take a toll on the body leading to long-term problems. Frequent asthma attacks make individuals more susceptible to disease. When the body repeatedly gets less oxygen than it needs, every cell in the body is forced to work harder to compensate. Over time, this can weaken the whole body and make people with asthma more susceptible to contracting other diseases. Chronic inflammation, too, can stress the body and make it more vulnerable to disease. In addition, over a period of time, inflammatory chemicals can erode the lining of the lungs, destroying and damaging cells. Frequent asthma attacks can lead to a barrel-chested appearance. People with asthma repeatedly use muscles to breathe that people without asthma use only after strenuous exercise. These muscles, which surround the neck, ribs, collarbone, and breastbone, help expand the rib cage in order to allow more air to be taken in. When these muscles are used often, the lungs become permanently overinflated and the chest becomes contorted, resulting in a barrel-chested appearance.

① Physical effects of asthma
② How to avoid germ and illness
③ Self-protection from asthma attacks
④ Destruction of immune system by asthma

해석 천식은 장기간의 문제로 이어질 수 있는 신체에 손상을 줄 수 있다. 잦은 천식 발작은 개인들을 질병에 더 취약하게 만든다. 몸이 필요한 것보다 더 적은 산소를 반복적으로 공급받을 때, 신체의 모든 세포는 보상하기 위해 더 열심히 일하도록 강요받는다. 시간이 지남에 따라, 이것은 전신을 약화시키고 천식을 가진 사람들을 다른 질병에 걸리기 더 쉽게 만들 수 있다. 만성 염증 또한 우리 몸에 스트레스를 주고 질병에 더 취약하게 만들 수 있다. 게다가, 일정 기간 동안, 염증성 화학물질은 폐의 내벽을 침식시켜 세포를 파괴하고 손상시킬 수 있다. 잦은 천식 발작은 가슴이 철렁 내려앉는 모습으로 이어질 수 있다. 천식을 앓는 사람들은 천식이 없는 사람들이 격렬한 운동 후에만 사용하는 호흡에 반복적으로 근육을 사용한다. 목, 갈비뼈, 쇄골, 가슴뼈를 감싸고 있는 이 근육들은 더 많은 공기를 흡수하기 위해 갈비뼈 케이지의 확장을 돕는다. 이러한 근육들이 자주 사용될 때, 폐는 영구적으로 과도하게 팽창하게 되고 가슴이 뒤틀리게 되어, 가슴 부분이 통처럼 보이게 된다.

**14**

제시된 글은 '장기적인 천식으로 인해 유발되는 신체의 손상'에 대해서 설명하고 있으므로, ①의 '천식의 물리적 영향'이 글의 주제로 가장 적절하다.
② 세균과 질병을 피하는 방법
③ 천식 발작으로부터 자기 보호
④ 천식에 의한 면역체계 파괴

어휘

• susceptible 민감한, 예민한
• compensate 보상하다
• vulnerable 취약한, 연약한
• erode 침식[풍화]시키다
• permanently 영구적으로

정답 14 ①

**15**

제시된 글은 전반적인 '비즈니스 세계에서 사용되는 혼합 학습'에 대한 설명이므로, ④의 '혼합 학습의 사업 세계에서의 혜택'이 글의 주제로 가장 적절하다.

① 혼합 학습의 개발 과정
② 혼합 학습 시스템의 안정성
③ 혼합 학습의 현재 사회의 부작용

어휘
• simultaneously 동시에, 일제히
• convenience 편의, 편리

**15 글의 주제로 가장 적절한 것은?**

The term blended learning has been used for a long time in the business world. There, it refers to a situation where an employee can continue working full time and simultaneously take a training course. Such a training course may use a web-based platform. Many companies are attracted by the potential of blended learning as a way of saving costs; employees do not need to take time out of work to attend a seminar; they can work on their course in their own time, at their own convenience and at their own pace. Companies around the world have moved parts of their in-house training onto e-learning platform, and use sophisticated tools such as learning-management systems in order to organize the course content. The mode of delivery may include CD-ROM, web-based training modules and paper-based manuals.

① the development process of blended learning
② the stability of a blended learning system
③ the side effects of blended learning in current society
④ the benefits of blended learning in the business world

해석 혼합 학습이라는 용어는 비즈니스 세계에서 오랫동안 사용되어 왔다. 여기서, 그것은 직원이 풀타임으로 계속 일하면서 동시에 교육 과정을 밟을 수 있는 상황을 말한다. 이러한 교육 과정은 웹 기반 플랫폼을 사용할 수 있다. 많은 기업들이 비용 절감의 한 방법으로 혼합 학습의 잠재력에 매료되어 있다; 직원들은 세미나에 참석하기 위해 시간을 낼 필요가 없다; 그들은 자신의 시간, 자신의 편의, 그리고 자신의 페이스에 맞춰 자신의 코스를 공부할 수 있다. 전 세계 기업들은 사내 교육의 일부를 e-러닝 플랫폼으로 옮기고 학습관리 시스템과 같은 정교한 도구를 사용하여 과정 콘텐츠를 구성했다. 전달 방식에는 CD-ROM, 웹 기반 교육 모듈 및 종이 기반 매뉴얼이 포함될 수 있다.

정답 15 ④

**16** 주어진 글 다음에 이어질 글의 순서로 가장 적절한 것은?

> Imagine swallowing a robot so tiny it would take a microscope to see it. Scientists are working on ways to build very tiny objects called nanorobots. Nanorobots are built by arranging atoms one at a time.

> (A) Doctors may even be able to send messages to nanorobots with sound waves to check how many cells they have destroyed.
> (B) These nanorobots would destroy the cancer cells and leave healthy cells alone.
> (C) In the future, it may be possible to program nanorobots to find cells in the human body that cause illnesses like cancer.

① (B) - (A) - (C)

② (B) - (C) - (A)

③ (C) - (A) - (B)

④ (C) - (B) - (A)

**해석** 현미경이 있어야 볼 수 있을 정도로 작은 로봇을 삼킨다고 상상해 보라. 과학자들은 나노로봇이라고 불리는 매우 작은 물체를 만드는 방법을 연구하고 있다. 나노로봇은 원자를 한 번에 하나씩 배열함으로써 만들어진다.

(C) 미래에는, 나노로봇이 암과 같은 질병을 일으키는 세포를 발견하도록 프로그래밍하는 것이 가능할지도 모른다.

(B) 이 나노로봇들은 암세포를 파괴하고 건강한 세포를 내버려 둘 것이다.

(A) 의사들은 심지어 그들이 얼마나 많은 세포를 파괴했는지 확인하기 위해 음파를 가진 나노로봇에게 메시지를 보낼 수 있을지도 모른다.

---

**해설 & 정답**

**16**

주어진 글은 '나노로봇은 원자를 하나씩 배열함으로써 만들어진다.'라고 문장이 끝나므로, 이어지는 문장으로는 나노로봇의 '질병을 일으키는 세포를 발견하는 프로그램에 대한 설명'인 (C)가 적절하다. 이어서 암세포와 정상세포를 구분하는 내용의 (B), 마지막으로 '얼마나 많은 세포를 파괴했는지 확인하기 위해 메신저를 보낸다.'는 (A)로 문장이 마무리되는 ④가 가장 적절하다.

**어휘**

· swallow 삼키다

· destroy 파괴하다

· sound wave 음파

**정답** 16 ④

**17**

주어진 문장은 '어떠한 사실이나 방법들을 잊는 이유'를 뒷받침하는 설명이므로, 문장 앞부분에서 망각이 시작되는 원인에 대한 문장이 나와야 한다. 그러므로 ③이 가장 적절하다.

[어휘]
- particular 특정한
- stroke 뇌졸중
- neuron 신경세포
- dendrite 수상돌기

**17** 주어진 문장이 들어갈 위치로 가장 적절한 것은?　　21 지역인재

> That's how you forget how to do something — forget a fact or a name, or how to do a maths calculation, or how to kick a ball at a perfect angle.

> Each time you repeat the same action, or thought, or recall the same memory, that particular web of connections is activated again. ( ① ) Each time that happens, the web of connections becomes stronger. And the stronger the connections, the better you are at that particular task. That's why practice makes perfect. ( ② ) But if you don't use those connections again, they may die off. ( ③ ) If you want to relearn anything, you have to rebuild your web of connections — by practising again. ( ④ ) After a brain injury, such as a stroke, someone might have to relearn how to walk or speak. That would be if the stroke had damaged some neurons and dendrites which help to control walking or speaking.

[해석] 동일한 작업 또는 생각을 반복하거나 동일한 메모리를 호출할 때마다 특정한 연결망이 다시 활성화된다. 그럴 때마다 연결망은 더욱 강력해진다. 연결이 강력할수록 특정 작업에 더 능숙해진다. 그것이 연습이 완벽을 만드는 이유이다. 하지만 만약 당신이 그 연결들을 다시 사용하지 않는다면, 그것들은 사라질지도 모른다. 그것이 여러분이 사실이나 이름 혹은 수학 계산을 하는 방법, 완벽한 각도로 공을 차는 어떤 것을 하는 방법을 잊어버리는 방식이다. 이것을 재학습하려면 다시 연습하여 연결망을 재구성해야 한다. 뇌졸중과 같은 뇌 손상 후에, 누군가는 걷거나 말하는 법을 다시 배워야 할지도 모른다. 만약 뇌졸중으로 인해 걷거나 말하는 것을 조절하는 데 도움이 되는 신경세포와 수상돌기가 손상되었다면.

[정답] **17** ③

**18** 밑줄 친 문장 중 글의 흐름상 어색한 것은?  21 지역인재

해설 & 정답

Fish is an excellent source of protein that, up until the middle of the twentieth century, must have seemed limitless. ① Nation states control fishing with quotas. Fish has formed an important component in the human diet in many regions and is the only major exploitation in which humans are still acting as hunters. ② Almost 17 percent of the world's requirements for animal protein is provided by the oceans and, globally, we eat on average approximately 13kg of fish per person (FPP) each year. In the industrialized world this rises to approximately 27kg FPP each year, with Japan consuming 72kg FPP. ③ In developing regions the consumption rate is approximately 9kg FPP. Ocean productivity is not uniform and over 90 percent of the global fish catch occurs within 200 miles of land. ④ In addition to such an excessive fish catch in the coast, only about 20 countries account for almost 80 percent of the global catch.

**18**
제시된 글은 '전 세계에 동물성 단백질로 공급되는 생선의 필요량과 공급량, 소비율 등'에 대해서 설명하고 있으므로, ①의 '각국은 할당량으로 조업을 통제하고 있다.'는 문장은 글의 흐름에 위배된다.

어휘
• exploitation 착취
• quotas 할당량
• consumption rate 소비율, 소모율

해석 생선은 20세기 중반까지만 해도 무한한 단백질 공급원으로 보였을 것이다. 각국은 할당량으로 조업을 통제하고 있다. 물고기는 많은 지역에서 인간의 식단에서 중요한 구성요소를 형성해왔고 인간이 여전히 사냥꾼으로 활동하는 유일한 주요한 착취이다. 전 세계 동물성 단백질 필요량의 17%가 해양에서 공급되고 있으며 전 세계적으로 매년 1인당 평균 약 13kg의 생선을 섭취하고 있다. 선진국에서는 매년 약 27kg FPP까지 상승하며 일본은 72kg FPP를 소비한다. 개발 지역의 소비율은 약 9kg FPP이다. 해양 생산성은 균일하지 않고 전 세계 어획량의 90% 이상이 육지 200마일 이내에서 발생한다. 게다가 해안에서 이렇게 무리한 어획량은 불과 20여 나라가 세계 어획량의 거의 80%를 차지한다.

정답 **18** ①

**19**

제시된 글 하단의 'Yet they also found that microwaving~'에서 너무 많은 물로 전자레인지를 돌리면 플라보노이드가 감소한다는 것을 발견했다고 언급했다. 그러므로 ④의 '브로콜리의 영양소 손실은 조리 시간과 온도에 따라 달라지지만 전자레인지에 사용되는 물의 양에 따라 달라지지 않는다.' 는 것은 적절하지 않다.

① 전자레인지 사용 시간이 짧으면 채소의 영양분을 보존하는 데 도움이 된다.
② 일부 연구에 따르면, 전자레인지는 식물성 영양소에 손상을 줄 수 있다.
③ 채소를 전자레인지로 조리하면 다른 방법보다 영양소 손실이 큰 지에 대해서는 직접적인 답이 없다.

어휘
• microwave 전자레인지
• compound 화합물, 혼합물
• nutrient 영양소, 영양분
• compromise 타협하다, 절충하다

---

**19 글의 내용과 일치하지 않는 것은?**  21 지역인재

Some research has shown that vegetables lose some of their nutritional value in the microwave. For example, microwaving has been found to remove 97% of the flavonoids—plant compounds with anti-inflammatory benefits—in broccoli. That's a third more damage than done by boiling. However, one 2019 study looking at the nutrient loss of broccoli in the microwave pointed out that previous studies varied the cooking time, temperature, and whether or not the broccoli was in water. It found that shorter cooking times (they microwaved the broccoli for one minute) didn't compromise nutritional content. Steaming and microwaving could even increase content of most flavonoids, which are compounds linked to reduced risk of heart disease. "Under the cooking conditions used in this study, microwaving appeared to be a better way to preserve flavonoids than steaming," the researchers wrote. Yet they also found that microwaving with too much water (such as the amount you'd use to boil) caused a drop in flavonoids.

① Shorter microwaving times can help to preserve nutrients of vegetables.
② According to some research, microwaving can cause damage to vegetable nutrients.
③ There is no straightforward answer as to whether microwaving vegetables leads to greater nutrient loss than other methods.
④ The nutrient loss of broccoli depends on cooking time and temperature but not on the amount of water used for microwaving.

해석 일부 연구는 채소가 전자레인지에서 영양가 중 일부를 잃는다는 것을 보여주었다. 예를 들어, 전자레인지는 브로콜리의 항염증 효과와 함께 플라보노이드 식물 화합물의 97%를 제거하는 것으로 밝혀졌다. 그것은 끓임으로 인한 손상보다 1/3 정도 더 많은 것이다. 하지만, 전자레인지에서 브로콜리의 영양분 손실을 살펴본 한 2019년 연구는 이전의 연구들이 조리 시간, 온도, 그리고 브로콜리가 물에 있는지 여부에 따라 다르다고 지적했다. 이 연구는 조리 시간이 짧아진 것이 영양 성분을 손상시키지 않는다는 것을 발견했다. 찜(찌기)과 전자레인지 사용은 심장병 위험 감소와 관련된 화합물인 대부분의 플라보노이드의 함량을 증가시킬 수 있다. "이 연구에 사용된 요리 조건하에서, 전자레인지는 찌는 것보다 플라보노이드를 보존하는 더 나은 방법인 것처럼 보였다."라고 연구원들은 썼다. 하지만 그들은 또한 너무 많은 물로 전자레인지를 돌리면 플라보노이드가 감소한다는 것을 발견했다.

정답 19 ④

**20** 밑줄 친 부분에 들어갈 말로 가장 적절한 것은? 20 지역인재

The common definition of labor efficiency is : "the number of labor hours required to accomplish a given task, when compared with the standard in the industry or setting." The typical way of assessing labor efficiency is to compare the number of hours actually required to produce a given product or service with those usually required. Efficiency is about doing the same with less. Companies most often improve labor efficiency by finding ways to reduce the number of labor hours required to produce the same level of output. This translates into savings because the company spends less on wages and other labor-related costs. Efficiency, then, is about shrinking the denominator — inputs (head count, labor hours) — in an effort to improve _____ .

① renovation
② profitability
③ vulnerability
④ environment

해석 노동능률의 일반적 정의는 다음과 같다. "업계나 환경 표준과 비교할 때 주어진 과업을 완수하는 데 필요한 노동 시간." 노동능률을 평가하는 전형적인 방식은 어떤 특정 제품이나 서비스를 생산하기 위해 실제로 필요한 시간과 보통 필요한 시간을 비교하는 것이다. 능률은 같은 일을 적은 액수로 하는 것에 관한 것이다. 회사들은 같은 수준의 생산량을 생산하는 데 필요한 노동 시간을 줄이는 방법을 찾음으로써 가장 자주 노동능률을 높인다. 이것은 절약으로 바뀌는데, 왜냐하면 회사는 임금과 다른 노동 관련 비용에 돈을 덜 쓰기 때문이다. 능률은 그러면 분모를 줄이는 것에 관한 것인데, 생산성을 늘리기 위해 투입(인원수, 노동 시간)을 감소시키는 것을 의미한다.

---

**20**

제시된 글은 노동능률에 관한 글로 '노동능률이란 투입된 노동량 대비 생산된 제품의 산출량 정도로 계산한다. 회사는 투입된 노동량인 노동시간을 줄임으로써 노동능률을 높인다'고 두 번째 문장에서 언급하고 있으며, 이는 임금 및 기타 노동 관련 비용에 소비를 줄임으로써 절약으로 이어진다고 한다. 따라서 결론을 나타내는 마지막 문장에서 빈칸에는 글의 내용상 ② '생산성'이 들어가는 것이 적절하다.

① 수리; 혁신
③ 취약성
④ 환경

어휘
• efficiency 효율(성), 능률
• standard 표준, 기준
• denominator (수학) 분모
• in an effort to do ~해보려는 노력으로

---

정답 **20** ②

**21**

[어휘]

- available 가능한, 이용할 수 있는
- expose 노출시키다
- a plate of pasta 파스타 한 접시
- fantasy 환상, 공상
- be unaware of ~를 눈치 못 채다, 모르다

**21** 다음 글의 빈칸에 들어갈 말로 가장 적절한 것은?

Many of us don't know what to ask for. Either we don't know what is available to us because _____. When you're used to getting just a piece of bread for a meal, you don't realize that you can ask for a plate of pasta. You have never seen a plate of pasta. You don't even know it exists. So, to ask for it is totally out of your reality. Hopefully, at some point, either someone shows you a plate of pasta, you read about it, or you hear about it enough so that it becomes real, and it's not just a fantasy anymore, and then you start thinking "Hey, I want that pasta."

① we no longer need or want it
② we have never been exposed to it
③ we are unaware of our natural desires
④ we are programmed to do so by our parents

[해석] 많은 사람들은 무엇을 요청해야 하는지 모른다. 그것을 접해본 적이 없기 때문에 우리는 무엇이 가능한 것인지도 역시 알지 못한다. 식사로 단 몇 개의 빵에 익숙해져 있을 때, 당신은 파스타를 요청할 수 있다는 것을 깨닫지 못한다. 당신은 파스타 요리를 본 적이 없다. 당신은 심지어 그것이 존재하는지조차도 모른다. 그래서 그것을 요청하는 것은 완전히 현실 밖의 일이다. 다행히, 어떤 순간에 누군가가 당신에게 파스타 요리를 보여주거나 당신이 그것에 대해 읽거나 그것에 대해 충분히 듣게 되고, 그렇게 되면 그것은 현실이 되어 더 이상 단지 환상이 아닌 것이 되고, 결국 "이봐, 난 저 파스타를 먹고 싶어."라는 생각을 하게 된다.

[정답] 21 ②

## 22 다음 글의 빈칸에 들어갈 말로 가장 적절한 것은?

Antarctica knows no rot, rust or mold. There are no bacteria to spoil meat, no spores to turn bread moldy. In 1947, Admiral Cruzen visited the camp at Cape Evans that had been abandoned by Captain Scott more than 35 years before. From the camp's appearance, the occupants might have just left. Boards and rafters of the cabin looked as if they were fresh from the sawmill; there was no rot in the timbers, not to speak of rust on the nailheads. A hitching rope looked new and proved as strong as ever when it was used to hitch the helicopter. Biscuits and canned meat were _____.

① a little salty

② still edible

③ totally decayed

④ broken to pieces

해석 남극은 부패, 녹, 곰팡이를 모른다. 고기를 상하게 하는 박테리아나 빵에 곰팡이를 피게 하는 포자가 없다. 1947년에 Cruzen 제독은 35년 이상 Scott 선장에 의해 버려져 있었던, Cape Evans에 있는 캠프를 방문했다. 캠프의 외양으로는, 거주자들이 막 떠난 것 같았다. 오두막의 널빤지나 서까래는 제재소에서 방금 나온 것처럼 보였다. 못대가리 위의 녹은 말할 것도 없고 목재도 전혀 썩지 않았다. 얽어매는 줄은 새것처럼 보였고, 헬리콥터를 매려고 사용되었을 때와 똑같이 튼튼한 것으로 증명되었다. 비스킷과 통조림 고기도 여전히 먹을 수 있었다.

## 22

어휘

- Antarctica 남극 대륙
- rot 썩음, 부패; 썩다, 부패하다
- rust 녹; 녹슬다, 부식하다
- mold 곰팡이
- moldy 곰팡이가 핀
- occupant 점유자
- rafter 서까래
- sawmill 제재소
- timber 재목, 목재
- nailhead 못대가리
- hitch 매다, 잡아당기다
- edible 먹을 수 있는
- decay 부식하다, 썩다
- exceedingly 대단히, 매우

정답 22 ②

**23**

의무와 책임에 관해 전통 사회와 현대 사회의 대조되는 입장을 서술하는 글로, 빈칸이 있는 부분의 앞뒤 문장을 잘 따져봐야 한다. 빈칸이 있는 부분의 앞 문장에서 전통 사회에서 의무는 타고나는 것이라 했으며 빈칸문장에서 부정어 nothing이 있는 것을 파악하여 의무와 책임은 ③ '자발적인' 것이 아니라는 의미가 되어야 한다. 이는 마지막 문장의 내용인 현대 세계에서 의무는 개인의 선택의 자유에 기반을 둔 것이라는 내용과도 잘 연결된다.

① 의도적인, 고의로 한
② 법에 정해진, 의무적인
④ 강요된, 강제적인

[어휘]
- contemporary 현대의, 당대의; 동시대의
- commitment 약속; 전념
- stance 입장[태도]
- corporate 기업의
- open-ended (정정 · 추가 등의) 조정이 가능한
- constitute ~을 이루다[구성하다]
- feudal 봉건 제도의, 봉건적인
- aristocrat 귀족

**23 밑줄 친 부분에 들어갈 말로 가장 적절한 것은?**  20 지역인재

> People in contemporary society are often uncomfortable with concepts of commitment and obligation—consistent with the negative stance corporate attorneys have toward commitment and open-ended agreements. In contrast, obligations and duties constitute much of social life in traditional societies (tribes, clans, or feudal systems). Tribes people such as the Navaho and aristocrats are to their obligations born. In a traditional world, nothing is particularly _____ about obligations and duties. They are the fabric of social life. But in a modern world, the striking feature of contractual obligations is that their basis is individual freedom of choice.

① intentional
② mandatory
③ voluntary
④ enforced

**해설** 현대 사회의 사람들은 헌신과 의무라는 개념에 대해 기업 변호사들이 약속이나 조정이 가능한 합의에 관하여 취하는 부정적인 입장과 일치하는 불편함을 종종 느낀다. 그에 반해서, 의무와 책임은 전통 사회(부족, 씨족 또는 봉건제)에서 사회생활의 대부분을 이룬다. 나바호족이나 귀족과 같은 부족 사람들은 그들의 의무를 타고난다. 전통 세계에서는 특히 의무와 책임에 관해 그 어느 것도 자발적이지 않다. 그것들은 사회생활의 체제이다. 하지만 현대 세계에서 계약상의 의무의 두드러진 특징은 그것들의 기반이 개인의 선택의 자유에 있다는 것이다.

**정답** 23 ③

**24** 다음 글의 빈칸에 들어갈 말로 가장 적절한 것은?

Often history books describe great ancient civilizations as though a curtain had one day risen on them, and then fallen just as suddenly hundreds of years later. But time-line charts don't account for subtle shift in conditions that are the true catalysts of history. Ancient Rome did not fall as if it fell from a cliff; it _____. While there are clearly social and political reasons for the decline, there are environmental reasons as well. A large part of Rome's dissolution can be traced to its indifferent natural resources management : the agriculture base of society weakened, combining with other factors, of course, to culminate in the collapse of Rome.

① gradually came apart
② greatly respected the farmers
③ had many different kinds of resources
④ was very different from the ancient Greece

해석 종종 역사책은 위대한 고대 문명을 마치 커튼이 어느 날 그 문명 위에서 걷혔다가 몇 백 년 후에(처음 시작됐을 때처럼) 갑자기 내려지는 것처럼 묘사한다. 하지만 연대표가 역사의 진정한 기폭제가 되는 상황의 미세한 변화를 설명하지는 못한다. 고대 로마는 절벽에서 떨어지듯이 갑자기 몰락한 것이 아니었다. 그것은 점차로 해체되어갔다. 몰락의 원인에는 분명하게 사회적, 정치적 이유가 있지만 거기에는 환경의 영향도 있다. 로마 해체의 상당 부분은 천연 자원 관리에 무관심했던 것에서 원인을 찾을 수 있다. 물론 다른 요소들과 결합하여 사회의 농업 기반이 취약해진 것이 로마를 멸망에 이르게 하였다.

**24**
[어휘]
• account for 설명하다
• shift 이동
• decline 쇠락, 쇠퇴
• dissolution 해체
• trace ~의 자취를 쫓다
• indifferent 무관심한
• combine 결합하다
• culminate 정점에 이르다, ~한 결과에 이르다(in)
• collapse 붕괴; 붕괴하다, 무너지다
• come apart 무너지다, 분해되다
• moral 도덕의
• corruption 부패, 타락

정답 24 ①

**25**

호머는 『오디세이』에서 트로이 목마에 대해 아주 간략하게 언급하였으므로 『오디세이』에 트로이 전쟁 이야기가 자세히 언급되었다는 것은 글의 내용과 일치하지 않는다.

어휘
- Trojan horse 트로이의 목마(적을 속이기 위해 사용하는 사람이나 물건)
- trickery 사기, 협잡
- capture 함락시키다
- mainland 본토
- epic 서사시의; 서사시
- A is credited with B A가 B에 대한 공이 있다고 여겨지다

---

## 25 글의 내용과 일치하지 않는 것은?  20 지역인재

Some modern historians think that the episode of the Trojan horse in Greek mythology was based on the Egyptian tale of General Djehuty and his use of trickery to capture the city of Joppa. These scholars point out that the early inhabitants of mainland Greece had conducted long-distance trade with the Egyptians, so at least some Greeks were familiar with common Egyptian myths, of which Djehuty's tale was widely popular. The Greek myth of the Trojan War, including the part about the horse, developed bit by bit between about 1200 and 800 B.C. Homer, the Greek poet who described this war in his epic poem the Iliad in the 700s B.C., did not depict the horse in that work. But it appears that earlier Greek poets added the horse episode to the myth, perhaps basing it on the Egyptian story. And he mentioned it only very briefly in his other epic, the Odyssey. If they did indeed model the horse-shaped vessel containing hidden soldiers on Djehuty's baskets, then Odysseus, the Greek king credited with conceiving the idea of the Trojan horse, was the Greek version of General Djehuty.

① 트로이 목마 이야기는 이집트 이야기에 근거하여 지어졌다.
② 호머의 『일리아드』에는 트로이 목마와 관련된 묘사가 없다.
③ 트로이 목마 전투 이야기는 그리스 시인들이 나중에 추가한 것으로 보인다.
④ 작품 『오디세이』에는 트로이 전쟁 이야기가 자세히 언급되어 있다.

해석 일부 현대 역사학자들은 그리스 신화의 트로이 목마 에피소드가 Djehuty 장군과 그가 도시 욥바를 함락시키기 위해 사용한 속임수에 관한 이집트 이야기를 기반으로 한다고 생각한다. 이러한 학자들은 그리스 본토의 초기 거주자들은 이집트인들과 장거리 교역을 했으며, 그래서 최소한 일부 그리스인들은 일반적인 이집트 신화에 익숙하며, 그중 Djehuty 이야기는 널리 인기 있었다는 점을 지적했다. 말에 관한 부분을 포함하는 그리스의 트로이 전쟁 신화는 기원전 1200년과 800년 사이에서 조금씩 전개되는데, 기원전 700년경 서사시 '일리아드'를 쓴 시인인 homer는 그의 작품에 그 말을 묘사하지 않았다. 하지만 초기 그리스 시인들은 말 에피소드를 신화에 포함시켰던 것으로 보이며 아마 그것을 이집트 (신화) 이야기의 기반으로 한 것 같다. 그리고 그는 그의 다른 서사시인 '오디세이'에서 매우 짧게만 그것을 언급했다. 그들이 정말로 Djehuty 장군의 숨은 병사들이 들어있는 말 모양의 통을 만들었다면, 트로이의 목마라는 발상을 생각해낸 것으로 여겨지는 그리스 왕인 Odesseus는 그리스 버전의 Djehuty 장군이었다.

정답 25 ④

**26** 다음 글의 빈칸에 들어갈 말로 가장 적절한 것끼리 짝 지은 것은?

A duty exists whether or not the facts and conditions are so and so. What is obligatory and what is licit would not change with any change in the facts of the world. ____(A)____, this idealized approach to deontic notions has lead to a huge array of severe paradoxes : Good Samaritan paradox, gentle murder paradox, etc. The core question involved in such a paradoxes is the consequent obligations; I.e duties that arise as a result of an antecedent factual situation. Many duties are cases of the lesser evil. Thus ____(B)____, resorting to war is forbidden in accordance with current international law, but, in case such a prohibition is transgressed, new obligations arise as regards how to conduct the war in accordance with international humane conventions, such as the Red Cross agreements.

|     | (A) | (B) |
| --- | --- | --- |
| ① | Conversely | eventually |
| ② | In addition | in this manner |
| ③ | In other words | as a rule |
| ④ | However | for instance |

**해석** 의무는 사실이나 조건이 이러저러하든지 말든지 존재한다. 의무적이고 적법한 것은 세상의 사실들이 어떻게 변하든 간에 변하지 않을 것이다. 하지만 의무 개념에 대한 이러한 이상적인 접근은 심한 역설의 많은 예시들이 있다. 선한 사마리아인의 역설, 선한 살인의 역설 등이 그것이다. 그러한 역설 속에 포함된 핵심적인 의문은 결과로서 생기는 의무이다. 즉, 선행하는 사실적 상황의 결과로서 일어나는 의무를 말한다. 많은 의무들은 차악 책에 해당한다. 예를 들면, 전쟁을 일으키는 것은 현행 국제법상 금지되어 있지만, 그런 금지를 어기는 경우 적십자 조약과 같은 국제인도조약에 의하여 전쟁을 어떻게 수행할 것인가에 관한 새로운 의무들이 생겨나게 된다.

**26**

**어휘**

- so and so 무엇무엇, 이러저러
- obligatory 의무로서 해야만 할
- licit 합법의, 적법한, 정당한
- idealize 이상화하다
- notion 관념, 개념
- array 정렬, 배열, 열거
- paradox 역설, 패러독스
- obligation 의무, 책임
- antecedent 앞서는, 선행의, 우선하는
- resort 의지하다
- in accordance with ~와 일치하여
- current 통용하는, 현행의
- transgress 어기다, 범하다
- conduct 수행하다
- conversely 거꾸로 말하면
- in this manner 이런 식으로
- incidentally 말하자면, 부수적으로
- lesser evil 차악

**정답** 26 ④

**27**

빈칸 이후의 내용에서 핵폭탄과 공산주의 두 가지에 대한 두려움이 미국에 큰 영향을 끼쳤다고 했으므로 이러한 '두려움'을 설명할 수 있는 말이 와야 한다. 따라서 밑줄 친 부분에는 ③ 'Age of Anxiety(불안의 시대)'가 들어가는 것이 적절하다.

① 탐험의 시대
② 전망의 시대
④ 영웅의 시대

[어휘]
• politics 정치
• fear 두려움
• Soviet Union 소비에트 연방
• atomic 원자의
• Communism 공산주의
• senator 상원의원

**27 밑줄 친 부분에 들어갈 말로 가장 적절한 것은?**　　　19 지역인재

> After World War II, America entered an "_____." The politics of America were influenced by two great fears. First, there was the fear of the Bomb; many Americans were sure there would be a war with the Soviet Union using atomic bombs. Also, in the late forties and early fifties, fear of Communism became a national sickness. Senator Joseph McCarthy often appeared on television, telling Americans that American Communists were destroying the nation. He led the country on a "witch hunt" against "Communist" intellectuals, writers and Hollywood figures. McCarthy seriously hurt the lives and careers of many Americans who were not really Communists.

① Age of Exploration
② Age of Anticipation
③ Age of Anxiety
④ Age of Heroes

[해석] 제2차 세계대전 이후, 미국은 '불안의 시대'에 들어섰다. 미국의 정치는 두 가지의 큰 두려움에 영향을 받았다. 첫째로, 핵폭탄에 대한 두려움이 있었다. 많은 미국인들은 원자폭탄을 사용하는 소련과의 전쟁이 있을 것이라고 확신했다. 또한, 40년대 후반과 50년대 초반에, 공산주의에 대한 두려움은 국가적인 병이 되었다. 상원의원 Joseph McCarthy는 종종 텔레비전에 출연하여 미국인들에게 미국 공산주의자들이 국가를 파괴하고 있다고 말했다. 그는 '공산주의' 지식인들, 작가들, 할리우드 인물들에 대해 '마녀 사냥'을 하도록 나라 전체를 이끌었다. McCarthy는 실제로 공산주의자가 아니었던 수많은 미국인들의 삶과 경력을 심각하게 침해했다.

**정답** 27 ③

**28** 다음 글의 빈칸에 들어갈 말로 가장 적절한 것은?

Often we focus on little problems and concerns. A stranger, for example, might cut in front of us in traffic. Rather than let it go, and go on with our day, we convince ourselves that we are justified in our anger. We play out an imaginary confrontation in our mind. Why not instead simply try to have compassion for the person and remember how painful it is to be in such an enormous hurry? This way, we can maintain our own sense of well-being and avoid taking other people's problem personally. Whether we had to wait in line or do the lion's share of the work, it pays enormous dividends if we learn not to worry about little things. So many people spend so much of their life energy _____ that they completely lose touch with the magic and beauty of life.

① sweating the small stuff
② trying to get public recognition
③ avoiding the threat posed by others.
④ promoting a new and better lifestyle

**해석** 우리는 자주 작은 문제나 염려에 골몰한다. 예를 들면, 낯선 사람이 운전 중에 앞에 끼어들었다고 치자. 그냥 가게 놔두고 우리의 하루를 보내려고 하기보다는 화를 내는 것이 정당하다고 스스로를 확신시킨다. 우리는 마음 속 상상의 대결 속에서 행동을 한다. 그렇게 하는 대신, 어째서 그 사람을 동정하려고 노력하지 않고 그렇게 서두르는 것이 얼마나 괴로운 것인지를 기억하지 못하는가? 이런 식으로 해야 우리는 스스로의 행복감을 유지할 수 있고 다른 사람의 문제를 개인적으로 받아들이는 것을 피할 수 있다. 우리가 줄을 서서 기다려야 했거나 산더미 같은 일에 파묻혀 있어야 했던 간에, 만약 우리가 작은 일에 대해 걱정하지 않는다면 엄청난 이득이 생길 것이다. 너무나 많은 사람들이 자신의 인생 에너지를 사소한 일에 목숨 거는 데 사용하고 있어서 인생의 매력과 아름다움을 완전히 놓치고 있다.

**28**
제시문에서 전체적으로 작은 문제나 염려에 골몰하는 것에 대해 우려하고 있으므로, 정답은 ① 'sweating the small stuff(사소한 것에 목숨을 거는)'이 적절하다.
② 대중의 인정을 받으려고 노력하다
③ 타인의 위협을 피한다
④ 새롭고 더 나은 생활 방식을 촉진한다

**어휘**
• concern 관심사, 용건, 사건
• be justified in ~을 정당화하다
• play out 녹초가 되다
• imaginary 상상의, 가상의
• confrontation 직면, 대면, 대결
• compassion 연민, 동정
• enormous 거대한, 막대한
• the lion's share of ~의 가장 큰 몫
• pay dividend 뒤에 보답을 받다
• lose touch with ~와 접촉[연락]이 끊기다
• a sense of inferiority 열등감

**정답** 28 ①

**29**

마지막 문장에서, 이것은 하늘에서 천체의 움직임과 위치를 통해 사건을 예측한다고 하였으므로 이 설명에 맞는 과학은 ③ '점성학'이다.

① 수학
② 화학
④ 물리학

[어휘]
• date back to ~로 거슬러 올라가다
• play a role 역할을 하다
• heavenly body 천체

**29 밑줄 친 부분에 들어갈 말로 가장 적절한 것은?**　　19 지역인재

_____ is the oldest science in the world. Historical records show evidence of its practice dating back to 1600 B.C., and it played a large role in the societies of ancient Babylon, Egypt, Greece, and Rome. Today, it still thrives and serves as a powerful tool that can predict human affairs and earthly events, based on the movements and relative positions of heavenly bodies in the sky.

① Mathematics
② Chemistry
③ Astrology
④ Physics

[해석] 점성학은 세계에서 가장 오래된 과학이다. 역사적 기록은 기원전 1600년까지 거슬러 올라가는 점성학을 이용한 증거를 보여 주며, 그것은 고대 바빌론, 이집트, 그리스, 로마 사회에서 큰 역할을 하였다. 오늘날, 그것은 여전히 널리 퍼져 있고 하늘에서 천체의 움직임과 상대적인 위치에 근거하여 인간의 일과 지구에서의 사건들을 예측할 수 있는 강력한 도구로서 기능한다.

[정답] 29 ③

**30** 다음 글의 내용을 한 문장으로 요약할 때, 빈칸에 가장 적절한 것은?

We see many people who murmur that they lack the ability to do something or that their difficulties are too great to be overcome. However, this only shows that they have lost heart. Why do people feel frustrated even though they are capable of doing something? There are two main reasons. First, these people don't have a correct estimation of themselves. Second, they overestimate the difficulties. On the other hand, successful people expect periodic defeats, learn what goes wrong and why, and make necessary adjustment and try again with faith in themselves. It is the key to success that we should never underestimate our abilities.

→ Instead of _____(A)_____ our own abilities, we should endeavor to succeed with _____(B)_____ .

|     | (A) | (B) |
| --- | --- | --- |
| ① | boasting of | skills |
| ② | questioning | honesty |
| ③ | complaining about | confidence |
| ④ | exaggerating | diligence |

**해석** 우리는 자신이 무엇인가를 할 수 있는 능력이 없다거나 자신의 어려움이 극복하기에는 너무 크다고 투덜대는 많은 사람들을 본다. 하지만 이것은 단지 그들이 낙담하였음을 보여줄 뿐이다. 왜 이 사람들은 그들이 무언가를 할 수 있는 능력이 있으면서도 좌절을 느끼는 것일까? 거기에는 두 가지 주요한 원인이 있다. 우선, 이 사람들은 자기 자신에 대한 정확한 평가를 하지 못하고 있다. 두 번째로, 그들은 어려움을 과대평가하고 있다. 반면에, 성공한 사람들은 종종 있을 좌절을 예상하고, 무엇이 잘못되고 왜 잘못되었는가를 배우고, 필요한 수정을 하여 자신에 대한 신뢰를 가지고 다시 시도한다. 절대로 우리의 능력을 과소평가해서는 안 된다는 것이 성공에 이르는 열쇠이다.
→ 우리는 자기 자신의 능력에 대해 불평하는 대신에, 자신감을 가지고 성공하기 위해 노력해야 한다.

**30**
**어휘**
• murmur 불평을 하다, 투덜대다
• lose heart 낙담하다, 용기를 잃다
• estimation 평가
• overestimate 과대평가하다
• periodic 종종 발생하는, 주기적인
• defeat 패배, 좌절
• adjustment 조절, 조정
• underestimate 과소평가하다
• endeavor 노력하다, 수고하다
• boast 자랑하다
• exaggerate 과장하다

**정답** 30 ③

**31**

어휘

- flier 나는 것, 비행사
- swing 방향을 바꾸다, ~을 흔들다
- scoop 국자, 삽; 퍼올리다
- pouch 작은 주머니
- companion 동료, 상대, 친구

If you see a pelican standing with its flat feet on a sandy beach, you may not think that he is much of a flier. But he is. Watch him as he swings into his flight path and moves along at about twenty-six miles an hour, almost touching the tops of the waves. ① When he sees a fish of the right size, he moves forward, folds his wings, and heads for the water in the best power he can manage. ② The pelican can scoop an amazing 2.5 gallons of water into its pouch. ③ Often he flies with his companions in a long line. ④ They follow one another up, over and down the waves. They move their wings together and maintain the same distance from on another.

해석 만약 펠리컨이 평평한 발로 모래 해변 위에 서 있는 것을 본다면, 당신은 펠리컨이 잘 날지 못하는 새라고 생각할 것이다. 그러나 펠리컨은 아주 잘 날 수 있다. 펠리컨이 비행 항로에 접어들어 거의 파도에 닿을 듯이 시속 약 26마일로 움직이는 것을 보라. 펠리컨이 알맞은 크기의 물고기를 보면, 앞으로 이동하여 날개를 접고 낼 수 있는 모든 힘을 다해 물로 뛰어 든다. 펠리컨은 부리 주머니에 무려 2.5갤런의 물을 떠낼 수 있다. 종종 펠리컨은 무리와 함께 긴 대열로 날아간다. 그들은 파도의 위아래를 넘나들며 서로를 따라간다. 그들은 날개를 함께 움직여 서로의 간격을 일정하게 유지한다.

정답 31 ②

## 32 글의 흐름으로 보아, 주어진 문장이 들어가기에 가장 적절한 곳은?

Today's children have a sense that there is a line past which their parents are not allowed to go, even if they are not exactly sure where that line is.

In past generations, children knew there was a line over which they could not go. ( ① ) They were afraid of the punishment they would receive. ( ② ) They know at a very early age about something called 'child abuse'. ( ③ ) Although children no longer meet the standard for obedience that only the fear of harsh punishment can produce, parents have and always will have sufficient power and influence to produce children who behave most of the time as we want them to. ( ④ ) This power comes from the automatic child-to-parent love relationship. Because this relationship is so strong, the power that arises from it is more than enough to achieve all the goals of child raising. Furthermore, this power and influence never depends upon kids being afraid of their parents.

해석 과거 세대들에서는, 아이들은 자신들이 넘을 수 없는 선이 있다는 것을 알았다. 그들은 받게 될 처벌을 두려워했다. 오늘날의 아이들은 비록 그 경계선이 어디에 있는지 정확하게 알지는 못하지만 부모가 넘지 못하는 선이 있다는 것을 알고 있다. 그들은 아주 어렸을 때, '아동 학대'라고 일컬어지는 어떤 것에 대하여 인식하고 있다. 비록 아이들이 더 이상 가혹한 처벌에 대한 두려움만이 만들어 낼 수 있는 복종의 기준에 미치지 않더라도, 부모들은 자신들이 원하는 대로 행동하는 아이들을 만들 수 있는 충분한 힘과 영향력을 가졌고 언제나 가질 것이다. 이런 힘은 무의식적인 부모 자식 간의 사랑의 관계에서 비롯된다. 이런 관계는 매우 견고해서 그것에서 나오는 힘은 자녀 양육의 모든 목표를 달성하기에 충분하고도 남는다. 게다가, 이런 힘과 영향력은 결코 아이들이 그들의 부모를 두려워하는 것에 의존하지 않는다.

**32**

어휘
- abuse 남용, 오용; 학대
- obedience 복종, 순종
- harsh 거친; 심한, 모진

정답 32 ②

**33**

어휘

- posterity 자손, 후세, 후대
- think back to 상기하다, 생각해내다
- transmit 전하다
- infrared 적외선(의)
- priceless 대단히 귀중한, 돈으로 살 수 없는
- a cupful of 한 컵 분량의
- countless 셀 수 없는, 무수한
- ephemeral 수명이 짧은, 단명의

## 33 주어진 글 다음에 이어질 글의 순서로 가장 적절한 것은?

When Richard Masters worries about how much digital information is lost to posterity every day, he thinks back to 1972.

(A) That year Landsat began transmitting a steady stream of infrared images of Earth, giving scientists their first clear view of how the planet's surface changes over time.

(B) NASA stored the images for posterity on reels of tape, which ages so badly that researchers almost lost these priceless images. A clever NASA engineer recently revived the tape by baking the reels in an oven.

(C) Unfortunately, this success saved only a cupful of the rising flood of data our digital age is producing - and which is in danger of being lost on countless broken hard drives and corrupted floppy disks and other ephemeral storage media.

① (A) - (B) - (C)
② (A) - (C) - (B)
③ (B) - (A) - (C)
④ (B) - (C) - (A)

해석 Richard Masters는 얼마나 많은 디지털 정보가 매일 후세에 전해지지 못하고 상실되는지 걱정이 될 때면 1972년 상황을 떠올린다.

(A) 근래 Landsat(지구 자원 탐사 위성)이 지구의 적외선 이미지를 연속 전송하기 시작함으로써 과학자들은 시간이 흐르면서 지구 표면이 어떻게 변하는지를 사상 처음으로 명확하게 관측하게 됐다.

(B) 나사는 후세를 위해 그 이미지들을 릴테이프에 보관했다. 그러나 테이프가 심하게 낡아 연구원들은 이 귀중한 이미지들을 거의 잃을 뻔했다. 최근 나사의 한 명석한 엔지니어가 릴을 오븐에 넣어 구워 테이프를 복구했다.

(C) 불행하게도 이런 성공은 디지털 시대가 생산해내는 점증하는 데이터의 홍수 중 겨우 한 컵 분량만을 구했을 뿐이다. 이 데이터들은 무수히 많은 고장 난 하드 드라이브, 오류가 발생한 플로피 디스크, 다른 수명이 짧은 저장 매체 등에서 상실될 위기에 직면해 있다.

정답 33 ①

## 34 주어진 글 다음에 이어질 글의 순서로 가장 적절한 것은?

The highest number of what doctors call 'repeated motion syndrome' occurs among workers in meat factories, who chop meat from dawn to dusk.

(A) Backache, neckache, and eye strain are among the most common injuries and numb fingers and wrist pain caused by keyboard working are also common.

(B) Currently, however, office workers who use computers are also suffering from repeated motion syndrome.

(C) According to the doctors who treat these complaints, the human arm wasn't designed to be in the same position for hours on end.

① (A) - (C) - (B)

② (B) - (A) - (C)

③ (B) - (C) - (A)

④ (C) - (A) - (B)

**해석** 의사들이 '반복 활동 증후군'이라고 부르는 증상은 새벽부터 저녁까지 고기를 써는 정육 공장의 노동자들 사이에 가장 많이 발생한다.

(B) 그러나 현재는 컴퓨터를 사용하는 사무노동자들 또한 반복 활동 증후군으로 고생하고 있다.

(A) 요통, 목의 통증, 그리고 눈의 피로 등이 가장 흔한 증상이고, 키보드 작업 때문에 생기는 손가락 마비와 손목 관절통 또한 흔하다.

(C) 이러한 증상을 치료하는 의사들에 따르면, 인간의 팔은 몇 시간 동안이나 계속해서 똑같은 위치에 있도록 만들어지지 않았다고 한다.

**34**

**어휘**

· chop 썰다

· dusk 땅거미, 황혼

· strain 피로, 긴장; 긴장시키다

· numb 감각을 잃은, 마비된

· complaint 불평; 병

· on end 연속으로, 계속하여

**정답** 34 ②

## 35

(A) 앞의 문장에서 "영어에는, 이 소리들을 조합하기 위한 약 45개의 소리와 30개의 패턴만이 있다."라고 언급하고 있으며, 뒤의 문장에서는 "우리는 단순히 이 제한된 숫자의 소리와 패턴을 조합함으로써 우리가 원하는 모든 것을 소통할 수 있다."라는 내용이 이어지고 있으므로, (A)에는 '하지만'이라는 의미인 Yet이 적절하다. (B)에는 빈칸 이후로 구체적인 사례가 이어지고 있으므로, '예를 들어'라는 의미인 For instance가 적절하다. 따라서 (A)에는 Yet, (B)에는 For instance가 들어가야 하므로, 정답은 ②이다.

어휘

- marvel 경이, 경이로운, 혀를 내두르다, 경탄하다, 놀라다
- marvelous 놀라운, 믿기 어려운, 기적적인, 신기한
- sentence 문장
- combine 결합하다

---

**35** 밑줄 친 (A), (B)에 들어갈 말로 적절한 것은?    21 지역인재

> One of the marvels of language is how we use a limited number of sounds to create an unlimited number of words and sentences. In English, there are only about 45 sounds and 30 patterns for combining these sounds. _____(A)_____ we can communicate whatever we want simply by combining this limited number of sounds and patterns. _____(B)_____, we can recombine the sounds in the word "string" to form "ring, sing, sin, grin." We can rearrange the words in a sentence to mean entirely different things, as in "John saw Sally" and "Sally saw John." This is what makes languages so marvelous.

|     | (A) | (B) |
| --- | --- | --- |
| ① | Yet | Nevertheless |
| ② | Yet | For instance |
| ③ | Unfortunately | Likewise |
| ④ | Unfortunately | As a result |

해석 언어의 놀라운 점 중 하나는 우리가 제한된 수의 소리를 사용하여 무한한 수의 단어와 문장을 만들어내는 방법이다. 영어에는, 이 소리들을 조합하기 위한 약 45개의 소리와 30개의 패턴만이 있다. (A) 하지만 우리는 단순히 이 제한된 숫자의 소리와 패턴을 조합함으로써 우리가 원하는 모든 것을 소통할 수 있다. (B) 예를 들어, 우리는 "끈"이라는 단어의 소리를 "반지, 노래, 죄, 미소"를 형성하기 위해 재결합할 수 있다. 우리는 "John saw Sally"와 "Sally saw John"에서처럼 문장의 단어들을 완전히 다른 의미들로 재배열할 수 있다. 이것이 언어를 경이롭게 만드는 것이다.

정답 35 ②

## 36

23 지역인재

Children thrive when we express understanding and respect for their emotions ("That doggie scared you," "You sound very angry; let's talk about it") rather than belittle or punish them for their feelings ("It's silly to be afraid of such a little dog," "Go to your room till you calm down"). When you let children know that all their emotions, including the negative ones, are okay to have, you are also communicating that they themselves are ＿＿＿＿＿ even when sad, upset or scared. This helps children feel positive about themselves, which makes growth and change possible.

① sociable
② defensive
③ acceptable
④ aggressive

해석 어린이들은 우리가 아이들의 감정을 하찮게 여기거나 벌주는 것("저런 작은 강아지를 무서워하다니 어리석구나", "진정할 때까지 방에 가라")보다 그들의 감정을 이해하고 존중한다는 것을 표현("그 강아지가 너를 겁나게 했구나", "화가 많이 났구나. 그것에 대해 얘기해보자")할 때 잘 자란다. 여러분이 아이들에게 부정적인 감정을 포함한 모든 감정이 있어도 괜찮다는 것을 알게 할 때, 여러분은 또한 그들이 슬프거나 화가 나거나 무서울 때도 그들 자신이 받아들일 수 있다는 것을 알리고 있는 것이다. 이것은 아이들이 그들 자신에 대해 긍정적으로 느낄 수 있도록 도와주며, 이것이 성장과 변화를 가능하게 한다.

---

## 36

빈칸 문장의 앞부분에서 'When you let children know that all their emotions, including the negative ones, are okay to have(여러분이 아이들에게 부정적인 감정을 포함한 모든 감정이 있어도 괜찮다는 것을 알게 할 때)'라고 했고, 빈칸 바로 앞의 'communicating that they themselves are'와 빈칸 다음의 'even when sad, upset or scared'로 미루어 빈칸에 들어갈 말로 적절한 것은 ③ 'acceptable(받아들일 수 있는)'임을 알 수 있다.
① 사교적인
② 방어적인
④ 공격적인

어휘
• thrive 잘 자라다
• scare 무서워하다
• belittle 하찮게 여기다
• punish 벌주다
• calm down 진정하다
• communicate 전하다[알리다]
• upset 속상한

정답 36 ③

**37**

빈칸이 속한 문장에서 '아침에 물을 마시는 것은 ~에 관한 한 대단한 전략이다.'라고 했고, 세 번째 문장에서 'This morning water gets your metabolism going and has been proven to increase your calorie-burning potential throughout the day(아침의 이 물은 신진대사를 진행시키고 하루 종일 칼로리 연소 잠재력을 증가시키는 것으로 증명되었다).'라고 했다. 네 번째 문장에서 물이 식욕을 감소시켜서 아침 식사를 위한 현명한 선택을 할 수 있게 한다고 했으므로, 문맥상 빈칸에 들어갈 말로 적절한 것은 ② 'weight loss(체중 감량)'이다.

① 피부관리
③ 편안한 잠
④ 효과적인 소화

[어휘]
• strategy 계획[전략]
• when it comes to ~에 관한 한
• calorie-burning 칼로리를 태우는[소모하는]
• potential 가능성이 있는[잠재적인]
• fill (음식물 등이) (사람을) 배부르게 하다
• reduce 줄이다
• appetite 식욕

Drinking water in the morning is a great strategy when it comes to _____. Think of drinking water after waking up as an alarm clock for your metabolism. This morning water gets your metabolism going and has been proven to increase your calorie-burning potential throughout the day. Not only that, water actually fills you up and reduces your appetite, allowing you to make smarter choices for your breakfast. These smart choices tend to roll over to smarter choices throughout the day. There's no better way to start your day than with a tall glass of delicious water.

* metabolism : 신진대사

① skin care
② weight loss
③ restful sleep
④ effective digestion

[해석] 아침에 물을 마시는 것은 체중 감량에 관한 한 대단한 전략이다. 잠에서 깨어난 후에 물을 마시는 것을 신진대사를 위한 자명종 시계로 생각하라. 아침의 이 물은 신진대사를 진행시키고 하루 종일 칼로리 연소 잠재력을 증가시키는 것으로 증명되었다. 그뿐만 아니라, 물이 실제로 여러분을 배부르게 하고 식욕을 감소시켜서 아침 식사를 위해 더 현명한 선택을 할 수 있게 한다. 이 현명한 선택은 하루 종일 더 현명한 선택으로 전환하는 경향이 있다. 맛있는 물 한 잔으로 여러분의 하루를 시작하는 것보다 더 나은 방법은 없다.

[정답] 37 ②

**38** 우리말을 영어로 잘못 옮긴 것은?　　　　　

① 네가 그런 어리석은 짓을 하면 비웃음을 살 것이다.

　　→ You will be laughed at if you do such a stupid thing.

② 제시간에 도착하기 위해서 나는 일찍 떠났어야 했다.

　　→ I should have left early to arrive on time.

③ 그녀가 나의 제안을 받아들여서 나는 여행을 포기했다.

　　→ I gave up the travel although she accepted my proposal.

④ 그는 그의 아이들이 책을 읽는 것을 보고 있다.

　　→ He is watching his children read books.

**38**

③ 주어진 우리말 표현이 '그녀가 나의 제안을 받아들여서'라고 '원인[이유]'의 의미를 포함하고 있으므로, 이유를 나타내는 접속사 because를 써서 'although → because she accepted my proposal'로 바꾸어야 한다.

① such는 명사를 수식하므로 'such + a + 형용사 + 명사'의 어순이 되어야 하는데, 'such a stupid thing(그런 어리석은 짓)'으로 올바르게 사용되었다. such 대신 so가 오면 'so + 형용사 + a + 명사(so stupid a thing)'가 되어야 한다. be laughed at은 '남의 웃음거리가 되다'의 뜻이고, 미래 시제이므로, '비웃음을 살 것이다'가 will be laughed at으로 올바르게 표현되었다.

② should have p.p.는 '~했어야 하는데 (안 했다)'의 뜻이므로, '일찍 떠났어야 했다'가 'should have left early'로 올바르게 표현되었다.

④ '지각동사 + 목적어 + 목적격 보어(동사원형/분사)'가 '목적어가 ~하는 것을 지각동사하다'의 뜻이므로, '그의 아이들이 책을 읽는 것을 보고 있다'가 'is watching his children read books'로 올바르게 표현되었다.

[어휘]

• arrive 도착하다

• on time 시간을 어기지 않고, 정각에

• accept 받아들이다

• proposal 제안, 제의

정답 **38** ③

**39**

① 과거 특정 시점에 진행 중인 행위나 상황을 말할 때 과거 진행 시제를 사용하는데, 과거 특정 시점(when he called me)에 '영화를 보고 있었다'라고 했으므로, 과거 진행 시제를 사용해서 'was watching a movie'로 올바르게 표현되었다.

② 그 가수가 리포터들의 방문을 받은 것이므로, 수동태를 사용해서 visited → was visited by를 사용해서 'The singer was visited by a long line of reporters around the corner.'로 표현해야 한다.

③ mind는 동명사를 목적어로 취하는 동사이므로, to lower → lowering을 사용해서 'Would you mind lowering your voice in this room?'으로 표현해야 한다.

④ 'exciting'은 '신나는, 흥분하게 하는'의 뜻이므로, '흥분되어'는 exciting → excited를 사용해서 'He was too excited to sit quietly on the chair.'로 표현해야 한다.

**39** 우리말을 영어로 바르게 옮긴 것은?                23 지역인재

① 그가 나에게 전화했을 때 나는 영화를 보고 있었다.
 → I was watching a movie when he called me.

② 그 가수는 모퉁이에 길게 늘어선 리포터들의 방문을 받았다.
 → The singer visited a long line of reporters at the corner.

③ 이 방에서는 목소리 좀 낮춰 주실 수 있으세요?
 → Would you mind to lower your voice in this room?

④ 그는 너무 흥분되어 의자에 조용히 앉아 있지 못했다.
 → He was too exciting to sit quietly on the chair.

**정답** 39 ①

**[40~41]** 밑줄 친 부분에 들어갈 말로 가장 적절한 것을 고르시오.

## 40

An important, overarching skill which you will need as _____ is the ability to relax physically and mentally under pressure. Relaxation is important for a number of reasons. Firstly, and most obviously, you will need to be able to feel confident under stressful circumstances (of which there are many—starting with auditions). Secondly, the ability to selectively relax muscles will help you overcome tension-related barriers to effective performance, such as tension in the throat. Thirdly, the state of being fully physically and mentally relaxed can be used as an effective meditative state from which to build a mental and physical profile which is appropriate to the character you're playing. Put simply, you can stop being too locked into being 'you,' make yourself a sort of blank canvas, and create your character from there.

① a driver

② a doctor

③ an actor

④ an athlete

[해석] 여러분이 배우로서 필요하게 될 대단히 중요한 한 가지 기술은 스트레스를 받는 상황에서 신체적, 정신적으로 이완하는 능력이다. 이완은 여러 가지 이유로 중요하다. 첫째로, 가장 분명한 것은 스트레스가 많은 상황(그것들 중에는 오디션을 시작하는 경우가 많은데)에서 자신감을 느낄 수 있어야 할 것이다. 둘째, 선택적으로 근육을 이완시키는 능력은 목구멍의 긴장과 같이 효과적인 공연을 방해하는 긴장과 관련된 장애물을 극복하는 데 도움이 될 것이다. 셋째, 신체적, 정신적으로 충분히 이완된 상태는 여러분이 연기하는 캐릭터에 적합한 정신적, 신체적 프로필을 구축할 수 있는 효과적인 명상의 상태로 사용될 수 있다. 간단히 말해서, 여러분은 '여러분'이라는 존재에 지나치게 갇혀 있는 것을 멈추고, 여러분 자신을 일종의 백지상태인 캔버스로 만들어, 거기에서 여러분의 캐릭터를 만들 수 있다.

## 40

세 번째 문장 후반부의 '~ under stressful circumstances (of which there are many—starting with auditions)[스트레스가 많은 상황(오디션을 시작하는 많은 경우)에서]'와 네 번째 문장의 'tension-related barriers to effective performance, such as tension in the throat(목구멍의 긴장과 같이 효과적인 공연을 방해하는 긴장과 관련된 장애물)', 다섯 번째 문장의 'an effective meditative state from which to build a mental and physical profile which is appropriate to the character you're playing(여러분이 연기하는 캐릭터에 적합한 정신적, 신체적 프로필을 구축할 수 있는 효과적인 명상 상태)'으로 미루어 빈칸에는 '연기'와 관련된 단어가 들어가야 함을 유추할 수 있다. 따라서 빈칸에 들어갈 말로 적절한 것은 ③ 'an actor(배우)'이다.

① 운전사

② 의사

④ (운동)선수

[어휘]

• overarching 대단히 중요한
• relaxation 이완
• firstly 첫째로
• confident 확신하는
• stressful 스트레스가 많은
• circumstance 환경, 상황
• selectively 선별적으로
• muscle 근육
• overcome 극복하다
• barrier 장애물
• throat 목구멍
• meditative 명상적인
• appropriate 적절한
• be locked into ~에 갇혀 있다
• blank canvas 백지상태

[정답] **40** ③

## 41

첫 번째 문장에서 'When we try to solve problems, we often make the mistake of assuming that they occur in isolation(우리가 문제를 해결하려고 할 때, 종종 그것들이 별개로 일어난다고 가정하는 실수를 한다).'이라고 했고, 다음 문장에서 실제로는 문제들이 시스템이 그런 것처럼 보통 서로 연결되어 있다고 했다. 세 번째와 네 번째 문장에서 예를 들어 정원의 채소들이 충분히 자라지 않았다면, 우리는 물을 충분히 받지 못해서라고 추측할 수 있지만, 그 이유는 수많은 이유들 중 하나가 될 수도 있고 혹은 그것들의 조합들 중 하나가 될 수도 있다고 했으므로, 빈칸에 들어갈 적절한 것은 ④ 'Being open to a variety of possible solutions(여러 가능한 해결책을 순순히 받아들이는 것)'이다.

① 문제가 발생하기 전에 예측하는 것
② 삶의 긍정적인 측면에 집중하는 것
③ 원인과 결과를 구별하는 것

[어휘]
• assume 추정[상정]하다
• occur 일어나다, 발생하다
• in isolation 별개로, 홀로
• interconnected 상호연락[연결]된
• potential 잠재적인, 가능성 있는
• average temperature 평균 온도
• elevation 고도
• persevere 참다, 견디다
• be faced with ~에 직면하다
• intimidating 겁을 주는[겁나는]
• frustrating 좌절감을 주는

When we try to solve problems, we often make the mistake of assuming that they occur in isolation. In reality, problems are usually just as interconnected as systems are. For example, if the vegetables in a garden won't grow to their full potential, we may assume that it is because they did not receive enough water. That may very well be just one reason and we may find that the real cause could be any of a number of, or a combination of, possibilities, such as the quality of the soil, not receiving the proper amount of sunlight, the quality of the seeds that were planted, the length of the growing season, average temperature, insects, and elevation, among many others. _____ can help us persevere when we are faced with the most intimidating or frustrating problems.

① Predicting problems before they happen
② Focusing on the positive aspects of life
③ Distinguishing between causes and effects
④ Being open to a variety of possible solutions

[해석] 우리가 문제를 해결하려고 할 때, 종종 그것들이 별개로 일어난다고 가정하는 실수를 한다. 실제로는, 문제들이 시스템이 그런 것처럼 보통 서로 연결되어 있다. 예를 들어, 정원의 채소들이 충분히 자라지 않는다면, 우리는 그것들이 물을 충분히 받지 못했기 때문이라고 추측할지도 모른다. 그것은 아마도 단지 한 가지 이유일 수도 있고 우리는 실제 원인이 토질, 적절한 양의 햇빛을 받지 못한 것, 심은 씨앗의 품질, 성장기 길이, 평균 온도, 곤충, 고도와 같은 수많은 이유 중에서 어떤 것이든 가능한 것 또는 그것들의 조합들 중 하나일 수도 있다는 것을 발견할 수 있다. 여러 가능한 해결책을 순순히 받아들이는 것은, 우리가 가장 위협적이거나 좌절감을 주는 문제들에 직면했을 때, 우리가 견디게 도울 수 있다.

[정답] 41 ④

## 42 주어진 글 다음에 이어질 글의 순서로 가장 적절한 것은?

23 지역인재

African elephants are hunted for their ivory at far too great a rate, and these magnificent animals may be headed for extinction. While this problem may have no simple solution, it does have a simple cause: Nobody owns the elephants.

(A) Ironically, the companies respond to the reduced demand for trees by maintaining smaller forests. Evidence indicates that recycling causes the world to have fewer trees.

(B) Similarly, paper companies have every incentive to replenish the forests they own, and these forests are in no danger of disappearing. Concerned environmentalists advocate recycling paper so that fewer trees are harvested.

(C) The demand for beef is far greater than the demand for ivory, but cattle are not threatened with extinction. The key to the difference is that cattle are owned.

① (B) - (A) - (C)
② (B) - (C) - (A)
③ (C) - (A) - (B)
④ (C) - (B) - (A)

**해석** 아프리카코끼리들은 그들의 상아를 위해서 너무 빠른 속도로 사냥되고 있어서, 이 거대한 동물들은 멸종으로 향할지도 모른다. 이 문제는 간단한 해결책이 없을지도 모르지만, 간단한 원인은 있다.: 그것은 아무도 코끼리를 소유하지 않는다는 것이다.

(C) 소고기 수요는 상아 수요보다 훨씬 많지만, 소는 멸종 위기에 처해 있지 않다. 그 차이에 대한 핵심은 소가 소유되고 있다는 점이다.

(B) 마찬가지로, 제지 회사들은 그들이 소유하고 있는 숲을 다시 채울 충분한 동기가 있으며, 이 숲들은 사라질 위험에 있지 않다. 우려하는 환경 보호론자들은 베어지는 나무가 더 적도록 종이를 재활용할 것을 주장한다.

(A) 아이러니하게도, 그 회사들은 더 작은 숲들을 유지함으로써 줄어든 나무의 수요에 대응한다. 재활용이 전 세계에 더 적은 수의 나무를 갖게 한다는 증거를 나타낸다.

**42**

주어진 글에서 늘어나는 상아 사냥으로 인해 멸종 위기에 처한 아프리카코끼리 문제의 원인이 아무도 코끼리를 소유하지 않는다는 데 있다고 하면서 수요와 소유의 관계를 제시했으므로, 소고기 수요는 상아 수요보다 훨씬 많지만 소는 멸종 위기에 있지 않다고 한 (C)로 이어지는 게 자연스럽다. (C)의 마지막 문장에서 코끼리와 소의 주요한 차이점은 소가 소유되는 것이라고 했으므로, '마찬가지로(Similarly)' 제지 회사들이 숲을 다시 채울 동기를 갖고 있어서 숲이 사라질 위험에 있지 않다고 한 (B)가 와야 한다. (B)의 마지막 문장에서 환경 보호론자들은 베어지는 나무가 더 적도록 종이를 재활용할 것을 주장한다고 했는데, (A)에서 '아니러니하게도(Ironically)' 제지 회사들은 더 작은 숲을 유지함으로써 줄어든 나무의 수요에 대응하고 결국 종이 재활용이 더 적은 수의 나무를 갖게 한다고 마무리하고 있다. 따라서 주어진 글 다음에 이어질 글의 순서로 적절한 것은 ④ '(C)-(B)-(A)'이다.

[어휘]
- magnificent 거대한
- be headed for 향하다[치닫다]
- extinction 멸종
- demand 수요
- beef 소고기
- cattle 소
- be threatened with ~ 위험에 처해 있다
- have every incentive to ~할 만한 충분한 동기가 있다
- replenish 보충하다
- be in danger of ~할 위험이 있다
- disappear 사라지다
- concerned 우려하는
- environmentalist 환경 보호론자
- advocate 주장하다
- harvest 수확하다
- respond to ~에 대응하다
- indicate 내비치다[시사하다]

**정답** 42 ④

## 43

주어진 문장에서 '긴장감이 사라진다(The tension is gone).'라고 했는데, ② 앞 문장에서 'Few people watch the same play or motion picture repeatedly because after they have seen it once they know the ending(같은 연극이나 영화를 반복해서 보는 사람은 거의 없는데, 그 이유는 그들이 그것을 한 번 본 후에는 결말을 알기 때문이다).'이라고 했으므로, 긴장감이 사라지는 원인이 된다. 또 ②의 다음 문장에서 'But tension is at the center of each and every game of baseball, football, and basketball(하지만 긴장감은 야구, 축구, 농구의 모든 경기마다 그 중심에 있다).'이라고 상반되는 내용이 이어지므로, 글의 흐름상 주어진 문장이 들어갈 위치로 적절한 곳은 ②이다.

[어휘]
- offer 제공하다
- compelling 설득력 있는
- outcome 결과
- scripted 대본이 있는
- ending 결말
- tension 긴장
- organized 조직적인
- increase 늘다, 커지다
- designate 지정하다
- sequence 순서[차례]
- as a whole 전체로서
- attract 마음을 끌다

## 43 주어진 문장이 들어갈 위치로 가장 적절한 곳은?

> The tension is gone.

> Team sports offer a particularly compelling form of drama. The outcome of a game, unlike that of a scripted drama, is unknown. ( ① ) Few people watch the same play or motion picture repeatedly because after they have seen it once they know the ending. ( ② ) But tension is at the center of each and every game of baseball, football, and basketball. ( ③ ) Moreover, in organized sports the tension carries beyond each individual game and tends to increase over time. ( ④ ) Each game is part of a designated sequence—a season—the goal of which is to produce a champion. Both individual games and the season as a whole attract interest and attention.

[해석] 팀 스포츠는 특히 설득력 있는 형태의 드라마를 제공한다. 경기의 결과는, 대본이 있는 드라마와는 달리, 알 수 없다. 같은 연극이나 영화를 반복해서 보는 사람이 거의 없는데, 그 이유는 그들이 그것을 한 번 본 후에는 결말을 알기 때문이다. 긴장감이 사라진다. 하지만 긴장감은 야구, 축구, 농구의 모든 경기마다 그 중심에 있다. 게다가, 조직적인 스포츠에서 긴장감은 각각의 개별 경기를 넘어서 전달하며 시간이 지남에 따라 증가하는 경향이 있다. 각각의 경기는 지정된 순서인 시즌의 부분이며, 그것의 목표는 우승자를 배출하는 것이다. 개별 경기와 시즌은 둘 다 전체로서 흥미와 관심을 끈다.

정답 43 ②

# PART 04

# 영작문

**CHAPTER 01** 영작문(writing)

실제예상문제

☑️ **필수 구문 50을 이용한 영작에 도전해 보자.**

**(1) A하기만 하면 반드시 B한다** : 부정어구 but(that) + S + V

  예 I can't see this picture but I think of my old girlfriends.

  이 사진을 보기만 하면 반드시 나는 나의 옛 여자친구들이 생각난다.

**(2) 머지않아 곧 ~할 것이다** : It'll not be long before + S + V(현재)

  예 It will not be long before the Winter Olympic Games are held in Korea.

  머지않아 곧 동계올림픽이 개최될 것이다.

**(3) A하자마자 곧 B했다** : hardly / scarcely had + S + p.p. ~ when(before) + S + V(과거)

  예 He had hardly reached the house when he knew the fact.

  그는 집에 도착하자마자 그 사실을 알았다.

**(4) 채(미처) A하기도 전에 B했다** : hadn't + p.p. ~ when(before) + S + V(과거)

  예 He hadn't gone a mile when he was caught in a shower.

  그는 미처 1마일도 가지 못해서 소나기를 만났다.

**(5) ~했음에 틀림이 없다** : must have + p.p. ~

  예 He must have finished the work. 그는 그 일을 끝냈음에 틀림이 없다.

**(6) ~했을 리가 없다** : can't have + p.p. ~

  예 He can't have arrived at the place. 그는 그 장소에 도착했을 리가 없다.

**(7) A하고 나서야 비로소 B했다** : not until A that B ~

  예 It was not until in 1999 that he was a major leaguer.

  1999년이 되어서야 그는 메이저 리그 선수가 되었다.

**(8) B하느니 차라리 A하는 게 더 낫다** : may as well A(R) as B(R) ~

  예 We may as well die as live like a dog or pig.

  우리는 개 · 돼지처럼 사느니 차라리 죽는 게 더 낫다.

**(9) 항상 ~한 것은 아니다** : not ~ always

  예 The rich are not always happy.

  부자라고 항상 행복한 것은 아니다.

**(10) 반드시 ~한 것은 아니다** : not ~ necessarily ~

　　예 Being married doesn't necessarily mean living happily forever.

　　　결혼을 한다는 것이 반드시 영원히 행복해진다는 것을 의미하지는 않는다.

**(11) 결코 ~할 사람이 아니다** : the last man to + V ~

　　예 He is the last man to tell a lie.

　　　그는 결코 거짓말을 할 사람이 아니다.

**(12) 아무리 ~할지라도 모든 것을 ~할 수는 없다** : the + 최상급의 양보 의미

　　예 The wisest man can't solve everything.

　　　아무리 현명한 사람일지라도 모든 것을 해결할 수는 없다.

**(13) 어느 누구도 ~보다 더 ~하지는 않는다** : 부정주어 + 동사 + 비교급 ~ than ~

　　예 No (other) man is smarter than he.

　　　어느 누구도 그보다 더 영리하지는 않다.

**(14) 어느 누구도 ~만큼 역시 ~하지는 않다** : 부정주어 + 동사 + so ~ as

　　예 No (other) man is so smart as he.

　　　어느 누구도 그만큼 영리하지는 않다.

**(15) ~하는 것은 결코 불가능하다** : there is no -ing

　　예 There is no working round the clock.

　　　하루 종일 일하는 것은 불가능하다.

**(16) ~하는 것을 학수고대하고 있다** : be looking forward to -ing

　　예 We are looking forward to seeing you!

　　　우리는 당신을 만나기를 학수고대하고 있다!

**(17) ~하는 데 익숙하다** : be used to ~ing

　　예 He is used to staying up all night.

　　　그는 밤을 새는 데 익숙하다.

**(18) ~할 필요는 없다** : don't have to + R ~

　　예 You don't have to go there right now.

　　　당신은 당장 거기에 갈 필요는 없다.

**(19) ~하는 것도 당연하다** : may well + R ~

　　예 You may well be proud of your parents.

　　　당신이 당신의 부모님을 자랑스러워하는 것도 당연하다.

**(20) ~하는 것이 더 낫다** : may as well + R ~

　예 You may as well stay at home in this weather.

　　　당신은 이런 날씨에 집에 머무르는 것이 더 낫다.

**(21) ~할 수밖에 없다, ~하지 않을 수 없다** : can't help ―ing

　예 She can't help falling in love with him.

　　　그녀는 그와의 사랑에 빠질 수밖에 없다.

**(22) 아무리 ~해도 지나치지 않다** : can't ~ too(much) ~

　예 You can't be too careful about your health.

　　　당신은 당신의 건강에 관해서 아무리 주의해도 지나치지 않다.

**(23) 너무나 ~해서 ~할 수가 없다** : so ~ that can't + R ~

　예 He is so young that he can't enlist in the army.

　　　그는 너무나 어려서 군대에 입대할 수 없다.

**(24) 아무리 ~하더라도 ~할 수 있다** : 부정주어 + 동사 + too ~ to ~

　예 No man is too old to learn.

　　　어느 누구도 나이가 많아 배울 수 없는 사람은 없다(아무리 나이가 많더라도 배울 수 있다).

**(25) ~한 지 ~가 되었다** : It has been ~ since

　예 It has been three years since he died.

　　　그가 죽은 이래로 3년이 흘렀다.

**(26) 반드시 ~하다, 규칙적으로 ~하다** : make it a rule to + V ~

　예 She makes it a rule to keep all the receipts.

　　　그녀는 모든 영수증을 보관하는 것을 규칙으로 삼는다.

**(27) ~할 만큼 ~어리석지는 않다** : know better than to + V ~

　예 He knows better than to go out in this weather.

　　　그는 이런 날씨에 외출할 만큼 어리석지 않다.

**(28) ~하는 데 ~한 시간이 걸린다** : takes + 사람 + 시간 + to + V

　예 It takes me two hours to finish it.

　　　그것을 마치는 데 2시간이 걸린다.

**(29) 대단히 ~하게도 ~하다** : have + the 추상명사 + to + V ~

　예 He had the kindness to help me with my work.

　　　그는 대단히 친절하게도 나의 일을 도와주었다.

**(30) ~하는 데 어려움을 겪다** : have a difficult time (in) -ing

　예 She has a difficult time in persuading her supervisor.

　　그녀는 그녀의 상관을 설득하는데 어려움을 겪는다.

**(31) ~라고들(~했다고들) 말한다** : It is said that ~

　예 It is said that friendship is forever.

　　우정은 영원한 것이라고들 말한다.

**(32) ~하는 데 얼마나 걸립니까?** : Will it take ~ ?

　예 How long will it take for you to finish it?

　　당신이 그것을 마치는 데 얼마나 걸립니까?

**(33) 얼마나 빨리 ~할 수 있습니까?** : How soon ~ ?

　예 How soon can you finish it?

　　당신은 그것을 얼마나 빨리 마칠 수 있나요?

**(34) 내가 해야만 하는 것은 ~뿐이다** : All that I have to do ~

　예 All I have to do is (to) send a letter.

　　내가 해야만 하는 것은 편지 한 통을 보내는 것이다.

**(35) ~하기를 기대했었는데 (사실) ~하지 못했다** : expected to have + p.p.

　예 I expected to have seen the comedian yesterday.

　　나는 어제 그 코미디언을 볼 것이라 기대했었다.

**(36) ~하지 않는 사람은 없다** : no man but ~

　예 There is no man but loves his country.

　　그의 나라를 사랑하지 않는 사람은 없다.

**(37) A와 B와의 관계는 C와 D와의 관계와 같다** : A is to B what C is to D

　예 Leaves are to the plant what lungs are to the animal.

　　나뭇잎과 식물의 관계는 폐와 동물의 관계와 같다.

**(38) ~라면 어떻게 하지?** : what if ~ ?

　예 What if all things will happen at the same time?

　　모든 일들이 동시에 발생한다면 어쩔 것인가?

**(39) 그래서 ~한 것이다** : That's why ~

　예 That's why I love you.

　　그것이 내가 당신을 사랑하는 이유이다.

**(40) A가 B가 아니듯 C도 D가 아니다** : A is no more B than C is D

예 He is no more a fool than she (is a fool).

그가 바보가 아니듯 그녀도 바보는 아니다.

**(41) A라기보다는 오히려 B이다** : not so much A as B

예 He is not so much a genius as a hard worker.

그는 천재라기보다는 오히려 근면한 근로자이다.

**(42) ~하지 않기 위해서 ~했다** : lest should ~

예 He studies hard lest he should fail in the next exam.

그는 다음 시험에 실패하지 않기 위해서 열심히 공부한다.

**(43) A뿐만 아니라 B도 역시 ~하다** : Not only A but also B

예 He is not only a teacher, but also a musician.

그는 선생님일 뿐만 아니라 음악가이다.

**(44) A가 아니라 B하다(이다)** : not, A but B

예 The rumor is not true, but fake.

그 소문은 사실이 아니라 거짓이다.

**(45) ~하는 경우에 대비해서 ~하라** : in case of ~

예 In case of rain, you should take an umbrella with you.

비가 오는 경우에 대비하여, 당신은 우산을 챙겨가야만 한다.

**(46) ~가 있다 / ~가 없다** : Here is~ / There is no~

예 Here is a chance for you!

여기에 당신을 위한 기회가 있다.

예 There is no chance for you!

당신에게는 기회가 없다.

**(47) 대단한 ~은 아니다** : not much of ~

예 She is not much of a beauty.

그녀는 대단한 미인은 아니다.

**(48) 매우 ~하다** : as ~ as can be

예 He is as kind as can be.

그는 매우 친절하다.

**(49) 그런 일은 결코 없을 것이다**

예 That'll be the day.

설마, 그럴 수가 있을까!(그런 일은 결코 없을 것이다)

**(50) 아무것도 아니다(매우 쉽다) : nothing to it**

예 There's nothing to it.

매우 쉽다(이보다 더 쉽지는 않다).

## ✓ Check UP

**[01~20] 두 개의 빈칸에서 적절한 답을 고르시오.**

**01**

> To read a foreign language is one thing and to speak it is [another / the other].

해설 A와 B는 별개의 문제다(A is one thing and B is another).

해석 외국어를 읽는 것과 그것을 말하는 것은 별개의 문제다.

정답 another

**02**

> She makes it a rule [keep / to keep] her room clean.

해설 ～하는 것을 규칙으로 삼다

해석 그녀는 그녀의 방을 청소하는 것을 규칙으로 삼는다.

정답 to keep

**03**

> I didn't even speak to her, much [more / less] discuss your problem.

해설 하물며 ～은 말할 것도 없고[much less(부정문)]

해석 나는 그녀에게 말조차 하지 못했다. 하물며 당신의 문제를 토론하는 것은 말할 것도 없고.

정답 less

**04**

> Put the milk in the refrigerator [lest / so that] it should go bad.

해설 ~하지 않도록, ~하지 않기 위해서
해석 상하지 않도록 우유를 냉장고에 넣어라.

정답 lest

**05**

> You should know better than [to go / go] swimming just after a big meal.

해설 ~할 만큼 어리석지 않다
해석 당신은 식사를 많이 하고 바로 수영을 할 만큼 어리석어서는 안 된다.

정답 to go

**06**

> Hardly [she had stopped / had she stopped] the diet when she began to put on weight.

해설 ~하자마자 곧 …했다
해석 그녀가 다이어트를 중단하자마자 곧 그녀는 체중이 늘기 시작했다.

정답 had she stopped

**07**

> What do you say to [take / taking] a trip to China during summer vacation?

해설 ~하는 게 어때? (what do you say to + R)
해석 여름 방학 기간 동안 중국으로 여행을 가는 게 어때?

정답 taking

**08**

> Having many books in your home [do / does] not always do you good.

해설 항상 ~한 것은 아니다
해석 당신의 집에 많은 책이 있다고 항상 당신에게 이로운 것은 아니다.

정답 does

**09**

He [must / cannot] have been sick yesterday. I saw him at the ball park.

[해설] ~했을 리가 없다
[해석] 그는 어제 아팠을 리가 없다. 나는 그가 야구장에 있는 것을 보았다.

[정답] cannot

**10**

I took it for granted [if / that] she would agree with me.

[해설] ~하는 것을 당연하게 받아들이다(take it for granted that + S + V)
[해석] 그녀가 내 의견에 동의한 것은 당연하다고 여겼다.

[정답] that

**11**

It took me a long time [finding / to find] the book that was for beginners like me.

[해설] ~하는 데 ~한 시간이 걸린다(take + 사람 + 시간 + to + V)
[해석] 나 같은 초보자들을 위한 그 책을 찾는 데 오랜 시간이 걸렸다.

[정답] to find

**12**

It [believes / is believed] that he has gone to America.

[해설] ~라고들 믿는다(It is believed that ~)
[해석] 그가 미국으로 가고 현재 이곳에 없다고들 믿는다.

[정답] is believed

**13**

Of the two toys, her child chose [less / the less] expensive one.

[해설] 둘 중에서 더(덜) ~하다(of the two ~ the + 비교급 ~)
[해석] 두 소년들 중에서 그녀의 아이는 덜 비싼 것을 선택하였다.

[정답] the less

**14**

No sooner [she had been / had she been] back at home than she realized her mistake.

해설 ~하자마자 곧 …했다[No sooner had + S + p.p. … than S + V(과거) ~]

해석 그녀가 집으로 돌아오자마자 곧 그녀의 실수를 깨달았다.

정답 had she been

**15**

He is so proud that he doesn't like [criticizing / being criticized] by others.

해설 너무나 ~해서 결국 …하지 못하다

해석 그는 너무나 자존심이 강해서 다른 사람들한테 비난을 듣고 싶어 하지 않는다.

정답 being criticized

**16**

[So / Such] was her eloquence that everybody was moved to tears.

해설 너무나 ~해서 결국 …하다

해석 그녀의 웅변술은 아주 대단해서 모든 사람이 감동의 눈물을 흘렸다.

정답 Such

**17**

Not only [I heard / did I hear] about it, but also I saw it.

해설 ~뿐만 아니라 역시 …도

해석 나는 그것에 관하여 들었을 뿐만 아니라, 보기도 했다.

정답 did I hear

**18**

He is the [last / least] man in the world that I want to see.

해설 결코 ~할 사람이 아니다

해석 그는 세상에서 결코 보고 싶지 않은 사람이다.

정답 last

**19**

He led too [a busy life / busy a life] to have much time for reflection.

[해설] 너무나 ~해서 …할 수 없다[too + 형용사(부사) + to + R]

[해석] 그는 너무나 바빠서 휴식을 위한 많은 시간을 할애할 수 없다.

[정답] busy a life

**20**

When it comes to [play / playing] the piano, you can't beat Ally who majored in piano in University.

[해설] ~에 관해서라면[when it comes to 명사(동명사)]

[해석] 피아노 연주에 관해서라면 당신은 대학에서 피아노를 전공한 알리를 능가할 수 없다.

[정답] playing

**01  우리말을 영어로 바르게 옮긴 것은?**  22 지역인재

① 그것은 10개의 요소로 구성되어 있다.

  → It consists ten elements.

② 그는 오늘 아침에 늦게 일어났다.

  → He woke up lately this morning.

③ 그들은 나에게 많은 질문을 했는데, 그중 대부분은 답할 수 없었다.

  → They asked me a lot of questions, most of what I couldn't answer.

④ 우리는 학생들에게 자신을 발전시킬 효과적인 방법들을 제공해야 한다.

  → We must provide our students with effective ways to develop themselves.

**01**

④ provide A with B는 'B에게 A를 제공하다'의 뜻이며, to부정사의 의미상의 주어 students와 이를 수식하는 themselves가 올바르게 쓰였다.

① consist가 자동사로 '~로 이루어져 있다'는 의미로 사용될 때는 'consist + 전치사 + 명사'가 와야 하므로, consists → consists of가 되어야 한다.

② lately는 '최근에, 얼마 전에'라는 의미로 사용되므로 lately → late가 되어야 한다.

③ most of 앞에 선행사가 있고, 지칭하는 대상(선행사)이 콤마(,)로 연결된 문장에는 which를 사용해야 하므로 what → which가 되어야 한다.

[어휘]

• consist (부분·요소로) 되어[이루어져] 있다

• element 요소, 성분

**정답** 01 ④

**02**

① enough to부정사는 '~할 만큼 충분히'의 의미이고, 형용사는 뒤에서 수식하므로 enough kind → kind enough가 되어야 한다.

② hundred 앞에 수를 나타내는 단어가 올 때는 끝에 s를 붙이지 않으므로 수일치한다.

③ '(~라고) 상정[추정]하다'의 'take it (that ~)' 용법으로, 가목적어 it, 이를 수식하는 that절의 구조로 올바르게 쓰였다.

④ 의문문에 대한 답으로 사람 이름이 나와야 하므로 who가 주어로 do you think보다 앞, 즉 문장의 앞부분에 올바르게 쓰였다.

[어휘]
grant (특히 공식적 · 법적으로) 승인[허락]하다, (내키지 않지만) 인정하다

**03**

① 접속사인 as if(as though) 다음에 가정법이 왔고, 기준 시점이 현재이기 때문에 가정법 과거가 되어야 한다. 따라서 'had been'이 아닌 'were'를 사용해야 하므로, 잘못된 문장이다.

② like가 전치사로 사용되어 'taste like + 명사(~와 같은 맛이 나다)'의 형태로 쓰였다. 따라서 옳은 문장이다.

③ 'not + 완전한 개념'의 경우 부분 부정이 된다. 따라서 not always는 '항상 ~은 아니다'라는 의미로 사용되므로, 옳은 문장이다.

④ '시간이 걸리다'라는 표현은 'It take + 사람 + 시간 + to V(4형식)'이나 'It take + 시간 + (for 사람) + to V(3형식)'으로 사용되므로, 옳은 문장이다.

[어휘]
• veggie 채식주의자(= vegetarian)
• intention 의사, 의도, 목적
• allow for 고려하다

**정답** 02 ① 03 ①

---

**02 우리말을 영어로 잘못 옮긴 것은?** 22 지역인재

① 그는 나를 도와줄 정도로 충분히 친절하지는 않다.
→ He is not enough kind to help me.

② 그 섬에는 약 3백 명이 산다.
→ About three hundred people live in that island.

③ 나는 당연히 모두 동의할 것이라고 생각한다.
→ I take it for granted that everybody will agree.

④ 누가 금메달을 딸 것이라고 생각하니?
→ Who do you think will win the gold medal?

**03 우리말을 영어로 잘못 옮긴 것은?** 21 지역인재

① 그녀는 마치 빌이 자신의 남동생인 것처럼 도와준다.
→ She helps Bill as if he had been her younger brother.

② 그 식당은 진짜 소고기 맛이 나는 채식 버거를 판다.
→ The restaurant sells veggie burgers that taste like real beef.

③ 그들의 좋은 의도가 항상 예상된 결과로 이어지는 것은 아니다.
→ Their good intention does not always lead to expected results.

④ 교통 체증을 고려하면 그 도시에 도착하는 데 약 3시간이 걸릴 것이다.
→ It will take about three hours to get to the city, allowing for traffic delays.

## 04 우리말을 영어로 바르게 옮긴 것은?

① 나는 책 읽는 것을 멈추고 산책을 했다.

→ I stopped to read a book and took a walk.

② 국가는 개인과 마찬가지로 크기로 판단할 것은 아니다.

→ A nation is not to be judged by its size any less than an individual.

③ 동물학자들은 그 개가 집으로 어떻게 성공적으로 돌아올 수 있었는지 여전히 혼란스러워하고 있다.

→ Zoologists are still confusing about how the dog managed to find its way back home.

④ 상층의 공기에 일단 끌려 들어가면 곤충, 씨앗 등은 쉽게 다른 곳으로 운반될 수 있다.

→ Once drawn into the upper air, insects, seeds, and the like can easily be carried to other parts.

## 05 다음 중 우리말을 영어로 잘못 옮긴 것은?

① 내가 그 일을 오늘 마칠 수 있을지 의문이다.

→ It is doubtful whether I'll finish the work today.

② 그의 담당 의사는 그에게 술도 담배도 허락하지 않았다.

→ His doctor allows him either to drink or to smoke.

③ 멀리 가기도 전에 우리는 소나기를 만났다.

→ We had not gone far before we were caught in a shower.

④ 안보와 경제외교 강화가 우리의 주요 관심사이다.

→ Our major concern is strengthening security and economic diplomacy.

---

### 해설 & 정답

**04**

④ 부사절이 축약된 문장으로, 접속사인 'once' 다음에 'they are'가 생략된 문장이다.

① 'stop + V-ing'는 '~하던 것을 멈추다'라는 의미이고, 'stop + to V'는 '~하려고 멈추다'라는 의미이므로, 'to read'가 아닌 'reading'을 사용해야 한다.

② 'no more A than B'는 'A가 아닌 것은 B가 아닌 것과 같다'라는 의미이다. 이는 'not A any more than B'로 바꿔 사용할 수 있으므로, 'less'가 아닌 'more'를 사용해야 한다.

③ 동물학자가 혼란을 '얻게' 되는 것이므로, 수동형 분사 형태로 사용되어야 한다. 따라서 'confusing'이 아닌 'confused'를 사용해야 한다

어휘
- individual 개인
- zoologist 동물학자
- confuse 혼란스럽게 하다
- insect 곤충

**05**

② '둘 다 아닌'을 표현할 때는 'neither A nor B'를 써야 한다. 'either A or B'는 '둘 중에 하나'를 의미한다. → His doctor allows him neither to drink nor to smoke.

③ '미처 ~하기도 전에 …했다'는 '주어 + had not p.p. ~ before / when 주어 + 과거동사'로 표현한다.

어휘
- doubtful 확신이 없는, 불확실한
- be caught in a shower 소나기를 만나다
- diplomacy (국가 간의) 외교

**정답** 04 ④ 05 ②

**06**

② There + V + S 수일치에 유의한다. For me to speak to so many guests에서 so many guests가 앞으로 나가 도치된 문장이므로 to speak to가 옳다.

① the last man to + V~ 결코 ~할 사람이 아니다(부정적 의미)

③ tell + 간접목적어 + 직접목적어
be busy ~ing '~하느라 바쁘다'

④ Most of + 전체를 나타내는 명사에 따라서 주어와 동사의 수일치가 달라진다.

**06** 다음 중 우리말을 영어로 잘못 옮긴 것은?

① 비록 그는 가난하지만, 그런 일을 할 사람이 아니다.
  → Poor as he is, he is the last man to do such a thing.
② 내가 말을 걸 많은 손님들이 있다.
  → There are so many guests for me to speak.
③ 그녀는 숙제하는 데 바쁘다고 말했다.
  → She told me that she was busy doing her homework.
④ 연극에서 대부분 사람들은 연극을 즐기는 것처럼 보인다.
  → Most of the people at the play seemed to enjoy it.

**07**

③ involve는 타동사이므로 목적어를 가져야 한다. 목적어가 없으면 과거분사 involved가 옳다.

① '머지않아서 곧 ~할 것이다' = It will not be long before ~

② be reminded of~ ~을 생각하다

④ 의문사 who가 주어일 때는 관계대명사 that으로만 수식한다.

**07** 다음 중 우리말을 영어로 잘못 옮긴 것은?

① 머지않아 아버지께서 미국에서 돌아오실 것이다.
  → It will not be long before father returns back from America.
② 나는 이 사진을 보면 언제나 학창시절이 생각난다.
  → Whenever I see this photograph, I am reminded of my school days.
③ 스캔들과 관련된 사람들은 경찰에 의해서 거의 체포되었다.
  → The people involving in the scandal were almost arrested by the police.
④ 상식을 가진 그 누가 불쌍한 여자에게 화를 낼 수 있는가?
  → Who that has common sense can get angry with the poor girl?

**08**

③ '~했음에 틀림이 없다'는 must have p.p.를 써야 한다.
should have p.p. : ~했어야만 했는데 (하지 않아서) 유감이다. 후회된다.

① take it for granted that절 ~ ~을 당연히 여기다

② be supposed to + V~ ~해야만 한다.

④ can't ~ too (much) 아무리 ~해도 지나치지 않다

**정답** 06 ② 07 ③ 08 ③

**08** 다음 중 우리말을 영어로 잘못 옮긴 것은?

① 그들은 내가 환영회에 참석할 것을 당연하게 여겼다.
  → They took it for granted that I would attend the reception.
② 아이들은 오전 8시 30분까지 등교해야만 한다.
  → The children are supposed to be at school by 8 : 30 a.m.
③ 네가 숲속에서 길을 잃었을 때, 너는 틀림없이 아주 무서웠을 거야.
  → When you got lost in the forest, you should have been very frightened.
④ 길을 건널 때는 아무리 조심해도 지나치지 않다.
  → We cannot be too careful while crossing the street.

**09** 다음 중 우리말을 영어로 잘못 옮긴 것은?　　20 지역인재

① 나의 엄마는 게임 캐릭터를 사는 데 돈을 쓰는 것을 반대했다.

→ My mother objected to spend money on buying game characters.

② 악천후의 경우에는 모든 비행기가 연착될 수 있다.

→ All airplanes are subject to delay in the event of bad weather.

③ 내가 전화해서 그에게 그것을 가지고 오라고 하겠다.

→ I'll call and ask him to bring it over.

④ 가난한 사람들을 위하여 자선 바자회를 열자는 그의 아이디어는 성공을 거두었다.

→ His idea to hold a charity bazaar for the poor paid off.

**10** 다음 중 우리말을 영어로 잘못 옮긴 것은?

① 그 제도는 단순히 벌을 주는 대신, 범법자들이 자신들의 행동을 고치도록 격려한다.

→ Instead of simply punishing them, the system encourages offenders to modify their behavior.

② 이 책들을 내 책상 위에 둔 사람이 당신입니까?

→ Was it you who put these books on my desk?

③ 나는 내 여권을 가져와야 한다는 사실을 알지 못했다.

→ I was not aware of the fact that I was supposed to bring my passport.

④ 개인 휴대전화가 등장한 이후 공중전화 사용자 수가 줄었다.

→ The number of public phone users have decreased since cellular phone showed up.

**09**

① object to(~에 반대하다)의 to는 전치사이므로 전치사의 목적어로 명사가 와야한다. 따라서 원형인 spend를 동명사인 spending으로 고쳐야 한다.

② be subject to(~의 대상이다, ~의 지배를 받다)의 to는 전치사이다. 전치사의 목적어로 명사 delay가 적절히 왔으며 악천후는 'bad weather'이라고 쓴다.

③ ask가 5형식 문형으로 쓰인 경우이며, 목적격 보어에 to bring은 적절하다.

④ pay off는 '성공하다, 성과를 올리다'라는 의미를 가지고 있다.

[어휘]

• in the event of ~할 경우에는

• bazaar 바자회

**10**

④ the number of 복수명사는 the number가 주어이므로 단수 취급 한다. 따라서 has decreased가 옳다.

① punishing과 the system의 관계는 능동적 관계이다. encourage + 목적어 + to + V의 구문을 주의하도록 한다.

② It was 강조대상 who ~ 구문이다.

③ the fact that절은 동격 구문이다.

be supposed to + V ~해야만 한다.

정답 09 ① 10 ④

**11**

③ which는 불완전한 문장을 이끌고, where는 완전한 문장을 이끈다. 따라서 which 대신 where를 써야 한다.

① look forward to -ing ~하기를 학수고대하다

② only if~ ~하기만 하면, only 구문이 주절보다 앞에 등장하면 주절은 반드시 도치한다.

④ It + take + 사람 + 시간 + to + V 구문의 의문문이다.

**12**

③ 'the + 형용사'는 복수 보통명사로, 복수 취급을 해야 한다. 따라서 is → are로 고쳐야 한다.

① be to blame (for something)은 '(~에 대한) 책임이 있다'라는 뜻의 숙어이다. 올바르게 쓰였다.

② 'neither A nor B'는 'A도 아니고 B도 아니다'라는 의미를 가진 표현이다.

④ 'A as well as B'는 'B와 마찬가지로 A도'라는 의미를 가진 표현이다.

[어휘]
• party 당사자
• be to blame (~에 대한) 책임이 있다[책임을 져야 한다]
• make the best of ~을 최대한 이용하다

정답 11 ③  12 ③

---

**11 다음 중 우리말을 영어로 잘못 옮긴 것은?**

① 나는 진심으로 당신을 곧 만나기를 고대하고 있습니다.
→ I am looking forward with pleasure to seeing you soon.

② 이 문제를 해결할 수만 있다면 당신은 인정받을 것입니다.
→ Only if you can solve this problem will you be admitted.

③ 마침내 산 정상에 도달했지만, 거기에서 우리는 주변에 구름밖에 볼 수 없었다.
→ We finally reached the mountaintop, which we could see nothing but clouds all around.

④ 그 일을 끝마치려면 시간이 얼마나 걸립니까?
→ How long will it take you to finish the work?

**12 다음 중 우리말을 영어로 잘못 옮긴 것은?**   19 지역인재

① 보통은 논쟁에 놓인 양측 모두에게 잘못이 있다.
→ Usually both parties in a dispute are to blame.

② 시간도 돈도 낭비하지 마라, 둘 다 최대한 이용하라.
→ Waste neither time nor money, but make the best of both.

③ 당신은 부자가 가난한 사람보다 행복하다고 생각하나요?
→ Do you think that the rich is happier than the poor?

④ 정정당당한 행동은 경기에서뿐만 아니라 인생에서도 황금률이다.
→ Fair play is the golden rule of life as well as of games.

**13** 다음 중 우리말을 영어로 잘못 옮긴 것은?

① 나는 우연히 Smith라는 미국인과 친해졌다.

   → I happened to make friends with an American named Smith.

② 그가 결혼할 여인은 나의 누님이다.

   → The lady, whom he is going to marry with, is my elder sister.

③ 그는 무일푼으로 떠났던 마을로 돌아왔다.

   → He returned to the village which he had left penniless.

④ 그녀를 향한 그의 사랑이 점점 강해지듯이, 그녀를 보고 싶은 그의 욕구가 점점 빈번해진다.

   → As his love for her grows stronger, so does his need to see her more frequently.

**14** 다음 중 우리말을 영어로 잘못 옮긴 것은?

① 우리 학교의 많은 학생들은 새로운 놀이공원에 갔다 왔다.

   → A number of students in our school have been to the new amusement park.

② 나무들 사이에 내가 스스로 심었던 바로 그 특별한 나무가 있다.

   → Among the trees are the very special tree that I planted for myself.

③ 그와 결혼하기로 계획했으나 나의 부모님이 결혼을 허락하지 않았다.

   → I planned to be married to him, but my parents didn't permit the marriage.

④ 그녀는 너무나 익살맞은 대답을 해서 모든 사람이 웃음을 터트렸다.

   → She gave so witty an answer that everyone burst out laughing.

**15** 다음 중 우리말을 영어로 잘못 옮긴 것은?

① 그는 정치에 입문하고 싶다고 부인에게 알렸다.

   → He made it known to his wife that he wanted to enter politics.

② 그에게 우연히 좋은 생각이 떠올랐다.

   → A bright idea has occurred to him by chance.

③ Jack은 병원에 보내졌을 때 일주일 동안 아팠다.

   → Jack has been ill for a week when he was sent to hospital.

④ 당신은 들은 대로 일만 열심히 하면 된다.

   → You have but to work hard as you were told to.

**13**

② marry는 타동사이므로 전치사를 제거해야 한다.

① happen to + V∼ 우연히 ∼하다

③ he had left the village penniless의 문장을 생각해본다.

④ as + S + V∼, so + V + S / so + S + V '∼하듯이 역시 ∼하다'라는 구문이다.

**14**

② 전치사구가 문두에 등장하여 도치(inversion)가 발생한 구문이다. 따라서 주어와 동사의 수일치는 is the very special tree가 옳다.

① A number of는 many의 뜻이다.

③ plan to + V 구문에서 to + V의 수동형을 기억해야 한다.

④ so + 형용사 + 관사 + 명사 + that절을 이루는 구문이다.

**15**

③ 아파서 병원에 갔다는 얘기가 논리적이므로 아픈 상태가 먼저 발생한다. 따라서 had been이 옳다.

① make + it(가목적어) + known(목적격보어) + that절(진목적어)

② occur to + 사람 ∼에게 우연히 떠오르다

④ have but to + V ∼하기만 하면 된다

정답 13 ② 14 ② 15 ③

**16**

② on the way to home은 home이 부사
라서 전치사 to를 앞에 붙일 수 없다. 따
라서 on the way home으로 표기해야
한다.

① in terms of~ ~의 측면에서 be opposed
to -ing ~하는 것에 반대하다(= object
to -ing)

③ starting의 의미상 주어(we)와 논리적인
관계를 확인해본다.

④ request(요구하다) 동사는 that절을 이끌
때 당위성의 의미를 전달하고 (should)
be done의 의미를 가지고 있다.

**16  다음 중 우리말을 영어로 잘못 옮긴 것은?**

① 윤리적인 관점에서 우리는 그 문제를 논하기를 반대한다.

　→ In terms of ethics, we are opposed to discussing the matter.

② 나는 어제 집에 돌아오는 길에 소나기를 만나 흠뻑 젖었다.

　→ Yesterday I was caught in a shower on the way to home and
drenched to the skin.

③ 아침 일찍 떠났기 때문에 우리는 그날 안에 목적지에 도착했다.

　→ Starting early in the morning, we got to our destination the
same day.

④ 그들은 그 문제에 관해 무엇인가 행해져야 한다고 요구했다.

　→ They requested that something be done about the matter.

**17**

④ under no circumstances는 부정의미의
뜻(= never)이므로 주절은 반드시 도치
구문을 이끈다.

① It is believed that~ ~이라고 믿는다
have gone to + 장소 : 현재 완료된 결
과의 의미를 전달한다.

② 관계부사 where는 완전한 문장을 이끌
고 있다.

③ 부정문 등장 much less~ ~은 말할 것
도 없이

　※ much less 대신에 still less도 가능
하다.

**17  다음 중 우리말을 영어로 잘못 옮긴 것은?**

① 사람들은 그가 미국에 가고 여기 없다고 믿는다.

　→ It is believed that he has gone to America.

② 이것이 우리가 2년 전에 처음 만났던 레스토랑이다.

　→ This is the restaurant where we first met two years ago.

③ 나는 너의 문제 토론은 말할 것도 없이 그녀에게 말을 걸지도 못했다.

　→ I didn't even speak to her, much less discuss your problem.

④ 어떤 상황에서도 방문객은 사진 촬영이 허락되지 않는다.

　→ Under no circumstances visitors are allowed to take pictures.

**18**

④ this baggage와 it은 같다. 따라서 to +
V의 목적어 it은 사용하지 않는다.

① say what you may ~ 당신이 무슨 말
을 할지라도 (양보 의미의 부사절)

② there is no doubt of~ ~이 확실하다

③ once 일단 ~하기만 하면

**18  다음 중 우리말을 영어로 잘못 옮긴 것은?**

① 당신이 무슨 말을 할지라도, 나는 거기에 갈 것이다.

　→ Say what you may, I will go there.

② 그가 나의 생일을 잊었던 것은 확실하다.

　→ There is no doubt of his having forgotten my birthday.

③ 그 소식이 일단 알려지면, 그 회사의 주가는 급상승할 것이다.

　→ Once the news becomes known, the price of the company's
stock will rise sharply.

④ 이 짐은 너무 무거워서 역까지 가져갈 수가 없다.

　→ This baggage is too heavy for me to carry it to the station.

**정답**  16 ②  17 ④  18 ④

**19** 다음 중 우리말을 영어로 잘못 옮긴 것은?

① 어제 네가 그녀에게 준 것이 무엇이었니?

　　→ What was it that you gave her yesterday?

② 어제 두 시간 동안 당신을 기다리게 해서 죄송합니다.

　　→ I am sorry to have kept you from waiting for two hours yesterday.

③ 그녀가 여기에 온 이유는 나를 좋아했기 때문이었다.

　　→ The reason why she came here was that she liked me.

④ 그는 나의 팔을 붙잡고 도와달라고 요청했다.

　　→ He caught me by the arm and asked me to help him.

**20** 다음 문장을 영어로 올바르게 옮긴 것은?

> 영어에 관한 한 그는 그의 학급에서 누구에게도 뒤지지 않는다.

① So far as English is concerned, he is second to none in his class.

② As far as English concerned, he is the first but one in his class.

③ In English knowledge, he is surpassed by all in his class.

④ Speaking of English, he is superior than all in his class.

**21** 다음 중 우리말을 영어로 잘못 옮긴 것은?

① 아기가 너무 사랑스러워 나는 뽀뽀할 수밖에 없었다.

　　→ The baby was so lovely that I could not help kissing it.

② 우리는 당신이 보고서를 제출한 후에 상황을 철저히 토론할 것이다.

　　→ We will discuss about the situation thoroughly after you submit your report.

③ 당신은 그에게 정원에 물을 주어야 함을 상기시켜야 한다는 것을 기억해야만 한다.

　　→ You must remember to remind him that the garden needs watering.

④ 나는 하루에 두 번 양치질하는 것을 규칙으로 삼고 있다.

　　→ I make it a rule to brush my teeth twice a day.

**19**

② keep은 지속동사일 때 keep + 목적어 + -ing를 쓴다. 다만 방해 · 금지의 의미일 때는 keep + 목적어 + from + -ing를 쓴다. 그러므로 from waiting은 waiting으로 써야 한다.

① 의문사 what의 강조 구문이다.

③ The reason이 주어이면 보어는 that절로 받는다. because절은 받지 못한다.

④ catch + 목적어 + by the + 신체 일부를 쓴다. ask + 목적어 + to + V 구문을 쓴다.

**20**

① as(so) far as + S + be concerned S에 관한 한

　second to none 최고의

② concerned → is concerned

　the first but one 2등

③ is surpassed by → surpasses

④ superior than → superior to

**21**

② discuss(vt) ~을 토론하다

① could not help -ing ~하지 않을 수 없었다

③ remind A that절~ A에게 that절을 상기시키다

④ make it a rule to + V ~하는 것을 규칙으로 삼다

**정답** 19 ② 20 ① 21 ②

**22**

② 주어와의 논리성을 일치시켜야 하므로 to be evaluated로 해야 한다.

① to have behaved는 완료 부정사로 '~로 행동했었다'라는 먼저 발생한 동작을 의미한다.

③ every not~ : 부분 부정의 의미로 '모두가 ~한 것은 아니다'라고 해석한다.

④ It was 강조어구(장소) where~ 구문이다.

**23**

② to take my picture → to have my picture taken

① now that~ ~이니까

③ 가정법 과거의 구문이다.

④ talk A into ~ing A를 설득해서 ~하게 하다

talk A out of ~ing A를 설득해서 ~하지 못하게 하다

**24**

② be reminded of = think of ~ ~이 생각나다

① A is no less ~ than B A는 B만큼 ~하다

③ It is 강조어구 that절

④ every two days

= every second day

= every other day 격일마다

**정답** 22 ② 23 ② 24 ②

---

**22 다음 중 우리말을 영어로 잘못 옮긴 것은?**

① 그가 어제 반에서 무례하게 행동했었다고 하더라.

→ He is said to have behaved rudely in his class yesterday.

② 사람의 가치는 그의 재산보다는 그 인품에 따라 평가해야 한다.

→ A man's worth is to evaluate not so much by his wealth as by his character.

③ 그 법이 우리의 운전자들에게 어떤 영향을 줄지 모든 사람이 아는 것은 아니다.

→ Everyone does not know what effect the law will have on our drivers.

④ 우리가 커피를 마시면서 그 문제를 논의한 곳이 이 공원이었다.

→ It was in this park where we talked about the matter over a cup of coffee.

**23 다음 중 우리말을 영어로 잘못 옮긴 것은?**

① 내가 너와 함께 있으니까 너는 걱정할 것이 없다.

→ Now that I am here with you, you have nothing to worry about.

② 나는 사진을 찍기 위하여 사진관에 갔다 왔다.

→ I have been to the photographer's to take my picture.

③ 만일 내가 백만 달러를 받는다면 그의 입장이 되지는 않을 것이다.

→ I wouldn't be in his shoes if I were offered a million dollars.

④ 그녀는 남편을 설득해서 새 차를 사게 했다.

→ She talked her husband into buying a new car.

**24 다음 우리말을 영어로 옮긴 것으로 옳지 않은 것은?**

① 빛이 좋은 건강에 필요하듯 신선한 공기도 역시 필요하다.

→ Light is no less necessary than fresh air to good health.

② 나는 이 사진을 보면 언제나 학창시절이 생각난다.

→ Whenever I see this photograph, I remind of my school days.

③ 새 자동차가 필요한 사람은 바로 나의 동생이다.

→ It is my brother that is in need of a new car.

④ 나는 어렸을 때, 격일마다 해변가에 가곤 했었다.

→ When a child, I used to go to the seashore every two days.

**25** 다음 우리말을 영어로 가장 바르게 옮긴 것은?

> 집에 돌아와 보니 우편함에 편지 한 통이 와 있었다.

① Upon returning home, he found a letter in the mailbox.
② After returning home, a letter was found in the mailbox.
③ When he returned to home, he found a letter in the mailbox.
④ Having returned home, the mailbox had a letter in it.

**26** 다음 중 우리말을 영어로 잘못 옮긴 것은?

① 그가 나에게 우습게 보이는 것처럼 나도 그에게 그렇게 보이는지 궁금하다.
→ I wonder if I look as funny to him as he does to me.
② 콜레스테롤은 성인에게만 문제인 것으로 생각되었다.
→ Blood cholesterol used to be thought of as a problem only for adults.
③ 젊은이가 흔히 그렇듯이 그는 유혹을 뿌리칠 수 없었다.
→ He could not resist the temptation, which is often the case with young men.
④ 사람의 행복은 그의 재산보다 인격에 훨씬 더 좌우된다.
→ A man's happiness depends more on what he is than on what he has.

**27** 다음 중 우리말을 영어로 잘못 옮긴 것은?

① 내가 생각했던 것과는 달리, 그녀는 매우 차분해 보였다.
→ Contrary to what I thought, she looked very calm.
② 상은 가장 좋은 점수를 얻은 누구에게나 주어지게 될 것이다.
→ The prize will be given to whoever will make the best grades.
③ 그녀는 부지런하다고 생각하는 한 남자를 고용했다.
→ She employed a man whom she thought was diligent.
④ 그들은 앞을 전혀 볼 수 없었을 뿐만 아니라 지치고 병이 들었다.
→ Not only could they see nothing in front of them, but they became tired and ill.

**25**
① 왕래발착 동사와 home이 만나면 home은 부사 취급한다.
② 준동사의 의미상 주어는 논리적으로 일치해야한다.
③ 왕래발착 동사(return)와 home이 만나면 home은 부사라서 앞에 전치사 to를 붙일 수 없다. 따라서 when he returned home이 옳다.
④ returning과 the mailbox는 비논리적이다.

**26**
③ as is often the case는 관용표현으로 which is often the case로 표기할 수 없다.
① as he does의 does는 look을 받은 대동사이다.
② used to + V ~하곤 하였다
be thought of as~ ~로서 여겨지다
④ what + 주어 + be동사 : 사람의 인격
what + 주어 + have 동사 : 사람의 재산

**27**
③ She thought는 삽입절로 문장 구조에 포함되지 않는다. 따라서 whom → who로 수정되어야 한다.
① contrary to~ ~와는 반대로
look + 형용사(like + 명사) ~처럼 보이다
② whoever + 동사 whomever + 주어 + 동사
④ Not only가 문두에 등장하면 주절은 반드시 도치한다. Not only could they see nothing의 의미이다.

정답 **25** ① **26** ③ **27** ③

**28**

① thousands of + 복수명사 : 수천 개(막연한 수 표현을 기억하자!)

② the fact that절은 동격의 의미를 전달한다.

③ How come + 주어 + 동사의 어순을 확인하자!

④ since + 과거시점일 때, 주절은 반드시 현재완료의 형태를 취한다.
run(vt) ~을 경영(운영)하다

**28 다음 중 우리말을 영어로 잘못 옮긴 것은?**

① 음식과 더불어 수천 개의 물병이 임시보호소에 배분되었다.
→ In addition to food, thousand of water bottles were distributed to the emergency shelter.

② 양팔이 없는데도 불구하고 그는 훌륭한 화가이다.
→ In spite of the fact that he does not have arms, he is a great painter.

③ 어째서 너와 John 둘 다 내 파티에 오지 않는 거지?
→ How come neither you nor John came to my party?

④ 1995년에 새로 지어진 이래로 이 가게는 그 주인이 운영했다.
→ This shop has been run by the owner since it was rebuilt in 1995.

**29**

② find + 가목적어(it) + 목적보어 + 진목적어 구문을 확인하자!

① It is difficult to + V 구문을 확인하자!

③ 주어가 없는 문장이다.

④ seem to find의 의미를 확인하자!

**29 우리말을 영어로 가장 잘 옮긴 것을 고르시오.**

그 집단의 모든 사람에게 동일한 연구 과제를 수행하게 하는 너의 계획에 지금 내가 동의하는 것은 어렵다.

① At this time it is difficult for me agreeing with your plan of having everyone in the group working on the same project.

② At this time I find it difficult to agree to your plan of having everyone in the group working on the same project.

③ At this time for my agreement with your plan is difficult for everyone in the group working on the same project.

④ At this time I seem finding it difficult to agree to your plan of having everyone in the group working on the same project.

정답 28 ① 29 ②

**30** 다음 중 우리말을 영어로 잘못 옮긴 것은?

① 이 연구에 내가 몰두하기 시작한 지 10년이 된다.
  → It is about ten years since I began to devote myself to this research.

② 열차에서 내려서야 비로소 지갑이 도난당한 것을 알았다.
  → It was not until I got off the train that I realized my purse had been stolen.

③ 이 공원은 그녀와 함께 몇 시간씩 보내곤 했던 공원이다.
  → This is the park in which I used to spend hours with her.

④ 그 상점에서 내가 산 테이프 녹음기는 좋은 것이라고 판명되었다.
  → The tape recorder I bought at that store turned out being a good one.

**31** 다음 중 우리말을 영어로 잘못 옮긴 것은?

① 편할 때 언제라도 자유롭게 방문해 주세요.
  → Feel free to visit me whenever it is convenient for you.

② 나는 처방된 대로 이 약을 격일로 먹고 있다.
  → I take this medicine every second day as prescribed.

③ 나의 훌륭한 자격을 고려해보아 나는 그 일자리를 가질 만하다.
  → Given my excellent qualifications, I am entitled to the job.

④ 그가 자신의 이름조차 쓸 줄 모른다는 사실을 알았던 사람들은 거의 없었다.
  → There was few people who knew the fact that he could not so much as write his own name.

**30**

④ turn out to be ~임이 판명되다
① It is about ten years since I began(과거동사) ~시작한 이후로 대략 10년이다
② It was + 강조어구 + that절
③ used to + V ~하곤 하였다(과거의 규칙적 습관)

**31**

④ There were few people 주어와 동사 수일치 확인한다.
  not so much as~ ~조차 없다, ~조차 않다
① convenient는 사람 주어가 불가능하다.
② every other day = every two days = every second day 격일로
③ Given은 전치사나 접속사로 기능할 수 있으며, '~을 고려해 보면'이라는 뜻이다.

정답 **30** ④ **31** ④

**32**

③ enable + 목적어 + to + V가 적당하다.

① make가 사역동사이므로 원형부정사인 form이 옳다.

② be able to는 사람 주어를 원칙으로 한다.

④ allow + 목적어 + to + V가 옳다.

**33**

③ require(주요명제) 동사가 that절을 이끌 때 that절은 당위적 개념을 전달하므로 (should) be given이 옳다.

① the man who was seated에서 who was 생략한다.

② ask + 목 + to + V 구문 / to + V의 부정은 not to + V으로 쓴다.

④ 의문사 + 생각동사 / 의문문 + 주어 + V의 어순을 확인하자!

**34**

② 막연한 수의 표현은 명사복수 + of + 복수명사의 구조를 쓴다. watched는 과거분사의 형태로 목적어(the soccer game)를 가지는 구조는 현재분사(watching)를 써야 한다.

① take it for granted that절 ~하는 것을 당연하게 여기다

③ 이유 / 원인 어구가 수식하는 비교급은 반드시 the를 붙인다.(the better)

④ carry (신문, 방송에서) 다루다, 보도하다

**정답** 32 ③  33 ③  34 ②

---

**32** 다음 우리말을 영어로 가장 바르게 옮긴 것은?

> 문법은 우리로 하여금 제한된 수의 낱말을 가지고 무한한 수의 문장을 만들 수 있게 해준다.

① Grammar makes us to form many sentences from a limited number of words.

② Grammar is able to form a number of meaningful sentences from a limited number of words.

③ Grammar enables us to form a lot of meaningful sentences from a finite number of words.

④ Grammar allows us form lots of sentences from a finite number of words.

**33** 다음 중 우리말을 영어로 잘못 옮긴 것은?

① 나는 내 옆에 앉아있는 사람을 힐끗 보았다.

→ I glanced at the man seated next to me.

② 그는 우리에게 자기의 실패를 말하지 말라고 요구했다.

→ He asked us not to mention his failure.

③ 나의 선생님은 보고서가 내일까지 제출되어야한다고 요구했다.

→ My teacher required that the report is given in by tomorrow.

④ 다음 대통령은 누가 당선되리라 생각합니까?

→ Who do you think will be elected the next President?

**34** 다음 중 우리말을 영어로 잘못 옮긴 것은?

① 나는 부모가 자식을 사랑하는 것을 당연한 것으로 여긴다.

→ I take it for granted that parents should love their children.

② 수만 명의 관중들이 그 축구를 보면서 흥분했다.

→ Tens of thousands of spectators were excited watched the soccer game.

③ 나는 그가 외아들이기 때문에 더욱더 그를 사랑한다.

→ I love him all the better because he is my only son.

④ 신문은 매일의 사건들에 대해 가능한 많은 정보를 싣는다.

→ Newspapers carry as much information as possible about daily events.

**35** 다음 중 우리말을 영어로 잘못 옮긴 것은?

① 한강 물은 물고기가 살 만큼 깨끗하다고들 한다.

　　→ It is said that the water of the Han is clear enough for fish to live in.

② 폭력이 폭력을 낳듯이 무지는 편견을 낳는다.

　　→ As violence begets violence, so ignorance breeds prejudice.

③ 일본어 발음은 한국어의 발음에 비해 간단하다.

　　→ The pronunciation of Japanese is simple comparing with that of Korean.

④ 그는 그 퉁명스런 말에 자신도 모르게 웃고 말았다.

　　→ The blunt comment made him laugh in spite of himself.

**36** 다음 중 우리말을 영어로 잘못 옮긴 것은?

① 이 상자는 경제적으로 사용되면, 적어도 석 달 동안 유지될 것이다.

　　→ If used economically, this box will last at least for three months.

② 여기에서 역까지 얼마나 되는지를 나에게 말해 주세요.

　　→ Please tell me how long it is from here to the station.

③ 아내는 나에게 설거지할 그릇들을 남겨놓은 채로 침실로 갔었다.

　　→ My wife went to the bedroom, left me with the dishes to do.

④ 그는 너무 자존심이 강해 다른 사람들에 의해 비판받는 것을 좋아하지 않는다.

　　→ He is so proud that he doesn't like being criticized by others.

**37** 다음 중 우리말을 영어로 잘못 옮긴 것은?

① 내가 아는 한, 그는 그런 어리석은 짓을 할 바보가 아니다.

　　→ As far as I know, he knows better than do such a foolish thing.

② 상식만큼 사회생활에 중요한 것은 없다.

　　→ Nothing is so important to social life as common sense.

③ 빛이 좋은 건강에 필요하듯 신선한 공기도 역시 필요하다.

　　→ Light is no less necessary than fresh air to good health.

④ 무엇을 할 것인가와 어떻게 할 것인가는 별개의 문제이다.

　　→ What to do is one thing, and how to do is another.

해설 & 정답

**35**

③ compared with~ ~와 비교해서

① It is said that~ ~라고들 한다

② As + S + V~, so + V + S / so + S + V ~하듯이 ~하다

④ in spite of oneself 자신도 모르게/ make는 사역동사로 목적격보어 자리에 원형부정사가 옳다.

**36**

③ left → leaving + 목적어(me)

① this box와 used의 관계는 수동적 관계다.

② tell + 간·목 + 직·목(의문사절) (4형식 문장구조)

④ so + 형용사/부사 … + that절~ 너무나 ~해서 …하다

　 like(vt) + 동명사 ~하는 것을 좋아하다

**37**

① know better than to + V ~할 만큼 어리석지 않다

② 부정주어 + V + so(as) ~ as

③ A is no less ~ than B A가 ~하듯 B도 역시 ~하다

④ What to do / How to do는 명사구로 주어의 역할을 한다.

**정답** 35 ③  36 ③  37 ①

우리가 해야 할 일은 끊임없이 호기심을 갖고 새로운 생각을 시험해보고 새로운 인상을 받는 것이다.

– 월터 페이터 –

PART 05

# 생활영어

# CHAPTER 01 인사 표현

## 제1절 소개

### 1. 처음 만났을 때

① 처음 뵙겠습니다.

How do you do?

② 만나서 반갑습니다.

- Nice to meet you.
- I'm glad to see you.
- I'm very glad to meet you.
- I'm glad to know you.
- I'm honored to meet you.

③ 당신을 알게 되어 기쁩니다.

Glad to get to know you.

④ 저 역시 만나서 반갑습니다.

Glad to meet you, too.

⑤ 만나 뵙게 되어 대단히 반갑습니다.

Pleased to meet very nice to meet you.

⑥ 제가 오히려 반갑습니다.

The pleasure is mine.

### 2. 자신을 소개할 때

① 제 소개를 드리겠습니다.

- Let me introduce myself.
- May I introduce myself?
- Perhaps I should introduce myself.

② 저희 집은 대(소)가족입니다.

We have a large(small) family.

③ 저는 부모님과 함께 살고 있습니다.

I live with my parents.

④ 누나가 둘 있는데 형은 없습니다.

I have two sisters but no brothers.

⑤ 전 외아들(외동딸)입니다.

I'm the only son(daughter).

⑥ 전 장남(맏딸)입니다.

I'm the oldest son(daughter).

⑦ 전 독신입니다.

I'm single.

⑧ 저는 서울에서 왔습니다.

I'm from Seoul.

⑨ 저는 제주에서 태어났습니다.

I was born in Jeju.

⑩ 저는 대학교에 다니고 있습니다.

I am now attending college.

⑪ 저의 전공은 영문학입니다.

My major is English Literature.

⑫ 저는 아직 미혼입니다.

I'm still single.

⑬ 저는 이미 결혼을 했습니다.

I'm already married.

⑭ 저는 아이가 셋 있습니다. 하나는 딸이고 둘은 아들입니다.

I had three kids, one daughter, two sons.

### 3. 이름을 말할 때

① 이름이 뭐예요?
  - What's your name?
  - May(Could) I have your name, please?

② 이름(성)을 다시 말씀해 주시겠어요?
  What was your first(last) name again?

③ 존입니다.
  I'm John.

④ 김이라 불러 주세요.
  Please just call me Kim.

⑤ 별명이 있나요?
  Do you have a nickname?

### 4. 사람을 부를 때

① 어떻게 불러야 할까요? (이름을 묻고자 할 때)
  - What should I call you?
  - How should I address you?
  - What do they call you?

② 영희라 불러주세요. 그게 제 이름입니다.
  Please call me Young-Hee. That's my first name.

③ 브라운 씨. (남자를 지칭할 때)
  Mr. Brown.

④ 브라운 씨 부인. (결혼한 타인의 부인을 지칭할 때)
  Mrs. Brown.

⑤ 카렌 양. (미혼인 여성을 지칭할 때)
  Miss. Karen.

⑥ 여보세요. (모르는 남자를 부를 때)
  Sir? / Excuse me, Sir.

⑦ 저, 여보세요. (모르는 여자를 부를 때)
  Ma'am? / Excuse me, ma'am.

⑧ 이봐! (아랫사람이나 친근한 사이에 쓰임)
  Hey! / Hey Buddy!

⑨ 신사숙녀 여러분!
  Ladies and gentleman!

⑩ 여러분
  Everyone. / You all.

⑪ 아빠(아버지)
  daddy / dad / papa / pa

⑫ 엄마(어머니)
  mommy / mom / mama / ma

⑬ 할아버지, 할머니
  Grandpa, Grandma

⑭ 삼촌, 이모
  Uncle, Aunt

⑮ 의사 선생님
  Doctor

⑯ 교수님
  Professor

⑰ 경관님
  Officer

### 5. 상대를 소개할 때

① 카렌 씨, 제 친구 탕을 소개할게요.
  Miss. Karen, I'd like you to meet my friend Tang.

② 처음 뵙겠습니다. 미스터 박.
  How do you do, Mr. Park?

③ 제 친구 미스터 박을 소개하죠.
  Let me introduce my friend, Mr. Park.

④ 두 분이 서로 인사 나누셨나요?
  Have you two met each other yet?

⑤ 이쪽은 저의 동료 존슨입니다.
  This is a colleague of mine, Mr. Johnson.

⑥ 저는 미스터 박이고, 이쪽은 저의 아내 미시즈 김입니다.
  I'm Mr. Park and this is my wife, Mrs. Kim.

⑦ 마이클 씨, 이분이 미스터 박입니다.

Mr. Michael, this is Mr. Park.

⑧ 누구시더라?

Do I know you?

⑨ 전에 한 번 뵌 적이 있는 것 같습니다.

- I think I've seen you before.
- Haven't we met before?
- I must have seen you somewhere before.

⑩ 매우 낯익어 뵙니다.

You look very familiar.

⑪ 우리는 여러 차례 당신 이야기를 했습니다.

We have talked of you often.

⑫ 저 사람이 바로 당신이 말하던 그 사람입니까?

Is that the man you told me about?

⑬ 미스터 한입니다. 잘 부탁해요.

I'm Mr. Han at your service.

⑭ 미스터 김이 당신에 대해서 자주 말씀하셨어요.

Mr. Kim often speaks of you.

⑮ 성함을 정확히 듣지 못했습니다.

- I didn't quite catch your name.
- I'm sorry. I didn't get your name.

⑯ 저는 한 번 본 사람은 꼭 기억합니다.

I never forget a face.

⑰ 오래전부터 한 번 찾아뵙고 싶었습니다.

I've been wanting to see you for a long time.

## 6. 기타 표현

① 이건 제 명함입니다.

This is my business card.

② 당신에 관한 이야기를 많이 들었습니다.

I've heard a lot about you.

③ 만나 뵙고 싶었습니다.

- I wanted to see you.
- I've been wanting to meet you for a long time.

④ 저는 시대고시에서 일합니다.

I work for SIDAEGOSI.

⑤ 우리 좋은 친구가 되었으면 합니다.

I hope we become good friends.

⑥ 국적이 어디시죠?

What's your nationality?

⑦ 명함 한 장 주시겠습니까?

May I have your business card?

⑧ 고향이 어디시죠?

Where are you from?

⑨ 나는 그를 얼굴만 알고 있습니다.

I know him by sight.

⑩ 만나서 매우 반가웠습니다.

I was very glad to meet you.

## 1. 일상 안부

① 어떻게 지내십니까?
- What's up?
- Anything new?
- How have you been?
- How are you?
- How's it going?
- How are you feeling today?
- How are you doing these days?
- How's your day doing?
- How's everything with you?

② 잘 지냅니다.
- Couldn't be better!
- Pretty good.
- Not too bad.
- Fine, thanks!
- Not bad!

③ 덕분에 잘 지냅니다. 당신은요?
- I'm fine. thank you. And you?
- I'm good. How about you?
- Good, thanks. And you?

④ 그저 그렇습니다.
- Just so so.
- Nothing much(special)!
- Well, about the same.
- Same as usual.

⑤ 별로 안 좋아요.
- I feel terrible.
- Not so good.
- I'm not very well.

## 2. 근황 안부

① 어떻게 지내셨습니까?
- How have you been doing?
- How have you been getting along lately?

② 하시는 일은 잘 되어갑니까?
How is your business going?

③ 만사가 잘 되고 있으세요?
How's everything with you?

④ 새로 하시는 일은 어떻습니까?
How's your new business?

⑤ 일은 순조롭게 진행되고 있나요?
Are you making any progress?

⑥ 그런대로 할 만합니다.
I can't complain too much. / It is worth doing.

⑦ 덕분에 만사가 좋습니다.
- I've been fine, thank you.
- So far so good.

⑧ 그저 한가하게 소일하고 있습니다.
I'm just taking one day at a time.

⑨ 가족들은 잘 계신가요?
- How's everybody at your house?
- How's your family doing?

⑩ 새로 태어난 기분입니다.
I feel like a new man.

⑪ 부모님은 평안하신지요?
How are your parents?

⑫ 당신의 어머니(아버지)는 어떻습니까?
How is your mother(father)?

⑬ 모두들 잘 지내시는지요?
How's everyone getting along?

⑭ 모두 잘 있습니다.

They are all very well.

⑮ 존슨 씨가 당신께 안부를 전했습니다.

Mr. Johnson asked me to give his regards to you.

⑯ 그는 어떻게 지내고 있습니까?

How's he getting along?

⑰ 그 사람은 건강하게 지냅니다.

He's in the pink.

⑱ 모르겠어요. 하지만 괜찮을 겁니다.

No news. But I bet he's OK.

⑲ 무엇 때문에 그렇게 바쁘십니까?

What's keeping you so busy?

⑳ 존슨 씨가 안부 전하더군요.

Mr. Johnson sends his regards.

# CHAPTER

# 02 일상 표현

① 무척 기뻐요!
- I'm very happy.
- I'm overjoyed.
- Oh! How glad I am!

② 기분이 끝내 주는군!
- What a great feeling!
- I'm about ready to jump out my skin.
- I jumped for joy.
- I'm flying.
- I'm walking on air now.
- I'm so happy, I don't know what to say.

③ 내 인생에 이보다 더 기쁜 적은 없습니다.
I've never been happier in my life.

④ 무엇이 그리 기쁜가요?
What makes you so happy?

⑤ 너무 즐거워요.
- I'm having fun.
- What a lark!

⑥ 좋아서 미칠 지경이에요.
I'm tickled pink.

⑦ 콧노래라도 부르고 싶습니다.
I feel like humming.

⑧ 제 아들이 성공해서 무척 기쁩니다.
I'm very pleased with my son's success.

⑨ 난 정말 만족합니다.
I'm completely.

⑩ 마음이 아주 편합니다.
My mind is completely at ease.

⑪ 난 정말 그것에 만족합니다.
I'm really happy with it.

⑫ 더 이상 기쁠 수가 없어요.
I couldn't be happier with it.

⑬ 그 소식을 들으니 정말 기쁩니다.
I'm glad to hear that.

⑭ 대단한 소식이야!
What wonderful news!

⑮ 네가 잘돼서 나도 기쁘다!
I'm really happy for you.

⑯ 듣던 중 반가운데요.
That's nice to hear.

⑰ 그거 반가운 소식입니다.
That's good news.

⑱ 정말로 기쁘시겠습니다.
How glad you must be!

⑲ 그 소식을 들으면 그가 얼마나 기뻐할까요.
How glad he will be to hear that!

⑳ 만나서 즐거웠습니다.
It was nice meeting you.

㉑ 너무 화가 나서 터질 것만 같아요.
I'm so angry I could blow.

㉒ 참는 것도 한도가 있어요.
My patience is worn out.

㉓ 제 자신에게 화가 났어요.
I'm mad at myself.

㉔ 알았어, 알았다고!

All right, I will.

㉕ 내게 말하지 마!

Don't talk to me.

㉖ 당신 때문에 미치겠어요.

You drive me crazy.

㉗ 더 이상은 못 참겠어요.

Enough is enough.

㉘ 저 사람은 정말 무례해.

That person is so rude.

㉙ 너 어떻게 그렇게 무례할 수가 있니?

How rude can you be?

㉚ 그 남자의 처신은 정말 불쾌해.

I'm really displeased with his behavior.

㉛ 그 사람 당신한테 화가 났어요.

He got angry at you.

㉜ 무엇 때문에 그가 그렇게 화가 났나요?

What's got him so angry?

㉝ 그는 화를 잘 냅니다.

He's gets upset very easily.

㉞ 그래서 나한테 화가 나셨나요?

Are you angry with me on that score?

㉟ 나는 울고 싶어.

I feel like crying.

㊱ 나는 희망이 없어요.

I'm hopeless.

㊲ 저는 비참해요(우울해요).

I'm miserable(depressed).

㊳ 그 소식을 들으니 정말 우울해진다.

The news has really gotten me down.

㊴ 저를 우울하게 만들지 마세요.

Don't let it make my brown eyes blue.

㊵ 어머나, 가엾어라!

- What a pity!
- Oh, poor thing!
- Oh, my God.

## 제2절 숫자(날짜, 가격, 거리 등)

### 1. 시간

① 시간을 일러주다

- It's 7 o'clock in morning.
  오전 7시입니다.
- It's 9 a.m.
  오전 9시입니다.
- It's a quarter after(or past) 8 in the morning.
  오전 8시 15분입니다.
- It's 2:30(two-thirty) in the afternoon.
  오후 2시 반입니다.
- It's 4:30(four-thirty) p.m.
  오후 4시 반입니다.

- It's 10 minutes to 8 in the evening.
  오후 8시 10분 전입니다.
- It's still only seven o'clock.
  아직 7시밖에 안 되었어요.
- It's almost 6:30(six-thirty).
  6시 반이 다 되어갑니다.
- I guess it's around 5:30(five-thirty).
  5시 반 정도 된 것 같아요.

② 몇 분 후에(몇 분 전에)

- in(or After) 30 minutes
  30분 후에(지나서)
- in(or After) a quarter an hour
  15분 후에(지나서)

- in two hour and a half
  두 시간 반 후에(지나서)
- in one hour
  한 시간 후에(지나서)
- We arrived there thirty minutes before the game started.
  시합이 시작되기 30분 전에 우리는 그곳에 도착했습니다.

③ 시계(시간)가 빠르다
- I'm afraid my watch is five minutes or so fast.
  제 시계는 5분 정도 빠른 것 같아요.
  [어휘] be afraid ~인 것 같다, 걱정하다, 염려하다
- My watch is three minutes fast.
  제 시계는 3분 빨라요.
- The time of the meeting was advanced from 9 p.m. to 7 p.m.
  회의 시간이 오후 9시에서 7시로 앞당겨졌습니다.

④ 시계(시간)가 늦다
- I'm afraid my watch is three minutes or so slow.
  제 시계는 3분 정도 늦는 것 같아요.
- My watch is five minutes slow.
  제 시계는 5분 늦습니다.
- My watch loses five minutes a day.
  제 시계는 하루 5분씩 늦습니다.
- The train has arrived in Seoul three hour behind schedule due to an accident.
  기차는 사고로 인해 서울에 예정 시간보다 3시간 늦게 도착했습니다.
  [어휘] due to(= because of) ~에 기인하는, ~의 탓으로 돌려야 할 / 문어체에서는 owing to를 자주 쓴다.

⑤ 시계를 확인하다
- Is your watch right?
  시계가 맞습니까?
- Is your watch correct?
  당신의 시계는 정확합니까?
- Does your watch good time?
  시계가 정확한가요?

⑥ 시간을 할애하다
- Could you spare me a minute, please?
  잠시 시간을 내주시겠습니까?
- How long could you spare me?
  얼마 정도 시간을 내주시겠습니까?

⑦ 시간이 없다
- I'm in a hurry.
  시간이 없는데요(바빠요).
- I've no time to lose.
  낭비할 시간이 없습니다.
- My schedule's pretty tight.
  저의 예정이 꽉 차 있어요.
- I need more time.
  좀 더 시간이 필요합니다.

⑧ 시간을 낭비하다
- I'm taken too long.
  너무 오래 시간이 걸렸습니다.
- I've taken up a lot of time.
  시간이 너무 많이 걸렸어요.
- It was a time-consuming discussion for nothing.
  무익하게 시간만 낭비한 토의였습니다.
  [어휘] for nothing 거저, 무료로, 무익하게, 헛되이
  [예] I did not go to college for nothing.
  대학을 다닌 보람은 있었다.

⑨ 근무 시간

- Usually, we work eight hours a day from nine to six.
  보통 우리는 9시에서 6시까지 하루에 8시간 근무합니다.
- Sometimes we work overtime for two or three hours.
  때때로 두세 시간 정도 잔업을 합니다.
- We can take an hour lunch break.
  점심시간은 1시간입니다.
- We're working a six-day week.
  우리는 1주에 6일 근무합니다.
- We work a 44-hour week, in other words a six-day week.
  우리는 1주에 44시간, 바꿔 말하자면 6일 근무합니다.
- The union is demanding a 38-hour week.
  조합은 주 38시간 노동을 요구하고 있습니다.

⑩ 교대제 근무

- We work on a three-shift system.
  우리는 3교대제로 근무합니다.
  [어휘] shift 교대제 근무, 교체
- This factory operates for 24 hours on triple shift.
  이 공장은 3교대제로 24시간 가동됩니다.

⑪ 통근 시간

- How does your commuting time compare with other people's?
  다른 사람들과 비교하여 당신의 통근 시간은 어떻습니까?
- It takes about two hours from my home to the office by train.
  집에서 사무실까지 기차로 두 시간 정도 걸립니다.

- From home to the office it takes me about an hour altogether.
  집에서 사무실까지 모두 한 시간 정도 걸립니다.

⑫ 소요 시간

- It's five minutes' walk from the station.
  역에서 걸어서 5분 걸립니다.
- It's a 30 minute ride.
  승차 시간은 30분 동안이다.
- It takes almost three hours from Seoul to Busan.
  서울에서 부산까지는 거의 3시간이 걸립니다.
- How many hours does the flight take?
  비행기로 몇 시간 걸립니까?
- How long will it take from New York to Honolulu?
  뉴욕에서 호놀룰루까지 얼마나 걸립니까?

⑬ 출발 시간

- What time does the last train(flight) for Paris leave?
  파리 행 마지막 기차(비행기)는 몇 시에 떠납니까?
- Will I be in time for the train(flight)?
  기차(비행기) 시간에 맞춰 도착할 수 있을까요?

⑭ 접수 시간

- What time is check-in?
  몇 시에 체크인(숙박 수속)합니까?
- What time is check-out?
  몇 시에 체크아웃(퇴출 수속)합니까?

⑮ 개점, 폐점 시간

- What time do you open?
  몇 시에 개점합니까?

- What time do you close?
  몇 시에 폐점합니까?

⑯ 문 닫는 시간
- Eleven in the evening is the time limit at this dormitory.
  이 기숙사의 문 닫는 시간은 밤 11시입니다.
- You have to come back here by 10 p.m.
  밤 10시까지 이곳에 돌아와야 합니다.

## 2. 날짜

① 시일이 걸리다
- It will take about three months to obtain approval from the government.
  정부로부터 승인을 받는 데 3달 정도 걸립니다.
  [어휘] approval 승인, 인가, 면허 v. approve
- It will take some one week before our management make a decision on this issue.
  경영진이 이 문제에 대해 결정하는 데 1주 정도 걸릴 것입니다.
  [어휘] some(about) (수사 앞에서) 대략, ~쯤
- The expedition lasted exactly two years and three months.
  탐험은 정확히 2년 3개월간 계속되었습니다.
- I need two weeks to prepare the documents.
  서류를 준비하는 데 2주일이 필요합니다.
- We need about three months' preparation before starting this work.
  이 일에 착수하기 전에 3달 정도의 준비 기간이 필요합니다.

- You will need three months or so to get used to the new machine.
  새로운 기계에 익숙해지는 데 3개월 정도 필요할 것입니다.
- The new project requires three months or so to get used to new machine.
  새로운 기계에 익숙해지기 위해 새 계획은 석 달 정도의 준비 기간을 필요로 합니다.
  [어휘] startup (조업) 개시
- It took almost two years to complete the new plant.
  새 공장을 준공하는 데 거의 2년이 걸렸습니다.
- Change the oil every six months.
  오일은 6개월마다 교환해 주십시오.
- There will be a delay for five months.
  5개월간 지연될 것입니다.
- It took two days to read the book.
  그 책을 읽는 데 이틀 걸렸다.

② 여유를 주다
- Give me three days before we decide on the matter.
  이 일을 결정하는 데 3일간의 여유를 주십시오.
- Please give me five days to prepare for the next meeting.
  다음 회의를 준비할 수 있도록 5일간의 여유를 주십시오.
- Can't you give me time until the end of this month?
  이달 말까지 시간을 주실 수 없으십니까?

③ 시일이 경과하다
- Two months have passed(or elapsed) since I came here.
  여기에 온 지 두 달이 지났습니다.

- It's two months since I came here.
  여기에 온 지 두 달입니다.
④ 시기
  - In a few days I'll call you.
    며칠 후에 전화하겠습니다.
  - I'm going to visit France around the last of May.
    5월 하순 경에 프랑스를 방문할 예정입니다.
  - The board meeting is held every two weeks.
    이사회는 격주(2주일마다)로 열립니다.
    어휘 board 이사회, 위원회, 회의
         every 매, 마다
    예 every other day 격일로
⑤ 기간
  - Usually, we're open Monday through Friday.
    보통 월요일에서 금요일까지 영업합니다.
  - Not to be sold after 2/28.
    판매기간은 2월 28일까지
⑥ 근속
  - He's been working with this company for seven years.
    그는 7년 동안 이 회사에 근속해 왔습니다.
  - He's senior by three years.
    그는 제 3년 선배입니다.
⑦ 휴가, 결근
  - You're entitled to five days' paid leave.
    당신은 5일간의 유급 휴가를 얻었습니다.
    어휘 paid leave 유급 휴가
  - He's been absent for five days.
    그는 5일간 결근했습니다.

⑧ 교섭, 지연
  - We're reached a conclusion after three days of negotiation
    우리는 3일간의 교섭 끝에 결론에 도달했습니다.
  - The walk out caused a two-day delay in the shipment.
    파업으로 인해 선적이 이틀 지연됐습니다.
    어휘 walk out 작업을 중단하다, 파업을 하다
⑨ 체류 기간
  - How long have you been in Korea?
    한국에 얼마 동안 체류하셨습니까?
  - How long are you going to stay in Korea?
    한국에 얼마 동안 체류할 예정입니까?
  - I want to extend my stay for five days.
    체류기간을 5일 더 연장하고 싶습니다.
⑩ 기한
  - Your monthly repayment for the month of July will become due on July 19th.
    6월분 상환금은 7월 19일이 지급기일입니다.
    어휘 due 지급 기일이 된, 만기가 된
  - You cannot withdraw the money for a period of ten months because this is a ten-month time deposit.
    이것은 10개월 예금이므로 열 달 동안은 돈을 인출할 수 없습니다.
⑪ 기한까지
  - Please complete this report by the end of this week.
    이번 주말까지 이 보고서를 완성하여 주십시오.
  - Please send your reply by April 15th.
    4월 15일까지 답장을 보내시오.

- Can you finish it by June 10th.

  6월 10일까지 끝낼 수 있습니까?
- The deadline for shipping is the 30th of April.

  선적 마감 기일은 4월 30일입니다.
- I hope you will submit the report within two weeks.

  2주일 이내에 보고서를 제출하시기 바랍니다.

⑫ 유효 기한
- The contract holds good for three years.

  그 계약은 3년간 유효합니다.

  [어휘] hold good 유효하다, 진짜이다
- The contract is valid until December 31st, 1995.

  이 계약은 1995년 12월 31일까지 유효합니다.
- This ticket is good for five days.

  이 표는 5일간 유효합니다.

⑬ 기한이 만기되다
- The expired ticket is not refunded.

  기한이 지난 표는 환불되지 않습니다.
- Your driver's license expired three months ago.

  당신의 운전면허증은 3달 전에 기한이 만료되었습니다.

⑭ 기한을 연장하다
- The term should be extended for two years upon agreement between both sides.

  쌍방의 동의하에 그 기한을 2년 더 연장할 것입니다.

- You may be given a chance to renew the contract for two years if the company needs you.

  만약 회사가 당신을 필요로 한다면 2년 더 계약을 갱신할 수 있는 기회가 주어집니다.

⑮ 기한이 지나다
- You are requested to pay a fixed rate of interest after the date of repayment is due.

  상환 기한을 경과하면 일정한 이자를 지불하라는 요구를 받습니다.
- After the period, the ticket is no longer valid.

  기한이 지나면, 그 표는 무효가 됩니다.

## 3. 비율, 비교

① 비율
- The Koreans own cars a rough rate of one in every ten persons.

  한국인은 대략 10명에 1명꼴로 차를 소유하고 있습니다.
- In the US, the rate is one car for every two persons.

  미국에서는 그 비율이 2명에 1대꼴입니다.
- Over 10 percent of Korean families own one car or more.

  한국 가정의 10% 이상이 한 대 이상의 차를 소유하고 있습니다.
- Five percent of Korean households own two or more cars.

  한국 가정의 5%가 2대 이상의 차를 소유하고 있습니다.

② 비교

- This is twice as large as that, isn't it?
  이것은 저것의 2배 크기로군요. 그렇지 않나요?
- The Korean people are buying rice almost 5 times higher in price than that in foreign countries.
  한국인은 외국보다 쌀을 5배 정도 비싸게 구입합니다.
- The average rice price in the world market is about one-fifth of the price in Korea.
  국제 시장의 평균 쌀 시세는 한국의 1/5 가격입니다.
- The Korean auto industry produces some ten million cars annually, marking it No.3 in the world.
  한국의 자동차 산업은 연간 약 천만 대를 생산하여 세계 3위를 기록하고 있습니다.

## 4. 금전

① 가격, 요금

- How much is it?
  얼마입니까?
- How much do I owe you?
  얼마입니까?
- What do you want for it?
  얼마입니까?
- What's the price?
  가격은 얼마입니까?
- What's the rate?
  가격은 얼마입니까?
- What's the charge?
  가격은 얼마입니까?
- How much is the fare?
  요금(운임)은 얼마입니까?
- How much does that come to altogether?
  전부 얼마입니까?
- How much will it be with tax?
  세금까지 전부 얼마입니까?

② 하루에 얼마입니까?

- What's the charge per day?
  하루에 얼마입니까?
- How much per day?
  하루에 얼마입니까?
- What is the rate for a room per night?
  하룻밤의 방값은 얼마입니까?

③ 가격을 말하다

- It's 60,000(sixty thousand) won.
  6만 원입니다.
- It's just 250(two hundred fifty) won.
  단지 250원입니다.
- The total is 5,000(fifty hundred / five thousand) won.
  총액이 5,000원입니다.

④ 각자 부담

- Let's split the bill.
  비용은 각자 부담합시다.
- Let's go fifty-fifty on the bill.
  비용은 반반씩 부담합시다.
- Let's go Dutch.
  각자 비용을 지불하도록 합시다.
- How much is mine?
  저의 몫은 얼마지요?

⑤ 금액

- 7,200(seventy two hundred) won, please.
  7,200원입니다.

- I'm afraid I only have a 10,000 won bill.

  미안합니다. 만 원짜리 지폐밖에 없습니다.
- $3.95(three dollars and ninety-five cents) isn't much to pay.

  3달러 95센트는 지불하기에 대단한 금액이 아닙니다.
- The bill came to $7.50 and I left a 75¢ as a tip.

  계산서가 7달러 50센트였으므로 나는 팁으로 75센트를 놔두었습니다.
- I want to have 500 dollars in 25 ten-dollar bills, 40 five-dollar bills, and 50 one-dollar bills.

  500달러를 10달러짜리로 25장, 5달러짜리로 40장, 1달러짜리로 50장을 주십시오.
- Please break two dollars into four quarters and ten dimes.

  2달러를 25센트 동전으로 4개, 10센트 동전으로 10개 나누어 주십시오.
- Will you include small change?

  잔돈을 포함해서 드릴까요?
- Please give me three one-dollar stamps and three fifteen-cent stamps.

  1달러짜리 우표 3장과 15센트 우표 3장을 주십시오.
- I want to send one hundred dollars by postal money order(telegraphic transfer)

  우편환(전신환)으로 100달러를 송금하고 싶습니다.

  [어휘] money order 우편환

  telegraphic transfer 전신환

⑥ 환율
- What's the current exchange rate?

  현재 환율은 얼마입니까?
- What's the exchange rate today?

  오늘의 환율은 얼마입니까?
- Today's rate is quoted at 4.119.

  오늘의 환율은 4.119로 되어 있습니다.

  [어휘] quote ~에 시세를 매기다, ~을 견적하다
- What's a dollar worth in won?

  1달러에 몇 원입니까?
- What's the won's exchange rate to the U.S. dollar?

  원의 대달러 환율은 얼마입니까?

  [어휘] exchange rate 환율

⑦ 이자, 이익
- This time deposit bring you a nine percent interest per year.

  이 정기 예금은 연간 9%의 이자가 붙습니다.
- The net profit is 3,000 dollars.

  순이익은 3,000달러입니다.

## 5. 단위, 계산

① 조
- Five trillion.

  5조
- Five hundred trillion.

  500조
- Ten trillion, nine hundred thirty-four billion, five hundred sixty-seven million, four hundred ten thousand, five hundred seventy-three.

  10조 9,345억 6,741만 573

- That star is a trillion miles away in space.

  저 별은 1조 마일 떨어진 우주 저쪽에 있다.

② 억

- Two hundred million.

  2억

- Five billion.

  50억

- Fifty billion.

  500억

- China's population fly over one billion.

  중국의 인구는 현재 10억을 넘고 있다.

③ 만

- Twelve thousand.

  1만 2천

- Four hundred thousand.

  40만

- Two million.

  200만

- Eleven million.

  1,100만

- Five hundred thousand-two thousand.

  50만 2,000

- Ninety million, six hundred eighty-four thousand, thirty-two.

  9,068만 4,032

- A million dollars! you must be rich.

  백만 달러라구요! 큰 부자시군요.

④ 소수

- Two point seven.

  2.7

- Eighty-five point five two.

  85.52

- Nine thousand seven hundred eighty-two point three five.

  9,782.35

- Twenty-one thousand four hundred eighty-nine point one two four.

  21,489.124

- Seventy-six thousand, sixty-four point eight.

  76,064.8

- Three hundred thousand five point four three two.

  300,005.432

- Four ten thousandth.

  0.0004

- Zero point zero zero zero four.

  0.0004

- 0.05 looks small, but it may be very important.

  0.05는 작은 수 같지만, 아주 중요하다.

⑤ 더하기

- One and one is two.

  $1 + 1 = 2$

- Five and four make(or are) nine.

  $5 + 4 = 9$

- Seven plus two is nine.

  $7 + 2 = 9$

⑥ 빼기

- Thirty minus five equals twenty-five.

  $30 - 5 = 25$

- Thirty minus five is twenty-five.

  $30 - 5 = 25$

- Twenty take away twelve is eight.

  $20 - 12 = 8$

⑦ 곱하기

- Four fives are twenty.
  
  4 × 5 = 20

- Two multiplied by nine makes eighteen.
  
  2 × 9 = 18

- Three times six is eighteen.
  
  3 × 6 = 18

⑧ 나누기

- Eighteen divided by nine equals two.
  
  18 ÷ 9 = 2

- Four into sixteen goes four.
  
  16 ÷ 4 = 4

⑨ 거듭제곱

- Two squared is four.
  
  2의 제곱($2^2$) = 4

- Two cubed is eight.
  
  2의 세제곱($2^3$) = 8

- The square of 10 is 100.
  
  10의 제곱은 100이다.

- The area of a circle is 3.14×r squared.
  
  원의 면적은 3.14×r제곱

---

## 제3절　날씨·환경·건강

### 1. 날씨에 대해서 말할 때

① 날씨가 참 좋지 않습니까?

　Isn't it a wonderful day?

② 바깥 날씨가 어떻습니까?

　How is the weather out there?

③ 오늘 날씨가 어때요?

　What's the weather like today?

④ 서울 날씨는 어떻습니까?

　What's the weather like in Seoul?

⑤ 이런 날씨 좋아하십니까?

　Do you like this kind of weather?

⑥ 그곳 날씨는 어떻습니까?

　What's the weather like there?

⑦ 오늘은 날씨가 화창합니다.

　It's a beautiful day today.

⑧ 올해는 황사의 수치가 가장 높다고 합니다.

　Yellow dust readings are the highest in this year.

⑨ 날씨가 정말 비로 인해 칙칙합니다.

　It's lovely weather for ducks.

⑩ 비가 올 것 같습니다.

　It's looks like it's going to rain.

⑪ 비가 오락가락 하는데요.

　It is raining on and off.

⑫ 비가 그칠 때까지 기다립시다.

　Let's wait till the rain stops.

⑬ 비가 올듯하니 우산을 챙겨가세요.

　Since it looks like raining, take your umbrella.

⑭ 이런 더위를 어떻게 생각하십니까?

　What do you think of this heat?

⑮ 정말 덥습니다.

　It's really hot.

⑯ 푹푹 찌는군요!

　What a scorcher!

⑰ 이 안은 무척 덥습니다.

It sure is hot in here.

⑱ 정말로 후덥지근합니다.

It's a very muggy day.

⑲ 정말로 덥습니다.

It's very sultry.

⑳ 너무나 덥군요.

It's boiling hot.

㉑ 날씨가 점점 추워지고 있습니다.

It's getting colder and colder.

㉒ 오늘은 정말 춥습니다, 그렇지요?

It's really cold today, isn't it?

㉓ 눈이 올 것 같은 날씨예요.

It looks like snow.

㉔ 눈이 펑펑 쏟아집니다.

The snow falls fast.

㉕ 함박눈이 내립니다.

It snows in large flakes.

㉖ 지독합니다. (너무 춥거나, 덥거나)

It's terrible!

㉗ 바람이 붑니다.

• It's windy.

• How it blows.

㉘ 안개 때문에 아무것도 안 보입니다.

I can't see anything because of the fog.

㉙ 안개는 곧 걷힐 듯합니다.

The fog will soon lift.

㉚ 억수같이 비가 내립니다.

It's pouring like cats and dogs.


## 2. 건강에 대해서 말할 때

### (1) 환자를 위로할 때

① 기분이 어떠세요?

How are you feeling?

② 좀 나아지셨습니까?

Are you feeling better?

③ 정말 유감입니다.

I'm sorry to hear that.

④ 어쩌다가 다치셨나요?

How did you get hurt?

⑤ 곧 나아지길 바랍니다.

I hope you feel better soon.

⑥ 몸조리 잘하시길 바랍니다.

Take good care of yourself, please.

⑦ 와 주셔서 감사합니다.

Thank you for coming by.

### (2) 입원 소식을 들었을 때

① 존슨 씨가 입원해 있습니다.

Mr. Johnson has been in the hospital.

② 어느 병원에 입원해 있습니까?

Which hospital is he in?

③ 그는 병원으로 급히 후송되었습니다.

He was rushed to the hospital.

④ 병원에 같이 가 봅시다.

Let's stop by the hospital.

⑤ 그에게 무엇을 갖다 주면 좋을까요?

What should we bring her?

### (3) 환자 증세에 대해서 말할 때

① 그녀는 회복할 가능성이 있습니까?

Is there any chance for him to recover?

② 그녀는 언제 퇴원할 수 있을까요?

When will she get out of the hospital?

③ 그녀는 매일 조금씩 좋아지고(나빠지고) 있습니다.

Every day she's getting a little better(worse).

④ 나는 많이 좋아졌습니다.

I feel much better now.

⑤ 그녀는 곧 퇴원할 겁니다.

She will soon be out of hospital.

⑥ 그녀는 1주일 후면 퇴원할 겁니다.

She'll be discharged in a week.

⑦ 나는 내일이면 집에 갈 수 있을 겁니다.

I can go home tomorrow.

⑧ 수술이 성공적입니다.

The surgery went well.

⑨ 그녀는 지금은 회복실에 있습니다.

She's in the recovery room right now.

⑩ 환자의 상태는 좋습니다.

The patient is doing well.

## 제4절  가족·친구·학교·고향

### 1. 가족에 대해서 말할 때

① 가족은 몇 분이세요?

- How large(big) is your family?
- How many people are there in your family?
- How many family members are there?

② 대가족이신가요?

Do you have a large family?

③ 우리는 대가족입니다.

We have a large family.

④ 우리 식구는 일곱 명 명입니다.

There are seven in my family.

⑤ 형제나 자매가 있습니까?

Do you have any brothers and sisters?

⑥ 난 독자입니다. 당신은요?

I'm an only child. How about you?

⑦ 저는 부모님, 조부님과 함께 삽니다.

I live with my parents and grandparents.

⑧ 당신 아버지는 무슨 일을 하십니까?

- What does your dad do?
- What business is your father in?

⑨ 가족이 너무나 그립습니다.

I feel homesick for my family.

⑩ 남편이 하시는 일은 무엇입니까?

What does your husband do for a living?

### 2. 자녀에 대해서 말할 때

① 아이들은 몇 명이나 되시나요?

How many children do you have?

② 저희는 아이가 없습니다.

We have no children.

③ 아이는 언제 가지실 예정입니까?

When are you going to have children?

④ 언제가 출산 예정일입니까?

When is the blessed event?

⑤ 자녀는 있는 게 좋습니다.

You should have children.

⑥ 7살 된 아들이 하나 있습니다.

I have a seven-year-old son.

⑦ 딸이 몇 살인지 물어봐도 될까요?

May I ask how old she is?

⑧ 아이들이 몇 살이지요?

- How old are they?
- What are their ages?

⑨ 아이들은 학교에 다닙니까?

Do they go to school?

⑩ 아닙니다. 애들은 아직 어립니다.

No, they don't. They're still young.

## 3. 친구에 대해서 말할 때

① 친구 좋다는 게 뭐예요.
- That's what friends are for.
- What are friends for?

② 그는 나의 가장 친한 친구입니다.
- He is one of my best friends.
- He is a close friend of mine.

③ 그 친구는 허튼 소리를 잘해요.
He's talking through his hat.

④ 그는 내 친구의 친구입니다.
- I met him through a friend.
- He is a friend of my friend's.

⑤ 어려울 때 친구가 진짜 친구다.
A friend in need is a friend indeed.

⑥ 친구 사이에 돈거래는 하지 말라.
Lend your money and lose your friend.

⑦ 친구의 돈을 빨리 갚아야 우정이 오래 지속된다.
Short accounts make long friends.

⑧ 나쁜 친구와 함께 하느니 혼자 있는 편이 낫다.
Better to be alone than in bad company.

⑨ 친구를 보면 그 사람을 알 수 있다.
A man is known by the company he keeps.

⑩ 역경이 있을 때 친구를 안다.
Even reckoning makes lasting friends.

⑪ 여자 친구한테 차였어요.
I got rejected by my girlfriend.

⑫ 당신의 친구를 위로해 주세요.
Comfort your friend.

⑬ 우리 사이는 잘 진행되고 있는 중이다.
- We're getting along fairly well.
- We're getting on fairly well.

⑭ 애인 있으세요?
- Do you have any boyfriend(girlfriend)?

⑮ 이제 우리는 헤어졌어요.
- We're through.
- We're finished.

⑯ 여자 친구와는 잘 되어 가고 있니?
How are you getting along with your girlfriend?

⑰ 새로운 친구 좀 사귀었나요?
Did you make any new friends?

⑱ 그녀와 연애 중입니다.
I'm in love with her.

⑲ 나는 그녀와 첫눈에 사랑에 빠졌습니다.
I fell in love with her at first sight.

⑳ 그들은 최근에 헤어진 것 같아요.
They seem to have broken up recently.

## 4. 학교에 대해서 말할 때

### (1) 출신학교와 전공에 대해서 말할 때

① 어느 학교에 다니시나요?
Where do you go to school?

② MIT에 다니고 있습니다.
I'm attending MIT.

③ 오리건 주립 대학에 다닙니다.
I go to Oregon State University.

④ 어느 학교를 졸업하셨습니까?
What school did you graduate from?

⑤ 몇 학년이세요?
What year are you in?

⑥ 대학교 4학년(3학년, 2학년, 1학년)입니다.
I'm a senior(junior, sophomore, freshman).

⑦ 전공이 현재 무엇입니까?
What are you majoring at?

⑧ 교육학을 전공하고 있습니다.

I'm majoring at Education.

⑨ 저는 MIT 대학 졸업생입니다.

I'm Graduate of MIT university.

⑩ 그녀는 독학으로 대학을 나왔습니다.

She worked her way through college.

### (2) 학교생활에 대해서 말할 때

① 그는 수업 준비하느라 바쁩니다.

He's busy preparing for class.

② 이번 학기에는 몇 과목을 수강 신청하셨습니까?

How many courses are you taking this semester?

③ 그녀는 저의 학교 선배입니다.

She's ahead of me in school.

④ 나는 장학금을 신청했습니다.

I applied for a scholarship.

⑤ 아르바이트를 하는 학생들이 많습니다.

Many students are working at part-time jobs.

⑥ 이게 저에게 어려운 학과였습니다.

This has been a hard course for me.

⑦ 저는 수학적인(언어학적인) 머리가 없는 것 같아요.

I don't think I have a mathematical (linguistic) brain.

⑧ 그는 학교 성적이 매우 좋아진 듯합니다.

He seems to be getting on very well at school.

⑨ 그는 동급생 중에서 두드러집니다.

He is a cut above his classmates.

⑩ 게시판에 뭐라고 쓰여 있나요?

What does the board say?

### (3) 공부와 시험에 대해서 말할 때

① 시험이 임박했어요.

Examination are at hand.

② 그녀는 밤늦게까지 공부를 합니다.

She is burning the midnight oil.

③ 영어 시험에서 100점을 받았습니다.

I got a hundred on the English test.

④ 이제 공부를 좀 해야 할 것 같아요.

I think I have to hit the books now.

⑤ 난 그 시험 결과에 기대를 걸고 있습니다.

I'm bent on the outcome of the experiment.

## 5. 고향과 주거지에 대해서 말할 때

① 고향은 어디세요?

Where are you from?

② 서울입니다.

I'm from Seoul.

③ 국적은 어디입니까?

What's your nationality?

④ 미국입니다.

I'm from the United States.

⑤ 어디에서 자라셨습니까?

Where did you grow up?

⑥ 태어나서 자란 곳은 어디입니까?

Where were you born and raised?

⑦ 서울에서 자랐습니다.

I grew up in Seoul.

⑧ 서울 토박이입니다.

I was born and bred in Seoul.

⑨ 고향이 무척 그립습니다.

I really miss my hometown.

⑩ 서울 교외지역에 삽니다.

I live in the suburbs of Seoul.

⑪ 본적지가 어디십니까?

What's your permanent address?

⑫ 어디에서 살고 계세요?

    Where are you living now?

⑬ 이 근처에 살고 있습니다.

    I'm living near here.

⑭ 여기서 먼 곳에 사십니까?

    Do you live far from here?

⑮ 그곳에서 얼마나 사셨습니까?

    How long have you lived there?

⑯ 주소가 어떻게 되시나요?

    What's your address?

⑰ 저는 교통이 편리한 곳에 살고 있습니다.

    I live where transportation is convenient.

⑱ 저희 집 주변은 시끄럽습니다.

    My neighborhood is noisy.

⑲ 그곳까지 얼마나 걸립니까?

    How long does it take to get there?

⑳ 당신이 사는 곳까지 대중교통은 편하고 저렴한가요?

    Is public transportation cheap and convenient to your living place?

## 제5절   취미·직업·계획

### 1. 취미에 대해서 말할 때

① 취미가 무엇입니까?

    What is your hobby?

② 특별한 취미가 있으신가요?

    Do you have any particular hobbies?

③ 우표 수집을 좋아합니다.

    I go in for stamp collecting.

④ 무엇에 흥미가 있으세요?

    What are you interested in?

⑤ 저의 취미는 영화 감상입니다.

    My hobby is watching movies.

### 2. 여가에 대해서 말할 때

① 주말에는 주로 무엇을 합니까?

    What do you usually do on weekend?

② 주말에는 주로 TV를 보면서 시간을 보냅니다.

- I pass the time watching TV on weekends.
- I'm always just couch potato on weekends.

③ 여가에 무엇을 하세요?

    What do you do in your spare time?

④ 여가를 어떻게 보내세요?

    How do you spend your leisure time?

⑤ 기분전환으로 무엇을 하십니까?

- What do you do for relaxation?
- What do you do for a change?

⑥ 주말에 무슨 계획이 있으세요?

    Do you have any plans for the weekend?

⑦ 주말에는 그저 TV만 보며 있습니다.

    I am just a couch potato on weekends.

⑧ 휴일에는 무엇을 하십니까?

    What are you going to do for the holiday?

⑨ 일과 후에는 무엇을 하십니까?

    What do you do when you have time off?

⑩ 어디 여행이라도 갈까 합니다.

    I figure I'll take a trip somewhere.

### 3. 스포츠에 대해서 말할 때

① 어떤 스포츠를 좋아하세요?

What's your favorite sport?

② 어떤 스포츠를 잘하세요?

What sports are you good at?

③ 어떤 스포츠를 좋아하는지 여쭤봐도 될까요?

May I ask your favorite sport?

④ 당신은 얼마나 자주 운동을 좋아하세요?

How often do you work out?

⑤ 그는 운동 신경이 발달되어 있습니다.

He's got good motor skills.

⑥ 저는 스포츠 광입니다.

I'm sports nut.

⑦ 저는 운동을 잘 못합니다.

I'm not very good at sports.

⑧ 나는 스포츠에 관심이 없습니다.

I'm not interested in sports.

⑨ 나는 겨울 스포츠를 좋아합니다.

I love winter sports.

⑩ 나는 스포츠 중에서 농구를 가장 좋아합니다.

I like basketball best of all sports.

### 4. 스포츠 관전에 관해서 말할 때

① 어느 팀이 이길 것 같습니까?

Which team looks like it will win?

② 점수가 어떻게 되었어요?

What's the score?

③ 누가 이기고 있습니까?

Who's wining?

④ 우리 팀이 아직 이기고 있습니다.

Our team's still ahead of the game.

⑤ 그 경기는 무승부로 끝났습니다.

The game ended in a tie.

⑥ 우리 팀이 3 대 1로 이겼어요.

The score was three to one in our favor.

⑦ 그 시합 볼만했나요?

Was the game worth watching?

⑧ 오늘밤 그 경기가 중계됩니까?

Is the game on tonight?

⑨ 언제 중계가 됩니까?

When is it on?

⑩ 이 게임은 생중계입니까?

Is this game live?

⑪ 당신은 어느 팀을 응원하고 있나요?

What team are you pulling for?

⑫ 시합 결과는 어떻게 되었나요?

How did the game turn out?

⑬ 우리가 2 대 0으로 이겼습니다.

We won the game 2 to nothing.

⑭ 우리가 3 대 4로 패했습니다.

We lost the game 3 to 4.

⑮ 막상막하의 경기였습니다.

It was neck and neck.

### 5. 그 이외 스포츠에 대해서 말할 때

① 골프 치는 것을 좋아하세요?

Do you like playing golf?

② 골프는 별로 좋아하지 않습니다.

I'm not much of a golf fan.

③ 그 선수 타율이 어떻습니까?

What is the player's batting average?

④ 지금 몇 회입니까?

What inning is it?

⑤ 지금 만루입니다.

The bases are loaded(full).

⑥ 나는 축구팀의 후보 선수입니다.

I'm just a bench warmer on the football team.

⑦ 매일 아침 조깅하러 갑니다.

I go jogging every morning.

⑧ 테니스 칠 줄 아세요?

Can you play tennis?

⑨ 코트를 빌리는데 얼마입니까?

How much is it to rent the court?

⑩ 테니스 레슨을 받은 적 있으세요?

Have you ever taken tennis lessons?

⑪ 몇 세트로 승부할까요?

How many sets should we play?

⑫ 토스로 서브를 정합시다.

Let's toss for serve.

⑬ 가끔 스키를 타러 가세요?

Do you go skiing sometimes?

⑭ 스키를 타 본 적이 없습니다.

I never went skiing.

⑮ 저는 스키를 잘 탑니다.

I'm a good skier.

⑯ 스키에는 관심이 없습니다.

I have no interest in ski.

⑰ 어떤 자세의 수영을 가장 좋아하십니까?

What style of swimming do you like best?

⑱ 얼마나 멀리 수영을 할 수 있습니까?

How far can you swim?

⑲ 저는 수영을 잘 합니다.

I swim like a fish.

⑳ 저는 수영을 잘 못합니다.

I am a poor swimmer.

## 6. 직업에 대해서 말할 때

① 직업이 무엇입니까?
- What do you do?
- What's your business?
- What kind of job do you have?
- What's your occupation?
- What is you job?

② 어떤 업종에 종사하십니까?

What line of business are you in?

③ 출판업에 종사하고 있습니다.

I'm in the publishing industry.

④ 저는 자영업자입니다.

I'm self-employed.

⑤ 저는 봉급생활자입니다.

I'm a salaried worker.

⑥ 저는 지금 실업자입니다.

I'm unemployed right now.

⑦ 저는 공무원입니다.

I'm a public officer.

⑧ 저는 정비사입니다.

I'm a mechanic.

⑨ 저는 프리랜서입니다.

I'm a freelancer worker.

⑩ 저는 전업주부입니다.

I'm a homemaker.

## 7. 계획에 대해서 말할 때

① 나는 내일 그곳에 갈 계획이다.

I'm planning to go there tomorrow.

② 나는 항상 미리 계획을 세운다.

I always plan ahead(in advance).

③ 이번 주말을 위한 계획들을 세웠다.

I made plans for this weekend.

④ 나는 계획대로 내일은 영어를 공부할 것이다.

I'll study English tomorrow as planned.

⑤ 내 생각으로는 그 계획이 성공하지 않을 것 같다.

I don't think the plan will be successful.

⑥ 나는 계획대로 소풍을 갈 것이다.

I'll go on a picnic as planned.

⑦ 계획이 흐지부지 끝나지 않도록 할 것이다.

I'll try that my plan keeps on going.

⑧ 계획을 망쳤다.

The plan is ruined(spoiled).

⑨ 나의 계획은 일장춘몽으로 돌아갔다.

My plan ended up as nothing.

⑩ 내 계획을 지키도록 노력해야겠다.

I'll make an effort to keep my plan.

## 제6절    교통수단

### 1. 길을 물을 때

① 서울역까지 가는 길을 알려주세요.

Please tell me the way to the seoul station.

② 여기서 가까운가요?

Is it near here?

③ 경찰서는 어디에 있습니까?

Where's the police station?

④ 국립중앙박물관으로 가려면 어떻게 가야 합니까?

How can I get to the national central Museum?

⑤ 거기까지 걸어서 갈 수 있나요?

Can I walk there?

⑥ 여기에서 멉니다.

It's far from here.

⑦ 이 주위에 지하철역이 있습니까?

Is there a subway station around here?

⑧ 걸어서 몇 분 정도 걸립니까?

How many minutes by walking?

⑨ 미안합니다만, 한강 공원은 어느 방향입니까?

Pardon me, Hang River park which direction is it?

⑩ 잠깐 실례합니다만, 인사동은 이 길로 가면 됩니까?

Excuse me, but is this the right way to Insa-dong?

⑪ 제가 있는 곳이 어디입니까?

Can you tell me where I am?

⑫ 가장 가까운 지하철역으로 가는 길을 알 수 있을까요?

How can I get to the nearest subway station?

⑬ 이 길이 시청으로 가는 길이 맞습니까?

Is this the right way to the City Hall?

⑭ 길을 잃었습니다. 지금 여기가 어디입니까?

I've lost my way. Where am I now?

⑮ 거기까지 가려면 시간이 얼마나 걸립니까?

How long does it take to get there?

### 2. 길을 가르쳐줄 때

① 곧장 가세요.

• Go straight ahead.

• Walk straight on.

• Keep going please.

• Keep on this road.

• It's way down the street.

② 100미터 정도 곧장 걸어가세요.

Walk straight on for about 100 meters.

③ 길(다리)을 건너세요.

Cross the street(bridge).

④ 저기입니다.

• It's over there.

• That building.

⑤ 여기서 가깝습니다.
- It's quite close.
- It's near(here).
- It's not far from here.
- It's not so far from here.

⑥ 건물(다리/공원) 맞은편입니다.
It's beyond the(that) building(bridge/park).

⑦ 미안합니다. 저도 초행입니다.
I am sorry I'm a stranger around here.

⑧ 미안합니다. 저도 잘 모릅니다. 다른 사람한테 물어보세요.
I'm afraid I can't tell you. Ask the others.

⑨ 되돌아가세요.
You should turn back.

⑩ 걸어서 5분 거리입니다.
Only about five minutes.

⑪ 왼쪽에 맥도날드가 있습니다.
There's a Mcdonald on the left.

⑫ 오른쪽에서 그 병원을 찾을 수 있을 겁니다.
- You can't miss the hospital on your right.
- You'll find the hospital on your right.

⑬ 이 건물 뒤에 있습니다.
It's behind this building.

⑭ 편의점 뒤쪽 건물입니다.
It's the building at the back of the convenience store.

⑮ 저도 같은 방향으로 가는 중입니다. 저를 따라 오세요.
- I'm going that way. Come with me(follow me).
- I'm going in that direction, so let's go together.

⑯ 여기서 상당히 먼 거리입니다.
It's quite a distance from here.

⑰ 여기서 2블록 앞에 있습니다.
It's two blocks away from here.

⑱ 이 주변인 것 같은데요.
It's somewhere around here.

⑲ 내가 아는 한 아닙니다.
Not that I know of.

⑳ 첫 번째 모퉁이에서 도세요.
Turn at the first corner.

㉑ 그 모퉁이를 돌아서면 바로 거기입니다.
It's just around corner.

㉒ 첫 번째 모퉁이에서 오른쪽으로 도세요.
Turn to the right at the first corner.

㉓ 버스 노선을 따라 가세요.
Follow the bus line.

㉔ 도중까지 함께 갑시다.
I'll go with you part of the way.

㉕ 거기로 데려다 드릴게요.
I'll take you there.

㉖ 내가 길을 알려드릴게요.
I'll show you the way.

㉗ 지도를 그려드리지요.
I'll draw a map for you.

㉘ 주소를 가지고 계세요?
Do you have the address?

㉙ 길을 잘못 들었습니다.
You took the wrong way.

㉚ 당신은 반대방향으로 가고 있습니다.
You're going in the opposite direction.

### 3. 버스를 이용할 때

① 이 근처에 버스 정류장이 어디에 있습니까?

Where's the bus stop near here?

② 가장 가까운 버스 정류장이 어디에 있습니까?

Where's the nearest bus stop?

③ 저쪽 모퉁이에 있습니다.

At the corner over there.

④ 360버스는 얼마나 자주 운행합니까?

How often does bus 360 run?

⑤ 강남까지 몇 정거장이나 됩니까?

How many stops before Gang Nam?

⑥ 경복궁 가려면 어디서 내리죠?

Where do I get off for Gyeongbokgung?

⑦ 갈아타야 하나요?

Do I have to transfer?

⑧ 도착하면 가르쳐 주세요.

Please tell me when we arrive there.

⑨ 여기서 내리겠습니다.

I'll get off here.

⑩ 시내 관광버스가 있나요?

- Do you have a sightseeing bus of the city?
- Is there a bus of the city tour?

### 4. 지하철을 이용할 때

① 지하철 입구가 어디입니까?

Where is the entrance for subway?

② 이 근처에 지하철역이 있습니까?

Is the underground station near here?

③ 가장 가까운 지하철역이 어디죠?

Where's the nearest underground station?

④ 어디서 갈아타나요?

Where should I transfer?

⑤ 어느 역에서 갈아탑니까?

What station do I transfer?

⑥ 몇 호선이 시청으로 가나요?

Which line goes to City Hall?

⑦ 2호선을 타세요.

Take number line 2.

⑧ 시청으로 가는 출구가 어디입니까?

Where is the exit for City Hall?

⑨ 여기서 시청까지 몇 번째 역입니까?

How many stops are there to City Hall?

⑩ 도봉산은 몇 호선입니까?

Which line is for Do-Bong Mountain?

### 5. 택시를 이용할 때

① 택시를 타면 얼마나 걸립니까?

How long does it take by taxi?

② 공항까지 요금이 얼마나 나올까요?

How much will it cost to the airport?

③ 택시로 가는 것은 꽤 비싸군요.

It's rather expensive to go by taxi.

④ 다음 블록에 택시 승강장이 하나 있습니다.

You can find a taxi stand in the next block.

⑤ 밤에는 요금이 더 나옵니까?

Are the rates more expensive at night?

⑥ 어디로 가십니까?

- Where to?
- Where are you going?

⑦ 빨리 가 주세요.

- Hurry up, please.
- Step on it, please.

⑧ 이 주소로 데려다 주세요.

To this address, please.

⑨ 지름길로 가 주세요.

Please take a short cut.

⑩ 여기서 세워주세요.

Stop here, please.

⑪ 이 근처에 적당히 세워주세요.

Let me get off anywhere near here, please.

⑫ 저 편의점 앞에서 잠깐만 세워주세요.

- I want to stop at the convenience store over there.
- Could you please wait at the convenience for a while?

⑬ 다 왔습니다.

Here we are, sir.

⑭ 제 가방 좀 내려주시겠습니까?

Could you take out my bags?

⑮ 고맙습니다. 잔돈은 가지세요.

Thanks. Keep the change.

## 6. 열차를 이용할 때

① Boston까지 편도(왕복) 1장 주십시오.

A one-way ticket(a round-trip ticket) to Boston, please.

② 실례합니다만, 차표 파는 곳이 어디입니까?

Excuse me, but where is the booking office?

③ 몇 등석으로 드릴까요?

Which class do you want?

④ 일등석입니까? 이등석입니까?

First or second class?

⑤ 이 열차가 부산 행 맞나요?

- Is this the right train to Busan?
- Am I on the right train to Busan?

⑥ 이 열차는 예정대로 출발합니까?

Is this train on schedule?

⑦ 차표 좀 보여주시겠습니까?

May I see your ticket, please?

⑧ 왼쪽 출구로 나가주십시오.

Take the exit on the left.

⑨ 미안하지만 차표가 매진되었습니다.

I am sorry, but all seats are sold.

⑩ 부산 행 기차는 언제 떠나나요?

When does the train for Busan leave?

⑪ 창문을 열어도 될까요?

- Would you mind opening the window?
- May(Can) I open the window?

⑫ 식당차는 어디에 있습니까?

Where's the dining car?

⑬ 파리까지 몇 시간 걸립니까?

How many hours does it take to get to Paris?

⑭ 언제쯤 도착합니까?

When do we arrive?

## 7. 렌터카를 이용할 때

① 이곳에 렌터카 데스크는 어디입니까?

Where's the rent a car desk(counter) here?

② 예약을 하셨습니까?

예. 예약했습니다.

Do you have a reservation?

Yes, I have a reservation.

③ 어떤 차종을 원하십니까?

What type of a car would you like?

④ 소형차를 2주간 빌리고 싶습니다.

A compact car for two weeks, please.

⑤ 3일 동안 차를 빌리고 싶습니다.

I want to rent a car for three days.

⑥ 여기 제 국제 면허증이 있습니다.

Here's my international driver's license.

⑦ 오헤어 공항에 차를 반납하고 싶은데요.

I'd like to drop it off in O' Hare Airport.

⑧ 보증금은 얼마인가요?

How much is the deposit?

⑨ 길을 잃은 것 같아요.

I seem to be lost.

⑩ 출 · 퇴근 시간은 항상 이래요.

It's always like this during the rush hour.

---

## 제7절 공공기관·은행·병원

### 1. 관공서

① 담당부서를 가르쳐줄 수 있나요?
- Would you direct me to the right section?
- Which department should I go to?

② 부서를 바로 찾아오셨습니다.

You came to the right section.

③ 이 일은 어느 분이 담당하나요?

Who am I supposed to see about this?

④ 그 분은 지금 안 계십니다.

He is not here at the moment.

⑤ 우선 신청부터 하셔야 합니다.

You have to apply for it first.

⑥ 번호를 받으시고 자리에 앉아계세요.

Please take a number and have a seat.

⑦ 문서로 작성하셔야 합니다.

You have to put it down in writing.

⑧ 제가 작성해야 할 서류가 뭐죠?
- Which form am I supposed to fill out?
- What documents do I have to fill out?

⑨ 여기 복사기가 있나요?

Do you have a photocopier here?

⑩ 공중전화는 어디에 있습니까?

Where is the public telephone?

⑪ 여기에 서명하시고 날짜를 쓰세요.

Just sign here and date it.

⑫ 다 완료되었습니다.

You're all set.

⑬ 그 밖에 제가 다른 것이 필요한가요? 아니면 완료된 건가요?

Do I need anything else or am I all set?

⑭ 신청서를 작성했어요.

I've filled out the form.

⑮ 어느 분께서 비자 등록을 담당하세요?

Do you know who's in charge of visa certifications?

### 2. 우체국

① 우표는 어디서 살 수 있습니까?

Where can I buy stamps?

② 이 소포를 한국으로 보내고 싶은데요?

I'd like to send this parcel to Korea.

③ 파리까지 항공편으로 보내주십시오.

By airmail to Paris, please!

④ 뉴욕까지 배편으로 보내주세요.

By sea mail to New York, Please!

⑤ 요금은 얼마입니까?

How much is the postage?

## 3. 은행

① 나는 달러를 한국 돈으로 바꾸고 싶습니다.

I want to exchange these dollars in the Korean money.

② 잔돈을 섞어주시겠습니까?

Will you include some small change?

③ 이것을 잔돈으로 바꿀 수 있을까요?

Can you break this into small money?

④ 오늘의 환율은 얼마입니까?

What's the exchange rate today?

⑤ 환전은 어디서 합니까?

Where can I change money?

⑥ 이 여행자 수표를 현금으로 바꿀 수 있습니까?

Can you cash this traveler's check?

⑦ 수표를 현금으로 바꾸고 싶습니다.

I want to cash these checks.

⑧ 수수료는 얼마입니까?

What rate of commission do you charge?

⑨ 계좌를 개설하고 싶습니다.

I would like to open an account.

⑩ 연회비는 얼마인가요?

What's your annual fee?

---

## 제8절  외식

## 1. 식당 예약

① 오늘 저녁에 자리를 예약하고 싶습니다.

I'd like to reserve a table for evening.

② 자리를 하나 예약하고 싶습니다.

I want to make a reservation for a table.

③ 어른 둘과 아이 둘을 예약하고 싶습니다.

I would like to make a reservation for two adults and two children.

④ 일행은 몇 분입니까?

• How large is your party?

• How big is your party?

⑤ 복장에 대해서 제약은 없습니까?

Is there a dress code?

## 2. 예약 취소

① 오늘 저녁 6시 예약을 취소하고 싶습니다.

I'd like to cancel my reservation for 6 p.m this evening.

② 오늘 저녁 식당에 제시간에 못 갈 것 같습니다.

We won't be able to make it to your restaurant.

③ 죄송합니다. 예약을 취소해 주세요.

I'm sorry. Please cancel the reservation.

④ 오늘에 그곳 식당에 못갈 것 같습니다.

We won't be coming to your restaurant tonight.

⑤ 당신의 예약을 취소해 드리겠습니다.

I'll cancel your reservation.

## 3. 식당 입구

① 무엇을 도와드릴까요?

May I be of service?

② 저, 두 사람 자리를 예약했는데요. 존슨입니다.

Well, we have a reservation for two. Johnson.

③ 예약은 하지 않았습니다.

I don't have a reservation.

④ 두 사람 좌석을 원합니다.

I'd like a table for two.

⑤ 흡연석으로 하시겠습니까? 금연석으로 하시 겠습니까?

Would you like smoking or non-smoking?

⑥ 흡연석은 없습니다.

There are no smoking seats[section] here!

⑦ 창가 쪽으로 부탁드립니다.

Can I get a window seat?

⑧ 금연석을 부탁드립니다.

Non-smoking section, please.

⑨ 지금 자리가 다 찼습니다.

No tables are available now.

⑩ 몇 분만 기다리시면 자리가 납니다.

It'll be just a few minutes.

## 4. 음식 주문

① 메뉴 좀 볼 수 있을까요?

Can I see the menu, please?

② 주문하시겠습니까?

- May I take your order?
- Would you like to order now?
- Shall I take your order?
- Are you ready to order?
- Have you been served?

③ 주문할게요.

We are ready to order.

④ 추천 요리는 무엇입니까?

What's your suggestion?

⑤ 무엇이 빨리 나오나요?

What can you serve quickly?

⑥ 이것으로 부탁드립니다.

I'll take this one.

⑦ 저도 같은 것으로 주세요.

- I'll have the same.
- Same here.
- The same for me.

⑧ 연어 튀김을 먹어보겠어요.

I'll try fried salmon.

⑨ 연어구이도 있습니까?

Could I have baked salmon?

⑩ 무엇을 주문해야 할지 모르겠어요.

I still don't know what to order.

⑪ 잠시 후에 주문을 받으시겠습니까?

Could you take our orders a little later?

⑫ 오늘의 특별요리는 무엇이 있습니까?

- What's today's special?
- What's the special of the day?

⑬ 저 사람이 먹고 있는 것은 무엇입니까?

What's that person having?

⑭ 어떤 음식을 추천하시겠어요?

- What do you recommend?
- Any suggestion?
- Do you have any recommendations?

⑮ 요리는 어떻게 익혀 드릴까요?

How would you like it?

## 5. 식당에서 클레임

① 주문한 음식이 아직도 안 나오네요.

- My order hasn't come yet.
- What happened to my order?
- We're still waiting for our food.
- Will it take much longer?

② 이건 주문하지 않았습니다.

I didn't order this.

③ 스프(음식)에 뭔가 들어 있네요.

There's something in the soup(the food).

④ 다시 가져다주세요.

Could you take it back, please?

⑤ 이 고기는 충분히 익지 않았네요.

I'm afraid this meat is not done enough.

⑥ 좀 더 구워주시겠어요?

Could I have it broiled a little more?

⑦ 이 우유 맛이 이상합니다.

This milk tastes funny.

⑧ 이 음식은 상한 것 같습니다.

I'm afraid this food is stale.

⑨ 주문을 바꿔도 될까요?

Can I change my order?

⑩ 주문을 취소하고 싶은데요.

I want to cancel my order.

## 6. 추가 주문이나 부탁

① 다른 것을 더 드시겠습니까?

Will you have something else?

② 뭐 다른 것을 가져다 드릴 게 있습니까?

• Is there anything else I can get you?

• Would you care for anything else?

③ 디저트 좀 드실래요?

Would you like some dessert?

④ 얇게 썬 토마토 좀 주실래요?

Could you bring me some sliced tomatoes?

⑤ 고맙지만 사양하겠습니다. 맛있었습니다.

No, thanks. It was delicious.

⑥ 식탁 좀 치워주시겠어요?

Could you please clear the table?

⑦ 테이블 위에 물 좀 닦아 주세요.

Wipe the water off the table, please.

⑧ 접시들 좀 치워주세요.

Would you take the dishes away?

⑨ 물 좀 더 주시겠어요?

May I have more water?

⑩ 커피를 한 잔 더 드릴까요?

Can I offer you another cup of coffee?

⑪ 지금 디저트를 주문하시겠어요?

Would you like to order some dessert now?

⑫ 커피 좀 더 주시겠어요?

Could I have more coffee, please?

⑬ 음식이 전부 괜찮은가요?

Is everything all right?

⑭ 이걸 좀 싸주시겠어요?

Could you wrap this, please?

⑮ 전 새우를 못 먹습니다. 알레르기가 있습니다.

I can't eat shrimp. I'm allergic.

## 7. 식당에 관한 대화

① 이 식당에 자주 오십니까?

Do you come here often?

② 이 식당은 음식을 아주 잘해요.

This restaurant serves good meals and drinks.

③ 이 식당은 항상 붐빕니다.

This restaurant is always crowded.

④ 이 집은 연어가 일품입니다.

This place has delicious salmon.

⑤ 이 식당은 생선요리를 아주 잘합니다.

They do fish very well in this restaurant.

## 8. 음식의 맛 표현

① 맛이 어떻습니까?

How does it taste?

② 아주 맛이 좋습니다.

- It's delicious.
- It's very good.
- It's tasty.

③ 이 음식은 너무 맵습니다.

This food is spicy.

④ 군침이 돕니다.

My mouth is watering.

⑤ 생각보다 맛이 있군요.

It's better than I expected.

⑥ 이건 맛이 별로 없군요.

This is not good.

⑦ 이것은 제 입맛에 맞지 않습니다.

This food doesn't suit my taste.

⑧ 맛이 별로 없어요.

It's tasteless.

⑨ 싱거워요.

It's bland.

⑩ 순해요.

It's mild.

⑪ 구역질나요.

It's disgusting.

⑫ 비린내가 나요.

It's fishy.

⑬ 짭니다.

It's salty.

⑭ 신선해요.

It's fresh.

⑮ 신선하지 않아요.

It's stale.

⑯ 연해요.

It's tender.

⑰ 질겨요.

It's tough.

⑱ 끈적끈적해요.

It's sticky.

⑲ 기름기가 없어요.

It's lean.

⑳ 기름기가 많아요.

It's fatty.

## 9. 음료나 술에 관련된 표현

① 마실 것은 무엇으로 하시겠어요?

- Will you have something to drink?
- Would you care for anything to drink?
- Something to drink?

② 저는 커피로 주세요.

- Well, I'll have a coffee then.
- I'd rather have coffee.

③ 커피는 어떻게 해 드릴까요?

How would you like it?

④ 카페인이 없는 커피로 주세요.

I'd like some decaf.

⑤ 설탕과 크림을 넣어주세요.

With sugar and cream, please.

⑥ 그것으로 2잔 만들어주세요.

Make that two.

⑦ 지금 커피를 가져다드릴까요?

Would you like me to get your coffee now?

⑧ 물 좀 주실래요?

Can you get me a glass of water?

⑨ 오늘밤 한 잔 하실래요?

- How about having a drink tonight?
- Let's have a drink?

⑩ 한 잔 사고 싶은데요.

Let me buy you a drink.

⑪ 무엇으로 마실래요?

What do you want to drink?

⑫ 우리에게 맥주 두 잔 가져다주실래요?

Will you get us two beers?

⑬ 맥주 한 병 더 주세요.

　　Another bottle of beer for me, please.

⑭ 얼음을 타 주세요.

　　On the rocks, please.

⑮ 이 술은 독한가요?

　　Is it strong?

⑯ 안주는 무엇이 있나요?

　　What food do you have to go with your wine?

⑰ 제가 한 잔 따라드리겠습니다.

　　Let me pour you a drink.

⑱ 아니오, 괜찮습니다. 과음했습니다.

　　No, thanks. I'm too drunk.

⑲ 2차 갑시다.

　　Let's go another round!

⑳ 내가 살게.

　　I'm buying.

㉑ 건배합시다.

　　• Let's have a toast!

　　• Let's toast!

㉒ 당신을 위해서 건배!

　　Here's to you! – Cheers!

㉓ 건배!(행운을 빕니다)

　　Happy landings!

㉔ 우리들의 행복을(건강을) 위하여!

　　• To happiness for all of you!

　　• To our health!

㉕ 저는 술을 좋아합니다.

　　I'm a drinker.

㉖ 술을 입에 대지 않기로 했습니다.

　　I don't touch alcohol.

㉗ 술을 끊는 것이 좋겠습니다.

　　I advise you to quit drinking.

㉘ 술을 끊을 수 없습니다.

　　I can't give up drinking.

㉙ 이 맥주는 맛이 끝내주는군요.

　　This beer hits the spot.

㉚ 저는 생맥주가 더 좋아요.

　　I prefer draft beer.

㉛ 주량은 어느 정도이십니까?

　　How much do you usually drink?

㉜ 저는 술고래입니다.

　　I'm a heavy drinker.

㉝ 저는 술을 별로 안 좋아합니다.

　　I'm a light drinker.

㉞ 저는 술을 한 잔만 마셔도 얼굴이 빨개집니다.

　　A single cup of wine makes me flushed.

㉟ 저는 술을 천천히 마시는 편입니다.

　　I like to nurse my drinks.

㊱ 술을 끊었습니다.

　　I gave up drinking.

㊲ 점심 맛있게 드셨어요?

　　Do you enjoy your lunch?

㊳ 아주 맛있었습니다.

　　I enjoyed it very much.

㊴ 남은 요리를 가지고 가고 싶은데요.

　　Do you have a doggie bag?

㊵ 잘 먹었습니다. 고맙습니다.

　　It was very good, thank you!

㊶ 지금 계산할까요?

　　Do I pay you?

㊷ 아닙니다. 카운터에서 계산해주십시오.

　　No, sir. please pay the cashier.

㊸ 계산서 좀 주세요.

　　May I have the bill, please?

㊹ 내가 내겠습니다.

　　I'll pay for it.

㊺ 나누어 냅시다.

　　Let me share the bill.

㊻ 각자 계산합시다.

　　Let's go Dutch, shall we?

㊼ 이번에는 제가 낼게요.

Let me treat you this time.

㊽ 두 분 따로 계산해드릴까요?

Would you like separate checks?

㊾ 하나로 내실 건가요? 따로 내실 건가요?

Would this be one check or separate?

㊿ 봉사료는 포함되어 있나요?

Is it including the service charge?

## 제9절  쇼핑

### 1. 가게 방문

① 매장 안내소는 어디입니까?

Where is the information booth?

② 여성복은 몇 층에 있습니까?

Which floor is the women's wear on?

③ 그건 어디서 살 수 있습니까?

Where can I buy that?

④ 아이쇼핑을 하고 있습니다.

- I am just window shopping.
- I am just browsing.

⑤ 면세품 상점이 있나요?

Is there a tax-free shop?

### 2. 매장 방문

① 무엇을 도와드릴까요?

- What can I do for you?
- May I help you?
- Anything I can help you?

② 무엇을 찾으시나요?

What are you looking for?

③ 괜찮습니다. 그냥 구경 좀 할게요.

No, thanks. I'm just looking around.

④ 그렇게 하세요. 천천히 둘러보세요.

I hope you will. Take your time.

⑤ 저거 좀 보여주시겠어요?

Would you show me that one?

⑥ 이거 만져 봐도 되나요?

May I touch this?

⑦ 마음에 드는 것이 없습니다.

Nothing for me.

⑧ 마침 그 물건은 다 팔렸습니다.

They're all sold out.

⑨ 그 상품은 재고가 없습니까?

Is the item out of stock?

⑩ 즉시 가져다 드리겠습니다.

I'll get it for you right away.

⑪ 그것은 중고품들입니다.

They are second hand.

⑫ 탈의실이 어디에 있나요?

Where is the fitting room?

⑬ 탈의실은 저쪽에 있습니다.

The changing rooms are over there.

⑭ 이것과 어울리는 바지가 혹시 있나요?

Do you have pants to match this?

⑮ 싸게 드릴게요.

I'll give you a good price.

⑯ 맘에 드는 물건이 없군요.

I don't see anything I want.

### 3. 물건 구입

① 한 번 입어 봐도 될까요?

- May I try this one?
- May I try it on?

② 내 사이즈에 맞는 게 있을까요?

Do you have this one in my size?

③ 당신에게 잘 어울립니다.

It goes well with you.

④ 이것은 너무 저에게 꽉 낍니다(헐렁합니다).

It's too tight(loose).

⑤ 이 재킷 사이즈 7 있나요?

Do you have this jacket in size 7?

⑥ 이 스웨터 흰색 있으세요?

Do you have this sweater in white?

⑦ 색깔이 마음에 안 들어요.

It's the wrong color.

⑧ 별로 마음에 안 듭니다.

I don't really like it.

⑨ 이 셔츠는 물세탁이 가능합니다.

This shirt is washable.

⑩ 이 바지는 다림질이 필요 없습니다.

These pants are drip-dry.

⑪ 구두가 너무 꼭 끼어서 아파요.

These shoes are so tight that they hurt.

⑫ 이 사이즈로 다른 걸 보여주세요.

Please show me another one in this size.

⑬ 죄송합니다. 사이즈가 없습니다.

I'm sorry. we don't have that in your size.

⑭ 판매하는 건가요?

Is it on sale?

## 4. 계산

① 이건 얼마인가요?

How much is this?

② 얼마면 되겠습니까?

How much are you asking?

③ 너무 비싸군요.

It's too expensive.

④ 조금만 깎아줄래요?

Can you give me a discount?

⑤ 더 싼 것은 없나요?

Anything cheaper?

⑥ 깎아주면 살게요.

I'll take it if you give me a discount.

⑦ 30달러로 안되겠습니까?

To thirty dollars?

⑧ 값 좀 싸게 해 주세요.

Can you come down on the price?

⑨ 이것은 할인이 안 됩니다.

We can't reduce the price.

⑩ 현금으로 사면 깎아드릴게요.

I'll give you discount if you pay in cash.

⑪ 이것 좀 계산해주시겠습니까?

Will you add these up for me?

⑫ 현금으로 하실 건가요? 카드로 하실 건가요?

Will this be cash or charge?

⑬ 신용카드를 받습니까?

Will you take credit cards?

⑭ 여행자 수표를 받습니까?

Do you honor traveler's checks?

⑮ 신용카드로 계산하겠습니다.

Let me pay for it with my card.

⑯ 여기 거스름돈 있습니다.

Here is your change.

⑰ 거스름돈이 틀린데요.

You gave me the wrong change.

⑱ 거스름돈이 모자라는 것 같군요.

I think I was shortchanged.

⑲ 영수증을 주세요.

Let me have a receipt, please.

⑳ 혹시 계산이 틀리지 않았나요?

Isn't there a mistake in the bill?

## 제10절　여행

### 1. 숙박 관련 표현

① 오늘밤 방이 있을까요? 예약을 부탁드립니다.

Can I get a room for tonight? Reservation, please.

② 어떤 방을 원하세요?

What kind of room are you looking for?

③ 욕실이 있는 싱글 룸을 원합니다.

I'd like a single room with bath.

④ 1박에 얼마나 하나요?

How much for a night?

⑤ 아침 식사는 포함되나요?

Is breakfast included?

⑥ 성함이 어떻게 되시나요?

May I have your name?

⑦ 조용한 방으로 부탁드립니다.

I'd like to make it a quiet room.

⑧ 이 숙박 카드에 기입해 주세요.

Please fill in the registration card.

⑨ 여기 방 카드 있습니다.

Here is a room card.

⑩ 예약은 취소하지 마세요.

Please don't cancel my reservation.

⑪ 이것이 예약 확인증입니다.

This is the voucher.

⑫ 귀중품을 보관하고 싶습니다.

I want you to keep my valuables.

⑬ 열쇠를 보관해 주시겠습니까?

Will you keep my key?

⑭ 열쇠를 주시겠습니까?

Can I have my key?

⑮ 오늘밤 늦게 돌아올 예정입니다.

I'll be back late tonight.

⑯ 룸서비스를 부탁합니다.

Room service, please.

⑰ 내일 아침 식사를 부탁드립니다.

I want to have breakfast tomorrow morning.

⑱ 계란 프라이와 커피를 부탁드립니다.

I'd like to have fried eggs and coffee.

⑲ 내일 아침 6시에 깨워주세요.

Wake me up at seven tomorrow morning, please.

⑳ 방에 열쇠를 두고 잠가버렸습니다.

I've locked my key in my room.

㉑ 열쇠가 잠겨 방에 들어갈 수 없습니다.

I locked myself out.

㉒ 뜨거운 물이 나오지 않습니다.

There's no hot water.

㉓ 화장실에 물이 내려가지 않습니다.

The toilet doesn't flush.

㉔ 타월을 좀 부탁드립니다.

Please give me a little more the towel.

㉕ 하룻밤 더 묵고 싶습니다.

I'd like to stay one more night.

㉖ 하루 일찍 떠나고 싶습니다.

I'd like to leave one day earlier.

㉗ 오후까지 방을 쓸 수 있을까요?

May I use the room till this afternoon?

㉘ 신용카드로 지불하고 싶은데요.

I'd like to pay with this credit card.

㉙ 체크아웃하고 싶습니다.

Check out, please.

㉚ 고맙습니다. 즐겁게 보냈습니다.

Thank you. I enjoyed my stay.

## 2. 관광 관련 표현

① 이 도시 관광은 어떤 것들이 있나요?

What does the city tour include?

② 관광 안내 책자를 하나 주시겠습니까?

Can I have a sightseer's pamphlet?

③ 이 도시의 주요 관광 명소는 어디입니까?

What are the major tourist attractions in this city?

④ 이 도시의 구경거리를 추천해 주실래요?

Would you suggest some interesting places to visit in this city?

⑤ 서울에서는 무엇이 볼만한가요?

What would you recommend me to see in Seoul?

⑥ 야시장은 어디에 있나요?

Where is the night market?

⑦ 시티투어가 있나요?

Is there a city tour?

⑧ 투어 예약을 해야 하나요?

Do I have to book a tour?

⑨ 야간 관광도 있습니까?

Do you have a night tour?

⑩ 몇 시까지 버스로 돌아와야 합니까?

What time should I be back to the bus?

⑪ 저희들 사진 좀 찍어주실래요?

Would you please take a picture for us?

⑫ 당신 사진을 찍어도 될까요?

May I take your picture?

⑬ 건물이 보이도록 사진을 찍어주세요.

Please take a photo to see the building.

⑭ 여기서 사진을 찍어도 됩니까?

May I take pictures here?

⑮ 여기는 사진 촬영이 금지되어 있습니다.

You're not allowed here taking pictures.

## 3. 트러블 관련 표현

① 무슨 일이 있으십니까?

What's the matter with you?

② 언제 어디서 분실했습니까?

When and where did you lose it?

③ 택시 안에 가방을 두고 내렸습니다.

I left my bag in a taxi.

④ 유실물 취급소는 어디입니까?

Where is the lost and found?

⑤ 카드 번호를 적어두었습니다.

I keep the number of my card.

⑥ 분실한 짐을 찾으러 왔습니다.

I'm here to pick up my luggage that I lost.

⑦ 여행 가방을 분실했습니다.

I lost my suitcase.

⑧ 도난당한 물건이 있으십니까?

Is anything missing?

⑨ 지갑(여권)을 도난당했습니다.

I was robbed of my purse(passport).

⑩ 소매치기야! 저놈을 잡아줘요!

Pickpocket! Catch him!

⑪ 도난 신고를 하고 싶습니다.

I'd like to report a theft.

⑫ 한국대사관에 전화해 주세요.

Please, call the Korean embassy.

⑬ 내 차가 꼼짝 못하게 되었습니다.

My car has stalled.

⑭ 교통사고를 당했습니다.

I had a traffic accident.

⑮ 충돌사고를 당했습니다.

I had a collision.

⑯ 제 과실은 아닙니다.

It wasn't my fault.

⑰ 보험 처리가 됩니까?

　　Will the insurance cover it?

⑱ 도로 표지판 뜻을 몰랐습니다.

　　I didn't know what that sign said.

⑲ 하마터면 큰일 날 뻔했군요.

　　That was a close call.

⑳ 당신은 과속입니다(속도 위반입니다).

　　You were speeding.

## 4. 기내 · 입국 관련 표현

① 공항까지 부탁합니다.

　　To the airport, please.

② 어느 공항입니까?

　　Which airport do you want?

③ 짐은 몇 개나 가지고 계세요?

　　How many pieces of baggage?

④ 3개입니다. 짐은 트렁크에 넣어주세요.

　　Three. Please put the baggage in the trunk.

⑤ 공항까지 어느 정도 걸립니까?

　　How long will it take to get to the airport?

⑥ 공항까지 요금은 대략 얼마입니까?

　　What is the approximate fare to the airport?

⑦ 서둘러 주세요. 늦었습니다.

　　Please, hurry. I'm late, I am afraid.

⑧ 어느 항공사입니까?

　　Which airlines?

⑨ 기사님, 호텔로 돌아가 주실래요? 중요한 것을 놓고 왔습니다.

　　Driver, Would you go back to the hotel?
　　I left something very important there.

⑩ 어디에 두셨는지 기억하고 계십니까?

　　Do you remember where you left it?

⑪ 탑승 수속은 어디서 합니까?

　　Where do I check in?

⑫ 탑승권을 보여주세요.

　　May I have your ticket?

⑬ 여기서 체크인할 수 있습니까?

　　Can I check-in here?

⑭ 좌석을 좀 바꾸어도 될까요?

　　May I change my seat?

⑮ 탑승 개시는 몇 시부터입니까?

　　When is the boarding time?

⑯ 면세점은 어디에 있나요?

　　Where is the duty-free shop?

⑰ 출국 카드는 어디서 받습니까?

　　Where can I get an embarkation card?

⑱ 이것을 기내에 가지고 탈 수 있나요?

　　Can I carry this in the cabin?

⑲ 자리를 찾고 있습니다.

　　Looking for a seat.

⑳ 입국카드를 가지고 계십니까?

　　Do you have an immigration card?

㉑ 입국카드 작성법을 모르겠습니다.

　　I'm not sure how to fill out the immigration card.

㉒ 이것이 세관 신고서입니다.

　　This is customs declaration form.

㉓ 인천국제공항에 언제 도착합니까?

　　When do we land in Incheon international airport?

㉔ 제시간에 도착합니까?

　　Are we arriving on time?

㉕ 당신의 목적지는 인천입니까?

　　Is Incheon your destination?

## 5. 귀국 관련 표현

① 예약 재확인을 하고 싶습니다.

- I want to reconfirm my reservation.
- I'd like to make a reconfirmation for my flight.

② 예약 재확인이 되었습니다.

You're reconfirmed.

③ 예약은 어디서 하나요?

Where can I make a reservation?

④ 가능한 한 빠른 편으로 해 주세요.

I want to fly as soon as possible.

⑤ 몇 시에 출발하는지 확인을 하고 싶습니다.

I want to make sure what time it's leaving.

⑥ 2등석(1등석) 부탁합니다.

Economy-class(Business-class), please.

⑦ 일정을 변경하고 싶습니다.

Excuse me, I want to change the flight.

⑧ 10일 같은 편으로 해주세요.

I'd like to fly on the 10th, on the same flight.

⑨ 오후 비행기로 변경하고 싶습니다.

I'd like to change it to an afternoon flight.

⑩ 대기자(웨이팅)로 해주세요.

Would you put my name on the waiting list?

---

## 제11절 문화

① out of one's league : 자신의 팀보다 더 숙련되었거나 수준이 높은 팀 또는 사람에 대항해서 싸워야 하는 상황

예 You have to take the prerequisite class before taking an upper-division history class. If you don't, you will be out of your league.

당신은 상급반 역사 수업을 받기 전에 선행 수업을 이수해야만 합니다. 만약에 그렇지 못하면 당신은 상급반 역사 수업에서 애를 먹을 것입니다.

② go to bat for someone : 도와주다, 지지하다

예 My boss went to bat for me when the company wanted to lower my job's hours.

나의 상사는 회사 측이 나의 업무 시간을 낮추고자 했을 때 나를 도와주었습니다.

③ play hardball : (공격적이거나 경쟁적으로) 행동하다

예 We thought it was a friendly company baseball game, but the other team was really playing hardball.

우리는 그것이 우호적인 경기였다고 생각합니다만, 다른 팀은 진짜 실력으로 경기를 진행하였습니다.

④ touch base : 연락하다, 연락을 다시 하다

예 I need to touch base with my group members and see what I need to do for our presentation.

나는 나의 그룹 멤버들과 연락을 취해서 우리의 발표를 위해 내가 해야 할 일을 알아봐야 할 필요가 있습니다.

⑤ throw someone a curve ball : 예상치 못한 어려움을 겪다, 문제를 겪게 하다

　예 The professor really threw us a curve ball on our quiz.

　그 교수님은 퀴즈에서 진정으로 우리가 예상치 못한 어려움을 겪도록 하셨습니다.

⑥ ballpark figure : (금액, 숫자, 총합에 대한) 어림잡은 (대략적) 추정치

　예 Could you please give me a ballpark figure of the project's total cost?

　당신이 나에게 그 프로젝트의 총 비용을 대략적으로 말씀해주실 수 있습니까?

⑦ Strike out : 실패하다, 성공하지 못하다

　예 He asked for her number, but she said no. We all strike out sometimes!

　그는 그녀의 번호를 물어봤지만 그녀는 "아니"라고 대답했다. 우리 모두는 때때로 실패한다.

⑧ (hit a) home run / hit one out of the park : 어떤 것을 매우 잘 (수행)하다

　예 You hit one out of the park with your presentation! Congrats!

　당신은 당신의 발표를 잘 수행하셨습니다. 축하드립니다!

⑨ 거기까지 피자 배달을 위해서 시간이 얼마나 걸릴까요?

　How long does it take to get there for pizza?

　• It should be there in 10 minutes of less.

　10분이 채 안 걸릴 겁니다.

　• It should be there in 10 minutes of more.

　10분이 좀 더 걸릴 겁니다.

⑩ 여기까지 오는 데 얼마나 걸리셨나요?

　How long did you take to get here?

⑪ 20달러 이상 지불해야 할 것입니다.

　It will charge $20 or more.

⑫ 당신이 주문한 피자는 10분 안에 도착할 것입니다.

　Your pizza order will be delivered within 10 minutes.

⑬ 네. 주문해주셔서 감사합니다.

　Alright, Thanks for your order.

⑭ 피자가 도착한 듯합니다.

　I think it's the pizza (delivery).

⑮ 들어오십시오.

　Please come in.

⑯ 피자 배달입니다. 여기 있습니다.

　Pizza delivery, here you are.

⑰ 감사합니다. 여기 팁이에요.

　Thank you so much, Here is your tip.

⑱ 좋은 시간 되세요.

　Have fun, bye.

⑲ 피자 맛있게 드세요.

　• Enjoy your pizza.

　• Enjoy!

⑳ Delegate : 대의원(대통령의 후보를 선출하는 사람들)

㉑ Caucus : 예비선거(당원들만 참가하는 대의원을 선출하는 당원 대회 : 대통령 선거의 첫 단계)

㉒ Primary : caucus와 유사하지만 이 대회는 일반인들도 참가할 수 있는 전당대회

㉓ Super Tuesday : 가장 많은 주에서 예비선거를 치르는 요일(대세가 판가름됨)

㉔ Electoral College : 선거인단(미국 대통령 선거는 국민이 직접 선거하지 않고 선거인단이 선출하는 방식)

㉕ Cup of Joe : 커피 한 잔(a cup of coffee)을 의미하는 영어 슬랭
㉖ Brew : 커피, 차, 술을 만들다
㉗ Coffee beans : 커피 열매를 의미하며 간단히 Beans라고 부른다.
㉘ To grind coffee beans : 커피를 갈다
 ※ grind-ground-ground
㉙ Coffee grinds : 커피를 갈은 정도
 coarser grind : 적게 간 정도
 finer grind : 많이 간 정도
㉚ coffee grounds : 커피를 갈고 남은 찌꺼기
㉛ Espresso : 곱게 간 커피 가루를 사용하여 만든 진한 커피 물이나 우유를 첨가해서 라떼(Latte)나 모카(Mocha)로 마심
㉜ Latte : Espresso에 스팀 밀크를 더해서 위에 거품을 올린 커피
㉝ Mocha : Latte와 비슷하지만 chocolate이 더해진 상태에서 휘핑크림을 얹어 마심

## 제12절 편지·일기쓰기

① 편지하세요.
 Drop me a line.
② 행운을 빕니다.
 Good luck. Best of luck!
③ 안녕히 계세요.
 Farewell.
④ 제가 제때 끝내지 못한 일을 끝낼 수 있도록 도와주셨던 것에 감사드립니다.
 Thanks for all those times when you helped me in the task I wasn't able to do on time.
⑤ 당신의 공석으로 인해서 생기는 빈자리를 채우는 건 어려울 겁니다.
 It will be difficult to fill the void created by your absence here.
⑥ 당신을 많이 보고 싶을 겁니다.
 I'm really going to miss you.
⑦ 당신이 떠난다니 매우 안타깝습니다.
 So sorry that you're leaving.
⑧ 당신이 정말 그리울 겁니다.
 You'll be missed ever so much.
⑨ 당신의 미래에 행운을 빌며 계속 연락하고 지내기를 바랍니다.
 Good luck in the future, and please stay in touch.
⑩ 동료로서 이렇게 좋은 친구를 찾을 수 있는 것도 드문 일입니다.
 It is rare that one finds a good friend in a colleague.
⑪ 항상 기꺼이 도움의 손길을 아낌없이 주는 멋진 사람이 되어주셔서 감사합니다.
 Thanks for being that wonderful person who always was willing to extend his helping hand.
⑫ 앞으로 멋진 인생을 살길 바라고 연락하며 지내고 싶습니다.
 Have a great life ahead and keep in touch.
⑬ 당신이 없으면 점심시간도 재미가 없을 거고 일할 동기도 없을 겁니다.
 Without you, there is no fun in lunch break, and no motivation at work.

⑭ 어렵더라도 앞으로 멋진 인생을 살고 많은 즐거움과 기회를 가질 수 있기를 바랍니다.

It is difficult, but I wish you a great life ahead with lots of fun and opportunities.

⑮ 당신의 앞날에 행운이 함께 하기를 바랍니다.

Wish you all the best for the future.

⑯ 우리 모두가 당신을 그리워 할 것입니다. 이 송별 편지가 당신에게 행운을 가져다주기를 빌게요.

All of us will miss you, and we would like to say we hope this farewell card brings you good luck each and every day!

⑰ 나는 이 소포를 한국으로 보내고 싶습니다.

- I'd like to send this parcel to Korea.
- I'm going to send this parcel to Korea.

⑱ 나는 이것을 속달로 보내고 싶습니다.

I'd like to send this through(by) express mail.

⑲ 나는 이것을 등기로 보내고 싶습니다.

I'd like to send through registered mail.

⑳ 나는 이것을 항공 우편으로 한국으로 보내고 싶습니다.

I'd like to send this to Korea by(through) airmail.

㉑ 한국으로 보내는 항공 우편은 얼마인가요?

How much is the airmail to Korea?

㉒ 이것을 한국으로 보내는 것은 얼마인가요?

How much will it cost to send this to Korea?

㉓ 이걸 보내는 데 우편요금은 얼마인가요?

- How much postage does this need?
- How much is the postage for this?

㉔ 물건이 언제 도착할까요?

When will it arrive?

㉕ 거기까지 도착하는 데 얼마나 걸릴까요?

How long will it take to get there?

㉖ 우표를 사고 싶은데요.

I'd like to buy stamps.

㉗ 우표를 어디서 살 수 있나요?

Where can I buy stamps?

㉘ 국제우표 하나 주세요.

I'd like an overseas stamp.

㉙ 이 우표는 얼마인가요?

How much is this stamp?

㉚ 이제 곧 크리스마스다!

It's almost Christmas!

㉛ 만세! 크리스마스다!

Hooray! It's Christmas.

㉜ 아직 아니야! 12월 25일이야!

Not yet, Honey. It's December 25.

㉝ 화이트 크리스마스가 되면 좋겠어요.

I wish for a white Christmas.

㉞ 크리스마스 캐럴 부릅시다.

Let's sing a Christmas carol.

㉟ 나는 크리스마스가 제일 좋아요.

I love Christmas the most.

㊱ 크리스마스 트리를 만들자.

Let's put up our Christmas tree.

㊲ 우리 크리스마스 트리도 장식할까?

Shall we decorate the Christmas tree?

㊳ 우리 꼭대기에 별을 달자.

Let's put a star on the top.

㊴ 올해도 근사한 크리스마스 트리를 완성했군!

- That's a great-looking tree we made this year, too!
- We made a wonderful tree for Christmas this year, too!

㊵ 제가 쓴 크리스마스 카드를 읽어 보셨어요?

Did you read my Christmas card?

# CHAPTER 03 사교 표현

## 제1절 칭찬·축하·감사

① 정말 훌륭합니다!
- How marvelous!
- Great!
- You're doing well!
- You did a fine job!
- I'm proud of you!
- You're the right man for the job.
- Only you can do it!

② 이 프로젝트를 잘 하셨어요.
- This is a really good project. Good job.
- That's the way.
- I didn't expect you to do such a good job.

③ 초보로서는 상당히 잘하는군요.
- For a beginner, you're pretty good.
- Even though it had no previous experience, you did it very well.

④ 혼자서 해내다니 놀라워요!
That's surprising to hear that you go it alone!

⑤ 당신은 능력이 대단하시군요.
You must be a man of ability.

⑥ 어떻게 그렇게 영어를 잘 하십니까?
- How come you speak such good English?
- You are in good command of English.

⑦ 멋지게 차려입으셨군요!
You're all dressed up!

⑧ 정말로 잘 어울리십니다.
It really looks good on you.

⑨ 어머, 멋있군요!
That's keen!

⑩ 건강해 보이십니다.
You look fit.

⑪ 패션에 안목이 있으시군요.
You have an eye for fashion.

⑫ 그는 소질이 있습니다.
He's got what it takes.

⑬ 당신은 정말 모르는 것이 없군요.
You must be a walking encyclopedia.

⑭ 그는 재치가 있어요.
He is quick-witted.

⑮ 못하는 게 없으시군요.
Is there anything you can't do?

⑯ 당신의 처지가 부럽습니다.
I wish I were in your shoes.

⑰ 당신이 나보다 한 수 위입니다.
You are a cut above me.

⑱ 칭찬해 주시니 고맙습니다(과찬이십니다).
- Thank you, I'm flattered.
- I'm so flattered.
- It's very nice of you to say so.

⑲ 비행기 태우지 마세요.
- Don't make me blush.
- Spare my blushes.

⑳ 저의 성공은 우리의 부모님 덕분입니다.
I owe my success to my parents.

## 제2절　의견(제안·권유·찬성·반대)

### 1. 제안 · 권유

① 이 문제를 어떻게 생각하세요?
- What do you think about this problem?
- What should I do with this?

② 무슨 말을 하려는 거죠?
What would you like to say?

③ 내게 설명 좀 해주시겠어요?
Can you fill me in?

④ 뭐라고요? 다시 한 번 말씀해주세요?
Pardon me?

⑤ 제가 한 말씀 드리겠습니다.
Let me tell you something.

⑥ 제 말 좀 들어보세요.
Please, listen to me.

⑦ 그게 어때서 그렇지요?
What's the matter with it?

⑧ 얼마나 있으면 끝날까요?
How soon will it be over?

⑨ 그녀가 언제쯤 돌아올 것 같나요?
When do you expect her back?

⑩ 자, 이제 어떻게 하면 될까요?
Now, what am I going to do?

⑪ 잠깐 이야기 좀 할 수 있을까요?
May I see you for a moment?

⑫ 공통점이 무엇인가요?
What do you have in common?

⑬ 하시려는 말씀이 무엇인가요?
What do you have in mind?

⑭ 제 말 이해하시겠어요?
Do you understand what I mean?

### 2. 찬성 · 반대

① 당신은 어느 편이십니까?
Which side are you on?

② 진담이세요? 농담이세요?
Are you serious or joking?

③ 이게 정말 그럴까요?
Can this be true?

④ 그게 확실한가요?
Are you sure about that?

⑤ 어떤 좋은 생각이 있으십니까?
Can you come up with an idea?

⑥ 어떻게 생각하세요?
What do you say?

⑦ 흥미 있는 얘기입니다.
That sounds like fun.

⑧ 문제없습니다.
- No problem.
- Sounds great.

⑨ 제가 그것을 보장합니다.
I give my word on it.

⑩ 제가 보기에는 그 생각은 아주 훌륭합니다.
The idea strikes me as a good one.

⑪ 당신의 의견에 동의합니다.

I'm for your opinion.

⑫ 당신이 좋으실 대로 하세요.

I'd like you to make the choice.

⑬ 그렇게 해 주세요.

Would you, please?

⑭ 나는 그렇게 생각해요.

I suppose so.

⑮ 그렇게 말할 수도 있겠지요.

You can put it that way.

⑯ 저는 상관없습니다.

It's all right by me.

⑰ 둘 중 어느 것이라도 좋습니다.

Either will be fine.

⑱ 그 문제는 저도 동감입니다.

- I'm with you on that matter.
- I'll bet you're right.

⑲ 알았습니다. 그만하면 충분합니다.

I see, that's good enough.

⑳ 아! 무슨 말인지 이해가 됩니다.

- Oh! I see what you mean.
- I get the picture.

## 제3절  금지·명령·충고

① 학생들은 학교에 너무 늦게 와서는 안 됩니다.

Students aren't allowed to come too late to school.

② 운전자는 여기에 차를 주차해서는 안 됩니다.

Drivers mustn't park their cars here.

③ 주차는 이 출입구 사이에서 엄격히 금지됩니다.

Parking is strictly prohibited between these gates.

④ 잔디밭에서는 걷는 것을 금지합니다.

It is forbidden to walk on grass.

⑤ 병원에서는(여기서는) 흡연이 허용되지 않습니다.

Smoking isn't permitted in hospitals(here).

⑥ 사람들이 여기에 쓰레기를 투기하는 것은 허용되지 않습니다.

- People aren't permitted to throw rubbish here.
- Don't litter here.

⑦ 이번 금요일까지 확실히 끝내주십시오.

Be sure to finish it by this Friday.

⑧ 그 사람의 지시를 따르십시오.

Follow his instructions.

⑨ 그 사람을 빨리 데려오시오.

Please bring him soon.

⑩ 당신한테 어떤 지시도 받지 않겠소.

I'll take no orders from you.

⑪ 무슨 일이 있어도 그것을 하시오.

Do it by all means.

⑫ 그것은 이렇게 하시오.

Do it this way.

⑬ 무슨 일이든지 분부만 내리십시오.

I'm always at your service.

⑭ 저는 누구의 지시도 받지 않습니다.

I won't be dictated to.

⑮ 나를 실망시키지 말아요.

Don't let me down.

⑯ 잊지 말고 꼭 기억하세요.

Keep that in mind.

⑰ 하는 것이 좋으면 하세요.

Do it if you see fit.

⑱ 자존심을 버리세요.

Pocket your pride.

⑲ 나를 꼭 믿지는 말아요.

Don't count on me.

⑳ 너는 진지해야만 한다.

You should keep a straight face.

## 제4절    사과·변명

① 사과할게.

I apologize.

② 나도 일부러 그런 것은 아니야!

I didn't mean it.

③ 제 탓이에요.

I'm to blame.

④ 그 말 취소할게.

I take it back!

⑤ 내가 더 잘할게.

I'll make it up to you.

⑥ 내가 무슨 생각으로 그런 말을 했는지 모르겠어.

I don't know what I was thinking.

⑦ 감정 상하지 않기를 바랄게.

No hard feelings, right?

⑧ 아까, 흥분해서 미안해.

I'm sorry I was worked up.

⑨ 그럴 생각은 추호도 없었습니다.

• I didn't do it on purpose.

• I didn't mean it at all.

⑩ 미안해요, 어쩔 수가 없었어요.

I'm sorry I couldn't help it!

⑪ 폐를 끼쳐서 죄송합니다.

• I'm sorry to disturb you.

• I feel sorry about it.

• I can't tell you how sorry I am.

⑫ 기분 상하게 해드리지 않았는지 모르겠네요.

I hope I didn't offend you.

⑬ 오래 기다리게 해서 죄송합니다.

I'm sorry to have kept you waiting so long.

## 제5절    부탁·승낙·거절

① 부탁을 하나 해도 될까요?

• Can I ask you a favor?

• Could you do me a favor?

• I have a big favor to ask you.

• Could I ask you to do something for me?

• Would you do me a favor?

② 잠깐 폐를 끼쳐도 될까요?

• May I bother you for a moment?

• Could I trouble you for a minute?

• May I interrupt you for a second?

• Could you spare me a few minutes?

• May I inconvenience you for a second?

③ 저를 좀 태워다 주시겠어요?

Would you mind giving me a ride?

④ 제가 좀 같이 해도 될까요?

May I join you?

⑤ 저 좀 도와주실 수 있을까요?

• Would you give me a hand?

• I wonder if you can help me.

• Could you lend me a hand?

⑥ 제 자동차 문 좀 열어주실래요?

Would you please open my car door?

⑦ 내가 내일 차 좀 쓸 수 있을까요?

Can I possibly have the car tomorrow?

⑧ 당신 것을 빌려주시겠습니까?

Would you lend me yours, please?

⑨ 문 좀 열어주시겠습니까?

Would you mind opening the door, please?

⑩ 저와 함께 가실래요?

Would you like to join me?

⑪ 방해가 되지 않을지 모르겠어요.

I hope I'm not in the way.

⑫ 주소 좀 가르쳐주세요.

May I have your address?

⑬ 가능한 빨리 저에게 알려주세요.

Would you let me know as soon as possible?

⑭ 잠깐 제 대신 좀 해주시겠어요?

Can you take my place for a while?

⑮ 제 곁에 있어주세요.

Please, stick with me.

⑯ 확인 좀 해주세요.

Please, make sure.

⑰ 내일은 쉬고 싶습니다.

I would like to vacate tomorrow.

⑱ 혼자 있게 해주세요.

Please, leave me alone.

⑲ 네, 기꺼이 도와드리겠습니다.

• Sure. What can I do for you?

• Yes, with my pleasure.

• Sure. I'd be glad to.

• Yes, certainly.

• I'll do my best for you.

• Go ahead.

• Of course.

• No problem.

• With great pleasure.

⑳ 고맙지만 사양하겠습니다.

No, thanks. I can handle it.

㉑ 뭐, 그 정도쯤이야!

It's no big deal.

㉒ 그렇게 하세요.

Be my guest.

㉓ 뭐든지 말씀만 해보세요.

You name it and I've got it.

㉔ 걱정하지 말고 말씀해 보세요.

Don't be worry and tell me everything.

㉕ 안될 것 같습니다.

I'd rather not.

㉖ 미안하지만, 지금은 안 됩니다.

I'm sorry, but I can't now.

㉗ 다음에 기회가 있겠지요.

Maybe some other time.

㉘ 존슨, 애매할 때 부탁을 하는군요.

You asked me at a bad time, Johnson.

㉙ 여기서 담배를 피워도 됩니까?

Would you mind if I smoke here?

㉚ 안됩니다. 이곳은 금연구역입니다.

Yes. This is the nonsmoking section.

㉛ 실례합니다.

• Excuse me.

• Would you excuse me for a moment?

• Forgive me for interrupting you, but~

㉜ 여기 앉아도 될까요?

Mind if I sit here?

㉝ 잠깐 자리 좀 비켜주시겠어요?

Could you excuse us for a second?

㉞ 좀 지나가겠습니다.

Could I get by, please?

㉟ 당신과 이야기를 할 수 있을까요?

Can I speak with you?

## 제6절   약속·초대·방문·배웅

① 이번 주말에 시간 있으세요?

Are you free this weekend?

② 시간 좀 있으세요?

Do you have a minute?

③ 잠깐 만날 수 있을까요?

Can I see you for a moment?

④ 언제 한번 만나요.

Let's together sometime.

⑤ 내일 약속 있으세요?

Do you have any appointments tomorrow?

⑥ 무슨 일 있으세요?

• Why do you ask?

• What do you want to see me about?

⑦ 좋습니다. 시간 괜찮습니다.

Yeah, I'm free.

⑧ 이번 주말에는 다른 계획이 없어요.

I have no particular plans for this weekend.

⑨ 5시 이후에는 시간이 괜찮습니다.

I'm free after 5 p.m.

⑩ 미안합니다. 오늘 제가 좀 바쁩니다.

I'm sorry, I'm little busy today.

⑪ 이번 주말에 다른 계획이 있습니다.

I already have plans for this weekend.

⑫ 오늘 누가 오기로 되어 있습니다.

I'm expecting visitors today.

⑬ 미안해요. 제가 오늘은 스케줄이 꽉 차있어요.

I'm sorry, I'm booked up today.

⑭ 몇 시로 할까요?

• What time is good for you?

• What time shall we make it?

• What time will you be available?

• When can we meet?

⑮ 5시 괜찮을까요?

Is five o'clock OK for you?

⑯ 어디서 만날까요?

Where should we make it?

⑰ 만날 곳이 어디 있을까요?

What's good place get together?

⑱ 당신이 장소를 정하시지요.

You pick the place.

⑲ 오늘 오후에 시간이 있으십니까?

• Do you have time this afternoon?

• Are you free this afternoon?

• Are you doing anything afternoon?

• What are you doing this afternoon?

⑳ 저녁 먹으러 우리 집에 오실 수 있나요?

Will you come to my house for dinner?

㉑ 제 생일 파티에 오실 수 있나요?

How about coming to my birthday party?

㉒ 그녀의 송별파티에 오셨으면 합니다.

I'd like you to come to her farewell party.

㉓ 파티에 오실래요?

　　Why don't you come to the party?

㉔ 제 초청을 받아 주시겠어요?

　　Would you care to be my guest?

㉕ 그거 좋습니다.

　　• That's great.

　　• I'd be happy to.

　　• Good idea.

　　• That sounds great.

　　• Sounds nice.

　　• That's fine with me.

㉖ 죄송하지만 그럴 수 없습니다.

　　• I'm sorry, but I don't think I can.

　　• I'm sorry, but I can't.

㉗ 정말 죄송합니다. 오늘은 너무 바빠서 어쩔 수가 없습니다.

　　• I'm really sorry, but I'm tied up today.

　　• I'm afraid not.

　　• I wish I could.

㉘ 그러고 싶지만 오늘밤은 이미 계획이 있습니다.

　　• I'd love to, but I already have plans tonight.

　　• I'd rather not this evening.

㉙ 이쪽으로 오십시오.

　　• Why don't you come this way?

　　• Come with me this way.

㉚ 멀리서 와주셔서 감사합니다.

　　Thank you for coming such a distance.

㉛ 오시는 길에 고생하지 않으셨어요?

　　Did you have any trouble getting here?

㉜ 조그만 선물입니다.

　　Here's something for you.

㉝ 편히 쉬세요.

　　Make yourself at home.

㉞ 집을 보여드리겠습니다.

　　Let me show you around our house.

㉟ 아주 멋진 집이군요.

　　You have a very nice home.

㊱ 저녁 식사 준비가 되었습니다.

　　Dinner is ready.

㊲ 뭐 좀 마시겠습니까?

　　• What would you like to drink?

　　• Would you like something to drink?

㊳ 식당으로 가시지요.

　　Please come into the dining room.

㊴ 드시고 싶은 것 마음껏 드십시오.

　　Help yourself to anything you like.

㊵ 어서 드십시오.

　　Go ahead and start eating.

㊶ 좀 더 드세요.

　　Why don't you help yourself to some more?

㊷ 잘 먹었습니다.

　　• I've enough.

　　• I'm satisfied, thank you.

　　• This was a wonderful dinner.

　　• This was a delicious meal.

㊸ 이만 돌아가 보겠습니다.

　　• I've come to say goodbye.

　　• I think I should be going now.

　　• Oh, I'm late. I should be going.

㊹ 매우 즐거웠습니다.

　　• I had a very good time.

　　• I enjoyed talking with you.

㊺ 와주셔서 감사합니다. 또 방문해주세요.

　　• I'm glad you come. I hope you will visit us again.

　　• Next time you must come and visit me.

① 걱정하지 마세요.
- Don't worry.
- You have nothing to worry about.
- There's sunny days ahead.

② 결과에 대해 걱정하지 마세요.
Don't worry about the results.

③ 너무 심각하게 받아들이지 마세요.
Don't take it seriously.

④ 긍정적으로 생각하세요.
Be positive.

⑤ 너무 걱정하지 마세요. 다 잘 될 겁니다.
- Don't worry so. Everything will be all right.
- Well, never mind.
- Never say die.

⑥ 자, 힘을 내세요. 당신은 할 수 있습니다.
- Come on, you can do that.
- Cheer up. I bet you can make it.

⑦ 당신의 마음을 잘 압니다.
I know how you feel.

⑧ 좀 더 힘내세요.
- Be of better cheer!
- Come on, snap out of it!

⑨ 보기보다 어렵지 않아요.
It is not as difficult as it looks.

⑩ 당신은 결코 실패하지 않을 겁니다.
It is impossible to associate failure with you.

⑪ 마음대로 하세요.
Have it your own way.

⑫ 그런 사소한 일로 상심하지 마세요.
Please don't brood over such a trivial matter.

⑬ 모두가 잘 될 겁니다.
Everything's going to be all right.

⑭ 시간이 해결해줄 겁니다.
Time will be able to help solve the problem.

⑮ 내가 옆에서 돌봐줄게요.
I'll stick by you.

⑯ 너무 우울해하지 마!
Don't get too down.

⑰ 기운 내!
Cheer up.

⑱ 너는 이겨낼 거야!
You'll get through this.

⑲ 잠을 자고 슬픔을 잊어버리세요.
Sleep off your sorrow.

⑳ 부친께서 돌아가셨다니. 참 안타깝습니다.
I'm very sorry to hear that your father passed away.

## 제1절    인터뷰

① 당신을 소개해주시겠어요?

Tell me about yourself?

② 왜 지난번 직장을 그만두셨나요?

Why did you leave your last job?

③ 영 · 유아 교사로서 당신의 직업상 목표는 무엇입니까?

What are your career goals for early childhood teacher?

④ 당신의 가장 큰 약점은 무엇입니까?

What is your greatest weakness?

⑤ 영 · 유아 교사 일에 맞는 급여는 어느 정도라 생각하십니까?

What kind of salary are you looking for early childhood teacher?

⑥ 왜 당신은 영 · 유아 교사 일을 잘할 거라고 생각합니까?

Why do you think you would do well early childhood teacher?

⑦ 무엇이 영 · 유아 교사 일에 동기를 부여해주나요?

What motivates you to do your best on the early childhood teacher?

⑧ 어떻게 영 · 유아 교사 일에 성공을 거두었다고 생각하시나요?

How would you know you were successful on this early childhood teacher?

⑨ 당신은 영 · 유아 교사 일에 충분한 자격이 있다고 생각합니까?

Do you think you are overqualified for early childhood teacher?

⑩ 당신이 학급에서 설명할 때 가르쳤던 방법 중에서 가장 성공을 거두었던 최고의 수업 중 하나를 설명하고, 성공적일 수 있었던 이유를 설명하세요.

Describe one of the most successful lessons you have taught in a class and explain why it worked so well?

⑪ 학생들 사이에서 그룹워크를 독려하기 위해서 당신은 어떤 전략을 사용하시나요?

What strategies do you use to encourage group work among your students?

⑫ 만약 수업이 잘 이루어지지 않으면 무엇을 하십니까?

What do you do if a lesson doesn't work well?

⑬ 교장 선생님으로서 어떤 자질을 가지고 있어야 한다고 보십니까?

What qualities do you look for in a principal?

⑭ 당신의 개인적인 그리고 전문적인 목표는 무엇입니까?

What are your personal and professional goals?

⑮ 당신의 교사 일의 성공을 어떻게 평가하십니까?

How do you evaluate the success of your teaching?

⑯ 영감을 주었던 선생님과 당신이 선생님에게서 무엇을 배웠는지를 말해주세요.

Tell me about a teacher who has inspired you and what did you learn from him or her.

⑰ 당신의 교육과정의 강점은 무엇입니까?

What are your areas of strength in the curriculum?

⑱ 당신은 당신의 과목을 어떻게 최신화하려고 노력하십니까?

How do you keep up to date on your subject?

⑲ 당신의 수업을 지원하고자 학급에서 당신이 이용하는 자료를 말해주세요.

Tell me about the materials you use in the classroom to support your teaching?

⑳ 이상적인 교실의 모습은 무엇이라고 생각하십니까?

What do you consider to be the physical appearance of an ideal classroom?

## 제2절　전화

① 제가 그 사람인데요.

This is she. / he speaking.

② 실례지만 누구시죠?

- Who am I speaking to?
- Who is this please?

③ 존을 바꿔주시겠습니까?

- May I speak to John?
- Is John there please?

④ 존과 통화하고 싶습니다.

I'd like to speak to John.

⑤ 잠깐만요.

Hold on. / Hang on, please!

⑥ 바꿔드릴게요.

I'll put you through.

⑦ 스피커폰으로 할게요.

I'll put you on speaker.

⑧ 그냥 끊긴 것 같습니다.

I think we just cut off.

⑨ 죄송합니다. 저는 지하주차장으로 걸어가고 있습니다.

Sorry, I was walking into underground parking lot.

⑩ 잠시 후에 다시 전화 드리겠습니다.

I'll get back to you little later.

⑪ 내가 당신에게 다시 전화를 걸었지만 받지 않더군요.

I tried calling you but there was no answer.

⑫ 전화가 꺼져 있었어요.

My phone was switched off.

⑬ 전화를 걸었더니 통화중이더군요.

I tried calling you but line was busy.

⑭ 메시지를 남겨주세요.

Please leave your message.

⑮ 그녀는 지금 부재중입니다.

She is not here now.

⑯ 그녀에게 존이 전화했었다고 알려주시겠어요?

Can you tell her that John called please?

⑰ 전하실 말씀이라도 있나요?

Can I take your message?

⑱ 전화 잘못 거셨습니다.

You've got the wrong number.

⑲ 나는 한국으로 수신자 부담 전화를 하고 싶습니다.

I'd like to collect call to Korea.

⑳ 전화가 혼선입니다.

The lines are crossed.

## 제3절    전화 상황별 정리

### 1. 전화를 받을 때

① 여보세요.

Hello.

② 안녕하세요. CW입니다.

- Hello, CW.
- CW. How can I help you?
- CW. May I help you?

### 2. 통화하고 싶은 사람을 부탁할 때

① 존과 통화하고 싶습니다.

- May(Can) I speak to John?
- I'd like to talk to John, please.

② 테드 잭슨 씨에게 연결해주세요.

- Could you connect me with Ted Jackson?
- Could you put me through to Ted Jackson?
- Could you transfer this line to Ted Jackson?

③ 236번 김 선생님 부탁합니다.

Could I have Mr. Kim on extension 236?

④ 제인 있어요?

- Is Jane in?
- Is Jane there?
- Is Jane available?
- Is Jane at her desk?

⑤ 인사부요.

Personnel Department, please

⑥ 해외영업부요.

Overseas Department, please.

⑦ 이 전화를 해외 영업부로 돌려주세요.

Would you transfer this line to the Overseas Department?

### 3. 상대방의 신원과 용건을 물을 때

① 누구세요?

- Who's calling, please?
- Who's speaking, please?

② 누구신지 여쭤 봐도 될까요?

May I ask who's calling?

③ 성함을 알 수 있을까요?

Could I have your name, please?

④ 무슨 용건이시죠?

- May(Can) I ask what this is in regard to, sir?
- May(Can) I ask what your call is regarding?

## 4. 기다리라고 할 때

잠시만 기다려주세요.

- Hold the line, please.
- Just a minute, please.
- One moment, please.
- Hold on, please.
- Would you like to hold(Will you hold)?

## 5. 전화를 연결해줄 때

① 연결해드리겠습니다.

- I'll put you through now, sir.
- I'll put you on the line.
- I'll connect you.
- Let me transfer your call.

② 계신지 알아보겠습니다.

I'll see if she's in free(available).

## 6. 전화연결이 불가능할 때

① 통화중입니다.

- He's on another line.
- His line is busy.
- He is on the phone.

② 지금 안 계십니다.

- Jane is not in(here) at the moment.
- He is out now.
- He is not in.

③ 잠시 외출하셨습니다.

She stepped out for a while.

④ 죄송하지만 방금 나가셨습니다.

I'm afraid she's just left her office.

⑤ 지금 회의 중이십니다.

- He just went into a meeting.
- I'm sorry, she is attending a meeting.

- I'm sorry, but she is in a meeting (conference).

⑥ 죄송하지만 퇴근하셨습니다.

- I'm sorry, but she is out for the day.
- She's gone for the day.
- He has left for home.

⑦ 여름(주말) 휴가 떠났습니다.

He's out of town for the summer(week).

⑧ 죄송하지만 전화를 받지 않습니다.

I'm sorry, but he's not answering.

⑨ 안 받아요

There is no answer.

## 7. 메시지를 남길 것인지 문의할 때

메시지를 남기시겠습니까?

- Would you like to leave a message?
- May I take your message?
- Can I give her a message?
- Can I get her to call you back?

## 8. 메시지를 남길 때

① 메시지를 남겨도 될까요?

May I leave a message?

② 스미스 씨에게 메시지 좀 전해주실래요?

Would you please take a message for Mr. Smith?

③ 전화하라고 전해주세요.

- Would you please have her call me?
- Would you please get her to call me?
- Please tell her to call me.
- Could you ask him to call me back?

④ 미스터 김이 전화했다고 말해주세요.

Could you let him know Mr. Kim called?

⑤ 곧 가겠다고 전해주세요.

Could you tell him I'll be there in a minute?

## 9. 메시지를 전해주겠다고 말할 때

① 메시지를 전달해드리겠습니다.
- I'll give him the message.
- I'll see that he gets your message.

② 돌아오시는 대로 전화 왔었다고 전해드리겠습니다.

I'll tell him you called as soon as he comes back.

## 10. 언제 연락하면 되는지 문의할 때

① 언제 연락드리면 될까요?
- Do you know when he will be back?
- When will she be in?
- When can I reach him?
- When is a good time to reach him?
- When do you expect him?
- When would be a convenient time to reach him?

② 토요일에 연락드리면 될까요?

Can I contact him on Saturday?

③ 곧 돌아오실 겁니다.

He should be back very soon.

④ 3시 경에 돌아오실 겁니다.

I expect him back about 3 o'clock.

⑤ 죄송하지만 아무 말씀이 없었습니다.

Sorry, but he didn't say anything.

## 11. 어떻게 연락하면 되는지 문의할 때

① 어떻게 연락할 수 있을까요?
- How can I reach him?
- How can I get hold of you?
- How can I get in touch with you?

② 자동 전화 녹음이 됩니까?

Does he have an answering machine?

③ 호출기로 연락할 수 있을까요?

Can I reach him on the pager?

④ 핸드폰으로 연락할 수 있을까요?

Can I reach him on his cell phone?

⑤ 122-3692로 전화하세요.

I can be reached at 122-3692.

## 12. 바쁠 때 전화 온 경우

① 바쁘신데 전화 드렸나요?

Am I calling you at bad time?

② 전화하기 참 힘드네요.
- It's really hard to get through to you by phone.
- You're so difficult to get through to.

③ 오전 내내 전화했어요.

I have been calling you all morning.

④ 계속 통화 중이더군요.

I kept getting a busy signal!

⑤ 드디어 연결되었군요.

I'm finally caught you.

⑥ 기다리게 해서 죄송해요.

I'm sorry to have kept you waiting.

⑦ 이제 그만 끊어야겠어.
- I've got to go now.
- I'm sorry. I can't talk long.

## 13. "나중에 연락주세요."라고 부탁할 때

① 다음에 다시 연락주세요.
- Could you call me back later?
- Could you please try again later?

② 전화 부탁드립니다.
- I'd like you to call me back.
- Please return my call.

③ 일이 끝나는 대로 전화해도 되겠습니까?
Can I call you back as soon as I finish the work?

## 14. 용건이 무엇인지 물을 때

용건이 무엇입니까?
- May I ask what your call is in regard to?
- May I ask what it's in regard to?
- May I ask what it's about(regarding)?
- What are you calling for?

## 15. 용건을 말할 때

① 광고를 보고 전화드리는데요.
I'm calling about an ad.

② 최근 주문과 관련하여 전화드렸습니다.
I'm calling in connection with a recent order.

③ 비즈니스 회의를 정하고 싶습니다.
I'm interested in setting up a business meeting.

④ 영어 프로그램에 관해 문의하고 싶습니다.
I wanted to ask you questions about the English Language Program.

## 16. 상대방 회사의 이름을 물어볼 때

회사 이름이 무엇입니까?
- What's your company name, please?
- Which company are you calling from?
- What company is that?

## 17. 상대방의 번호(전화번호 등)를 물어볼 때

① 전화번호가 어떻게 되시죠?
What's your number?

② 사무실 번호가 어떻게 되시죠?
What's your office number?

③ 내선번호가 어떻게 되시죠?
What's your extension?

④ 국가 번호가 어떻게 되시죠?
What's your country code?

⑤ 팩스 번호가 어떻게 되시죠?
Could I have your fax number, please?

⑥ 핸드폰 번호가 어떻게 되시죠?
Do you have a mobile(cellular) phone?

⑦ 직통번호가 어떻게 되시죠?
Do you have a direct line?

⑧ 전화번호를 남기시겠습니까?
Why don't you leave your number?

⑨ 그가 어떻게 연락하면 될까요?
How can he get in touch with you?

⑩ 번호를 남겨드릴까요?
Do you want me to take your number?

## 18. 인터넷 관련 사항을 문의할 때

① 이메일 주소가 어떻게 됩니까?
What is your e-mail address?

② 홈페이지 주소는 어떻게 됩니까?
- What's your U-R-L?

- Can I have your web address?
- Can I have your home-page address?

## 19. 비밀사항일 때

① 그런 자세한 사항은 알려드릴 수 없도록 되어있습니다.

I'm sorry, it isn't our policy to give out such details.

② 알려드릴 수 없습니다.

I'm afraid I'm not allowed to provide such information.

③ 그건 기밀사항입니다.

I'm afraid to say that's confidential.

## 20. 다시 말해달라고 부탁할 때

다시 한 번 말씀해주시겠습니까?

- Could you repeat that, please?
- Pardon(Sorry)?
- I beg your pardon?
- Excuse me?
- Would you mind repeating that?
- This is a bad connection, can you say that again?

## 21. 크게(천천히) 말해달라고 요청할 때

① 잘 안 들립니다.

- Sorry, I can't hear you.
- Sorry, I didn't catch that.

② 크게 말씀해주시겠습니까?

- Would you speak up a little, please?
- Will you speak a little louder?

③ 천천히 말씀해주시겠습니까?

Could you speak more slowly?

## 22. 철자를 모를 때

철자가 어떻게 되죠?

- Could you spell that (again), please?
- How do you spell that?

## 23. 전화가 잘못 걸렸을 때

① 전화를 잘못 걸었습니다.

- You have the wrong number.
- You must have the wrong number.
- You must have dialed the wrong number.

② 그런 사람 없습니다.

There is no one here by that name.

③ 그 번호는 끊겼습니다.

The number is no longer in service.

④ 322-3692가 아닙니까?

Could I check the number? Isn't it 322-3692?

⑤ 몇 번에 거셨어요? 잘못 거셨습니다.

- What number are you calling?
- This isn't the number you want.

## 24. 전화기에 이상이 있을 때

① 신호는 가는데 안 받아요.

I kept ringing and ringing and no one is answered.

② 전화가 계속 끊기네요.

- The line keeps going dead.
- We kept getting cut off.

③ 이상한 소리가 납니다.

- The line is getting a funny sound.
- The lines are noisy.

④ 혼선이 되네요.

The lines are crossed.

⑤ 신호가 안 떨어집니다.

I don't get a dial tone.

## 25. 기타(전화 왔어요.)

① 전화 왔어요.

- You are wanted on the phone.
- It's for you.

② 전화 좀 받아요.

- Please answer the phone.
- Will you answer the phone?

③ 제가 받을게요.

I'll get it.

④ 전화를 설치해 주십시오.

- I'd like to have a phone installed.
- I'd like to get telephone service.

⑤ 전화를 끊어주십시오.

I'd like to have my phone disconnected.

⑥ 접니다.

Speaking.

⑦ 제가 제인입니다.

This is Jane speaking.

---

제4절 | 이메일(E-mail)

① 당신은 매일 당신의 e-mail을 확인하십니까?

Do you check your e-mail everyday?

② 당신이 어제 보내주신 e-mail을 받았습니다.

I got the e-mail you sent yesterday.

③ 왜 당신은 저에게 e-mail을 보내지 않으시나요?

How come you never e-mail me?

④ 나는 당신에게 그 계획의 개요를 보내드리겠습니다.

I'll e-mail you the rough draft of the plan?

⑤ 나의 수첩에 당신의 e-mail 주소를 적어 두었습니다.

I jotted your e-mail address down in my daily planner.

⑥ 우리는 e-mail로 연락을 취할 것입니다.

We try to stay in touch through e-mail.

⑦ 우리는 10월 3일부터 10일까지 휴가를 갈 예정입니다. 그러니까 그 기간 동안에 연락이 안 될 것입니다.

We are going on vacation from 3 to 10 October, so we will not online during that time.

⑧ 우리의 컴퓨터가 오늘 오후부터 금주 중반까지 수리소에 맡겨질 것입니다. 그러므로 우리가 그것을 찾아올 때까지 우리의 e-mail을 사용할 수 없을 것입니다.

Our computer will be in the shop from this afternoon until midweek, so until we get it back we won't be able to access our e-mail.

① reach out to : ~에게 연락하다, ~와 접촉하다

　예 There is no point to reach out to those who cannot afford to buy.
　　제품을 구매할 능력이 없는 사람들에게 접촉할 이유는 없다.

② 3rd party insurer : 3자 보험회사
　　→ K-SURE (Korea Trade Insurance Corporation : 한국 무역 보험 공사)

③ 대금 결제(Payments) / 대금 결제 기한(Payment due date) / 신용등급(credit rate) / 여신(credit limit)

④ 30일 외상거래 조건(OA 30 days : Open Account 30 days)

⑤ move up : 공급 일정을 앞당기다(= expedite = speed up)

　예 moving the meeting up / ahead 미팅 일정을 앞당기다
　　= advance the meeting / put the meeting forward ↔ push back / out

⑥ 첫 인사말 Opening sentence

⑦ 고객과 공식적인 미팅(face to face meeting or Conference call) / 임원들 간의 미팅(Executive meeting)

⑧ sync up with(on) : 최신정보를 공유하여 이해하는 내용이 같게 하다

　예 Let's sync up on Monday next week.
　　다음 주 월요일로 맞추자.

　예 Let's sync up our watches.
　　우리 시계를 같은 시각으로 맞추자.

⑨ bring + 사람 + up to date on(= with) + 정보 : 최신정보를 공유하다
　　(= bring + 사람 + up to speed on(= with) + 정보)
　　(= keep + 사람 + posted on + 정보)
　　(= keep + 사람 + updated on + 정보)

⑩ be on the same page : 이해하는 내용이 같다

　예 I just want to make sure that we are all on the same page about this.
　　나는 이 문제에 대해서 우리가 공감을 하고 있다는 것을 확실히 하고 싶습니다.

⑪ 혹시라도 내가 누락한 안건이 있으면 자유롭게 추가 코멘트해 주세요.
　Please feel free to make additional comments that I might have missed.

⑫ Relevant department or Corresponding department : 유관부서

⑬ business manner : 사업상 예의

⑭ 인사
　• Hope your week is going well. (주중 안부 인사)
　• Happy Friday. The weekend is upon us.(금요일 안부 인사)
　• Happy holidays. (고객의 나라가 휴일인 경우 인사)
　• Hope you are having a great holiday season thus far. (지난번 통화 후 잘 지냈는지 안부 인사)

⑮ COB(= Close of Business) : 업무 종료

　예 I will get back to you by the COB today.
　　오늘 내가 일이 끝날 때쯤 네게로 갈게.

⑯ EOD(= End of Day) : 하루 일과의 끝

⑰ YoY(= Year on Year) : 전년 대비 증감률(수익률 또는 성장률)

⑱ MoM(= Month on Month) : 전월 대비 증감률

⑲ YTD(= Year To Year) : 연초 대비 현재 기준일 증감률

⑳ OoO(= out of office) : 부재중일 때 자동 E-mail 답장으로 설정해놓음

㉑ working level : 실무진

㉒ reassess : 재평가하다(= re-examine, reconsider, reappraise)

㉓ top management : 최고 경영층(CEO 및 주요 임원)

㉔ escalate : 상위부서(상사)에게 보고하다

㉕ VMI(Vendor Managed Inventory) : 공급자 주도형 재고 관리

㉖ elaborate on : ~에 대하여 상세히 설명하다

㉗ game plan : (스포츠 · 정치 · 사업상의) 전략

㉘ Give somebody a heads up : 미리 사전에 정보를 알려주다

㉙ Short notice : 갑작스러운 통보

㉚ come up with : (생각, 해답을) 생각해내다, 마련하다

㉛ a deal breaker : 계약 파기 / 거래 종료

㉜ in place : 준비가 다 되어 있는

㉝ step in : (문제 해결을 위해) 개입하다 (= intervene)

㉞ as a last resort : 최후의 수단으로 (= as a final resort)

[어휘] resort 휴양지; 수단, 방법

㉟ come down to : (한마디로) 요약되다

㊱ strategic partnership : 전략적 제휴

㊲ lose out on something = miss out on : ~을 놓치다, 손해를 보다

㊳ at one's own discretion of~ : ~의 재량으로

㊴ a new member : 새로운 담당자

predecessor : 전임자

successor : 후임자

㊵ push (it) out : (그것을) 미루다, 연기하다

---

제6절 **보고서**

## 1. 보고 자료 확인

① 회의록 작성을 방금 완료했습니다. 확인해 주십시오.

I have just finished writing the meeting minutes. Please check them.

[어휘] meeting minutes 회의록

② 오늘 회의 결과에 대한 보고서를 작성해서 보내드립니다.

I have drawn up and am sending the report on the results of today's meeting.

③ 어젯밤에 우리가 논의했던 사업 계획서를 작성해서 보내드립니다.

I have drawn up and am sending the business plan we discussed last night.

④ 지난번 회의의 회의록의 사본을 보내드립니다.

Let me give you a copy of the minutes from our last meeting.

⑤ 오늘 회의의 수정된 회의록을 모두에게 보내드리겠습니다.

Let me distribute the amended minutes from today's meeting to everyone.

⑥ 예산 보고서를 작성하고 있습니다.

I am working on the budget report.

⑦ 판매 현황 보고서 작성을 방금 완료했습니다. 참조해 주십시오.

I have just finished writing the sales status report. Please refer to it.

어휘 sales status report 판매 현황 보고서

⑧ 계약서 초안 작성을 방금 완료했습니다. 확인해 주십시오.

I have just finished preparing the first draft of the contract. Please check it.

⑨ 원하시는 어떠한 추가 정보든 제공해드리겠습니다.

I will provide you with any additional information you want.

⑩ 아래 자금 조성 계획에 대한 의견을 주시면 감사하겠습니다.

Your feedback is appreciated on the following funding plan.

⑪ 요청하신 환경 문제 관련 보고서를 보냅니다.

Here is the report you requested concerning environmental issues.

⑫ 자료를 수집해 주세요.

Please compile the data.

## 2. 보고 일정 안내

① 재무팀에서 '예산 및 경제 동향' 보고서를 준비하고 있습니다.

The Finance Department is preparing a "Budget and Economics Outlook" report.

② 보고서를 제출할 준비가 되었습니다.

We are ready to present the report.

③ 보고서를 완료하면 상관에게 직접 제출하십시오.

When you finish your report, send it directly to your supervisor.

④ 현황 보고서를 제출할 준비가 거의 다 되었습니다.

We are almost ready to present the status report.

⑤ 연차 보고서 제출 이전에 4사분기 보고서를 먼저 제출하셔야 합니다.

You must submit the 4th quarter report prior to submitting the annual report.

⑥ 다음 주 월요일까지 3/4 분기 보고서를 제출하십시오.

Please submit the 3rd quarter report by next Monday.

## 3. 분석

① 저희 매출 규모가 꾸준히 늘고 있습니다.

Our sales volumes are increasing steadily.

② 수출 판매 수익이 급상승했습니다.

Exports sales revenues soared significantly.

어휘 sales revenue 매출 금액, 판매 수입

③ 부정적인 결과로 다음과 같은 것을 예상할 수 있습니다.

The following would be the negative consequences.

④ 우리는 현 지출 수준을 검토해야 합니다.

We need to review our current expenditures.

어휘 expenditure 비용, 지출, 경비

⑤ 사실, 신속한 해결 방안이 필요합니다.

Indeed, we need an immediate solution.

⑥ 저희의 가죽 상품은 특히 유럽의 패션 리더들 사이에서 인기가 있습니다.

Our leather goods are popular, especially among trend setters in Europe.

[어휘] trend setter 패션 리더

⑦ 중국 투자자들이 특히 저희의 AI 기술에 관해 관심을 갖고 있습니다.

Our Chinese investors are particularly interested in our AI technology.

⑧ 특히, 국내 마케팅 전략에 관여할 것입니다.

In particular, we will be involved in domestic marketing strategies.

⑨ 사실, 우리 회사는 시장에서 아주 뒤처지고 있습니다.

In fact, we are way behind in the market.

[어휘] way (부사 · 전치사를 강조하여) 훨씬, 아주

⑩ 사실, 저희 회사 상품의 모조품이 판을 치고 있습니다.

As a matter of fact, copy-cats of our products are rampant.

[어휘] rampant 만연하는, 횡행하는

## 4. 보고 내용 요약

① 이 보고서는 프로젝트에 관한 기본 정보를 제공할 것입니다.

This report will provide you with the basic information on the project.

② 회계 연도 2006년부터 2015년까지 해당되는 보고서입니다.

The report covers fiscal years 2006 to 2015.

[어휘] fiscal year 회계연도

---

## 제7절    게시·공고

### 1. 공항에서

① 당신의 여행 목적은 무엇입니까? 사업, 공부, 아니면 관광?

What is the purpose of your trip? business, study, or pleasure

② 이 가방을 직접 포장하셨습니까?

Did you pack this bag yourself?

③ 가방을 방치하지 마십시오.

Please do not leave any bags unattended.

④ 어린아이들을 혼자 내버려둬서는 안 됩니다.

Small children should never be left unattended.

⑤ 자동차를 비워둔 채 방치하지 마십시오.

Do not leave your car unattended.

⑥ 신고할 게 있습니까?

Do you have anything to declare?

⑦ 현재 BA 333편이 탑승 중입니다.

Flight BA 333 is now boarding.

⑧ 항공편 UA 666편이 취소되었습니다.

Flight UA 666 has been canceled.

⑨ 항공편 SA 999편이 지연되었습니다.

Flight SA 999 has been delayed.

⑩ 이번이 BA111편의 마지막 방송입니다.

This is the final call for Flight BA 111.

⑪ 미니애폴리스 행 220편의 마지막 방송입니다.

This is the final call for Flight 220 bound for Minneapolis.

⑫ 112편에 대한 마지막 탑승 안내 방송입니다.

This is the final boarding call for flight number 112.

⑬ 게이트 99번으로 가십시오.

Please make your way to Gate 99.

⑭ 안내 방송이 나오면 게이트 99번으로 가십시오.

When boarding is announced, please make your way to departure gate 22.

⑮ 가까운 출구 쪽으로 나가 주시기 바랍니다.

Please make your way to the exit nearest you.

## 2. 사원모집

① 그레이스가 지난주에 사직서를 냈습니다. 그녀를 대신할 직원이 필요합니다.

Grace gave her notice last week. We need to replace her.

② 바로 업무를 시작할 수 있는 사람이 필요합니다.

We need someone able to hit the ground running.

③ 신입직원입니다.

It's an entry-level position.

④ 지원자의 경력이 최소 2년인 사람을 원합니다.

I want someone with at least two years of experience.

⑤ 지원자는 융통성과 창의력이 있고, 팀 분위기에서 일을 잘 할 수 있어야 합니다.

The applicant should be flexible, creative and be able to work in a team atmosphere.

⑥ 지원서를 선별하고 나서, 10명의 지원자에게 면접 기회를 줄 겁니다.

After screening the applications, we are inviting 10 candidates to come for an interview.

⑦ 급여 수준은 경력에 따라 5만 달러에서 7만 달러까지입니다.

The salary ranges from 50 to 70 grand depending on experience.

⑧ 이 업무는 경력이 최소 3년은 되어야 합니다.

The job requires at least three year's experience.

⑨ 우선, 사내에 공고해 봅시다.

First, let's post it internally.

⑩ 괜찮은 지원자들이 있나요?

Do we have any good candidates?

⑪ 우리는 국내와 해외 지원자 모두 받으려고 합니다.

We'll be accepting apps from both residents an foreigners.

어휘 apps = applicants

⑫ 우리는 외국인 직원의 자격 요건을 마련해야 합니다.

We'll need to list the eligibility requirements for foreign workers.

해설 & 정답

**01**

대화는 생일파티에 입고 갈 원피스를 고르는 상황으로, A가 빈칸 앞에서 'How about this red dress(이 빨간 원피스는 어떠세요)?'라고 했고, 빈칸 다음에서 'Then what about this black one instead(그러면 대신에 이 검은색 원피스는 어떠세요)?'라고 했으므로, 대화의 흐름상 빈칸에는 A가 처음에 권한 원피스의 색이 마음에 들지 않는다는 표현이 와야 한다는 것을 짐작할 수 있다. 따라서 빈칸에 들어갈 말로 적절한 것은 ② 'I'm not a big fan of that color(나는 저 색을 좋아하지 않아요)'이다.

① 정장과 넥타이를 사고 싶어요
③ 그게 바로 내가 찾던 거예요
④ 생일파티에 오시면 됩니다

어휘
• occasion 행사
• try on 입어[신어] 보다
• not a big fan of ~을 좋아하지 않는다

---

**01** 밑줄 친 부분에 들어갈 말로 가장 적절한 것은?   23 지역인재

> A : Welcome to PJ Mack's Clothing Store. May I help you?
> B : Hi. I'm looking for a dress.
> A : What occasion is the dress for?
> B : I need it for a birthday party next week.
> A : How about this red dress?
> B : _____.
> A : I see. Then what about this black one instead?
> B : It's beautiful. Let me try it on.

① I want to buy a suit and tie
② I'm not a big fan of that color
③ It's just what I've been looking for
④ You can come to the birthday party

해석
A : PJ Mack's Clothing Store에 오신 것을 환영합니다. 무엇을 도와드릴까요?
B : 안녕하세요. 나는 원피스를 찾고 있어요.
A : 그 원피스는 무슨 행사를 위한 것인가요?
B : 다음 주 생일 파티 때 필요해요.
A : 이 빨간 원피스는 어떠세요?
B : 나는 저 색을 좋아하지 않아요.
A : 알겠어요. 그러면 대신에 이 검은색 원피스는 어떠세요?
B : 예쁘네요. 한 번 입어볼게요.

정답 01 ②

## 02 두 사람의 대화 중 어색한 것은?

23 지역인재

① A : What a wonderful dinner!

　B : Thank you. I am glad that everything turned out so well.

② A : Could you tell me where the cereal is?

　B : If you go to the next aisle, you'll find it there.

③ A : Is it possible to reschedule my appointment?

　B : Sure. Can you tell me what day works for you?

④ A : Would you like to order something to drink?

　B : I'd like to buy that blue hat for my brother.

#### 해석

① A : 정말 멋진 저녁 식사네요!

　B : 감사합니다. 모든 일이 잘 돼서 기뻐요.

② A : 시리얼이 어디에 있는지 알려주시겠어요?

　B : 옆 통로로 가시면 거기 있을 거예요.

③ A : 약속을 다시 잡을 수 있을까요?

　B : 물론이죠. 무슨 요일이 좋을지 말씀해주시겠어요?

④ A : 마실 것을 주문하시겠습니까?

　B : 저 파란 모자를 오빠한테 사주고 싶어요.

---

### 해설 & 정답

#### 02

대화에서 A가 'Would you like to order something to drink(마실 것을 주문하시겠습니까)?'라고 물었는데, B가 'I'd like to buy that blue hat for my brother(저 파란 모자를 오빠한테 사주고 싶어요).'라고 대답했으므로, 두 사람의 대화 중 어색한 것은 ④이다.

어휘

• turn out 되다[되어 가다]

• aisle 통로

• reschedule 일정을 변경하다

• appointment 약속

정답 02 ④

**03**

빈칸 앞에서 B가 A에게 약의 부작용이 있는지 물었고, 마지막으로 B가 감사하다고 대답했으므로 빈칸에는 약의 부작용에 대한 내용이 들어가야 한다. 따라서 밑줄 친 부분에 들어갈 말로 가장 적절한 것은 ④ 'It might make you sleepy, so no driving after taking it(졸릴 수도 있으니 이것을 먹은 후에는 운전하지 마세요).'이다.

① 이 알약을 충분한 양의 물과 함께 드세요.
② 이 기침약들이 당신에게 도움이 될 것입니다.
③ 아침에 가장 먼저 드세요.

**어휘**

- prescription 처방전, 처방된 약
- medicine 의학, 약
- pill 알약, 정제
- side-effect 부작용
- plenty 풍부[충분]한 양

---

**03** 밑줄 친 부분에 들어갈 말로 가장 적절한 것을 고르시오. 22 지역인재

> A : May I help you?
> B : Yes, please. I'd like to get this prescription filled.
> A : Please have a seat.
> B : Thank you.
> A : Ok, Mr. Lopez. Your medicine is ready.
> B : How often should I take this?
> A : You should take one pill twice a day.
> B : Are there any side-effects?
> A : _____
> B : Thank you!

① Take this pill with plenty of water.
② These cough drops will help you.
③ Take it first thing in the morning.
④ It might make you sleepy, so no driving after taking it.

**해석**

A : 무엇을 도와드릴까요?
B : 네, 부탁합니다. 이 처방전대로 약을 지어 주세요.
A : 앉으세요.
B : 고맙습니다.
A : 네, Mr. Lopez. 당신의 약이 준비되었습니다.
B : 제가 이 약을 얼마나 자주 먹어야 하나요?
A : 당신은 하루에 두 번 한 알씩 먹어야 합니다.
B : 그것들에는 부작용이 있나요?
A : 졸릴 수도 있으니 이것을 먹은 후에는 운전하지 마세요.
B : 고맙습니다!

**정답** 03 ④

## 04 두 사람의 대화 중 가장 어색한 것은?

22 지역인재

① A : Are you on your way home?

　B : Not yet, but I'm leaving work soon.

② A : I heard you recently moved to our neighborhood.

　B : You've been a good neighbor for years.

③ A : Is there anything I can help you find?

　B : Yes. I'm looking for a special souvenir.

④ A : What are you reading?

　B : This is Mark Simpson's latest novel. It's so interesting.

**해석**

① A : 집에 가는 길이에요?

　B : 아직요, 하지만 곧 퇴근해요.

② A : 최근에 우리 동네로 이사 왔다고 들었습니다.

　B : 당신은 몇 년 동안 좋은 이웃이었습니다.

③ A : 내가 당신이 찾는 것을 도와줄 수 있을까요?

　B : 네. 특별한 기념품을 찾고 있어요.

④ A : 무엇을 읽고 있습니까?

　B : 이것은 Mark Simpson의 최신 소설이에요. 너무 재미있어요.

## 05 두 사람의 대화 중 어색한 것은?

21 지역인재

① A : Oh, I am starving!

　B : Why don't we go grab a bite?

② A : Did he win any prize in the singing contest?

　B : Yes, he won the second prize.

③ A : It's so good to see you here. Can't we sit down somewhere and talk?

　B : Sure, I'd love to touch base with you.

④ A : I'm an economist. I've just finished writing a book on international trade.

　B : Oh? That's my field, too. I work in entertainment.

**해석**

① A : 아 배고파 죽겠어요!

　B : 뭐 좀 먹으러 가지 않을래요?

② A : 그가 노래자랑에서 상을 탔나요?

　B : 네, 그는 2등 상을 탔어요.

③ A : 여기서 당신을 만나서 정말 반가워요. 우리 어디 좀 앉아서 얘기할까요?

　B : 좋아요, 저도 당신과 얘기하고 싶어요.

④ A : 저는 경제학자입니다. 방금 국제 무역에 관한 책을 썼어요.

　B : 그래요? 저도 그래요. 저는 연예계에서 일합니다.

---

**해설 & 정답**

**04**

A는 B가 최근에 자신의 동네로 이사 온 것을 들었다고 말했는데, B가 A에게 당신은 몇 년 동안 좋은 이웃이었다고 한 대답은 적절하지 않으므로 가장 어색한 것은 ②이다.

**어휘**

souvenir (휴가지 등에서 사는) 기념품[선물]

**05**

본인을 경제학자라고 소개하는 A에게 B가 'that's my field'라고 대답하며, 연예계에서 일한다는 말은 적절하지 않다.

**어휘**

• starve 굶주리다, 굶어 죽다

• international trade 국제 무역

**정답** 04 ② 05 ④

**06**

대화의 흐름상 ①의 '기꺼이 그럴게요.'라는 대답이 적절하다.

② 미안해요. 찾을 수가 없어요.

③ 전 해외여행을 좋아해요. 계획대로 만나요.

④ 고마워요. 최대한 빨리 가도록 노력할게요.

---

**06 밑줄 친 부분에 들어갈 말로 적절한 것은?**

> A : What do you feel like eating?
>
> B : I'm not sure. How about you?
>
> A : I went to a Japanese restaurant last night and I don't like Chinese dishes. How about some spaghetti?
>
> B : _____

① I'm up for that.

② I'm sorry. I can't find it.

③ I love traveling overseas. I'll see you as planned.

④ Thanks a lot. I'll try to get there as soon as possible.

**해석**

A : 뭐 먹고 싶어요?

B : 잘 모르겠는데요. 당신은 어때요?

A : 어젯밤에 일식집에 갔었는데, 전 중국 음식은 싫어요. 스파게티 먹는 건 어때요?

B : 기꺼이 그럴게요.

**정답** 06 ①

## 07

A : Excuse me, _____ Can you help me?
B : Sure. What can I do for you?
A : I'm trying to find gate 11.
B : Okay. This area only has 10 gates. Do you know which concourse you're leaving from?
A : Yeah. The screen said it would be concourse B.
B : We're in concourse A. Concourse B is up the escalator.
A : Thank you so much.
B : No problem.

① I'm lost.
② It's no big deal.
③ Where were we?
④ What brought you here?

**해석**

A : 실례합니다만, 저는 길을 잃었어요. 도와주실 수 있는지요?
B : 물론이죠. 무엇을 도와드릴까요?
A : 전 11번 출구를 찾고 있어요.
B : 네. 여기는 출구가 10개밖에 없어요. 어느 도착장에서 출발했는지 아시나요?
A : 네. 화면에서 도착장 B라고 한 것 같아요.
B : 저희는 도착장 A에 있답니다. 도착장 B는 에스컬레이터 위쪽에 있어요.
A : 대단히 감사합니다.
B : 괜찮아요.

## 07

대화의 흐름상 길을 잃었다는 표현인 ① '저는 길을 잃었어요'가 나오는 것이 적절하다.
② 별일 아니에요.
③ 우리 어디까지 이야기했죠?
④ 여긴 어쩐 일이에요?

**어휘**

• concourse (공항·기차역의) 중앙 홀, 도착장
• leave from ~에서 떠나다

**정답** 07 ①

## 08

빈칸 앞에서 구입하고 싶다고 하였고, 빈칸 뒤에서 신용카드로 해달라고 했으므로 빈칸에는 결제 수단을 묻는 ③ '계산은 어떻게 하시겠어요?'가 들어가는 것이 적절하다.
① 정말 잘 어울리네요.
② 색상이 멋져요. 마음에 들어요.
④ 저기 탈의실에서 옷을 입어보실 수 있어요.

---

**08**

A : What do you think?
B : It looks great.
A : I would like to purchase it.
B : _____
A : Here, take my credit card.
B : Just sign here, please.
A : Sure. Here you go.
B : Here's your receipt. Have a nice day.

① It's a perfect fit.
② The color's nice. I love it.
③ How would you like to pay for it?
④ You can try it on in the fitting room over there.

**해석**
A : 어떻게 생각하세요?
B : 멋져 보여요.
A : 구입하고 싶어요.
B : 계산은 어떻게 하시겠어요?
A : 여기, 제 신용카드로 해주세요.
B : 여기에 사인해주세요.
A : 물론이죠. 여기 있습니다.
B : 이건 영수증이에요. 안녕히 가세요.

---

## 09

② down the drain 헛수고로 돌아간, 파산한
① out of sorts 기분이 언짢은, 화가 난
③ all but perfect 거의 완벽한
④ against my will 의지와는 반대로

---

**09  대화를 읽고 빈칸에 가장 알맞은 것을 고르시오.**

Boss : I don't like this project proposal. I want you to make another one.
Employee : You mean a whole month's hard work is _____?
Boss : That's right. This proposal has no feasibility.

① out of sorts
② down the drain
③ all but perfect
④ against my will

**해석**
Boss : 나는 이 프로젝트 계획이 마음에 들지 않습니다. 다른 것을 만들기를 원합니다.
Employee : 한 달 동안 열심히 한 것이 헛수고라고 하시는 것입니까?
Boss : 맞습니다. 이 제안은 실행이 불가능합니다.

**정답**  08 ③  09 ②

## 10 다음 대화 중 어울리지 않은 것은?

① A : I need to come up with a better plan for this meeting.

   B : I think the plan you have is fine.

② A : I'd like to buy a ticket for the concert.

   B : I'm sorry, but they are all sold out for tonight.

③ A : Let me tell you about the way this company works.

   B : Sure, I'm all ears.

④ A : No one can break the ice with strangers like Minsoo.

   B : I hope the weather clears up by tomorrow.

해석

① A : 나는 이번 회의를 위해 더 좋은 계획을 제안할 필요가 있습니다.

   B : 나는 당신이 가지고 있는 계획이 좋다고 생각합니다.

② A : 나는 콘서트를 위한 티켓을 사고 싶습니다.

   B : 죄송합니다만, 오늘 티켓은 모두 매진되었습니다.

③ A : 이 회사가 운영하는 방식에 관해 당신에게 말씀드리겠습니다.

   B : 네, 잘 듣겠습니다.

④ A : 어느 누구도 민수와 같은 낯선 사람들과 화기애애하게 지낼 수는 없습니다.

   B : 날씨가 내일까지 화창해지기를 희망합니다.

## 11 다음 대화의 빈칸에 적절한 것을 고르시오.

A : I don't think this is going to work. There is no hope.

B : Why not? Look on the bright side.

A : Well. my project was not good.

B : Come on. _____.

A : Thank you for saying that. I feel happy again.

① You cannot eat your cake and have it

② Every cloud has a silver lining

③ The pot calls the kettle black

④ Cut your coat according to your cloth

해석

A : 이것이 잘 될 거라고 생각하지 않아. 희망이 없어.

B : 안 될 게 뭐가 있겠어? 긍정적으로 생각해.

A : 나의 계획이 좋지 못했어.

B : 힘내. 괴로움 뒤에는 기쁨이 있어.

A : 그렇게 말해줘서 고마워. 다시 행복한 것 같아.

**10**

④ A가 민수에 대해 언급했는데 B가 날씨를 이야기하는 것은 어색하다. 대화의 문맥 상 잘 어울리지 않는다.

**11**

② Every cloud has a silver lining 괴로움 뒤에는 기쁨이 있어.

① You cannot eat your cake and have it 두 마리 토끼를 다 잡을 수는 없다.

③ The pot calls the kettle black 똥 묻은 개가 겨 묻은 개 나무란다.

④ Cut your coat according to your cloth 분수에 맞는 생활을 하라.

정답 10 ④ 11 ②

## [12~14] 밑줄 친 부분에 들어갈 말로 가장 적절한 것을 고르시오.

**12**

대화문의 빈칸 완성 문제는 빈칸의 앞뒤 문맥을 파악해야 한다. 앞 문장에서 A는 B가 부서의 매니저인 Janie Kemp와 이야기해야 한다고 했고, 뒷 문장에서 B의 요청에 대해 A가 기다리라고 하였으므로 B가 한 말로 적절한 것은 그녀와의 전화통화 요청이다. 따라서 정답은 ② '그녀의 사무실로 연결해 주시겠습니까?'이다.

① 그녀가 매니저라는 사실을 몰랐습니다.

③ 그녀를 언제 만날 수 있나요?

④ 나중에 그녀에게 전화할게요.

[어휘]

• direct (전화를) 연결해 주다, 안내하다

• operator 전화교환원

**12**

A : Thank you for calling the Luxe Hotel. This is Rhonda. How may I direct your call?

B : Good morning. I'm calling about an ad in the newspaper.

A : Do you want to know about the operator job?

B : That's right. I want that job. Who can I speak to about that?

A : You need to talk to Janie Kemp. She's the manager of the department.

B : Okay. _____

A : Certainly. Please hold.

B : Thanks for your help.

① I did not know the fact that she is the manager.

② Can you please transfer me to her office?

③ When can I meet her?

④ I will call her later.

[해석]

A : Luxe 호텔에 전화 주셔서 감사합니다. 저는 Rhonda입니다. 어디로 연결해 드릴까요?

B : 안녕하세요. 신문에 실린 광고에 관련해 전화 드렸는데요.

A : 전화교환원 업무에 관해 알고 싶으십니까?

B : 맞습니다. 그 일을 원해요. 그것에 관해서 어떤 분과 이야기할 수 있을까요?

A : Janie kemp 씨와 이야기하셔야 합니다. 그녀가 그 부서의 매니저거든요.

B : 예. 그녀의 사무실로 연결해 주시겠습니까?

A : 물론입니다. 기다려 주세요.

B : 감사합니다.

정답 12 ②

A : Let me quickly just go over our schedule again. The Thursday morning meeting has been postponed until Monday afternoon at 3 o'clock. Is that right?

B : That's right. I'll send you an e-mail on Friday to confirm that time again.

A : OK. We'll just leave it at that unless I hear anything different by Friday.

B : _____. Thanks for your patience.

A : It's no problem. I'll look forward to seeing you on Monday.

B : See you.

① Don't mention it

② I see it differently

③ Leaving on Friday sounds good

④ I'm sorry about having to change our schedule

해석

A : 우리의 스케줄을 다시 한 번 빠르게 검토해볼게요. 목요일 아침 회의가 월요일 오후 3시로 연기되었습니다. 맞나요?

B : 맞습니다. 제가 그 시간을 다시 확정하는 이메일을 금요일에 보내드릴게요.

A : 알겠습니다. 금요일까지 다른 이야기가 없으면 그렇게 합시다.

B : 스케줄이 변경되어 죄송합니다. 기다려주셔서 감사해요.

A : 괜찮습니다. 월요일에 당신을 뵙는 게 기대되네요.

B : 그때 뵐게요.

**13**

전체를 다 읽어봐야 하는 문제이다. A의 첫 발화에서 회의가 연기되었다는 정보가 주어 졌고, B가 빈칸 뒤에서 기다려줘서 고맙다 고 하였으며, 그 대답으로 A는 괜찮다고 말 하고 있다. 그러므로 스케줄 변경을 사과하 는 ④ '스케줄이 변경되어 죄송합니다'가 적 절하다. ①은 사과에 대한 대답, ②는 상대방 의견에 대해 반대를 표하는 관용표현이다.

① 별말씀을요

② 전 다르게 생각하는데요

③ 금요일에 떠나는 게 좋겠네요

어휘

• go over ~을 점검[검토]하다

• confirm 확실하게 하다, 확인해주다

• leave it at that 그 정도로 해두다

정답   13 ④

## 14

빈칸 이후 B는 '왜?'라며 이유를 물었고, A는 정신을 차리고 뇌에 산소를 공급하기 위해서라고 대답했으므로, 이에 합당한 제안으로는 산책을 권하는 말인 ① '산책을 하자'가 적절하다.

② 커피 좀 그만 마셔

③ 지금부터 네가 잠자지 않았으면 좋겠어

④ 너 발표에 조금 더 신경을 쓰는 게 좋겠어

어휘

• fall asleep 잠들다

• go for a walk 산책을 가다

• pay attention to ~에 유의하다

A : Hi. Are you drinking coffee? That's new.

B : Hi. You're right. I usually don't drink coffee, but I need it today to wake up.

A : You do look tired. Did you get enough sleep last night?

B : No, I was worried about today's presentation, so it was hard to fall asleep.

A : Come on. _____.

B : Why?

A : To wake you up and to get some oxygen to your brain before the presentation.

B : That's a good idea.

① Let's go for a walk

② Please stop drinking coffee

③ I want you not to fall asleep from now

④ You had better pay more attention to it

해석

A : 안녕. 너 커피 마시는 거야? 새로운데.

B : 안녕. 그래 맞아. 보통은 커피를 안 마시는데, 오늘은 정신을 차리기 위해서 커피가 필요해.

A : 너 정말 피곤해 보인다. 어젯밤에 충분히 잤어?

B : 아니, 오늘 발표가 걱정돼서 잠들기 어려웠어.

A : 이봐. 산책을 하자.

B : 왜?

A : 발표 전에 너 정신도 차리고, 뇌에 산소 공급도 하고.

B : 좋은 생각이야.

## 15

① 자, 곧장 가세요.

② 네 알 바 아니다. 너의 일이나 신경 써라.

③ 저리 가, 나 좀 내버려 둬.

## 15 다음 대화의 빈칸에 적절한 것을 고르시오.

A : Well, I'm afraid I've taken up too much of your time. I'd better be going now.

B : Not at all. _____.

① Well, go straight ahead.

② Mind your own business.

③ Go away and leave me alone

④ Take your time. I'm in no rush.

해석

A : 글쎄, 제가 시간을 너무 뺏은 것 같군요. 지금 가야할 것 같아요.

B : 천만에요. 천천히 하세요. 저는 바쁘지 않아요.

정답 14 ① 15 ④

**16** 다음 대화의 빈칸에 적절한 것을 고르시오.

> A : How come the front door is open?
> B : I'm sure I closed it.
> A : Really? Why, it's strange.
> B : Frankly, _____.
> A : Me, too. We'd better call the police.

① I smell a rat
② I feel it in my bones
③ I have other fish to fry
④ I think I have to break the ice

해석

A : 왜 앞문이 열려있지?
B : 틀림없이 닫았는데.
A : 정말로? 아, 이상하다.
B : 솔직히, 수상한 냄새가 나.
A : 나도 그래. 경찰에 신고하는 게 좋겠다.

**16**
② 직감으로 확신한다
③ 해야 할 다른 문제를 가지고 있다
④ 화해해야 한다고 생각한다

정답 16 ①

**17**

① 확신해. 최선만 다해봐.

③ 내가 이것에 관해서 할 수 있는 것이 아무것도 없어.

④ 신경 안 써, 즉시 할 거야.

## 17 다음 대화 중 가장 적절한 것을 고르시오.

> W : So, how was your interview?
>
> M : I haven't gone to the interview yet. It's tomorrow. I'm so nervous.
>
> W : Don't worry. You should do fine. You have the necessary experience.
>
> M : I hope so.
>
> W : Remember, they want someone who works well with people.
>
> M : Yes.
>
> W : You have got to show them how outgoing and personal you are!
>
> M : _____

① I'm sure. Just do your best.

② I'll keep that in mind. Thanks.

③ There is nothing I can do about it.

④ I don't mind. I'll do it right away.

**해석**

W : 그래, 면접은 어떻게 됐어?

M : 아직 면접을 보지 않았어. 내일이야. 정말 초조해.

W : 걱정 마. 넌 잘 할 수 있을 거야. 넌 필요한 경험이 있잖아.

M : 그랬으면 좋겠다.

W : 명심할 것은 그들은 사람들과 같이 일을 잘 할 사람을 원한다는 거야.

M : 그래.

W : 그들에게 네가 얼마나 사교적이고 매력 있는 사람인지 보여줘야만 해!

M : 명심할게. 고마워.

정답 **17** ②

**18** 다음 대화의 흐름으로 보아 빈칸에 들어갈 가장 적절한 것을 고르시오.

> Paul : Thanks God It's Friday! How about going for a drive for a change?
> Kathy : Okay. But not right now. I have to get my car fixed.
> Paul : All right. After that, we can take turns driving.
> Kathy : Great. We won't get worn out that way.
> Paul : And I desperately hope we won't go through any traffic jam on the way. What do you think?
> Kathy : _____. You sure know what it is like on the road on weekends, don't you?
> Paul : Anyway, we can have hope, at least.

① Make yourself at home
② You can say that again
③ That was a close call
④ There's not the slightest chance

**해석**

Paul : 금요일인 것에 감사하자! 기분 전환으로 드라이브 갈래?
Kathy : 좋아. 그러나 지금 당장은 안 돼. 차를 수리해야만 해.
Paul : 좋아. 그 후에 교대하면서 운전하자.
Kathy : 좋아. 그런 식으로 하면 우리는 지치지 않을 거야.
Paul : 나는 도중에 우리가 교통 혼잡을 겪지 않기를 정말 희망해. 너는 어떻게 생각하니?
Kathy : 그럴 가능성은 전혀 없어. 너도 확실히 주말마다 도로 사정이 어떤지를 알고 있잖니?
Paul : 여하튼, 적어도 희망을 갖자.

**18**
① 편히 쉬어
② 네 말이 맞아
③ 위기일발이었어

**19**
① 비밀을 지켰어요
② 쉬는 중이에요
③ 할 일이 너무 많아요

**19** 다음 대화의 흐름으로 보아 빈칸에 들어갈 가장 적절한 것을 고르시오.

> A : I didn't see you in class today. Are you OK?
> B : _____
> A : I hope it's not serious.
> B : I think it's just the flu.

① I kept it under my hat.
② I am taking my time off.
③ I'm snowed under with work.
④ I'm feeling a little under the weather.

해석
A : 오늘 수업 중에 당신을 보지 못했어요. 괜찮아요?
B : 약간 건강이 좋지 못해요.
A : 심각하지 않기를 바랍니다.
B : 단지 유행성 감기라고 생각합니다.

**20**
① 생각이 많아 보여요
③ 운동 같은 거 하는게 틀림없어요
④ 그들이 저녁시간에 맞춰 왔으면 좋겠어요

**20** 다음 대화의 흐름으로 보아 빈칸에 들어갈 가장 적절한 것을 고르시오.

> A : What do you think about the boss stepping down and his son taking over?
> B : I don't think it will make much of a difference. They are both very similar.
> A : You are right. They both have the same positive and negative characteristics.
> B : _____

① Sounds like you have a lot on your mind.
② They are cut from the same cloth.
③ You must be working out or something.
④ I hope they can make it for dinner.

해석
A : 사장님이 퇴진하시고 아들이 맡게 되는 것 어떻게 생각하니?
B : 난 크게 다를 것 없다고 생각해. 너무 닮았잖아.
A : 맞아. 둘 다 장단점이 똑같아.
B : 판박이야.

정답 19 ④ 20 ②

**21** 다음 중 대화의 연결이 부자연스러운 것은?

① A : I'm really too tired to work any more.

  B : OK. let's call it a day.

② A : What would you do if you were in my shoes?

  B : We are talking the same language.

③ A : You don't look yourself today.

  B : I've got a headache.

④ A : I can't thank you enough.

  B : You're welcome.

[해석]

① A : 너무 피곤해서 더 이상 일을 할 수 없습니다.

  B : 좋아요. 그만합시다.

② A : 당신이 나의 입장이라면 무엇을 하실 건가요?

  B : 우리는 서로 말이 통하는군요.

③ A : 오늘 안색이 좋아 보이지 않습니다.

  B : 두통이 있어요.

④ A : 정말 감사합니다.

  B : 별 말씀을요.

**21**

② 입장을 물어보고 의견이 같다는 대답이 맞지 않는다.

정답 21 ②

많이 보고 많이 겪고 많이 공부하는 것은 배움의 세 기둥이다.

— 벤자민 디즈라엘리 —

# 실전모의고사

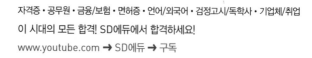

제한 시간 : 20분 | 시작 ___시 ___분 – 종료 ___시 ___분          정답 및 해설 p.459

**01** 다음 밑줄 친 부분과 의미가 가장 가까운 것을 고르시오.

> Experienced salespeople claim there is a difference between being assertive and being pushy.

① thrilled
② brave
③ timid
④ aggressive

**02** 밑줄 친 부분에 들어갈 말로 가장 적절한 것은?

> The campaign to eliminate pollution will prove _____ unless it has the understanding and full cooperation of the public.

① enticing
② enhanced
③ fertile
④ futile

**03** 밑줄 친 부분에 들어갈 말로 가장 적절한 것은?

> In his poems, he deals with his own personality as it is, rather than _____.

① others defining it
② as others define it
③ it is defined by others
④ its definition by others

**04** 밑줄 친 부분과 의미가 가장 가까운 것은?

> I was told to let john pore over computer printouts.

① examine
② distribute
③ discard
④ correct

**05** 다음 빈칸에 들어갈 말로 가장 적절한 것은?

> One basic question scientists have tried to answer is _____.

① people learn
② how do people learn
③ people learn how
④ how people learn

**06** 다음 중 어법상 가장 옳은 문장은?

① I want to study Chinese unless it is not difficult to do so.
② He asked me to lend him all the money what I had yesterday.
③ She demanded that he returns the books he had borrowed from her.
④ Not a single word did he say at the sight of his daughter.

**07** 어법상 가장 옳지 않은 것을 고르시오.

It seems to me that I can ① hardly pick up a magazine nowadays ② without encountering someone's views on our colleges. ③ Most of the writer are critical; they contend that the colleges are not doing a good job, and they question the value of a college education. ④ Less often, a champion arises to argue that a college degree is worth while.

**08** 다음 중 어법상 가장 옳지 않은 것은?

- He claims ㉠ to be robbed yesterday.
- He found his favorite jar ㉡ broken.
- We're looking forward to the time ㉢ when we can get together again.
- ㉣ Had her father not told her to wear a seatbelt, she might have been more seriously injured.

① ㉠  ② ㉡
③ ㉢  ④ ㉣

**09** 다음 중 어법상 가장 옳지 않은 것은?

① 그들은 그의 정직하지 못함을 비난했다.
   → They charged him with dishonesty.
② 그 사건은 심각한 양상을 띠기 시작했다.
   → The incident began to assume a serious aspect.
③ 언제 당신이 그녀의 어머니를 방문하는 것이 편하시겠습니까?
   → When will you be convenient to visit her mother?
④ 당신의 도움 덕분에 우리는 그 문제를 쉽게 해결할 수 있었습니다.
   → Thanks to your help, we were able to fix the problem with ease.

**10** 밑줄 친 부분에 들어갈 말로 가장 적절한 것은?

As the alga die, poisonous substances are produced. These substances use up all oxygen in the water, _____.
Eventually, river or lake become broken down.

① making impossible for fish to breathe in it
② made it impossible for fish to breathe in it
③ making it impossible for fish to breathe in it
④ made impossible for fish to breathe in it

**11** 다음 중 우리말을 영어로 옮긴 것이 가장 잘못된 것은?

① 잘못을 저지르지 않는 사람은 아무도 없다.
   → Who is there but commits errors?
② 강을 건널 때 그는 거의 익사할 뻔했다.
   → Crossing the river, he came near being drowned.
③ 가정교육은 학교교육 못지않게 중요하다.
   → Home education is no more important than school education.
④ 맡기신 짐을 찾는 것을 꼭 잊지 마세요.
   → Never fail to remember to pick up your baggage.

**12** 밑줄 친 부분에 들어갈 말로 가장 적절한 것은?

In the past few decades, governments have undertaken to control both prices and output in the agricultural sector, largely in response to the pressures of the farmers themselves. In the absence of such control, farm prices tend to more than do most other prices, and the incomes of farmers _____ to an even greater degree. Not only are incomes in agriculture unstable, but they also tend to be lower than incomes in other economic sectors.

① discern
② increase
③ fluctuate
④ apprehend

**13** 밑줄 친 부분에 들어갈 말로 가장 적절한 것은?

Experts say compulsive _____ usually have trouble categorizing items, find it difficult to make decisions, and worry that objects not in sight will be forgotten. They might leave clothes on top of a bureau, for example, instead of putting them in drawers. Over some time, a few items piled here and there grow into mountains of dangerous clutter.

① gluttons
② hoarders
③ philatelists
④ shoplifters

**14** 다음 중 밑줄 친 부분에 들어갈 말로 가장 적절한 것은?

A : May I speak to Jennifer, please?
B : I'm afraid she isn't here right now.
A : Oh, I see. When do you expect her back?
B : Probably in an hour. _____?
A : No, thanks. I'll call again.

① Will you call back?
② Who's calling, please?
③ Why don't you hang up?
④ May I take a message?

**15** 다음 글의 제목으로 가장 적절한 것은?

Luigi Galvani(1737~1798) was an Italian physician who performed experiments on frogs' legs in an attempt to prove that muscles generate electricity when they contract. It turned out that the opposite is true (muscles contract when stimulated with an electric current), but because of Galvani's work, several words that relate to electricity have been derived from his name. For example, galvano meter is an instrument that measures small electric currents. A galvanic cell is an electric battery cell that cannot be recharged.

① Luigi Galvani's Life
② Experiments on Frogs' Legs
③ The Function of an Electric Current
④ The Origin of the Words Related to Electricity

**16  다음 글의 내용과 일치하는 것은?**

Taste buds got their name from the nineteenth century German scientists Georg Meissner and Rudolf Wagner, who discovered mounds made up of taste cells that overlap like petals. Taste buds wear out every week to ten days, and we replace them, although not as frequently over the age of forty-five : our palates really do become jaded as we get older. It takes a more intense taste to produce the same level of sensation, and children have the keenest sense of taste. A baby's mouth has many more taste buds than an adult's, with some even dotting the cheeks. Children adore sweets partly because the tips of their tongues, more sensitive to sugar, haven't yet been blunted by trying to eat hot soup before it cools.

① Taste buds were invented in the nineteenth century.
② Replacement of taste buds does not slow down with age.
③ Children have more sensitive palates than adults.
④ The sense of taste declines by eating cold soup.

**17  다음 글의 제목으로 가장 적절한 것은?**

Drama is doing. Drama is being. Drama is such a normal thing. It is something that we all engage in every day when faced with difficult situations. You get up in the morning with a bad headache or an attack of depression, yet you face the day and cope with other people, pretending that nothing is wrong. You have an important meeting or an interview coming up, so you talk through the issues with yourself beforehand and decide how to present a confident, cheerful face, what to wear, what to do with your hands, and so on. You've spilt coffee over a colleague's papers, and immediately you prepare an elaborate excuse. Your partner has just run off with your best friend, yet you cannot avoid going in to teach a class of inquisitive students. Getting on with our day-to-day lives requires a series of civilized masks if we are to maintain our dignity and live in harmony with others.

① Dysfunctions of Drama
② Drama in Our Daily Lives
③ Drama as a Theatrical Art
④ Dramatic Changes in Emotions

**18  글의 흐름상 가장 어색한 문장은?**

Progress is gradually being made in the fight against cancer. ① In the early 1900s, few cancer patients had any hope of long-term survival. ② But because of advances in medical technology, progress has been made so that currently four in ten cancer patients survive. ③ It has been proven that smoking is a direct cause of lung cancer. ④ However, the battle has not yet been won. Although cures for some forms of cancer have been dis covered, other forms of cancer are still increasing.

**19  다음 글의 목적으로 가장 적절한 것은?**

I was pleased to receive your letter requesting a letter of reference for a Future Leaders scholar ship. As your physics teacher, I can certainly speak highly of your academic abilities. Your grades have consistently been A's and B's in my class. Since this is the first semester that I have had you in class, however, I do not feel that I am the right person to provide information on your leadership skills. I would encourage you to request a reference letter from those teachers with whom you have had the most opportunity to demonstrate those skills. I am sure many teachers would be willing to provide letters for you. Good luck with your scholarship.

① 장학금 추천서 부탁을 거절하려고
② 뛰어난 학업 성취를 칭찬하려고
③ 물리학 강좌 수강을 안내하려고
④ 장학금 수혜 소식을 알려주려고

**20  다음 글의 제목으로 가장 적절한 것은?**

I have to admit that I'm a personal growth fanatic. There are few things I enjoy more than learning something new. My father got me started when I was a kid. He actually paid me to read books that would help me learn and grow. Now I'm in my late fifties, and I still love it when I can see myself improving in an area I've targeted for growth. But as much as I am dedicated to progress, there are some things that I'm not willing to change — no matter what — such as my faith and my values. I'd rather die than forfeit my religious faith or my commitment to integrity, family, generosity, and belief in people. Some things are not worth compromising at any price. I want to encourage you to think about the things you will hold on to in your life. Write down the things, and take some time to explain why. Once you do that, then everything else should be open to change.

① A positive Attitude Toward Change
② Studying the Process of Social Progress
③ Personal Growth vs. Sacrificial Commitment
④ Non-Negotiable Things : A Solid Base for change

**01** 다음 밑줄 친 부분과 의미가 가장 가까운 것을 고르시오.

> I absolutely detested the idea of staying up late at night.

① defended

② abhorred

③ confirmed

④ abandoned

**02** 밑줄 친 부분에 들어갈 말로 가장 적절한 것은?

> Penicillin can have an _____ effect on a person who is allergic to it.

① affirmative

② aloof

③ adverse

④ allusive

**03** 다음 중 문장의 뜻풀이가 가장 잘못된 것은?

① They intended to set back our plan.

　→ They intended to hinder our plan.

② Your tie goes well with your suit.

　→ Your tie matches your suit.

③ He came home worn out last night.

　→ He came home exhausted last night.

④ I read this book from cover to cover.

　→ I read this book many times.

**04** 밑줄 친 부분과 의미가 가장 가까운 것은?

> There is no doubt that he was being obstinate and suspicious, but his competence had been proved by his latest publication.

① prodigy

② capability

③ competition

④ significance

**05** 우리말을 영어로 옮긴 것 중 가장 어색한 것은?

① 제인은 보기만큼 젊지 않다.

　→ Jane is not as young as she looks.

② 전화하는 것이 편지 쓰는 것보다 더 쉽다.

　→ It's easier to make a phone call than to write a letter.

③ 너는 나보다 돈이 많다.

　→ You have more money than I.

④ 당신 아들 머리는 당신 머리와 같은 색깔이다.

　→ Your son's hair is the same color as you.

**06** 다음 중 어법상 옳은 것은?

① While worked at a hospital, she saw her first air show.

② However weary you may be, you must do the project.

③ One of the exciting games I saw were the World Cup final in 2010.

④ It was the main entrance for that she was looking.

**07** 다음 중 어법상 가장 옳지 않은 것은?

① Were she here now, I would tell her everything.

② It is more than five years since I last saw him.

③ I have never heard him spoken ill of others.

④ Great care should be taken of him by us.

**08** 밑줄 친 부분 중 어법상 가장 자연스럽지 못한 것은?

The cat is one of ① the most amazing animals. It has 288 light bones of great strength. It also has 517 springlike muscles. As a result, the cat almost ② seems to float into the air when it jumps. Furthermore, it can pick up the direction of a sound ten times ③ as fast as a dog can. Its vision is six times ④ better than those of a person.

**09** 다음 우리말을 영어로 가장 바르게 옮긴 것은?

강한 바람 속에서 내가 거리를 건널 때, 나의 모자가 날아가 버렸다.

① While crossing the street in a strong wind, I had my hat blown off.

② While crossed the street in a strong wind, I had my hat blown off.

③ While crossing the street in a strong wind, my hat was blown off.

④ While crossed the street in a strong wind, my hat was blown off.

**10** 대화의 흐름으로 보아 밑줄 친 부분에 들어갈 말로 가장 적절한 것은?

A : How's Tom getting on school?

B : Well, his last report wasn't very good actually.

A : Oh, dear. Why not?

B : Because he just won't work. He's only interested in sports, and he just won't put any effort into anything else at all. We've tried everything, but he just doesn't take any notice of anybody.

A : But surely he can't enjoy all that? I mean, it's not very pleasant to be criticized all the time, is it?

B : It doesn't bother Tom. It's _____.

① like a fish out of water

② like water off a duck's back

③ like putting the cart before the horse

④ like taking the bull by the horns

**11** 다음 글의 요지로 가장 적절한 것은?

Examinations are important, but what is regrettable is that there is a tendency to put aside that which cannot be evaluated by examination. Moral excellence and strength of character, though encouraged in schools by tradition, come second to examination scores when a pupil applies to enter the next stage of education. But we must bear in mind that it is the defects in personal qualities rather than a lack of knowledge which are responsible for failures in life.

① 시험은 교육적인 면에서 불가피한 것이다.

② 지식은 성공의 지름길이다.

③ 입시 때문에 인격함양이 경시되어서는 안 된다.

④ 입시 위주의 학교교육은 경쟁사회의 한 단면이다.

**12** 다음 글의 주제로 가장 적절한 것은?

To understand human behavior, it is essential to grasp the ideas of inferiority. All people develop some sense of inferiority because they are born completely helpless and remain that way through out childhood. It is a normal condition for all people and a source of all human striving. Life becomes a process of finding ways to become less inferior. Feelings of inferiority can be the wellspring of success rather than being considered a sign of weakness or abnormality. In many cases, the moment we experience inferiority, we are pulled by the striving for superiority. The goal of superiority pulls people forward toward mastery and enables them to overcome obstacles, thus contributing to the development of human community.

① positive aspects of inferiority
② external motivation for success
③ unpredictability of human behavior
④ the pleasure of achieving our goals

**13** Porto에 관한 다음 글의 내용과 가장 일치하지 않는 것은?

Once a famous merchant port of the Portuguese empire, Porto today gives the impression of a forgotten city. It was built where the slow-moving Duoro River flows to the Atlantic through the steep hills guarding the seashore. It still carries the features of a busy medieval town in a strategically important location for defense. With its magnificent castles overlooking the river and a rich history of wine making, one might expect it to be one of the most visited cities in the world. But hidden as it is in the northwest corner of the Iberian Peninsula, few tourists make the trip.

① 한때는 유명한 무역 항구였다.
② Duoro 강이 있는 곳에 세워졌다.
③ 중세 도시의 특징을 지니고 있다.
④ 많은 관광객을 끌어들이고 있다.

**14** 다음 중 밑줄 친 부분에 들어갈 말로 가장 적절한 것은?

In traditional societies, high status may have been extremely hard to acquire, but it was also comfortingly hard to lose. It was as difficult to stop being a lord as, more darkly, it was to cease being a servant. What mattered was one's identity at birth, rather than anything one might achieve in one's lifetime through the exercise of one's abilities. The great aspiration of modern societies, however, has been to reverse this equation — to strip away both inherited privilege and inherited under-privilege in order to make rank dependent on ＿＿＿＿＿＿ individual achievement. Status in the current society rarely depends on handed down through the generations.

① immediate insight
② learned behavior
③ an unchangeable identity
④ available information

**15** 다음 글의 내용과 일치하지 않는 것은?

East of the Mississippi, the land rises slowly into the foothills of the Appalachian Mountains. At the edge of the Canadian plains, the Canadian Shield, a giant core of rock centered on the Hudson and James Bays, anchors the continent. The stony land of the Shield makes up the eastern half of Canada and the northeastern United States. In northern Quebec, the Canadian Shield descends to the Hudson Bay. The heavily eroded Appalachian Mountains are North America's oldest mountains and the continent's second-longest mountain range. They extend about 1,500 miles from Quebec to central Alabama. Coastal lowlands lie east and south of the Appalachians. Between the mountains and the coastal lowlands lies a wide area of rolling hills. Many rivers cut through the Piedmont and flow across to the Atlantic Coastal Plain in the Carolinas.

① Centered on the Hudson and James Bays is a giant core of rock, the Canadian Shield.
② The Appalachian Mountains are North America's longest mountain range.
③ From Quebec to central Alabama, the Appalachian Mountains stretch.
④ The Piedmont is traversed by many rivers that flow toward the Plain.

**16** 다음 글의 빈칸 (A), (B)에 들어갈 말로 가장 적절한 것은?

It is said that a cozy hat is a must on a cold winter's day. We are often led to believe that most of our body heat is lost through our heads. Closer inspection of heat loss in the hatless, ____(A)____, reveals that is nonsense. The myth has arisen through a flawed interpretation of an experiment in the 1950s. In the study, volunteers were dressed in Arctic survival suits and exposed to bitterly cold conditions. Because the head was the only part of their bodies left uncovered, most of their heat was lost through their heads. ____(B)____, covering one part of the body has as much effect as covering any other. If the experiment had been performed with people wearing only swimming trunks, they would have lost no more than 10% of their body heat through their heads.

|     | (A) | (B) |
| --- | --- | --- |
| ① | therefore | In fact |
| ② | therefore | Similarly |
| ③ | for example | Similarly |
| ④ | however | In fact |

**17** 다음 중 어법상 가장 옳은 것은?

Do you know marginal listening? Marginal listening is hearing the sounds and words but not the meaning and intention. It is dangerous (A) because / because of there is enormous room for mis under standing since the listener is only superficially concentrating on what is being said. At the nonlistening level, the speaker receives many noticeable clues (B) what / that the listener is not attending to the conversation. However, at the marginal listening level, the speaker may be deceived into a false sense of security that she is in fact being listened to and (C) understood / understanding. Television sitcoms often use the humorous possibilities of marginal listening.

|     | (A) | (B) | (C) |
| --- | --- | --- | --- |
| ① | because | what | understood |
| ② | because | that | understood |
| ③ | because of | what | understanding |
| ④ | because of | that | understanding |

**18** 글의 흐름으로 보아, 주어진 문장이 들어가기에 가장 적절한 곳은?

> At one point, the seventh monkey, in full view of the others, got a painful shock whenever one of them pulled for food.

Virtually from birth, when human babies see or hear another baby crying in distress, they start crying as if they too were distressed. ( ① ) After about fourteen months of age, babies not only cry when they hear another baby cry, but they also try to relieve the other baby's suffering somehow. The older toddlers get, the less they cry and the more they try to help. ( ② ) The same response can be found in animal species. ( ③ ) In an experiment, six monkeys were trained to pull chains to get food. ( ④ ) On seeing the pain of that shocked monkey, the other monkeys started pulling a different chain, one that delivered less food to them but that inflicted no shock on the seventh monkey.

[19~20] 다음 글을 읽고, 물음에 답하시오.

The discovery of gold in California in 1848 marked the beginning of an economic boom known as the California Gold Rush. The miners, many of whom were originally journalists, lawyers, and business men, preserved their experiences in writing. Much of this was peppered with colorful phrases related to their new work. Interestingly, many of these phrases are still in use today in the English language. The popular phrase "pan out," meaning "to be successful," can be traced back to the gold rush. Miners would separate gold from worthless minerals using a pan; gold would settle to the bottom of the pan, and other sediments would be removed. The likely origin of "pan out," then, is from the process of gathering all the gold in one's pan.

**19** 첫 단락의 내용과 가장 일치하는 것은?

① Introducing new phrases into English was the goal of the writers.

② Not all of the Gold Rush miners could read or write.

③ The miners wrote about their gold-mining experiences.

④ Miners preferred their lives as journalists, lawyers, and businessmen.

**20** "pan out"이란 표현의 유래를 가장 적절하게 설명한 것은?

① Miners called their findings "pans."

② Miners used pans to separate gold from worthless minerals.

③ Gold was found in places called pans.

④ Miners called selling gold "panning."

인생의 실패는 성공이 얼마나 가까이 있는지도 모르고 포기했을 때 생긴다.

– 토마스 에디슨 –

# 정답 및 해설

 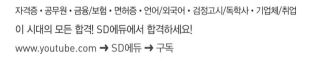

| 01 | 02 | 03 | 04 | 05 | 06 | 07 | 08 | 09 | 10 |
|----|----|----|----|----|----|----|----|----|----|
| ④ | ④ | ② | ① | ④ | ④ | ③ | ① | ③ | ③ |
| 11 | 12 | 13 | 14 | 15 | 16 | 17 | 18 | 19 | 20 |
| ③ | ③ | ② | ④ | ④ | ③ | ② | ③ | ① | ④ |

## 01 난도 ★☆☆　　　　　　　　　　정답 ④

**어휘 > 단어**

**해설**

밑줄 친 'pushy'는 '지나치게 밀어붙이는'이라는 뜻으로, 이와 의미가 가장 가까운 것은 ④ 'aggressive'이다.

**해석**

경험 많은 영업사원들은 적극적인 것과 지나치게 밀어붙이는 것에는 차이가 있다고 주장한다.

① 흥분한
② 용감한
③ 소심한

**어휘**

• experienced 경험 있는
• assertive 적극적인
• aggressive 공격적인

## 02 난도 ★☆☆　　　　　　　　　　정답 ④

**어휘 > 단어**

**해설**

대중의 이해와 지지가 없다면 오염을 없애기 위한 캠페인은 의미가 없다는 내용이므로 빈칸에 들어갈 말로 가장 적절한 것은 ④ 'futile'이다.

**해석**

오염을 없애고자 하는 그 캠페인은 대중들의 이해와 전적인 지지가 없다면 헛된 일이 될 것이다.

**어휘**

• enticing 유인하는, 유혹적인
• enhanced 향상된
• fertile 결실을 낳는, 풍부한
• futile 헛된, 소용없는

## 03 난도 ★★☆　　　　　　　　　　정답 ②

**어법 > 정문찾기**

**해설**

② 'A rather than B'는 'B라기보다는 A'라는 뜻으로, A의 형태가 'as + 주어 + 동사'이므로, B에도 동일한 형태가 와야 한다.

**해석**

그의 시에서 그는 자기 자신의 인격을 다른 사람들이 정의 내리는 대로 다루기보다는 있는 그대로 다룬다.

**어휘**

as it is 있는 그대로

## 04 난도 ★★☆　　　　　　　　　　정답 ①

**어휘 > 어구**

**해설**

밑줄 친 'pore over'는 '~을 자세히 조사하다'라는 뜻으로, 이와 의미가 가장 가까운 것은 ① 'examine'이다.

**해석**

나는 John에게 컴퓨터 유인물에 대해서 자세히 조사해 보도록 하라고 들었다.

**어휘**

• examine 검토하다
• distribute 나누어 주다, 배부하다
• discard 버리다, 포기하다
• correct 수정하다

## 05 난도 ★★☆　　　　　　　　　　정답 ④

**어법 > 정문찾기**

**해설**

④ scientists have tried to answer는 선행사 One basic question을 수식하는 형용사절이며, is 뒤에는 보어로서 명사절인 간접의문문(의문사 + 주어 + 동사) 형태가 와야 한다.

**해석**

과학자들이 해답을 찾으려고 애쓰는 한 가지 기본적인 질문은 사람들이 어떻게 학습을 하는가 하는 문제이다.

**06** 난도 ★★☆　　　　　　　　　　　　정답 ④

어법 > 정문찾기

**해설**

④ 목적어가 문장 앞으로 not과 함께 올 때는 도치가 일어
　난다. 원래 문장은 'He did not say a single word at
　the sight of his daughter.'이다.

① unless는 자체가 not을 포함하므로 not을 쓰지 않는 것
　이 적절하다. → unless it is difficult to do so

② what은 선행사를 포함하는 관계대명사이다. 그러나 제
　시된 문장에는 'all the money'라는 선행사가 존재하므
　로 관계대명사 that으로 고치는 것이 적절하다. → all
　the money that I had yesterday

③ 주장, 요구, 명령, 제안의 동사(demand)는 that절 속에
　당위의 조동사 should가 위치하여 동사원형이 오는데,
　이때 should는 생략 가능하다. → he (should) return

**07** 난도 ★☆☆　　　　　　　　　　　　정답 ③

어법 > 비문 찾기

**해설**

③ 'Most of the writer'에서 'writer'는 가산명사이므로 복
　수형 'writers'로 써야 한다.

**해석**

나는 요즘 잡지를 집어들 때마다 우리 대학들에 관한 누군
가의 견해를 마주치게 된다. 대부분의 글쓴이들은 비판적
이다. 그들은 대학이 직무를 제대로 하고 있지 않다고 주장
하며 대학 교육의 가치에 대해서 의문을 갖는다. 자주 있는
것은 아니지만 옹호론자는 대학의 학위가 가치 있다고 반
론한다.

**어휘**

• encounter (우연히) 만나다, (위험 · 곤란 등에) 부딪히다
• arise 문제가 발생하다

**08** 난도 ★★☆　　　　　　　　　　　　정답 ①

어법 > 비문 찾기

**해설**

① 'yesterday'라는 시간 표시 부사가 있으므로 'to be
　robbed'는 'to have been robbed'가 되어야 한다.

**해석**

• 그는 어제 강도를 당했다고 주장한다.
• 그는 가장 좋아하는 도자기가 깨진 것을 알았다.
• 우리는 다시 함께할 수 있는 시간을 학수고대하고 있다.

• 만약에 그녀의 아버지가 그녀에게 안전벨트를 착용하라
　고 말하지 않았다면, 그녀는 심각하게 부상을 당했을지
　도 모른다.

**09** 난도 ★★☆　　　　　　　　　　　　정답 ③

어법 > 비문 찾기

**해설**

③ convenient는 사람을 주어로 취하지 못하는 형용사로
　서 It ~ that은 불가능하고 It ~ for + 의미상 주어 to
　부정사로 쓴다. → When will it is convenient for
　you to visit her mother?

**어휘**

• charge with ~의 탓으로 돌리다, 책임, 죄 등을 묻다
• incident 일, 사건
• begin to ~하기 시작하다

**10** 난도 ★★★　　　　　　　　　　　　정답 ③

어법 > 영작하기

**해설**

③ 두 문장을 잇는 분사구문에 대한 문제이다. 물질들이 불
　가능하게 만드는 것이므로 능동의 현재분사 'making'
　이 와야 하고, 내용상 'to breathe in it'이 목적어이므
　로 가목적어 'it'이 필요하다.

**해석**

조류가 죽을 때, 독성 물질들이 생긴다. 이런 물질들이 물
속에 있는 모든 산소들을 다 소모하며 물고기가 물속에서
숨쉬는 것을 불가능하게 만든다. 결국에 강과 호수는 파괴
되기 시작한다.

**11** 난도 ★★☆　　　　　　　　　　　　정답 ③

어법 > 영작하기

**해설**

③ 'no more A than B'는 'A가 아닌 것은 B가 아닌 것과
　같다(양자부정)'이다. 따라서 양자긍정을 나타내는 'no
　less ~ than' 구문을 이용하여 'Home education is no
　less important than school education.'으로 고쳐야
　한다.

① 'who is there(수사의문문)'는 '아무도 없다'라는 의미이
　다. but 부정을 포함하는 유사관계대명사이다.

② 분사구문에 관한 문제이며, 그가 강을 건너는 것이기에
　능동을 의미하는 crossing이 맞다. 'come near (to)
　~ing'는 '거의~할 뻔하다'라는 뜻이다.

④ 'never fail to부정사'는 '반드시 ~하다'이다. 그리고 미래의 내용을 받을 때 remember는 to부정사로 받는다.

## 12 난도 ★☆☆      정답 ③

**독해 > 빈칸 완성**

[해설]

마지막 문장의 unstable과 lower than으로 봐서 빈칸에 들어가기에는 ③ 'fluctuate(변동하다)'가 가장 적절하다.

[해석]

지난 수십 년간 정부는 주로 농부들의 압력에 대응하여 농업 부분에서 가격과 생산을 모두 통제하는 일을 떠맡아왔다. 그러한 통제가 없는 상황에서 농산물 가격은 대부분의 다른 부분들의 가격이 그런 것보다 많이 변동하는 경향이 있으며 농부들의 수입도 크게 변동한다. 농업에서의 수입이 불안정할 뿐만 아니라 다른 경제 분야에 비해 수입이 더 낮은 경향이 있기도 하다.

[어휘]

• undertake 떠맡다, 지다
• unstable 불안정한, 변화기 쉬운
• discern 분별[식별]하다
• fluctuate 오르내리다, 변동하다

## 13 난도 ★★★      정답 ②

**독해 > 빈칸 완성**

[해설]

선지의 단어들이 어렵지만, have trouble categorizing items를 잘 읽었다면, 주어는 물건을 정리하기 어려워하는 사람이라는 것이 분명하다. 먼저 상점에서 물건을 집어 들어 훔치는 사람(shoplifters)을 배제하고, 이 중 많이 쓰이는 gluttons(대식가)를 안다면 빼자. 남은 hoarders와 philatelists 중 'phil-'은 philosophy, philanthropist 등에 쓰이며 '사랑'을 뜻하므로, ② 'hoarders(수집광들)'가 가장 적절하다.
① 대식가들
③ 우표수집가들
④ 좀도둑들

[해석]

전문가들은 강박적인 수집광들이 보통 물건들을 항목별로 분류하는 것을 어려워하고, 결정 내리는 것을 어려워하며, 보이지 않는 물건들이 잊혀질 것을 걱정한다고 말한다. 예를 들어 그들은 옷을 서랍장 안에 넣는 대신 서랍장 꼭대기에 놓을 수도 있다. 어느 정도 시간이 지나면, 여기저기 쌓인 몇몇 물품들이 위험한 엉망진창의 산더미가 된다.

[어휘]

• hoard 모으다, 비축하다
• philatelist 우표수집가

## 14 난도 ★☆☆      정답 ④

**표현 > 일반회화**

[해설]

전화를 걸었지만 상대방이 자리를 비운 상황에서 그녀가 1시간 후에 돌아온다고 하였다. 빈칸 이후 다시 전화를 하겠다는 A의 말을 보아 B가 용건을 전해줄지 여부를 묻는 ④ 'May I take a message(메시지를 남겨 드릴까요)?'가 빈칸에 들어가는 것이 적절하다.
① 다시 전화 거시겠어요?
② 누구세요?
③ 전화 끊으세요.

[해석]

A : Jennifer와 통화할 수 있을까요?
B : 안타깝게도 지금 없습니다.
A : 알겠습니다. 언제 돌아올 것 같나요?
B : 아마도 한 시간 후에요. 메시지를 남겨 드릴까요?
A : 아닙니다. 다시 걸겠습니다.

[어휘]

hang up 전화를 끊다

## 15 난도 ★★☆      정답 ④

**독해 > 글의 제목**

[해설]

④ 전기와 관련된 단어들의 유래
① Luigi Galvani의 삶 → life가 아니다.
② 개구리 다리에 대한 실험 → experiments가 요점이 아니다.
③ 전류의 기능 → 전류의 기능에 대한 언급이 없다.

[해석]

Luigi Galvani(1737~1798)는 근육이 수축할 때 전기력을 발생시킨다는 것을 증명하기 위해 개구리 다리 실험을 했던 이탈리아 물리학자이다. 그 실험으로 인해 반대가 사실이라는 것이 판명되었다(전류에 의해 자극 받았을 때 근육은 수축한다). 하지만 Galvani의 실험 때문에, 전기와 관련된 몇몇 단어들이 그의 이름을 따서 지어졌다. 예를 들면, 갈바노 미터(galvano meter)는 작은 전기의 흐름을 측정하는 도구이다. 갈바닉 전지(galvanic cell)는 재충전할 수 없는 전기 배터리 전지이다.

**어휘**

- physician 물리학자
- muscle 근육
- contract 수축하다; 계약
- galvanometer 검류계

## 16 난도 ★★☆
정답 ③

**독해 > 내용 (불)일치**

**해설**

③ 글의 상단부분부터 한 문장씩 읽어보고 접근한다. 미뢰가 19세기 독일 과학자에 의해서 명명되고, 매주에서 10일 사이에 낡아서 떨어진다고 했고, 아이들이 어른들보다 더 민감한 미각을 가지며, 미각은 뜨거운 수프를 먹음으로써 쇠퇴한다고 했으므로 ①, ②, ④는 모두 잘못된 언급이다.

① 미뢰들은 19세기에 발명되었다.
② 미뢰의 교체는 나이가 들면서 느려지지 않는다.
④ 미각은 식은 수프를 먹음으로서 쇠퇴한다.

**해석**

미뢰는 19세기에 독일의 과학자들 Georg Meissner과 Rudolf Wagner에 의해 명명되었으며, 그들은 꽃잎처럼 겹쳐져 있는 미각 세포들로 구성된 올라온 더미들을 발견했다. 미뢰는 매주에서 10일 사이에 낡아서 떨어진다. 우리는 그것을 교체하는데 비록 45세 이상이 되면 그렇게 자주 교체가 일어나지 않는다. 즉 우리의 미각은 나이가 먹어감에 따라서 쇠퇴된다. 같은 수준의 감각을 만들어내기 위해서는 좀 더 강한 맛이 필요하며, 아이들은 가장 예리한 미각을 가지고 있다. 아기의 입은 성인들보다 더 많은 미뢰들을 가지고 있는데, 심지어 일부는 볼에 산재해 있다. 아이들은 혀끝이 단맛에 더 예민하며, 부분적으로는 뜨거운 수프가 식기 전에 먹으려고 시도하면서 둔화되지 않았기 때문에 단맛을 매우 좋아한다.

**어휘**

- taste buds (혀의 미각기관) 미뢰
- mound 올라온 더미
- taste cell 미각세포
- petal 꽃잎
- wear out 낡아서 떨어지다
- palate 미각
- jaded 쇠퇴된
- keen 날카로운
- dotting 분포하는
- adore 아주 좋아하다

- blunt 둔화시키다
- decline 감소하다

## 17 난도 ★★☆
정답 ②

**독해 > 글의 제목**

**해설**

본문은 드라마가 일상적인 것이며, 그것에 대한 예로, 아침에 두통과 우울함을 가졌을 때, 중요한 미팅이나 면접이 있을 때, 커피를 동료 서류에 쏟았을 때, 그리고 놀러 가고 싶지만 교실에 들어갈 때 우리는 모두 그렇지 않은 척 마스크를 쓰고 연기를 한다는 예를 보여주고 있다. 따라서 ② '우리의 일상생활에서의 드라마'가 가장 적절하다.

① 드라마의 역기능들
③ 무대예술로서의 드라마
④ 감정의 극적인 변화들

**해석**

드라마는 하는 것이다. 드라마는 존재하는 것이다. 드라마는 아주 일상적인 것이다. 그것은 우리 모두가 어려운 상황들에 직면하게 됐을 때 일상에 참여하는 어떤 것이다. 당신이 아침에 일어나 두통이나 우울함이 찾아올 때, 하지만 당신은 하루를 맞이하고 다른 사람들을 대해야 할 때 아무 일도 잘못이 없는 것처럼 가장한다. 당신이 중요한 미팅이나 곧 해야 할 인터뷰가 있다. 그러면 당신은 스스로 사전에 그 이슈들을 끝까지 말해보고, 어떻게 하면 자신 있고 즐거운 얼굴을 보여주고, 무엇을 입고, 당신의 손은 무엇을 할까 기타 등등을 결정한다. 당신이 동료의 서류에 커피를 엎지르고는 즉시 그럴듯한 변명을 준비한다. 당신의 파트너가 당신의 가장 친한 친구랑 도망을 갔지만, 당신은 호기심이 가득한 학생들이 있는 반을 가르치기 위해 가는 것을 피할 수 없다. 일상의 삶을 계속 살아가는 것은 만일 우리가 우리의 위엄을 유지하고 다른 사람들과 조화롭게 살아가고자 한다면 일련의 문명화된 마스크들이 요구되는 것이다.

**어휘**

- be faced with ~에 직면하다
- cope with ~ 에 대처하다
- talk through ~에 대해 설명하다
- pretend ~인 척하다
- with yourself 당신 스스로
- spill 쏟다
- elaborate 정교한
- inquisitive 호기심이 가득한
- dysfunction 역기능, 기능장애
- emotion 감정

## 18 난도 ★★☆  정답 ③

독해 > 글의 흐름

**해설**

암에 대한 싸움이 계속해서 의학과 더불어 발전하고 있다는 내용을 전개하고 있으며, 마지막 문장에도 발전을 하였으되 갈 길이 멀다는 문장을 쓰고 있으므로 전반적인 암에 대한 의학적 진행을 기술하는 것이 적절하다. 따라서 폐암의 원인을 제시하는 문장인 ③은 논리적으로 적절하지 못하며, 글의 흐름상으로도 어색하다.

**해석**

발전(진전)은 점차로 암에 대한 싸움에서 진척을 이루고 있다. 1900년대 초에 암 환자들은 오래 살 것이라는 희망은 거의 없었다. 그러나 의학 기술의 발달과 더불어 발전(진전)은 10명의 암환자 중에 4명이 현재 살아날 수 있을 만큼 그렇게 진전되어 왔다. 흡연은 폐암의 직접적인 원인이라고 증명되어 왔다. 그렇지만 암과의 싸움은 아직 끝나지 않았다. 비록 일부 형태의 암은 치료제가 발명되었을지라도 다른 형태의 암은 여전히 증가 추세에 있다.

**어휘**

- against cancer 암과 맞서 싸우다
- prove 증명하다
- lung cancer 폐암

## 19 난도 ★★☆  정답 ①

독해 > 글의 주제, 요지

**해설**

학생을 알게 된 지 얼마 되지 않아 학생이 지도력을 갖고 있는지 충분히 알 수 없다는 이유를 들어, 지도력과 관련이 있는 ① '장학금 신청용 추천서를 써 달라는 부탁을 거절'하고 있다.

**해석**

Future Leaders 장학금 신청용 추천서를 써 달라고 요구하는 당신의 편지를 받고 반가웠습니다. 당신의 물리 교사로서 나는 당신의 학문적 능력에 대해 분명히 높이 평가하여 말할 수 있습니다. 내가 담당하는 학급에서 당신의 성적은 일관되게 A와 B를 기록하였습니다. 그렇지만, 이번이 내가 당신을 학급에서 가르친 첫 번째 학기이므로, 내가 당신의 지도력에 대한 정보를 제공할 적절한 사람이라고 생각하지는 않습니다. 당신이 그러한 능력을 보여줄 기회가 가장 많았던 교사들에게 추천서를 써 달라고 요청할 것을 권하고 싶습니다. 많은 교사들이 기꺼이 당신을 위해서 추천서를 써 줄 것이라고 확신합니다. 당신의 장학금 신청에 좋은 결과가 있기를 바랍니다.

**어휘**

- request 요청하다
- refer 언급하다
- letter of reference 추천서
- scholarship 장학금
- physics 물리학
- academic ability 학업능력
- consistently 한결같이
- semester 학기
- be willing to do 기꺼이 ~하다
- demonstrate 보여주다, 증명하다

## 20 난도 ★★☆  정답 ④

독해 > 글의 제목

**해설**

변화와 발전을 추구해야 하지만, 절대로 바꿀 수 없는 것들을 확실하게 정해 놓은 상태에서 그렇게 해야 한다는 내용의 글이다. 이러한 글의 제목으로 가장 적절한 것은 ④ '협상할 수 없는 것들 : 변화를 위한 확고한 토대'이다.

**해석**

나는 개인적 성장에 대한 광신도라는 사실을 인정해야 한다. 새로운 것을 배우는 것보다 내가 더 즐기는 일은 거의 없다. 내가 어렸을 때 아버지가 처음 나를 이렇게 만들어 주었다. 그는 내가 배우고 성장하는 데 도움이 될 책을 읽을 수 있도록 나에게 돈을 주었다. 이제 나는 나이가 50대 후반이지만, 아직도 내가 성장을 목표로 해왔던 분야에서 발전하고 있는 자신의 모습을 보는 것을 매우 좋아한다. 하지만 발전을 위해 헌신하는 것 못지않게, 나의 믿음이나 가치와 같은 어떤 일이 있어도 바꾸지 않으려는 것들이 몇 가지 있다. 종교적인 믿음이나 성실, 가족, 관대한, 사람들에 대한 믿음에 대한 헌신을 박탈당하느니 차라리 나의 죽음을 택하겠다. 어떤 값을 주더라도 협상할 수 없는 것들이 있다. 평생 동안 놓치지 않고 붙잡고 있을 것들에 대해 생각해 보라고 여러분에게 권하고 싶다. 그러한 것들을 적은 후에, 얼마 동안 그 이유에 대해 설명할 시간을 가져라. 일단 그렇게 하면, 다른 모든 것들은 변화에 대해 개방될 것이다.

**어휘**

- fanatic 광신자
- integrity 성실
- non-negotiable 협상할 수 없는
- forfeit 상실하다, 박탈당하다

| 01 | 02 | 03 | 04 | 05 | 06 | 07 | 08 | 09 | 10 |
|----|----|----|----|----|----|----|----|----|----|
| ② | ③ | ④ | ② | ④ | ② | ③ | ④ | ① | ② |
| 11 | 12 | 13 | 14 | 15 | 16 | 17 | 18 | 19 | 20 |
| ③ | ① | ④ | ③ | ② | ④ | ② | ④ | ③ | ② |

## 01 난도 ★☆☆     정답 ②

**어휘 > 단어**

**해설**

② stay up late(늦게까지 자지 않고 있다)의 의미를 활용해 문맥상 '몹시 싫어하다'가 적절하다는 것을 알 수 있다.

① 방어의

③ 확정적인

④ 버림받은

**해석**

나는 밤에 늦게까지 자지 않고 깨어 있어야 한다는 생각을 무척 싫어했다.

**어휘**

• absolutely 절대적으로, 몹시, 매우

• detest 몹시 싫어하다(= abhor)

• stay up 밤늦게까지 자지 않고 있다

• defend 방어하다

• confirm 확인시키다, 확인하다

• abandon 포기하다, 버리다

## 02 난도 ★☆☆     정답 ③

**어휘 > 단어**

**해설**

③ allergic(알레르기 반응이 있는)이라는 단어의 의미가 keyword이므로 그에 맞는 답을 선택한다면 부정적 개념의 단어가 어울린다.

① 긍정의

② 초연한

④ 넌지시 비추는

**해석**

페니실린은 그것에 알레르기 반응을 일으키는 사람에게 역효과를 끼칠 수도 있다.

**어휘**

• affirmative 긍정적인

• aloof 냉담한, 떨어져서

• adverse 부정적인, 반대의, 불리한

• allusive 암시하는, 넌지시 비치는

## 03 난도 ★☆☆     정답 ④

**어휘 > 어구**

**해설**

④ from cover to cover는 '처음부터 끝까지'라는 의미로 many times(여러 번)와는 바꾸어 쓸 수 없다.

① set back 방해하다(= hinder)

② go well with 조화가 되다(= match)

③ worn out 지친(= exhausted)

**해석**

① 그들은 우리 계획을 방해할 작정이었다.

② 당신의 넥타이가 양복과 잘 어울린다.

③ 그는 어젯밤 몹시 지쳐서 집에 왔다.

④ 나는 이 책을 처음부터 끝까지 다 읽었다.

→ 나는 이 책을 여러 번 읽었다.

**어휘**

go well with ~와 잘 어울리다

## 04 난도 ★★☆     정답 ②

**어휘 > 단어**

**해설**

competence는 '능력, 역량'이라는 뜻으로 이와 가장 유사한 뜻을 가진 단어는 ② 'capability(능력)'이다.

① 영재

③ 경쟁

④ 중요성

**어법 > 비문 찾기**

[해설]

③ 지각동사 문제이다. 그가 다른 사람들에게 욕을 하므로 목적격 보어에는 원형부정사나 현재분사형을 써야 한다. spoken → speak(speaking)

① 가정법 if가 생략되어 있다. Were she here now = If she were here now

② it is(= has been) + 시간명사 + since + 주어 + 과거동사

④ We should take great care of him.'에서 great care가 주어가 된 수동태 문장이다.

[해석]

① 그녀가 지금 여기 있다면 나는 그녀에게 모든 것을 말할 텐데.

② 내가 마지막으로 그를 본 지 5년이 넘었다.

③ 나는 그가 남을 험담하는 것을 들어본 적이 없다.

④ 우리는 그를 잘 돌봐야 한다.

[어휘]

speak ill of ~에 대해 안 좋게 말하다

---

그가 유난히 고집부리고 수상하게 굴었던 것에는 의심의 여지가 없지만, 그의 능력은 그가 가장 최근에 펴낸 출판물을 통해 증명되었다.

[어휘]

• obstinate 고집 센, 없애기 힘든

• suspicious 의심스러운

• publication 출판물, 발행

---

**어법 > 영작하기**

[해설]

④ Your son's hair와 your hair가 비교되므로, your → yours로 바꾸어야 한다.

① as + 원급 + as의 문장으로 Jane is not as young as she looks (young)의 문장으로 적절하다.

② It is easier to make a phone call than to write a letter(is easy)의 문장으로 적절하다.

③ You have more money than I (have money)의 문장으로 적절하다.

---

**어법 > 정문 찾기**

[해설]

① work는 자동사이므로 분사구문에서 work는 현재분사가 되어야 하므로 worked를 working으로 고친다.

③ 주어의 핵심어가 단수 대명사 one이므로 주절의 동사 were도 단수형인 was가 되어야 한다.

④ 관계대명사 that은 전치사의 목적어로 쓰일 수 없으므로 관계대명사 that을 which로 고친다.

[해석]

① 병원에서 근무하는 동안 그녀는 그녀의 첫 번째 비행 show를 보았다.

② 아무리 당신이 지쳤다 하더라도, 당신은 그 프로젝트를 해야만 한다.

③ 내가 본 가장 흥미로운 경기들 중에 하나는 2010년도 월드컵 결승전이었다.

④ 그것은 그녀가 찾고 있었던 중앙출입구였다.

[어휘]

weary 피로한, 지쳐 있는, 싫증 나는

---

**어법 > 비문 찾기**

[해설]

④ vision이 단수이므로 those가 아닌 that으로 받아야 한다.

① 감정을 나타내는 현재분사와 과거분사의 구분 문제이다. 놀라움을 주는 능동의 의미가 맞으므로 현재분사 amazing이 바르게 쓰였다. 'one of 복수명사'이다.

② 2형식 동사 seem은 to부정사를 주격 보어로 취한다.

③ as ~ as 주어 + can : 가능한 ~하게

[해석]

고양이는 가장 놀라운 동물 중의 하나이다. 강한 강도를 가진 288개의 가벼운 뼈를 갖고 있으며, 517개의 용수철 같은 근육을 갖고 있다. 그 결과, 고양이는 점프할 때 거의 공중에서 떠다니는 것처럼 보인다. 더구나 고양이는 개보다 10배나 빠르게 소리의 방향을 감지할 수 있다. 고양이의 시력은 사람의 시력보다 6배나 더 좋다.

[어휘]

• springlike 용수철 같은

• as a result 결과적으로

• vision 시력

## 09 난도 ★★☆                  정답 ①

**어법 > 영작하기**

해설

① While (I was) crossing ~, I had(사역동사) + 목적어 + p.p.(수동 : blown off)

② While (I was) crossed ~, I had + 목적어 + p.p.(수동) 해석을 해 보면 '내가 가로지르는'이므로 능동이다. 수동을 의미하는 crossed는 오답이다.

③·④ 'While (my hat was) crossing ~'에서 주어가 모자이므로 말이 논리에 맞지 않는다. be blown off는 맞는 문장이다.

## 10 난도 ★★☆                  정답 ②

**표현 > 일반회화**

해설

항상 비난받는 것에 대해서 Tom이 개의치 않는다고 했으므로 오리의 등에 물을 뿌려봤자 젖지 않고 그냥 흘러 떨어져 버린다는 데서 '아무 효과가 없음'을 의미하는 ②가 적당하다.

① 물 밖에 나온 물고기 같아

③ 말 앞에 마차를 놓는 것 같아

④ 그것은 마치 황소의 뿔을 잡는 것과 같아

해석

A : Tom은 학교에서 어떻게 지내고 있니?

B : 음, 걔의 지난번 보고서는 사실 별로 좋지 않았어.

A : 오, 이런. 왜 그랬지?

B : 걔가 단지 공부하려 하질 않으니까. 걔는 그저 스포츠에만 관심이 있어. 그리고 걔는 정말 어떤 노력도 하지 않으려고 해. 다른 어떤 것에도 전혀. 우린 모든 것을 시도해봤어, 하지만 걔는 정말 누구 말이든 무시해 버려.

A : 하지만 확실히 걔가 그 모든 걸 즐길 순 없잖아? 내 말은, 항상 비난받는 게 별로 유쾌하지 않다는 거야, 그렇지 않아?

B : Tom은 그런 거에 끄떡없어. 그건 <u>마이동풍 격이야(아무 효과가 없어)</u>.

어휘

take no notice of ~ ~를 무시하다

## 11 난도 ★☆☆                  정답 ③

**독해 > 글의 주제, 요지**

해설

③ '시험을 통해서 평가되지 않은 것을 경시하는 경향이 있다'라는 첫 문장이 주제문이지만 글쓴이의 견해가 충분히 구체화되어 있지는 않다. 그 평가되지 않은 것이 무엇인지는 이하의 문장을 통해 드러난다.

해석

시험은 아주 중요하다. 그러나 유감스러운 것은 시험에 의해서 평가될 수 없는 것은 제쳐놓는 경향이 있다는 것이다. 도덕적인 우수함이나 성격상의 장점은 전통적으로 학교에서 권장되기는 하지만, 학생이 진학할 때는 시험 점수 다음으로 밀리게 된다. 그러나 우리는 인생에서 겪는 실패들이 지식의 부족 때문이라기보다는 인격적 결함 때문이라는 것을 명심해야 한다.

어휘

• regrettable 유감스러운

• tendency 경향

• put aside ~을 제쳐놓다

• evaluate 평가하다

• moral 도덕(상)의

• encourage 격려하다, 장려하다

• apply 지원하다

• bear in mind 명심하다

• defect 결함, 단점

## 12 난도 ★★★                  정답 ①

**독해 > 글의 주제, 요지**

해설

열등감은 성공에 긍정적인 역할을 하는 원천이 된다는 내용으로 ① 'positive aspects of inferiority(열등감의 긍정적인 측면)'가 정답이다.

② 성공에 대한 외적 동기

③ 인간 행동의 예측 불가능성

④ 목표 달성의 기쁨

해석

인간의 행동을 이해하기 위해서 열등감을 이해하는 것은 필수적이다. 모든 사람들은 열등감이 생기게 되는데 이것은 사람이 완전히 무력하게 태어났으며 어린 시절 내내 이와 같은 상태가 지속되기 때문이다. 그것은 모든 사람들에게 정상적인 상황이며 모든 인간이 노력하는 근원이 된다. 삶은 열등감을 줄이는 방법을 찾아나가는 과정이다. 열등감이라는 감정은 약함이나 비정상적인 표시로 여겨지기보다는 성공의 원천이 될 수 있다. 많은 경우에 우리는 열등 감을 경험하는 순간 우월해지기 위해 노력하게 된다. 우월 감이라는 목표는 우리를 성공을 위해 나아가게 하고 장애 물을 극복할 수 있도록 도와주며 인간사회의 발전에 기여 한다.

[어휘]
- grasp 이해하다
- sense of inferiority 열등감
- helpless 무력한
- normal 정상적인
- process 과정
- strive 노력하다
- abnormality 비정상
- wellspring 원천
- overcome 극복하다
- obstacle 장애물
- contribute to ~에 기여하다
- aspect 측면
- unpredictability 예측 불가능

## 13 난도 ★★☆ 　　　　정답 ④

**독해 > 내용 (불)일치**

[해설]

④ 마지막 문장을 보면 관광객들이 거의 오지 않는다(few tourists make the trip)는 것을 알 수 있다.

[해석]

한때 포르투갈 제국의 유명한 상업 항구였던 포르투 (Porto)는 오늘날 잊혀진 도시의 인상을 준다. 그 도시는 해안을 보호하는 가파른 산들을 통과해 대서양으로 천천히 흘러 들어 가는 도루(Duoro) 강가에 세워졌다. 그 도시는 방어를 위해 전략적으로 중요한 위치에서 활발한 중세 도 시의 특성들을 유지하고 있다. 강을 내려다보는 광대한 성 들과 포도주 제조의 풍요한 역사로 인해, 세계에서 방문객 이 가장 많은 도시들 중의 하나로 기대해 볼 수도 있겠다. 그러나 이베리아 반도의 북서쪽 구석지에 감추어져 있다 보니, 여행하는 관광객이 거의 없다.

[어휘]
- merchant port 무역항
- empire 제국
- impression 인상
- medieval 중세의
- steep 가파른
- guard 방어하다

- strategically 전략적으로
- feature 특성
- defense 방어
- magnificent 장엄한, 광대한
- overlook 내려다 보다

## 14 난도 ★★☆ 　　　　정답 ③

**독해 > 빈칸 완성**

[해설]

과거에는 능력보다 출생 신분에 따른 지위가 중요했지만 현대에는 이것이 역전되었다는 문맥이므로, 현대 사회는 수세대에 걸쳐 세습되어 온 ③ 'an unchangeable identity(바꿀 수 없는 신분)'에 거의 의존하지 않는다고 할 수 있다.

① 즉각적인 통찰
② 학습된 행동
④ 이용 가능한 정보

[해석]

전통적인 사회에서는 높은 지위가 획득하기 아주 어려운 것일 수 있었을지 모르지만, 그것은 또한 위안이 되게 잃기 도 어려웠다. 주인이기를 멈추는 것은, 더 어둡게는 하인이 기를 멈추는 것만큼 이나 어려웠다. 중요했던 것은, 사람들 이 자신의 능력을 발휘해 평생 동안에 성취할 수 있는 어떤 것이라기 보다는 그들의 출생 신분이었다. 하지만, 현대 사 회의 대단한 열망은 이런 방정식을 역전시켜 왔다. 즉, 지 위를 개인적인 성취에 달려 있도록 하기 위해 물려받은 특 권과 물려받은 불특권 모두를 없애 버렸다. 오늘날의 사회 에서 지위는 여러 세대를 통해 유산으로 전해온 바꿀 수 없 는 신분에 거의 달려 있지 않다.

[어휘]
- status 지위
- comfortingly 위안이 되게
- cease 그치다
- identity 정체, 본체
- aspiration 열망
- reverse 뒤바꾸다, 역전시키다
- equation 방정식
- privilege 특권
- under-privilege 혜택을 받지 못함
- achievement 성취
- hand down 물려주다
- unchangeable 바꿀 수 없는

## 15 난도 ★★★    정답 ②

**독해 > 내용 (불)일치**

**해설**

② 캐나다의 순상지 분포에 대한 내용으로 첫 문장에 'ississippi, Appalachian Mountains' 고유명사와 내용을 통해 미국 지형에 관한 이야기임을 기억하고, 다섯 번째 문장에서 애팔래치아 산맥은 북아메리카에서 두 번째로 긴 산맥이라고 설명이 나온다.

**해석**

미시시피 동부의 땅은 애팔래치아 산맥의 작은 언덕 쪽으로 완만하게 올라간다. 캐나다 평원들인, 캐나다 평원(순상지)의 가장 자리에, 허드슨 만과 제임스 만에서 중심이 되는 암벽의 거대한 핵심부가 대륙에 단단히 뿌리내리고 있다. 순상지의 암석 의 땅은 캐나다 동부의 절반과 미국 북동부를 차지한다. 퀘벡 북부에서, 캐나다 순상지는 허드슨 만으로 내려간다. 상당히 침식된 애팔래치아 산맥은 북미의 가장 오래된 산이고 그 대륙의 두 번째로 긴 산맥이다. 애팔래치아 산맥들은 퀘벡에서 앨라배마 중앙부까지 1500마일 가량 뻗어있다. 해안 저지대는 애팔래치아 산맥의 동쪽과 남쪽으로 놓여있다. 산과 해안 저지대 사이에 구불구불한 언덕의 넓은 지대가 펼쳐진다. 많은 강들이 피드먼트(Piedmont) 고원을 통과하여 나아가며 캐롤리나스(Carolinas)의 대서양 해안평야를 가로질러 흐른다.

① 허드슨 만과 제임스 만에 중심이 되는 건 캐나다 순상지인 암벽의 거대한 핵심부이다.

② 애팔래치아 산맥은 북미의 가장 긴 산맥이다.

③ 퀘벡부터 앨라배마 중앙부까지, 애팔래치아 산맥이 뻗어있다.

④ 피드먼트 고원은 평야를 향해 흐르는 많은 강들에 의해 가로질러진다.

**어휘**

- plain 평원
- foothill 구릉
- Canadian Shield 캐나다 순상지
- anchor 단단히 고정시키다
- stony 암석의
- descend to ~로 내려가다
- erode 부식하다
- mountain range 산맥
- coastal lowland 해안 저지대
- cut through ~를 통해 나아가다
- traverse 횡단하다, 가로지르다

## 16 난도 ★★☆    정답 ④

**독해 > 빈칸 완성**

**해설**

④ (A)의 뒤 문장은 앞의 문장이 잘못되었다고 말하고 있으므로, 'however'(하지만)인 역접 연결사가 자연스럽고, (B)의 뒤 문장은 앞 문장의 내용을 강조하고 있으므로, 'In fact'(사실)가 자연스럽다.

**해석**

추운 겨울날에는 포근한 모자가 필수품이라고 말을 한다. 우리는 종종 체열의 대부분이 머리로 빠져나가는 것으로 여기게 되었다. 하지만, 모자를 쓰지 않은 사람들에게서 나타나는 열 손실을 자세히 살펴보는 것은 그것이 잘못되었음을 밝혀 준다. 그 허구는 1950년대 있었던 한 실험을 잘못 해석한 데서 비롯되었다. 그 실험에서 자원자들은 북극용 방한복을 입고 혹독하게 추운 날씨에 노출되었다. 머리는 감싸지 않고 내버려 둔 유일한 신체 부분이었기 때문에 열의 대부분은 그들의 머리를 통해 빠져나갔다. 사실, 신체의 한 부분을 덮는 것은 다른 어떤 부분을 덮는 것만큼의 효과가 있다. 만약 그 실험이 수영 팬츠만 입은 사람들로 행해졌다면 머리를 통해 빠져나가는 체열은 10%밖에 되지 않았을 것이다.

**어휘**

- cozy 포근한
- must 필수품
- inspection 조사, 검사
- hatless 모자를 안 쓴, 모자가 없는
- reveal 드러내다, 노출시키다
- myth 근거 없는 통념, 신화
- arise 일어나다, 발생하다
- interpretation 해석
- expose 노출시키다
- bitterly 몹시
- no more than 단지(only)

## 17 난도 ★★☆    정답 ②

**어법 > 정문 찾기**

**해설**

(A) because는 접속사로서 주어와 동사가 있는 절이 뒤에 오며, because of는 전치사로서 뒤에 명사가 온다.

(B) 뒤에 오는 문장이 완전한 문장이므로 that이 들어가야 한다. what은 앞에 명사가 없거나 뒷 문장이 불완전한 경우에 쓰인다(목적어가 없는 경우).

(C) 앞의 시제와 동일해야 하므로 understood가 와야 한다.

## 해석

당신은 주변적 듣기를 알고 있는가? 주변적 듣기는 소리와 단어가 아니라 의미와 의도를 듣고 있다. 이것은 위험한데, 청취자들은 들리는 것에 대해 오직 표면적으로 집중하는 것에 대한 큰 오해의 소지가 있기 때문이다. 듣지 않는 단계에서는 말하는 사람은 대화에 참석하지 않은 청취자가 대화에서 많은 눈에 띄는 단서들을 받는다. 하지만, 주변적 듣기 수준에서는 말하는 사람은 그녀가 듣고 이해한 사실의 잘못된 인식으로 기만당할 수 있다. 텔레비전 시트콤은 종종 주변적 듣기의 유머 가능성을 사용한다.

### 어휘

- marginal 중요하지 않은, 주변적인
- superficially 표면적으로
- concentrate (정신을) 집중하다, 전념하다

## 18 난도 ★★☆　　　　　　　　　　정답 ④

### 독해 > 빈칸 완성

#### 해석

거의 태어날 때부터 아기들은 다른 아기가 고통스럽게 우는 것을 보거나 듣게 되면 마치 자신들도 고통스러운 듯이 울기 시작한다. 생후 14개월쯤 지나면, 아기들은 다른 아기가 우는 것을 들으면 울 뿐만 아니라, 또한 그들은 그 다른 아기의 고통을 어떻게든 완화시켜 주려고 한다. 나이가 많아질수록, 아기들은 덜 울게 되며 더 많이 도와주려고 한다. 동물들에게서도 이와 동일한 반응이 발견될 수 있다. 한 실험에서, 여섯 마리의 원숭이들이 먹이를 얻기 위해서 쇠사슬을 잡아당기도록 훈련받았다. 어떤 한 시점에서 일곱 번째 원숭이가, 다른 원숭이들이 훤히 보는 중에, 그들 중 한 원숭이가 먹이를 얻기 위해 쇠사슬을 잡아당길 때마다 고통스러운 충격을 받았다. 그 충격을 받은 원숭이의 고통을 보자, 다른 원숭이들은 다른 쇠사슬, 즉 그들에게는 더 적은 양의 먹이를 주지만 그 일곱 번째 원숭이에게는 아무런 충격도 가하지 않는 쇠사슬을 잡아당기기 시작했다.

### 어휘

- distress 고난
- toddler 걸음마를 배우는 아기
- inflict (고통 따위를) 주다

## 19 난도 ★★☆　　　　　　　　　　정답 ③

### 독해 > 내용 (불)일치

#### 해설

광부들이 채광 경험들을 기록으로 남긴 것은 사실이나, 그 목적이 새로운 관용구의 도입이었다거나 문맹률이 어떠했

는지, 그들이 이전의 직업들을 선호했는지 등은 언급되어 있지 않으므로, ③ 'The miners wrote about their gold-mining experiences(광부들은 그들의 금 채광 경험들에 대해 썼다).'가 일치한다.

① 영어에 새로운 관용구들을 소개하는 것이 작가들의 목표였다.

② 골드러시 광부들 모두가 읽거나 쓸 수 있었던 것은 아니다.

④ 광부들은 기자, 변호사, 사업가로서의 자기 삶들을 선호했다.

#### 해석

1848년 캘리포니아에서 금의 발견은 캘리포니아 골드러시로 알려진 경제 호황의 시작을 알렸다. 그들 중 많은 이가 원래 기자였던 광부들, 변호사들, 그리고 사업가들은 그들의 경험을 서면으로 보존했다. 이것 중 많은 것에는 그들의 새로운 일에 관련된 다채로운 관용구들이 섞여 있었다. 흥미롭게도, 그 관용구들 중 다수는 오늘날에도 영어에서 아직 사용된다. "성공적이다"를 뜻하는 유명한 관용구인 "pan out"의 기원은 골드러시까지 거슬러 올라간다. 광부들은 냄비를 사용해서 금을 가치 없는 광물로부터 분리하였다; 금은 냄비의 바닥에 가라앉았고, 다른 침전물들은 제거되었다. "pan out"의 그럴싸한 유래는 자기의 냄비에서 모든 금을 모으는 과정에서부터 왔다.

### 어휘

- preserve 지키다, 보존하다
- phrase 구
- sediment 침전물, 퇴적물

## 20 난도 ★★☆　　　　　　　　　　정답 ②

### 독해 > 내용 (불)일치

#### 해설

냄비로부터 금을 모으는 과정으로부터 유래한 것이라는 내용이 마지막 문장에서 직접적으로 언급되어 있으므로 정답은 ② 'Miners used pans to separate gold from worthless minerals(광부들이 가치 없는 광물들로부터 금을 분리하기 위해 냄비를 사용했다).'이다.

① 광부들이 그들의 발견물을 "pan"이라 불렀다.

③ 금이 pan이라 불리는 장소들에서 발견됐다.

④ 광부들은 금을 판매하는 것을 "panning"이라 불렀다.

교육이란 사람이 학교에서 배운 것을 잊어버린 후에 남은 것을 말한다.

– 알버트 아인슈타인 –

# 좋은 책을 만드는 길, 독자님과 함께하겠습니다.

**2024 SD에듀 지역인재 9급 수습직원 영어**

| | |
|---|---|
| **개정3판1쇄 발행** | 2024년 01월 05일 (인쇄 2023년 11월 30일) |
| **초 판 발 행** | 2021년 05월 28일 (인쇄 2021년 03월 11일) |
| **발 행 인** | 박영일 |
| **책 임 편 집** | 이해욱 |
| **편 저** | SD 공무원시험연구소 |
| **편 집 진 행** | 박종옥 · 전혜리 |
| **표지디자인** | 박종우 |
| **편집디자인** | 김예슬 · 채현주 |
| **발 행 처** | (주)시대고시기획 |
| **출 판 등 록** | 제10-1521호 |
| **주 소** | 서울시 마포구 큰우물로 75 [도화동 538 성지 B/D] 9F |
| **전 화** | 1600-3600 |
| **팩 스** | 02-701-8823 |
| **홈 페 이 지** | www.sdedu.co.kr |

| | |
|---|---|
| **I S B N** | 979-11-383-6328-0 (13350) |
| **정 가** | 24,000원 |